청소년 문학교육론

저자 소개

선주원(宣株源)

한국교원대학교 제2대학 국어교육과 졸업(교육학사)
한국교원대학교 대학원 국어교육학과 졸업(교육학 석·박사)
한국교원대학교, 전남대학교, 광주여자대학교 등에서 시간강사, 겸임교수 역임.
2004년도부터 광주교육대학교에서 학생들을 가르치면서 어린이 문학, 청소년 문학과 삶,
교육 등에 대해 고민하고 있음.
주요 논문 「대화적 관점에서의 소설교육 연구」
주요 저서 『소설교육의 원리와 방법』, 『시 교육의 원리와 방법』, 『어린이 문학교육의 방법』

청소년 문학교육론

초판 인쇄 2008년 11월 28일
초판 발행 2008년 12월 8일

지은이 선주원
펴낸이 이대현
편 집 이소희
펴낸곳 도서출판 역락
　　　　 서울 서초구 반포4동 577-25 문창빌딩 2층
　　　　 전화 02-3409-2058(영업부), 3409-2060(편집부) | FAX 02-3409-2059
　　　　 이메일 youkrack@hanmail.net
　　　　 등록 1999년 4월 19일 제303-2002-000014호

ISBN 978-89-5556-641-3 93370
정 가 28,000원

청소년 문학교육론

선 주 원

도서출판 역락

서 문

　창밖에서 밀려드는 포근한 햇살에 이끌려 쳐다본 하늘은 드높고 맑았다. 그러면서 유유히 흘러가는 구름은 지나온 시간과 길을 떠올리게 했다. 무엇을 위한 시간과 길이었는지를 자문하게 했다. 많은 외로움이 훑고 지나간 시간과 길이었다. 외로움 가운데서 길을 찾기 위해 더욱 더 공부하는 데 집착했는지도 모른다. 아마 앞으로의 시간도 그러할 것이다. 수시로 밀려오는 외로움과 허망함에서 벗어나기 위해선 더욱 더 집착을 해야 할 것이므로.

　어린이와 청소년. 근자에 들어와 나를 붙잡고 있는 화두들이다. 그들은 삶을 열어가려는 길목에서 나와 눈이 마주치고, 나를 그들의 세계로 끌어들이고자 했다. 그러나 나는 아주 천천히 그들에게로 갔다. 지금도 마찬가지이지만. 이제 나는 나를 바꾸어야 한다. 먼 옛날 어린 내가 돌팔매질로 외로움을 달래면서, 세상을 내게로 끌어들이고자 했던 것처럼.

　이 책은 청소년에 대한 나의 외로움과 고민을 담고 있다. 그러나 이 책은 청소년과 문학, 그리고 문학교육에 대한 많은 시간의 고민들에도 불구하고 허약하기만 논의들을 담고 있다.

　이 책은 모두 4부로 구성되어 있다. 제1부는 교실에서 청소년 문학을 활용하기 위한 토대를 제공할 것이다. 이를 위해 제1장에서는 청소년 문학의 개념을 살펴볼 것이다. 그리고 제2장에서는 청소년 문학의 종류를 살펴보고, 교실에서의 읽기와 여가적 읽기를 위해 이용할 수 있는 많은 청소년 문학 텍스트들을 소개할 것이다. 또한 2장에서는 사실적 허구에서부터 그림 문학 텍스트에 이르기까지 청소년 문학의 다양한 유형들에 해당되는 텍스트들을 예로 제시할 것이다. 제3장에서는 청소년 문학에 형상화된 청소년의 특징을 논의하고, 현재 청소년들에게 읽혀지고 있는 몇몇 소설들을 살펴볼 것이다. 그리고 이에 의해 청소년들의 삶과 문학의 연관성을 살펴볼 것이다. 청소년 문학과 학습자 연계하기를 다룬 4장에서는 자기 자신, 타자, 그리고 세계에 대한 청소년들의 지식을 촉진해 주는 청소년 문학 활용의 의의를 논의할 것이다. 아울러 4장에서는 청소년들을 문학 읽기에 참여시키기 위한 전략들을 간단히 다룰 것이다.

제2부에서는 청소년 문학교육과 범교과적 관점을 논의하였다. 제2부는 4개의 장으로 구성되어 있다. 처음의 2개 장들은 청소년 문학교육의 지향점과 목표를 살펴봄으로써, 학교 현장에서 이루어지고 있는 청소년 문학교육에 대한 반성을 제기하고 있다. 그리고 나머지 2개 장들은 청소년 문학 텍스트를 활용할 때의 교사 역할과 범교과적 관점에서의 청소년 문학교육의 의의, 교육 내용, 교수－학습 방법, 평가 등을 살펴보고 있다.

5장에서는 청소년 문학교육의 이념을 주체 형성으로 상정하면서, 청소년 문학교육의 목표를 삶의 본질 인식, 자기 정체성 확립, 미래 삶에 대한 비전 마련 등으로 세웠다. 6장에서는 청소년 독자 참여 모델에 따라 청소년 독자를 참여시키는 구체적인 전략들을 다루었다.

7장에서는 청소년 문학을 가르치기 위한 교사의 역할이 이중적인 것임을 밝혔다. 독자로서 교사의 첫 번째 역할은 '전문가 안내 / 독서 코치', 독자 참여 모델과의 연계에서의 연구자이다. 독자로서 교사의 두 번째 역할은 청소년들이 보다 넓게 읽고 효과적으로 텍스트와 소통하게 하고, 청소년 문학의 역사를 알게 하는 책무성과 관련된다.

범교과적 관점에서 청소년 문학 텍스트가 특정 교과의 경계를 넘어서서 갖는 의미를 다룬 8장에서는 문학교육의 내용과 관련된 범주들을 다루었다.

제3부에서는 청소년 문학교육의 환경과 전략을 논의하였다. 이 책의 제3부는 청소년 문학 텍스트를 수업에 활용하려는 예비교사들과 현직 교사

들을 돕기 위해 기획된 5개의 장으로 구성되어 있다. 9장에서는 청소년 문학 텍스트 선정과 관련된 범주 및 검열에 대해 살펴볼 것이다. 이를 위해 청소년 문학 텍스트 선정 모델을 논의하고, 청소년들의 문학 텍스트 선정과 관련된 영향 요인들을 살펴볼 것이다.

'청소년 문학교육을 위한 환경 만들기'와 관련된 10장에서는 네 가지의 교수-학습 틀을 살펴볼 것이다. 또한 수업 관리와 조직 방법들을 살펴볼 것이다. '토론과 글쓰기를 활용한 상호 작용 증진'을 다룬 11장에서는 인지적 관점과 정의적 관점에서 문학 텍스트를 검토함으로써, 문학 텍스트에 대한 청소년들의 참여를 촉진시키기 위한 전략들을 살펴볼 것이다. 아울러 문학 텍스트에 대한 토의하기와 글쓰기를 위한 전략들을 소개할 것이다.

'청소년 문학 텍스트 활용을 위한 교수 전략'을 다룬 12장에서는 청소년 문학 텍스트에 대한 참여와 반응을 위한 일련의 전략들이 제시될 것이다. '성장소설을 활용한 청소년 문학교육의 방법'을 다룬 13장에서는 성장소설의 문학적·교육적 의의를 살펴보고, 성장소설을 활용한 청소년 문학교육의 구체적인 방법들을 논의할 것이다.

제4부에서는 청소년들이 청소년 문학 텍스트들을 학습하기 위한 20개의 전략들을 살펴보았다.

열악한 출판 사정에도 불구하고 본서의 출판을 기꺼이 허락해 주신 도서출판 역락의 이대현 사장님께 깊은 감사를 드린다.

2008년 11월

선 주 원

이 책을 나의 어머니 김필순 여사께 바친다.
아울러 아내 윤미영, 아들 선상근, 딸 선혜인에게도 바친다.

차 례

제2부 청소년 문학교육과 범교과적 관점

제3부 청소년 문학교육의 환경과 전략

제4부 청소년 문학교육을 위한 학습 전략

제1부

청소년과 문학

‖제1장‖

청소년 문학의 개념

1. 청소년, 청소년 문화

청소년은 그들이 놓인 사회 상황과 문화 등에 따라, 혹은 그들을 이야기하고자 하는 관점과 분석 기준에 따라 매우 다양하게 파악될 수 있다. 따라서 청소년에 대한 언제 어느 곳에서나 공통적으로 상용할 개념 규정은 실제로 불가능하다. 청소년기의 여러 가지 특징은 사회 문화적 현상이며, 그들이 처한 문화적 환경도 매우 복잡하고 다양한 것이어서 일반적인 단일 기준에 의하여 청소년의 개념을 규정할 수는 없다.

그러나 현실적으로 연령의 측면에서 생각하자면, 청소년은 만 11세부터 만 18까지의 중·고등학생들을 의미하는 것이 일반적이다. 청소년을 연령 규정 없이 그냥 '중·고등학생'으로 한정짓기도 한다.[1] 문학교육의 입장에서 보더라도, 학교라는 교육 제도 속의 대상으로서 주로 중·고등학생을 가리키는 경우가 일반적이다. 따라서 청소년 문학이란 중·고등학교에

---

[1] 김은형(2001), 「청소년에게 '문학', 어떻게 가르칠 것인가」, 『문학과교육』 17호(2001년 가을호), 문학과교육연구회, 91면.

서 다루고 있는 문학을 의미한다고 생각할 수 있다.[2] 그러나 지금까지 청소년 문학은 주로 고등학생들에 초점이 맞추어짐으로써 상대적으로 중학생들의 청소년 문학 텍스트에 대한 논의는 빈약한 상황에 놓여 있다. 고등학교의 문학은 '성인 문학으로부터 이들이 물려받는 텍스트의 존속을 목표로 하는 것'이 대부분이고,[3] 중학교의 경우에는 중학생들이 읽어야 할 문학 텍스트의 선정에서부터 난항을 겪고 있기 때문이다. 고등학교에서는 '문학사적 검증을 거친 작품'이라는 최소한의 기준에 의해 성인 문학과 거의 차이 없이 문학 텍스트를 교육하고 있는 반면에, 중학교에서는 이런 기준조차 마련되지 않은 상황에서 '아동 문학'과 '성인 문학'의 중간 지점에서 그 좌표를 바로 세우지 못하고 있는 것이 현실이다.

청소년기는 신체적으로는 이미 성인이 되었지만 정신적·신체적 측면에서는 여전히 어른의 보호 속에 있는 시기이다. 이러한 특성을 갖는 청소년들은 어른들로부터 '해야 할 일'과 '해서는 안 되는 일'에 대한 제약을 받는다. 그 결과 청소년들은 자신이 '하고 싶은 일'과 '해야 할 일' 혹은 '할 수 있는 일' 사이에서 갈등을 한다.

> 교문을 나서며 어디로 갈까 잠시 머뭇거리는 순간, 석가모니가 태어나자마자 일곱 걸음을 걸은 뒤 세상을 둘러보며 외쳤다는 말이 떠올랐다.
> '천상천하유아독존(天上天下唯我獨尊)'
> '하늘 위에서나 하늘 아래에서나 오로지 내가 가장 존귀하다.'라는 말을 석가모니는 왜 태어나는 순간 했을까?
> '내가 가장 존귀하다.'라는 말은 모든 진리와 깨달음의 출발점과 종착점이 바로 '나'라는 말이 될 것이다. 말하자면 내가 이 세상의 중심이라는 뜻일 것이다.

---

2) 김중신(2002), 「청소년 문학의 재개념화를 위한 고찰」, 『문학교육학』 제9호, 문학교육학회, 13면.
3) 류덕제(2001), 「청소년 문학과 문학교육의 지향」, 『문학과교육』 17호, 문학과교육연구회, 77면.

> 그렇다… 이 세상에서 가장 소중하고 아름다운 존재는 바로 '나'야… 그
> 래. 나는 아름답다 그리고 나는 세상없어도 아름다워야 한다. 그리고 지금
> 은 바로 그 아름다운 나를 위한 첫걸음을 내딛는 순간이다.[4]

　이 소설은 '이 세상에서 가장 소중하고 아름다운 존재는 바로 나다'를
주제로 한 것으로, 청소년들이 겪고 있는 세상에서의 부적응, 자신의 의지
와는 관계없이 돌아가는 세상의 모습을 다루고 있다. 이 소설이 청소년들
에게 재미있게 읽혀지는 것은 바로 청소년 자신들이 고민하고 경험하는
세상과의 관계를 잘 드러내고 있기 때문이다. 청소년들은 자신의 실제 삶
을 반영하지 못하고 과거의 시대적 상황을 반영하는 문학 텍스트들을 이
해하지 못할뿐더러 흥미도 갖지 않는다. 또한 낡은 문학적 지식과 문학
이론, 교과서에 실린 작품들에 그다지 흥미를 갖지 않는다. 이는 교과서에
실린 문학 텍스트들이 청소년들이 겪는 갈등과 고민들, 즉 친구 관계, 성
적 문제, 부모와의 관계, 진학 문제 등을 다루지 못함으로써 청소년들의
관심사를 제대로 반영하지 못하고 있기 때문이다. 또한 청소년 문학 텍스
트들을 생산하는 출판업자들의 상업적 전략을 학교 현장이 따라가지 못하
기 때문이기도 하다.
　이러한 문제를 해결하기 위해서는 학교 교육 안에 청소년들이 관심을
갖는 문학 텍스트들을 과감히 수용하고, 이 텍스트들의 장점과 단점을 학
생들과 면밀하게 토의하는 것이다. 이 토의를 통해 교사와 학생들은 교과
서에 실린 문학 텍스트들이 어떤 문제점을 안고 있는지, 그리고 학교 밖
에서 읽는 청소년 문학 텍스트들이 어떤 문제점을 안고 있는지 등을 파악
할 수 있을 것이다. 또한 청소년들의 문화를 이해할 수 있다. 그리고 이러
한 파악을 통해 청소년들은 자신이 어떤 문학 텍스트를 읽어야 하는지,
그리고 문학 텍스트 읽기가 자신의 삶과 어떤 관련성이 있는지를 보다 명

---

4) 박상률(2002), 『나는 아름답다』, 사계절.

확하게 알 수 있을 것이다.

청소년 문학에는 청소년들의 문화가 담겨 있다. 청소년 문학은 청소년들의 관심사와 생활상을 반영하여, 청소년들이 정체성을 형성하게 하는 역할을 한다. 따라서 청소년들의 문화에 대한 이해는 상당 부분 청소년 문학을 통해 이루어질 수 있다. 청소년들의 생활양식, 청소년들이 살아가면서 이루어낸 일반적인 청소년들의 습관이나 능력들이 청소년 문화이다. 성인문화의 하위문화 혹은 모방문화로서 종속되어 있으면서도 한편으로는 또 다른 세계에 대한 욕망을 나타내고 있어 더욱 복잡한 함수관계를 그리고 있는 것이 지금 청소년들의 문화이다.5) 이러한 청소년들의 문화들은 학교 교육에서 가르쳐지고, 이를 통해 그 질이 향상되어야 한다. 청소년들의 문화 현상의 변화들을 학교 교육에서 올바로 반영하는 것은 청소년들의 '능동성'을 끌어내면서, 그들과 호흡을 같이하는 교육 실천이 가능하게 할 것이다. 아울러 청소년들과의 진정한 소통 속에, 청소년들이 진정으로 사회와 미디어에 적응할 수 있도록 도울 수 있다. 이러한 과정을 통해 청소년들은 동시대의 문화 속에서 자신의 정체성을 찾고 스스로를 더욱 계발하는 존재가 될 것이다.

2. 청소년 문학을 읽는 이유

청소년 문학은 다른 문학 장르들과 함께 읽혀지고, 경험되고, 향유되고 있는 장르이다. 청소년을 위한 문학 텍스트로서 청소년 문학은 청소년을 위한 '고유한' 존재 정당성을 가지면서, 청소년들에게 즐거움과 유용함을 주어야 한다. 또한 청소년 문학은 서로 다른 문화들의 독특함을 공표하고,

---

5) 안수진(2001), 「21세기 청소년문화와 청소년문학 경험」, 문학과교육연구회, 『문학과교육』
   제17호, (주)한국교육미디어, 73면.

우리의 인간성을 명백히 보여주는 일반적인 특성들을 그 문화 구성원들이 다시 확인하게 함으로써, 청소년 문학 읽기를 통해 모든 내용 교과들 (content areas)의 학습이 통합적으로 이루어질 수 있게 한다.

청소년 문학 텍스트 읽기를 통해 청소년 독자들은 자아에 대한 탐색을 할 수 있을 뿐만 아니라, 자신이 처한 사회, 문화, 그리고 세계의 보다 확장된 상황 맥락 속에서 자기 자신에 대해 알게 된다. 학습을 위한 어떤 다른 수단보다도 더 효과적으로, 문학 텍스트는 청소년들이 자기-이해(self-understanding), 그리고 자신을 둘러싼 세계에 자신이 어떻게 적응하고 관련될 수 있는지에 대한 이해를 탐구하고 발견할 수 있게 한다. 솔제니친 (Aleksandr Solzhenitsyn, 1972)은 문학 텍스트가 갖는 고유한 가치를 다음과 같이 말한다.

> 문학은 사람들이 자신의 직접적인 경험을 통해서만 학습할 수 있다는 유감스러운 특성을 극복할 수 있다. (중략) 문학을 통해 우리는 다른 사람이 경험한 것을 살아있는 것으로 직접 만들고, 이러한 경험이 자신의 것이 되게 할 수 있다.[6]

타인의 경험을 상상하여 느끼는 경험은 강력하다. 문학 텍스트는 독자들을 미지의 장소로 데려가서, 독자들이 다른 사람들의 경험을 이해할 수 있게 한다. 문학 텍스트는 우리가 "다른 사람의 신발을 신고 걸을 수" 있고, 다른 사람이 경험한 것을 이해할 수 있게 하는 강력한 수단을 제공한다. 이러한 이유 때문에, 청소년을 위한 문학 텍스트의 학습은 자아에 대한 발견뿐만 아니라, 자신을 둘러싼 사회적 맥락에 대한 발견을 향상시킨다. 따라서 문학 텍스트는 자아, 타자, 사회, 그리고 문화 등에 대한 확장된 이해를 위한 틀이 될 수 있다. 이는 문학교육에 대한 포괄적인 문화 관

---

6) Brown, J. & Stephens, E.(1995), *Teaching Young Adult Literature*, Wadsworth Publishing Company, requotation in p.5.

점과 맥을 같이한다.

이런 관점에서 본다면, 문학교육, 특히 청소년 문학교육에서 교사들의 관점은 광범위한 문학적 실체들과 문학적 유형들을 포괄하는 것이 될 필요가 있다. 즉, 정전성에 의한 문학교육이 아닌, 다양한 시대와 문화들을 포괄하는 문학교육의 관점에서 다양한 동시대의 문학 텍스트와 작가들을 아우르는 문학교육을 수행할 필요가 있다.

또한 문학 교사들은 다양한 문화적 집단들과 청소년들의 개별적인 학습 스타일에 효과적인 교수-학습 전략들을 다양하게 활용해야 한다. 문학 교사들은 청소년들의 학습 스타일, 언어 경험과 발달에 영향을 주는 윤리적 배경을 알아야 하고, 학생들이 갖는 다양한 문화적 배경들과 인지적 특성들에 대한 식견을 갖고 있어야 한다.[7]

아울러 문학 교사들은 다양한 사람들과 문화들에 청소년들이 친숙하게 하는 문학교육과정을 활용할 필요가 있다. 다문화적 사회에서, 교사들은 학생들이 비교문화적인 이해와 인식을 할 수 있게 하고, 다양한 윤리성과 문화적 관점들을 드러내는 청소년 문학 텍스트들을 읽고 이해할 수 있게 해야 한다. 다양한 문화적 맥락에서 학생들은 자기 자신에 대한 인식과 가치를 탐구할 수 있을 것이다(Sasse, 1988 : 14).

문학 텍스트는 다른 사람들이 어떻게 살아가고 생각하는지에 대한 이해를 얻을 수 있는 매우 좋은 자료이다. 문학 텍스트는 자신과 다르거나 동일한 타자에 대해 말할 수 있는 기회를 제공하기 때문이다. 또한 문학 텍스트는 자신과는 다른 타자들이 갖는 문화적이고 윤리적인 차이들을 탐구할 수 있는 기회를 제공하면서, 타자와의 공존이 갖는 중요성을 일깨워주기 때문이다.[8] 특히 청소년 문학은 청소년들의 삶을 문학적으로 승화시켜

---

7) Sasse, M. H.(1988), "Literature in a multiethnic culture", ed. Nelms, B. F.(1988), *literature in the classroom : Readers, texts, and contexts*, Urbana, Ill : NCTE, p.11.

8) Crawford, L.(1993), *Language and literacy learning in multicultural classrooms*, Boston : Allyn

청소년들에게 심미성을 제공한다. 이러한 미적 가치로 인해 청소년 문학
은 청소년들의 삶에 잠재적 영향을 주는 존재 정당성을 갖는다. 이는 청
소년 문학이 진정한 것이 되기 위해서는 교육적 가치뿐만 아니라 문학성
도 갖추어야 함을 의미한다. 문학성을 가져야만 그 텍스트는 고유한 가치
를 지니며, 이에 의해 교육적 가치를 부여받을 수 있기 때문이다.

3. 청소년 문학의 개념

청소년 문학의 개념은 불명료성과 비통일성을 그 특징으로 한다. 청소
년 문학의 개념이 불명료한 것은 어린이에서 청소년, 청소년에서 성인으
로 발달하는 단계를 구분 짓는 데 문제가 있기 때문이다. 이 때문에 청소
년 문학은 흔히 '청소년 문학 텍스트', '청소년을 위한 글', '청소년이 읽
는 글' 등의 용어로 불리고 있다. 이처럼 다양한 용어들은 청소년 문학의
불확실한 경계 구분과 아울러 청소년 문학에 대한 연구자들의 관점 차이
를 드러낸다.9) 이러한 용어들은 청소년들의 주체성을 간과하는 문제점을
갖는다.

청소년 문학은 넓은 의미의 문학 개념으로 보느냐 좁은 의미의 문학 개
념으로 보느냐에 따라 개념 및 그 대상이 달라진다. 넓은 의미의 개념에
서 볼 때, 청소년 문학은 명시적으로 청소년을 목표 집단으로 쓰인 것이
므로, 그 생산자가 성인이냐 청소년이냐는 중요하지 않다. 그러나 분명히
청소년을 위해 쓰인 것이 아님에도 불구하고 청소년들에 의해 수용되는
문학 텍스트들이 있다. 이러한 텍스트들도 청소년들이 실제로 읽고 있다
는 점에서 청소년 문학이라 할 수 있다. 이는 청소년들이 수용하는 모든

& Bacon, p.25.
9) 김경연(2000), 「독일 아동 및 청소년 문학 연구」, 서울대학교 대학원 박사학위논문, 18~19면.

문학 텍스트들을 청소년 문학으로 보는 수용 중심의 정의를 따른 것이다.

명시적으로 청소년을 목표 집단으로 하여 쓰인 청소년 문학(young adult literature)은 특별히 청소년을 위해, 그리고 청소년에 대해 쓴 문학이다. 이 관점에서 보면, 청소년 문학은 청소년 독자를 위해 쓰인 문학적 구성, 즉 청소년들의 삶, 경험, 열망, 문제 등과 관련된 이슈들을 다루고 있다. 다시 말하면, 청소년들이 탐구하는 당면 과제(subject matter)뿐만 아니라, 청소년 문학 텍스트들을 읽는 주요 예상독자로서 청소년을 텍스트 속에 형상화하고 있다.

그러므로 청소년 문학은 청소년기에 있는 작중인물들에 초점을 두어, 작중인물들의 정체성 인식, 모험, 꿈(희망), 그리고 사소한 일들을 탐구한다. 청소년기에 있는 작중인물들이 도전들과 난관들에 직면할 때, 그들은 성장하고 발전한다. 청소년기는 의미 있는 발전의 시기이기 때문에, 청소년 문학은 청소년들이 경험하게 될 변화와 모험들을 적절하게 반영해야 한다.

한편 수용 중심의 관점에서 볼 때, 청소년 문학은 비의도적으로 청소년들이 읽고 있는 문학이다. 이러한 문학은 그 생산자가 성인이냐 아니면 청소년이냐에 상관없이, 초등학교 6학년 혹은 중학교 1학년에 해당하는 만 11세부터 고등학교를 졸업하는 나이인 만 18세에 해당되는 청소년들이 자신의 필요에 의해 읽는 것이다. 이러한 청소년 문학은 청소년을 위해 쓰인 문학뿐만 아니라, 청소년들이 접할 수 있도록 가공된 문학 텍스트까지 포함한다. 이러한 청소년 문학은 출판업자들이 이 연령 집단에 속한 문학 소비자들의 취향에 맞게 생산한 만화, 영화, 비디오테이프 및 시디롬, 인터넷 등과 같은 멀티미디어 등을 포함한다.

청소년 문학의 개념은 다섯 가지 정도의 범주에서 생각해 볼 수 있다. 첫째, 청소년들이 읽기에 바람직한 것으로 간주되는 텍스트이다. 둘째, 특별히 청소년을 위해서 쓰인 문학 텍스트를 말한다. 셋째, 청소년들이 스스로 쓴 문학 텍스트를 말한다. 넷째, 성인문학으로부터 청소년들이 물려받은 텍스트의 존속을 목표로 하는 것이다. 다섯째, 청소년들이 실제로 읽고 있는 문학 텍스트를 일컫는다. 청소년 문학의 개념에 대해 이와 같이 다섯 가지 정도의 개념들을 생각할 수 있는데, 이 개념들은 텍스트 생산 및 향유의 주체를 누구로 설정하는가, 그리고 청소년들에게 바람직한 가치를 전수해 주어야 한다는 전제를 내포하고 있다. 따라서 청소년 문학의 개념에 대한 논의들은 어떤 전제를 갖는가에 따라 달라질 수밖에 없다. 이런 측면을 고려하면 청소년 문학의 개념을 새롭게 정의할 필요가 있다.

오늘날의 청소년 문학(young adult literature)은 출판업자들에 의해 기획된, 독자들의 흥미(관심사)를 반영하는 몇 가지 구성적 특징들을 공유하는 경향이 있다. 첫째, 주인공이 12세에서 20세까지의 청소년이다. 둘째, 비교적 짧은 시간 내에 사건이 벌어지는 몇 개의 하위 플롯을 가진 주요 플롯 하나를 갖는다. 셋째, 작중인물들의 숫자가 제한된다. 넷째, 하나의 주요 배경을 갖는다. 다섯째, 대략 125~250페이지 정도의 분량을 그 길이로 갖는다. 여섯째, 일반적으로 청소년 문학에 사용된 언어들은 실제로 청소년들이 사용하는 언어를 되풀이한다.

오늘날의 청소년 문학은 우리 사회가 안고 있는 삶의 복잡성을 반영하며, 그 주제는 청소년들의 방황, 정신적 성숙, 가정의 중요성 등이다. 또한 작중인물들이 씨름하는 이슈(문제)들은 항상 변화하고 있는 세계에서 그 의미를 갖는 것들이다. 청소년 문학 텍스트에서 작중인물들이 고민하는 이슈들은 청소년들이 살고 있는 세계와의 긴밀한 연관성 속에 그 해결 방법이 모색될 수 있기 때문이다.

청소년들은 삶을 위한 전략들을 필요로 하고 찾고 있다. 청소년들이 문학 텍스트를 읽을 때, 그들은 삶을 위한 전략들을 찾는 경험을 한다. 청소년 작중인물과 독자로서의 그들의 경험 사이에는 상호관련성이 있기 때문이다. 일반적으로 성인들은 자신들이 이미 가지고 있는 태도들을 반영하고 강화하는 문학 텍스트들을 선호한다. 반면에 청소년 독자들은 자신들의 개성과 삶 속에 통합시키기 위해 아이디어들, 정보, 가치들을 적극적으로 찾고 있다. 청소년들이 읽은 문학 텍스트들은 그들의 실제 삶의 일부가 되고 있다.

청소년 문학 텍스트들을 읽는 독자들은 텍스트에 형상화되어 있는 작중인물들로서의 강력한 역할 모델들에 동일시될 수 있는 기회를 갖는다. 청소년들은 청소년 문학 텍스트에 형상화되어 있는 기억할만한 젊은 작중인물들과 만나게 된다. 이 만남을 통해 청소년들은 자신의 삶과 가치관을 변화시킬 수 있는 잠재성을 얻게 된다. 로젠블랫(Rosenblatt, 1983)은 청소년 독자들의 문학적 경험을 다음과 같이 설명한다.

독자들에게 작품의 공식적인 요소들, 즉 문체와 구조, 리듬감 있는 전개 등은 전체 문학적 경험의 일부로써만 기능할 뿐이다. 독자는 다른 사람의 상상력에 참여하고, 세계에 대한 지식을 획득하고, 인간 정신의 자료들을 추측하고, 자신의 삶을 보다 이해할 만한 것이 되게 하는 통찰력을 얻기 위해 문학 텍스트를 탐색한다. 고등학교 혹은 대학에서, 청소년들을 가르치는 교사들은 문학에 대한 자신의 개인적인 태도들을 얼마나 많이 증진시켜 문학적 반응을 공유할 수 있는지를 안다.(Rosenblatt, 1983 : 7)

청소년 소설에서 젊은 주인공들은 독자들이 동일시할 수 있는 모델들을 제공한다. 교사들은 청소년 소설 읽기에 청소년들을 관련시킬 수 있는 연계망들을 알기 때문에, 텍스트에 형상화되어 있는 작중인물들에 대한 청소년들의 동일시를 격려하고 증진시킬 수 있는 방법을 찾는다.

청소년 문학은 청소년들이 자신을 탐구할 수 있는 기회를 제공한다. 이 탐구는 고양된 자기 지식(self knowledge)과 개인적 이해를 포함하지만, 서로 다른 중요한 두 가지 방식의 이해를 청소년들에게 제공하는 잠재성을 갖고 있다. 문학 텍스트는 사건들, 상황들, 그리고 인간의 상호 작용들에 대한 지식을 독자들이 확장할 수 있게 하면서, 독자가 자신을 둘러싼 세계에 대한 감각을 확장하고 증진할 수 있게 한다.

이를 김남천의 「무자리」를 통해 살펴보자. 이 소설의 줄거리는 주인공인 운봉이 서울에 있는 누이의 말을 믿고 상급학교 진학을 꿈꾸나 아버지의 장례식에 초라한 몰골로 임신하여 돌아온 누이를 보고 노동자가 되어 일하기로 결심한다는 내용이다. 이 소설에서 누이는 가장 생활력 있고 판단력 있는 인물이며, 운봉이의 꿈을 실현 가능하게 할 능력을 가진 인물로 설정되어 있다. 그러나 누이는 '기생'이라는 신분을 가짐으로써, 사회의 윤리적 가치관으로 보았을 때는 정당성에 위배된 인물이다. 따라서 이러한 인물이 소설에서 소망 해결의 주도적인 역할을 하기가 어렵다. 특히 '누이의 임신'은 이제까지 누이를 긍정적 인물로 인정할 수 있었던 요인들 ─ 경제적인 능력 ─ 을 완전히 제거시킴으로써, 운봉의 꿈을 좌절시킨다.

이러한 좌절은 운봉의 의식을 성장시키는 계기가 된다. 즉, 남에게 의존한 미래의 꿈이 아니라 스스로 실행하여 성취하려는 현실적이고 구체적인 탐색 대상을 모색하게 한다. 이러한 각성을 통해 운봉은 남에게 의존하는 미래에 대한 비전, 즉 자신의 힘이 아니라 누이에 의존해야 실현 가능한 '상급학교 진학'이라는 추상적이고 거리감 있는 미래에의 비전이 아닌, '취직'이라는 현실적이고 실제적인 비전을 갖게 된다. 이 과정에서 운봉은 이제부터는 "무서울 것도 두려울 것도 없이 상쾌한" 긍정적인 비전을 갖고 정체성을 확립하게 된다.

청소년 문학의 범주는 청소년 독자들의 광범위한 흥미와 관심사에 의해 한정될 수 있다. 청소년 문학이라는 용어는 청소년 문학 텍스트들이 탐구해야 할 광범위한 주제 문제(당면 과제, subject matter)뿐만 아니라, 이 텍스트들을 읽을 주요 예상독자들과 관련된다. 청소년을 위한 소설들에 형상화되어 있는 주요 주제들은 통과 의례(rites of passage), 정체성 찾기, 가족 관계, 독립의식의 요구, 대인 관계 등이다. 이 주제들은 일반적으로 모든 문학 텍스트들에서 발견되는 것들이기도 하다.

4. 청소년 문학의 특징

청소년은 청소년 문학 텍스트들을 주체적으로 읽어내는 독자이면서 학교 현장에서 교육의 대상이 되는 존재이다.[10] 따라서 이들을 위한 문학 텍스트는 성인 독자들을 위한 텍스트와는 다른 특징을 가질 수밖에 없다.

첫째, 문학교육의 지향점인 학습자의 문학능력 증진과 문학 문화의 고양을 실현할 수 있는 것이어야 한다. 청소년 문학 텍스트를 교실 현장에서 교수─학습하는 것은 단순히 관심이나 여흥을 위한 것이 아님은 자명하다. 청소년 문학 텍스트를 교수─학습하는 것은 궁극적으로 학생들의 문학능력을 증진시켜 학생들의 자기 성찰 및 새로운 자기 형성을 가능하게 하기 위함이기 때문이다. 이는 청소년 문학 텍스트의 교수─학습이 현재적이고 가시적인 교육 목표 실현에만 한정되지 않은 미래 지향적이고 잠재적인 특성을 가지며, 이 특성은 학생들의 능동적인 의미 구성 행위에 의해서만 가능함을 의미한다. 따라서 청소년 문학교육은 의도적이고 계획적인 교육과정에만 한정되지 않고 잠재적인 교육과정까지를 아우르는 관점에서 논의될 필요가 있다.

둘째, 청소년 문학 텍스트는 일반적으로 청소년들의 정신적·육체적 성장과 관련되는 정체성을 다루고 있다. 따라서 청소년 문학 텍스트를 대상으로 하는 청소년 문학교육은 청소년을 어른의 축소판이나 불완전한 성인으로 보기보다는 청소년들의 존재를 그 자체로 인정하면서, 청소년들이 안고 있는 문제가 청소년 문학 텍스트들에 어떻게 형상화되어 있고, 이

---

10) 김중신(2002), 앞의 논문, 14면.

형상화는 청소년들의 실제 삶에 어떤 의미가 있는가를 해명하는 것이 될 필요가 있다. 지금까지 우리 사회에서 청소년들은 정체성을 분명하게 인정받지 못한 채, 성인들의 의식에 의해서 일방적으로 규정되어 왔다. 억압적인 사회 구조 속에서 청소년들은 그들 스스로 자신들의 삶을 풀어낼 수 있는 환경을 갖지 못했고, 어른들은 그들에게 성인들의 점잖은 삶을 강요해 왔기 때문이다.11) 따라서 청소년 문학교육은 어른들에 의해 강요되지 않은 청소년들의 본성, 즉 청소년들의 삶의 주요 흐름이나 정체성을 구현하는 것이 될 필요가 있다.

셋째, 청소년 문학 텍스트는 청소년들에 의해 즐겨 향유될 수 있는 특성을 갖고 있다. 청소년들은 누군가의 강요에 의해서가 아니라 자발적인 선택에 의해 청소년 문학 텍스트들을 향유한다. 그런데 청소년들이 즐겨 향유하는 텍스트들은 교과서에 실린 문학 텍스트들과는 상당한 차이를 드러낸다. 교과서나 문예지에 실린 시들은 청소년들이 즐기기에는 지나치게 난해하고 심각한 반면, 청소년들이 즐겨 향유하는 통속시들은 청소년들의 관심과 욕구를 지나치게 고려함으로써 청소년들의 일상적인 경험에 근거한 위안과 심미적 자극에만 한정되는 문제점을 갖는다.12) 이러한 상황에서 청소년들은 성인들이 권장하거나 교과서에 실린 소위 정전 텍스트들을 읽기보다는 영화나 TV, 비디오, 만화, 대중가요, 키치(kitsch)화된 문학 텍스트들을 더 선호한다. 이러한 현상을 극복하기 위해서는 청소년 문학교육의 장을 보다 확장시켜 청소년들의 실제적인 요구와 관심사를 반영하는 교육을 실천할 필요가 있다.

청소년 문학 텍스트의 내용들이 어떻게 변화되어 왔는지를 이해하기 위해서는 먼저 청소년 문학이 어떻게 발전해 왔는가를 검토할 필요가 있다. 한국 문학사에서 청소년 문학은 김남천의 「남매」, 「소년행」 등에서 그 단

---

11) 김중신(2002), 앞의 논문, 15면.
12) 박기범(2001), 「청소년 문학의 진단과 방향」, 『문학과교육』 17호, 문학과교육연구회, 34면.

초를 확인할 수 있다. 「남매」에서 소년 주인공 '봉근'은 조숙하고 똑똑한 인물로, 긍정과 부정이라는 윤리적·감정적 가치의 척도를 전달하는 초점 인물의 역할을 담당하고 있다. 이 소설에서 봉근은 의붓아비인 학섭에 대해 처음에는 긍정적인 시각에서 서술하다가, 곧 부정적인 시각에서 서술하고 있다. 아비 학섭이 애써서 잡은 고기들을 식구들이 한번 제대로 먹어보지도 못하고 모두 팔아버리기로 결정하자, 봉근은 설움과 분함이 북받친다. 즉, 식구들의 '생계를 위한 고기잡이'가 아니라 단순히 '자신의 벌이, 돈을 위한 고기잡이'임을 알게 된 봉근은 아비에게 느꼈던 자랑스러움이 배신감으로 바뀌었다.

한편 누이 계향을 바라보는 봉근의 시선이나 가치 판단에도 변화가 있다. 이 소설에서 누이는 봉근이 지향하는 순수의 세계를 표상하는 인물로 등장한다. 여기에서 누이는 도덕적·사회적 기준으로는 타락할 수밖에 없는 '기생'이라는 직업을 가진 부정적인 인물이지만, 봉근에게는 좋아하는 세무서 윤재수와의 사랑을 지키기 위해 다른 남자에게 몸을 허락하지 않는 숭고하고 신성한 존재이다. 그러나 이렇게 신성한 존재로 봉근에게 인식되던 누이가 '물고기 사건'으로 어미와 싸우고 집을 나와서는 봉근의 기대를 완전히 저버리는 행동을 하게 된다. 즉 이제까지 멀리하던 다른 남자와 잠자리를 '돈' 때문에 하면서 속물스런 행동을 하는 것이다. 이러한 누이의 행동은 봉근에게 세계에 대한 인식을 새롭게 하게 하면서도 어른들의 세계에 대한 환멸감을 준다. 이러한 환멸감을 통해 어른들의 세계를 인정하거나 그것과 타협하지 않는 봉근의 태도는 소년 주인공을 내세운 초기 청소년 문학들이 당시의 세태상을 잘 묘사하는 것이었음을 보여준다.

「소년행」은 「남매」에 설정된 시·공간이 변화되어 있다. 즉 11살이던 봉근이 18살의 청년으로, 공간도 시골집이 아니라 서울에 있는 한 약방에 사환으로 취직한 봉근으로 설정되어 있다. 「소년행」의 첫 부분은 누이가

자신을 보러 서울에 왔다는 기별을 봉근이가 받는 것으로 시작된다. 누이
와의 상봉은 봉근에게 분함과 배신감을 안겨준 대상과의 만남이므로 커다
란 시련이고 괴로움으로 인식된다. 그러나 봉근은 일련의 고민을 통해 누
이에게 느꼈던 배신감을 떨쳐버리고 누이의 사랑과 정성을 떠올리게 된
다. 그리고 그 아름다운 감정을 되찾기 위해 누이와 상봉하기로 마음먹는
다. 이를 통해 봉근은 현실 세계에서 농락당할대로 농락당해 찢겨진 육체
만이 남은 쇄락한 상상 속의 누이를 용서하기로 한다. 그러나 봉근이 실
제로 만난 누이는 그의 상상대로 쇄락한 존재가 아니라, '너무 능청맞도록
비둥비둥하게 살지 찌고', 그에게 '돈이 제일'이라고 설교하는, '징글징글
한 염증'을 주는 누이었다. 이러한 누이의 모습에 대한 적대의식을 갖지
만, 결국 봉근은 현실이란 순수한 이상대로 영위되는 것이 아님을 인식하
는 정신적 성숙을 하게 된다. 그리고 이러한 성숙을 통해 자신과 타자, 세
계에 대한 인식을 심화시키면서, 자신의 정체성을 새롭게 모색하게 된다.

　청소년 소설들은 많은 텍스트들에서 성장소설의 형태를 띠고 있는데,
이것들은 서술자의 반성적 사유를 보여준다. 이는 소설 내적 시간이 유년
의 시간대임에 반해서 실제적인 창작은 성인의 세계에 진입한 이후의 시
간에서 이루어졌기 때문이다. 성인의 입장에서 자신의 유년 시절을 추체
험하고 재평가하면서 반성적으로 사유한 결과물이 바로 성장소설이다. 서
술자의 반성적 사유를 보여주는 대부분의 성장소설들은 고백의 담론 방식
을 택한다. 고백의 담론 방식을 지배적인 서술 전략으로 채택하고 있는
소설은 액자 소설의 구조를 갖고 있거나 서술의 시간과 사건 발생의 시간
이 구별되어 제시되고 있다.[13] 이를 김원일의 『노을』에서 확인해 보자.

　『노을』의 시간 구조는 액자 소설의 틀을 통해 유년시절에 대한 이야기
의 과거 시간과 성인이 되어 고향에 내려가게 되는 여정의 현재 시간으로

---

13) 최현주(2002), 『한국 현대 성장소설의 세계』, 박이정, 142~143면.

구분되어 있다. 서술자인 '나'는 백정이던 아버지가 6·25전쟁 이전 빨치
산에 가담하게 된 것으로 인해 고통스러웠던 유년 시절을 겪었으며, 현재
는 출판사 편집일을 보는 안정된 직장인이다. 기성사회에 무난히 편입하
게 된 서술자의 불완전하고 혼돈스러웠던 유년시절에 대한 반성적 사유의
결과물이 이 소설에 잘 나타나 있다. 진솔하게 제시되는 유년시절에 대한
고백을 통해 '나'는 어린 시절 이해할 수 없었던 아버지를 이제 이해하고
용서하게 된다.

> 그러자 문득 아버지와 헤어져 봉화산에서 내려왔던 저녁이 생각났다. 장
> 마 뒤끝이라 노을이 유독 아름다웠다. 폭동의 잔재도 완전히 소멸되고 백
> 태도 기수도 죽고 없는 텅 빈 장터 마당에서 절름발이 미송이만이 홀로 종
> 이비행기를 날리고 있었다. 제대로 걷지를 못하므로 늘상 하늘을 날고 싶
> 은 꿈만 키워온 병약한 미송이, 그날따라 그가 날려올리는 종이비행기가
> 아주 유연하게 포물선을 그리며 고운 하늘을 맴돌았다.
> "감수야 저, 노을 있제? 저 노을꺼정 이 비행기가 날아올라 간데이. 나를
> 태우고 말이다."
> 미송이가 배시시 웃으며 말했다. 그리고 노을 속에다 힘차게 비행기를
> 뛰워 보냈다. 미송이가 그렇게 나는 희망을 키우는 만큼 그의 눈에 비친
> 하늘은 분명 어둠을 맞는 핏빛 노을이 아니라 내일 아침을 기다리는 오색
> 찬란한 무지개빛이리라.[14]

위의 예문에서 고백을 통한 반성적 사유는 '핏빛 노을'을 '무지개빛'으
로 인식하게 하는데, 이러한 고백의 담론 방식은 과거에 체험했던 '나'의
정신적 상처와 어둠을 청산하게 하는 근원이 되고 있다. 이러한 유년 시
절과 과거 시간으로의 회귀는 과거의 자아와 그것을 회상하는 현재의 자
아를 상호 교섭의 방식으로 연결시켜 새로운 자아를 정립할 수 있게 한다.
이순원의 『19세』와 같이 2000년대에 창작된 청소년 소설들은 성장기에

---

14) 김원일, 『노을』, 177~178면.

있는 청소년의 정신적 방황과 갈등을 보여준다. 특히 청소년들의 성 문제를 다루면서, 청소년들의 정체성이 흔들리고 있음을 보여준다. 이를 임태희의 『쥐를 잡자』에서 확인해 보자.

임태희의 『쥐를 잡자』(푸른 문학 텍스트들, 2007)는 10대 소녀 주홍의 임신과 낙태, 자살을 형상화하고 있다. 이 소설은 '주홍의 임신'이라는 사건을 두고 주홍의 담임인 최 선생과 주홍의 엄마, 그리고 주홍 본인의 시점이 교차되면서 서술되고 있다. 작가는 '쥐', '사물함', '냉장고' 등과 같은 상징물을 통해 여성의 몸, 준비되지 않은 임신, 이에 따른 두려움과 상처 등을 효과적으로 형상화하고 있다.[15] 이 소설은 미혼모가 처한 강고한 현실을 강조하면서, '성'을 무서운 것, 혹독한 대가를 치러야 하는 것으로 형상화하고 있다. 이로 인해 작중인물들은 모두 씻을 수 없는 죄의식에 시달리게 된다.

> 스무 살. 가슴이 벅찼던 것 같다. 갑자기 너무 많은 것이 허용되어 당황스럽기도 했지만 일생일대의 축제이기도 했다. 나는 스무 살에 취했으며 스무 살을 즐겼다. 괴로운 사실은, 그때 내가 무얼 하고 있는지도 잘 알고 있었으며 어떤 결과가 기다리고 있는지도 예상하고 있었다는 것이다. 하지만 아기라니……. (중략)
> 아기를 낳기로 한 순간부터 오점투성이가 되어 버렸다.
> 쓸고 닦고 털어 내고 지우고……. 아무리 해도 깨끗해지지 않았다.
> 왜? 왜?
> 이제야 알았다. 내가 쥐였기 때문이다. 스무 살을 감당할 수 없게 한 나의 열아홉, 열여덟, 열일곱……이 쥐였다.
> 아니, 이 세상이 쥐로 득시글거리기 때문이었다. 결혼하지 않은 여자가 아이를 낳을 수도 있다는 가능성을 깜빡한 세상이 바로 쥐였다. (74~75면)

---

15) 송수연(2008), 「청소년 문학과 성」, 한국아동청소년문학학회, 『아동문학과 역사적 진실』, 2008년 겨울 학술대회, 61면.

엄마가 자신의 과거를 회상하는 장면이다. 가슴 벅찬 스무 살, 실로 이는 충분히 취할 만큼 아름답고 가치 있는 순간이다. 그러나 이것에 취하고 이것을 즐긴 엄마에게 남은 것은 한 순간에 '오점투성이'가 되어버린 '나'였다. 물론 인용문에서 강조한 부분은 '청소년'이라는 울타리에 자신을 가둬두었다가 감당할 수 없는 자유를 던져준 뒤 가혹한 책임만을 물은 세상에 대한 엄마의 비판적인 인식이자 절규가 나타나 있다. 그러나 안타깝게도 이러한 인식은 사회 구조나 인간관계에 대한 성찰로 이어지지 못하고 개인의 문제로 환원되어 버린다. '아무리 쓸고 닦아도 깨끗해지지 않았다'는 엄마의 자기혐오는 극복되지 못하고, 결국 씻을 수 없는 죄의식과 자기부정으로 이어진다(송수연, 2008 : 62).

> 내가 죄인이었다. 나는 딸아이를 이 세상에 낳으면서 이미 한 번 죽였고 내일 또 한 번 죽일 것이다. 그리고 지난 다섯 달, 아니 지난 17년 동안 죽음보다 더욱 가혹한 냉대와 외면으로 폭력을 가했다. 그런데도 딸아이는 내 죄를 대신 뒤집어쓰려 하고 있다. (중략)
> "엄마, 그 저주 좀 풀어 줘. 나한테 걸었던 그 저주 말이야! 내가 잘못했어요, 엄마. 응? 제발……."(중략)
> "엄마, 나랑 똑같은 딸 낳으라고 했던 말 취소해 줘, 응?"
> "내가 죄인이다……. 내가 죄인이야……."
> 엄마(주홍의 외할머니-인용자)는 한숨처럼 그 말만 되풀이했다.
> 억장이 무너졌다. 차라리 17년 전으로 돌아가 죽어버렸으면……. 그 때 그랬으면……. (92~93면)

주홍이 낙태를 선택하고 병원에 가기 전 날, 주홍의 엄마가 주홍의 외할머니에게 전화를 거는 장면이다. 작품에서 미혼모로 혼자서 힘들게 딸을 키웠던 주홍 엄마에게 '미혼모'라는 정체성에 대한 거부감은 거의 본능에 가까운 것(병적인 결벽증)으로 묘사된다. 그 때문에 어린 딸의 임신을 받아들일 수 없는 주홍 엄마는 딸의 임신에 대한 책임을 모두 자신에게

돌리고 스스로 죄인임을 자처한다. 자신이 책임지지 못할 아이를 낳아 아이에게 미혼모의 딸로 살게 함으로서 딸을 '한 번 죽였고', 아이가 미혼모가 되도록 자신이 아이를 방치하여 '또 한 번 그를 죽인 것'이라는 그녀의 '지키지 못함' 혹은 '지켜 주지 못함'에 대한 뿌리 깊은 죄의식은 이 작품에 등장하는 모든 여성에게서 공통적으로 드러나는 특질이다. 역시 자신을 죄인이라 자칭하는 주홍의 외할머니뿐만 아니라 주홍의 담임인 최 선생도 주홍의 낙태를 앞두고 '나 자신의 무력함에 치가 떨렸다. 아무 것도 할 수 없다니!'(88면)라고 하며 열손가락을 모두 물어뜯어 피투성이를 만드는데, 이는 모두 '보호해야 할 대상을 제대로 보호하지 못했다'는 죄의식과 주홍으로 대변되는 '여성'에게 상처를 주는 세상 앞에서 한없이 무력한 자신에 대한 분노를 나타낸다.

이러한 인물 형상화 양상은 텍스트에 등장하는 여성인물들이 모두 동일한 인물인 것 같은 느낌을 준다. 이는 인물들이 작가의 의식에서 온전하게 분리되지 못했기 때문이다. 작가 자신의 직접적인 체험이 아니라 해도, 작가가 같은 여성을 보며 느낀 사회적 분노나 좌절감이 객관화되지 못한 채 인물에게 그대로 투영되고 있다. 문제는 이렇게 과도한 자기혐오와 죄의식, 분노에 가득 찬 서사가 자칫 '대문학 텍스트 없이 즐기면 감당할 수 없는 결과가 온다.'라는 식으로 의도하지 않은 영향을 남긴다는 데에 있다. 이른바 '성의 피해(자)적 사회화'라 할 수 있는 이러한 인식은 여성을 남성보다 성적으로 열등하고 약한 존재로 사회화하여 여성이 성적으로 피해자가 되기 쉬운 불리한 역할과 조건에 순응하도록 여성을 길들이게 된다. 이는 결국 순결과 피해자 의식을 강조하며 청소년을 성적 주체로 인식하지 않는 제도권 성교육과 다를 바 없게 되고, 텍스트는 원래의 의도와 다른 '계몽의 서사'가 되어버린다. 즉, 이 텍스트를 읽은 청소년, 특히 소녀들에게 성은 무섭도록 가혹한 것이 되고, 그러한 현실과 맞닥뜨리지 않으려면 '자기 몸을 잘 간수'하는 수밖에 다른 길이 없게 된다(송수연,

2008 : 62).

오늘날의 청소년 소설은 여전히 청소년들의 경험과 생활을 묘사하지만, 더 이상 1인칭 시점에 의해서만 서술되지 않는다. 청소년 소설의 시점은 이제 매우 다양해졌다. 어떤 경우에 시점은 서로 섞이고, 다양한 화자를 취하기도 하며, 시점의 전환을 보이기도 한다. 청소년 소설에서의 또 다른 변화는 역사적 허구, 판타지, 미스터리, 전기, 자서전, 설명문, 드라마, 그리고 시 등과 같은 여러 유형의 글쓰기를 포함하는 장르의 확장이다.

사실적인 청소년 문학은 전통적으로 이혼, 자살, 약물남용, 아동학대, 10대의 성 관심 등과 같은 전통적으로 금기시되어 온 주제들을 다루기 때문에, 청소년 '문제' 소설로 가끔 잘못 분류된다. 그러나 이러한 분류는 지나치게 단순한 것이다. 청소년 소설에서 1인칭 고백의 서술 방식은 이제 더 이상 예전만큼 일반적인 것이 아니다. '성장'이라는 주제도 청소년 소설 장르 전반에서 지속적으로 탐구되고 있는 많은 주제들 중의 하나일 뿐이다.

- 초창기의 청소년 문학은 정신적으로 혼란스럽고 방황하는 청소년에 주로 초점을 두었으나, 오늘날의 소설들은 궁핍, 문제아(problems), 풍부한 취미, 교외의 청소년 등을 다룬다.
- 1980년대에 청소년 문학에서의 변혁은 권위 있는 인물(authority figures)과 제도에 대항하는 방향이었지만, 오늘날의 소설들은 정체성의 탐구라는 맥락에서 그 변혁을 도모하고 있다.
- 부모의 역할과 확대 해석된 가족의 영향에 대한 균형 잡힌 묘사와 함께 가족의 영향력이 보다 강조되었다.
- 우리 사회의 윤리적·문화적 다양성에 대한 보다 많은 강조를 하게 되었다.

청소년 문학 텍스트들은 점차 모든 인간의 경험들을 형상화하기 시작하고 있는데, 이는 잘 짜여진 플롯과 개성 있는 작중인물, 낡은 패턴에서 벗어난 중요한 주제 등에 의해 구현된다. 또한 청소년 문학 텍스트들은 청소년들에게 매우 다양한 독서 경험을 제공한다. 예를 들어, 이순원의 『19세』는 '나'의 정신적 성장 과정을 담고 있다. 이 소설은 청소년들이 자기 성찰을 통한 새로운 자기 형성을 하는 데 하나의 '모범'과 귀감이 될 수 있다. 또한 '나'가 지나온 삶의 이야기를 직접 서술함으로써, 이 소설을 읽는 청소년들이 자신의 지나온 삶에 대한 성찰과 미래의 삶에 대한 적극적인 기획을 가능하게 한다. 그러므로 이 소설에 형상화된 '나'의 자기 반성, 자기 발견, 자기 창조의 과정은 청소년들에게 의미 있는 자아 정체성을 가능하게 하는 하나의 틀이 될 수 있다.

한편 귀여니의 인터넷 소설 『늑대의 유혹』은 가슴에 눈물을 간직하고 있지만, 한없이 밝은 어린아이 같은 태성, 어리지만 강하고 남을 위해 자신의 감정을 삼킬 줄 아는 물 같은 여자 한경의 사랑 이야기를 담고 있다. 이 소설은 태성과 한경의 사랑과 그들의 영혼이 남긴 상처를 다루고 있다. 사랑이 주는 기쁨의 대가로는 터무니없이 가혹한 사랑의 상처. 이 상처를 통해 사춘기 청소년들은 자신의 정체성을 찾아가고 있다. 결국 이 소설은 사춘기 청소년들의 사랑과 우정, 미래에 대한 불안, 그리고 기성사회의 관념 등을 보여주면서, 그들의 진정한 정체성이 어떻게 형성될 수 있는지를 말하고 있다.

청소년 소설의 전개 과정에서 중요한 요소는 성인의 역할과 묘사이다. 예를 들어, 김남천의 「남매」와 같은 초기의 사실주의 계열의 소설에는 긍정적인 역할 모델로서의 성인이 제시되어 있지 않다. 그러나 최근의 많은 청소년 소설들은 성인을 보다 다차원적으로 묘사하는 경향을 보이고 있다. 이 소설들에는 청소년 작중인물들이 자신들에게 일어나는 일들을 이해할 수 있도록 도와주는 해석적인 성인 작중인물들이 있다.

5. 청소년 문학의 구분 문제

오늘날 많은 서점들에서 청소년 작중인물들이 등장하는 소설들은 출판사의 마케팅 전략에 의해, 청소년을 위한 문학 텍스트들로 팔리고 있다. 예컨대, 박상률의 『봄바람』같은 소설들이 이에 해당된다. 청소년 문학의 주요 작가로서 박상률의 명성은 청소년 주인공이라는 선택적 범주에 의해 얻어진 것이다. 그러나 이것은 청소년 주인공이 등장하는 모든 소설이 청소년을 위해 창작된 것이라고 가정하는 매우 단순한 사고방식을 보여준다.

이러한 소설들이 청소년 독자들에게 호소하는 바가 크다고 할지라도, 그 소설들은 성인이 된 화자가 자신의 젊은 날에 대한 반성의식에서 창작된 경우가 많다. 예를 들어, 김원일의 『마당 깊은 집』에서 서술자인 '나'는 6 · 25전쟁 후 대구에서의 피란 생활에 대한 회상 속에 자신의 어린 날에 대한 반추와 평가를 현재의 시점에 의해 하고 있다. 따라서 이 소설은 청소년 인물이 등장하기는 하지만, 특별히 청소년 예상 독자를 위해 창작된 것은 아니라고 할 수 있다.

반면에 박완서의 「그 여자네 집」은 어른이 된 서술자가 어린 날의 자신을 반추한다는 점에서는 김원일의 『마당 깊은 집』과 별 차이가 없지만, 주요 이야기가 '나'와 '그 여자' 사이의 아름다운 사랑에 초점을 둠으로써 청소년 독자들에게 크게 어필하고 있다는 점에서 청소년 소설이라고 할 수 있다.

이런 점에서 볼 때, 청소년 소설과 청소년에 관한 성인 소설 간의 중요한 차이는 관점(perspective)의 차이에서 생겨난다고 할 수 있다. 성장소설에서의 시점은 젊은 날(어린 날)의 경험을 반추하는 성인의 것이다. 그러나 청소년 소설에서의 시점은 자신들의 세계를 탐구하는 청소년 작중인물의 관점을 재현한다.

많은 성장소설들이 교실 수업에 활용되고 있다. 이러한 성장소설들은 청소년들의 경험과 유사한 경험을 보여주면서 청소년들의 정체성이 무엇인지를 보여주기 때문이다. 박완서의 『그 많던 싱아는 누가 다 먹었을까』, 신경숙의 『외딴 방』, 김원일의 「어둠의 혼」 등이 이에 해당된다. 이 소설들은 교사와 청소년들에게 모두 많이 읽히고 있기 때문에, 이 책에서는 중학교와 고등학교에서 사용되는 다른 성인소설들과 더불어 이 소설들을 살펴볼 것이다.

1) 학교 문학과 청소년 문학

이 책에서 논의하고 있는 청소년들은 중·고등학생들이다. 따라서 청소년들은 공적 담론의 장인 학교에 속해 있으면서도, 가정이나 사회에서 개인적인 특성을 갖는 사적 담론을 갖는다. 공적 담론과 사적 담론의 관계에 따라 청소년들은 학교에서의 문학교육과 잠재적 문학교육의 영향을 받게 된다. 이때 잠재적 문학교육은 교과서에 실린 청소년 문학 텍스트에 대한 학습이기보다는 청소년들이 스스로 선택해서 읽고 논의하는 대안 문학 텍스트들에 의해 수행된다.

(1) 학교 문학

학교 문학은 제도권의 문학으로서 일련의 교육과정에 의해 편성되고 문학교육 전문가들이 편찬한 교과서에 실린 문학 텍스트들을 의미한다. 이는 학교 현장의 교수-학습 과정에서 대상이 되는 문학 텍스트들로 두 가지 모습을 통해 교수-학습되고 있다.

첫째, 문학 텍스트가 갖는 심미성을 학생들에게 고스란히 전달해야 한다는 관점에서 문학교육을 수행하는 것이다. 이는 문학교육이 문학 연구의 산물을 그대로 이식해야 한다는 관점을 전제하는 것으로, 문학 텍스트를 읽는 것과 이것을 가르치는 것의 특성에 대한 고려를 그다지 하지 못하는 것이다.16) 이 관점에 의하면 문학 텍스트는 문화 전통을 학생들에게 계승·발전시키기 위한 매개체로써, 절대적 진리나 가치를 담고 있는 정전으로 간주된다. 흔히 교과서에 수록할 문학 텍스트를 선정할 때 문학사적 가치와 당대 사회에서의 인정 여부를 중요 변수로 생각하는 것은 이 관점을 반영한 것이다. 이것은 문학 텍스트가 갖는 현재적 효용 가치보다는 역사적 존재 가치와 문화 전통으로서의 가치를 중시하는 것으로, 학습자 중심의 관점이나 자기 주도적 학습과는 상당한 거리가 있다.

이러한 관점에서 청소년 문학을 대할 경우, 청소년 문학은 문학의 의상을 걸친 교육 내용이 되며, 계몽의 매개물이 된다. 이럴 경우, 청소년 문학은 청소년들에게 가능한 한 좋은 문학 텍스트들을 매개해 주려는 아주 실천적인 목적, 즉 교육적 관점에서 접근의 대상이 된다(김경연, 2000 : 14).

둘째, 문학 연구와 문학교육 연구는 다르다는 관점 하에 문학교육을 통해 학생들의 문학능력을 증진시키고 문학적 문화를 고양하고자 하는 것이다. 이는 7차 교육과정에서 문학을 가르치는 목표를 '작품의 수용과 창작 활동을 함으로써 문학적 감수성과 상상력을 기른다'라고 설정하여 문학교육이 문학 연구와는 다름을 명시한 것과 연관된다.17) 문학교육은 문학 텍스트 자체가 갖는 심미성을 전달하는 것이 아니라 학생들의 다양한 정서와 체험을 발현시키는 데 가장 적합한 대상을 교육시킨다는 인식을 전제한 이 관점은, 학교 현장에서의 문학 텍스트 읽기가 학생들의 문학능력, 자기 성찰, 새로운 자기 형성과 관련이 있음을 나타낸다. 소설 텍스트 읽기를 통해 새로운 의미 형성을 하고, 이를 바탕으로 자기 성찰과 새로운 자기 형성을 할 수 있다는 주장이나18) 문화 실천을 할 수 있다고 보는 관점들19)이 이 범주에 속한다.

---

16) 김중신(2002), 앞의 논문, 19면.
17) 교육부(2000), 『제7차 국어과 교육과정』, 151면.
18) 선주원(2002), 「대화적 관점에서의 소설교육 연구」, 한국교원대학교 대학원 박사학위논문.
19) 김대행(1994), 「문학교육 어떻게 할 것인가」, 『문예중앙』 1994년 겨울호 / 우한용(1997),

이 두 가지 모습 중에서 문학교육의 본질에 맞는 관점은 물론 후자라고 할 수 있다. 문학교육은 문학의 교육이 아니라, 문학 텍스트를 대상으로 문학을 통한 교육으로서의 교육적 행위이기 때문이다. 문학교육은 학생들의 바람직한 인격 형성과 가치관 형성을 위한 유목적적 의도 속에 수행되어야 한다. 그리고 학생들의 문학 경험과 문학능력을 증진하고자 하는 유목적적 의도 속에 수행되어야 한다.

(2) 청소년 문학의 범주

청소년들의 정체성과 흥미를 적극 촉진하고 학교 교육이 갖는 문제점을 해소하기 위해 대두된 것이 대안교육이다. 대안교육은 제도교육의 획일성, 규범화를 지양하고, 학생들의 창의력, 학습 능력, 흥미 등을 적극 발현시키기 위한 것이다. 대안교육에서 교수—학습되는 문학 텍스트들은 청소년들의 관심과 정체성을 적극적으로 반영한 것들이다. 이는 학교 문학이 청소년들의 관심사와 정체성을 충분히 고려하지 못했다는 비판에서 출발한 것으로, 문학 텍스트에 대한 청소년들의 적극적인 관심을 첫 번째 고려 사항으로 여긴다.

교과서에 대한 청소년들의 비흥미성은 교과서가 청소년들의 정서와 욕구, 언어 현실을 충분히 반영하지 못했기 때문이다. 그러나 그렇다고 해서 청소년들의 정서와 욕구, 언어 현실만을 학교 현장의 문학교육에서 고려하자는 것은 아니다. 교과서에 실린 문학 텍스트들이 문화 전통의 계승과 창조적 변형이라는 취지를 갖고 있지만, 이러한 측면에만 문학교육의 대상을 한정하기보다는 대상 범주의 확장을 통해 청소년들의 정서와 욕구를 어느 정도 반영하는 문학교육을 실천할 필요가 있다. 청소년들의 정서와 욕구를 반영함으로써 문학교육은 청소년들에게 흥미 있고 즐거운 것이 될

『문학교육과 문화론』, 서울대학교출판부.

수 있기 때문이다. 이를 위해서는 일차적으로 학교 현장에서 적용할 수 있는 청소년 문학 텍스트의 범주를 한정하는 것이 필요한데, 이를 위해서는 우선 청소년 문학의 개념이 재개념화될 필요가 있다.

청소년 문학은 청소년 문학을 바라보는 관점과 대상에 따라 몇 가지 의미 범주로 나뉠 수 있다. 청소년 문학은 '청소년'과 '문학'의 합성어로서, 창작 주체와 향유 주체, 소재 혹은 제재, 교육 대상 등의 기준에 따라 네 가지 범주로 정리될 수 있다.[20]

첫째, 청소년이 창작 주체가 되어 생산된 문학 텍스트를 청소년 문학이라고 할 수 있다. 이는 청소년이 창작 주체로써 자신들이 겪고 있는 체험과 정체성을 형상화한 텍스트들이다. 이들 텍스트들은 청소년들의 정서 순화와 정체성 형성에 이바지하고, 청소년 작가를 조기에 발굴, 육성해서 청소년들의 문학적 역량을 촉진하기 위한 각종 문학상 대회나 백일장 대회를 통해 생산된다.[21] 청소년이 창작 주체가 되어 생산된 문학 텍스트들은 청소년들의 관심사나 정체성과 다루고 있다는 점에서 가장 본질적인 청소년 문학이라고 할 수 있을 것이다. 그러나 청소년들의 관심사나 정체성을 다루고 있는 문학 텍스트들이 모두 교실 현장에서 활용될 수 있을 만큼의 문학성을 가지고 있는가를 생각해 본다면, 청소년 문학교육에서 이들 텍스트들만을 고려하는 것은 한계를 갖는다.

둘째, 청소년을 위해 선정된 문학 텍스트들을 청소년 문학이라고 할 수 있다. 이 관점은 교사나 성인들이 자신의 문학적 경험이나 문학능력에 의해 청소년을 위한 문학 텍스트들을 선정하고, 청소년들을 교육해야 할 대상으로 보는 관점이다. 이는 구체적으로 학교에서 '권장 도서'를 선정하거나 도서관이나 서점 등에서 청소년을 위한 '추천' 문학 시리즈를 발표하

---

20) 김중신(2002), 앞의 논문, 24~34면 참조.
21) 각 대학교나 문인 단체에서 주관하는 청소년 백일장 대회나 대산 청소년 문학상처럼 청소년들의 문학적 성과를 시상하기 위한 것이 이 범주에 포함된다.

는 경우들을 통해 확인할 수 있다. 이러한 것은 청소년들을 미성숙한 존
재로 보면서, 교사나 성인들의 문학적 관점과 문학능력을 가르치고 전수
해야 한다는 생각이 전제된 것이다.

　물론 이 범주의 문학 텍스트들은 청소년을 위해 쓰인 것이 가장 바람직
한 것이 될 것이다. 그렇지만 이 범주에 속하는 문학 텍스트들은 출판업
자들의 상업주의에 침윤되어 청소년들의 정서를 자극하는 오락성과 경향
성만을 띨 수 있는 문제점들을 안고 있다.[22] 이러한 문제점들을 해결하기
위해 청소년 문학교육은 청소년들이 좋은 문학 텍스트들을 골라 읽을 수
있도록 해야 한다. 좋은 문학 텍스트들을 골라 읽음으로써 청소년들은 문학
적 감수성과 상상력을 세련시켜 보다 능숙한 독자가 될 수 있기 때문이다.

　따라서 현실적으로 중·고등학교의 문학교육에서 가장 중요한 것은 좋
은 문학 텍스트들을 교과서에 싣고, 이를 학생들이 읽고 감상하도록 하는
것이다. 청소년들의 입장에서 볼 때, 좋은 문학 텍스트란 청소년들의 관심
사 및 정체성 형성과 관련되는 것으로 문학적 심미성을 충분히 갖고 있는
것이다. 그러나 좋은 문학 텍스트란 텍스트를 보는 관점이나 청소년을 바
라보는 관점에 따라 달라질 수 있다. 즉, 청소년을 어떤 존재로 보는지,
그리고 청소년들이 바람직한 주체로 성장하도록 하기 위해서는 어떤 내용
의 문학 텍스트가 어떠한 방식으로 교수—학습되어야 하는지 등과 같은
것들을 논의하는 방식에 따라 달라진다. 이러한 논의는 일차적으로 교과
서에 실린 문학 텍스트를 '진리와 모범'을 담고 있는 절대적 가치 대상으
로 보기보다는 하나의 학습 자료로 생각하는 관점이 전제되어야 한다. 또

---

22) 이런 점에서 볼가스트(H. Wolgast)는 '아동 및 청소년 문학'을 '특수한' 수식어와 함께
　　일컬으며 "특별히 청소년을 위해 쓰여지고 일반적으로도 청소년에게만 관심을 가질 수
　　있는 글이라는 의미에서 청소년 문학 개념을 없애야 한다."고 주장한다. 이러한 그의 주
　　장은 청소년 문학이 상업주의에 영합한 오락 문학과 경향 문학과 같은 것이라고 생각했
　　기 때문이다(김경연(2000), 「독일 아동 및 청소년 문학 연구」, 서울대학교 대학원 박사학
　　위논문, 44~45면 참조).

한 문학 텍스트는 청소년들의 요구와 문학교육의 지향점에 의해 교사가 선정할 수 있는 것이 되어야 할 것이다. 중요한 것은 어떤 문학 텍스트를 선정하든 간에 청소년들이 주체적으로 문학 텍스트를 향유하고, 이러한 향유의 결과를 자기 성찰로 연계하여 새로운 자기 형성을 도모할 수 있어야 한다는 점이다. 이때 교사는 청소년들의 문학 읽기가 새로운 자기 형성으로 이어질 수 있도록 하는 안내자로서 학생들의 문학능력을 증진하는 역할을 해야 할 것이다.

셋째, 청소년들의 관심사나 정체성 등을 다루고 있는 문학 텍스트가 청소년 문학이다. 이는 청소년을 주인공이나 화자로 설정하고, 청소년들이 겪고 있는 문제들을 텍스트의 소재 혹은 제재로 다루고 있음을 의미한다. 대체로 청소년 문학은 성장기의 추억을 주된 내용으로 하면서 청소년들의 정체성 혼란과 이를 극복하는 과정을 형상화하고 있다. 이는 청소년이 창작 주체가 되어 청소년을 형상화하는 문학 텍스트와는 그 특질이 다르다. 청소년이 창작 주체가 되어 청소년을 다룬 경우에는 청소년을 객관적인 대상으로 설정하지 못함으로써 당대 사회와의 총체적인 연관 관계를 규명하지 못하는 경우가 많다.[23]

청소년들의 정체성과 관련된 소설들은 주로 성장기의 체험을 주된 테마로 하고 있다. 이로 인해 청소년 문학과 성장소설을 거의 동일한 것으로 간주하기도 하는데, 학교 현장의 문학교육에서 다루고 있는 대부분의 문학 텍스트들은 성장소설의 범주에 속한다. 성장소설의 전형으로 평가받고 있는 황순원의 「소나기」를 예로 들어 생각해 보자. 「소나기」는 1959년 <신태양>에 발표된 단편 소설로, 소년 소녀의 때 묻지 않은 아름다운 사랑을 목가적 배경 속에서 그리고 있다. 이 소설에서 '소나기'라는 제목은 배경적 기능과 함께 가슴 저린 사랑의 순간적 일회성을 잘 나타내고 있다.

---

23) 김중신(2002), 앞의 논문, 30면.

그러나 이 소설에서 이런 사랑의 순간적 일회성은 사랑의 순수함이나 비극적인 결말을 강조하기 위함이 아니다. 오히려 아름다운 사랑의 감정과 소녀의 죽음이 불러일으키는 애잔한 느낌의 제시를 통해 독자에게 깊은 정서적 울림을 주고 있다. 이러한 깊은 정서적 울림은 독자들로 하여금 유년 시절을 회상하게 만든다. 독자들은 어른이 되고 나서도 어린 시절의 추억을 그 추억의 내용에 관계없이 아름다움으로 간직하고자 한다. 이는 유년 시절이 어른이 되기 위한 통과제의적 속성을 지니고 있기 때문이다.

「소나기」에서 '나'는 소녀와의 일회적 사랑을 통해 성숙한 세계로 입문하게 된다. 이 소설은 소녀와의 만남, 조약돌과 호두알로 은유되는 감정의 교류, 소나기를 만나는 장면, 소녀의 병세 악화, 그리고 소녀의 죽음 등과 같은 스토리 속에서 사랑이 움트는 소년과 소녀 사이의 미묘한 감정을 표면적으로 드러내면서, 한 소년이 소녀와의 만남과 이별을 통해 유년기를 벗어나는 통과의례적 아픔을 보여 주고 있다. 즉, 소녀의 죽음은 소년에게 고통을 남기면서 유년기에서 성년기에 이르는 성숙의 어려움을 깨닫게 한다.

이러한 내용을 담고 있는 이 소설은 청소년들에게 청소년기의 중요성과 풋풋함을 일깨우면서, 그 의미를 자신의 삶과 연관지을 수 있도록 한다. 청소년기 정체성의 문제는 이순원의 『19세』나 현기영의 『지상의 숟가락 하나』에서도 확인할 수 있다.

> 그 무렵(농사를 그만둘 무렵) 무엇보다 나를 우울하게 했던 것은 지난 이태 동안의 내 삶에 대한 내 스스로의 생각이었다. 왠지 그 기간 동안 내가 했던 것은 어른노릇이었던 것이 아니라 어른놀이였다는 생각이 자꾸만 내 가슴을 무겁게 하던 것이었다. 이런 상태로 다시 한 해가 지나고 또 한 해가 지나 스무 살이 된다고 해도, 아니 그보다 더 많은 시간이 흘러 서른이 되고 마흔이 된다고 해도 그 일에 대해 어떤 후회거나 미련 같은 것이 남는다면 그때에도 내가 하는 것은 여전히 어른노릇이 아니라 어른놀이일 것 같은 생각이 들던 것이었다.(이순원, 『19세』)

그때가 중3이었다고 짐작하는 것은 제주대 주최의 백일장에 참가하여 '나'라는 제목의 글을 쓴 것이 그 무렵이었기 때문이었다. 용케 장원을 한 그 글에서 다른 내용은 잊었지만, 내가 태어나기 전의 무한 암흑과 내가 죽은 후의 무한 암흑의 두려움에 대해서 쓴 것만은 기억에 남아 있다.(현기영, 『지상의 숟가락 하나』, 330~331면)

이 소설들은 성인 화자가 청소년기의 자신을 회상하는 형식을 취하고 있는데, 청소년들의 정체성과 관련된 주제를 드러내고 있다. 또한 청소년기에 겪는 문제들을 형상화함으로써 청소년들의 갈등과 방황을 그리고 있다.

넷째, 청소년 문학은 청소년들이 읽고 있는 문학 텍스트라고 할 수 있다. 이것들은 청소년들이 읽고 싶어서 스스로 선택해서 향유하는 텍스트로서, 청소년들의 취미와 관심사를 비교적 잘 반영하고 있다. 이 텍스트들은 일반적으로 판타지나 해리포터 같은 영화, 소설, 무협지 등이다. 청소년들이 이들 텍스트들에 경도되는 이유는 청소년 시기는 환상 세계를 꿈꾸며, 특이한 모험을 즐기기 때문이다. 또한 청소년들에게 권장할 만한 문학 텍스트들이 적고, 청소년들이 읽을 만한 문학 텍스트들에 대한 안내 프로그램이 부족하기 때문이다. 이러한 현상들로 인해 청소년들은 대형 서점의 베스트셀러 목록이나 대중 매체의 광고, 혹은 동료 학생들의 소개에 의해 자신들이 읽을 문학 텍스트들을 선택하게 된다.[24] 그 결과 청소년들은 자신의 문학능력이나 문학 경험에 맞지 않는 성인 문학 텍스들을 접하게 되고, 교육적 목적이나 문학적 심미성에 비추어 볼 때 부적절한 문학 텍스트들에 경도된다. 청소년들이 판타지 문학에 심취하는 가장 큰 이유는 판타지가 교육적 가치를 갖는 텍스트들에 비해 '재미' 있기 때문이다. 판타지는 사회 현상이나 삶에 대한 진지한 성찰을 형상화하기보다는 신기하고 환상적인 형상화를 주로 하고 있다. 이는 신중하고 진지한

---

24) 한철우·박진용(1998), 「청소년 독서자료의 분석」, 독서학회, 『독서연구』 제3호, 141면.

자기 모색을 하기보다는 즉흥적이고 쾌락적인 욕망을 추구하는 청소년들의 의식과도 맥을 같이한다. 또한 컴퓨터 게임이나 영화, 애니메이션 등과도 쉽게 연계되는 판타지 소설의 구조와 분위기도 청소년들에게 친근성을 갖는다.

지금까지 논의한 청소년 문학의 범주와 그 속성을 간략히 정리하면 다음과 같다.25)

속성 범주	목적성	정체성	향유성
청소년에 의해 쓰인 문학	O	O	×
청소년을 위해 선정된 문학	O	×	×
청소년을 다루고 있는 문학	×	O	×
청소년이 읽고 있는 문학	×	×	O

〈표 1-1〉 청소년 문학의 범주와 속성

그러나 이러한 청소년 문학에 대한 개념 범주와 속성들은 완전한 것이라고 할 수 없다. 창작 주체나 향유 주체가 누구인가, 다루고 있는 내용이 청소년들의 정체성과 관련되는가, 어떤 목적성을 갖고 청소년들에게 교수되고 있는가 등은 청소년 문학을 정의하는 하나의 방법에 불과하기 때문이다. 어쩌면 청소년 문학의 개념을 확정적으로 정의할 수 있는 방법이란 없는 것인지도 모른다. 문학관에 따라 문학을 정의하는 개념이 다르듯, 청소년을 어떤 대상으로 규정하는지, 그리고 청소년 문학이 청소년들에게 어떤 교육적 의의를 갖는가 등에 대한 관점의 차이에 따라 청소년 문학에 대한 개념 정의가 다르기 때문이다.

그렇다면 현실적으로 중요한 것은 청소년 문학에 대한 확정적인 개념 정의이기보다는 학교 현장에서 청소년 문학 텍스트들을 어떻게 하면 보다

25) 김중신(2002), 앞의 논문, 33면.

효율적으로 교수-학습할 수 있는지, 그리고 이러한 교수-학습을 위한 관점과 학습 내용은 무엇인지 등을 보다 철저하게 규명하는 것이라고 할 수 있다. 이러한 것들이 규명되어야만 보다 의미 있는 청소년 문학교육을 실천할 수 있기 때문이다. 이러한 관점 하에 이 책에서는 청소년 문학의 개념을 다음과 같이 규정하고자 한다.

> 청소년 문학은 청소년을 다루거나 청소년을 위해 쓰인 문학으로, 청소년
> 들이 즐겨 쓰거나 읽는 문학이다.

이와 같이 청소년 문학에 대한 개념 규정을 한 것은 청소년들의 정체성과 관련되면서 청소년들을 위해 쓰인 문학이 청소년 문학이라고 생각하기 때문이다. 또한 청소년들이 즐겨 쓰거나 읽지 않는다면 그 문학은 의미가 없기 때문이다.

2) 청소년들의 독서 흥미와 문학능력

사무엘 존슨(Samuel Johnson)은 "사람은 자신의 성향대로 독서를 해야 하고, 과제로서 독서를 하는 것은 그의 삶에 그다지 영향을 미치지 못한다"고 말한다. 그의 말은 청소년뿐만 아니라 독자들이 문학 읽기를 자신의 삶과 관련짓기 위해서는 그들의 독서 흥미에 맞는 텍스트를 선택해서 읽어야 함을 강조한 것이다. 그의 논의를 청소년 문학교육에 적용해서 생각한다면, 문학 교사들은 학생들이 읽고 '싶어하는' 문학 텍스트들을 스스로 선택할 수 있도록 해야 하고, 학생들은 자신의 실제 삶에서 부딪치는 성장 과정상의 문제들과 정체성에 관련된 텍스트들을 읽어야 함을 알 수 있다. 또한 청소년들은 성인 문학 텍스트가 아닌 청소년 문학 텍스트들에 친숙해져서, 독서를 자기 성찰의 기회로 삼아야 함을 알 수 있다.

청소년 문학 텍스트들에 형상화된 작중인물들은 친구들과의 관계에 민감한 의식을 드러내고, 보다 복잡한 사회적 기능들을 학습하고 실천해야 하는 인물들이다. 또한 '하고 싶은 일'이 아닌 '해야 할 일'에 따른 적절한 사회적 역할들을 찾으면서 자신의 신체적 변화에 적응하고, 자신의 가치 체계를 새로이 형성하는 독립된 정체성을 성취해야 한다. 그리고 보다 확장된 사회적 맥락에 적응하기 위한 방법들을 찾아야 한다.26) 이러한 노력들을 하는 청소년들은 자신이 읽는 청소년 문학 텍스트에서 평소 자신이 했던 노력들을 확인하고, 동일시를 느낀다. 청소년 문학 텍스트에 재현된 것이 자기 자신의 삶의 이야기이기 때문에, 청소년들은 청소년 문학 텍스트에 형상화된 이야기의 결말이 어떤 것인지를 알고자 하며, 이러한 결말과 자신의 삶이 갖는 관련성을 음미하고자 한다.

청소년들이 이러한 특성을 갖기 때문에, 청소년 문학 교실에서 교사는 청소년들이 문학 텍스트 읽기를 가치 있는 것으로 인식할 수 있도록 그들을 자극하고, 청소년들이 읽기 능력에 따라 텍스트를 효율적으로 읽을 수 있도록 해야 한다. 이를 위해 교사는 청소년들의 읽기 능력에 대한 이해를 할 필요가 있다. 텍스트 읽기 초기 단계에서 청소년들은 문학 텍스트에 나타난 단어들을 축어적으로 읽으면서, 이 단어들을 해독하는 것의 '즐거움과 효용'을 학습해야 한다.27) 이러한 학습 뒤에 청소년들은 텍스트에 형상화된 코드들을 해독하는 단계로 나아가야 한다. 이를 위해, 청소년들은 텍스트에 형상화된 코드들을 해독했을 때 얻을 수 이점을 인지해야 한다.

어얼리(Margaret Early, 1960)는 이 단계의 독서를 '무의식적인 즐거움(unconscious enjoyment)'라고 말한 바 있다.28) 이 단계에서 많은 청소년들은 같

26) Havighurst, Robert(1972), *Developmental Tasks and Education*, New York : David Mckay.
27) Donelson, Ken & Alleen Pace Nilsen(1993), *Literature for Today's Young Adults*, 4th ed. New York : Harpercollins College Publishers, pp.48~57.
28) Early, M.(1960), "Stages of Growth in Literary Appreciation", *English Journal* 49(3), pp.161~167.

은 텍스트를 여러 번 되풀이해서 읽는다. 이때 청소년들은 자신이 선호하는 특별한 종류의 텍스트들에만 몰두하는 현상을 보이기도 한다. 이는 청소년들이 "문학 텍스트에 형상화된 작중인물들과 전개될 내용을 잘 알 때 편안함을 느끼기" 때문이다. 그러나 이 상태에서의 독서는 청소년들의 문학능력 증진에 그다지 도움을 주지 못한다. 청소년들은 같은 텍스트들을 반복해서 읽을 때, 자동화된 읽기를 수행함으로써 텍스트 내용에 대한 비평적 사고를 거의 수행하지 않기 때문이다. 그러므로 문학능력을 증진하기 위해 청소년들은 텍스트의 내용에 자신을 몰입시키는 능력을 개발할 필요가 있다. 텍스트의 내용에 몰입하고 있는 동안에 시간은 정지되며, 문학 텍스트의 페이지를 계속해서 넘기는 것만이 최대의 관심사가 되고, 텍스트의 내용에 대한 비평적 사고가 지속적으로 촉발되기 때문이다.

이러한 읽기 단계에서 청소년들을 지속적인 텍스트 수용과 향유를 하면서, 텍스트 읽기에서 얻는 기쁨을 향상시키기 위한 노력을 기꺼이 하려고 한다. 어얼리(Early)에 따르면, 이 단계에서의 즐거움은 초등학교 상급학생들과 중학교 초급생 동안 생겨나며, 문학적 경험이 보다 많은 청소년들은 논리적인 인물 전개, 사건 원인들의 논리적인 배열, 플롯의 효과 등과 같은 논리적인 구성을 텍스트에서 찾는 비평적 읽기를 수행한다. 문학 경험이 많고 문학능력이 뛰어난 청소년일수록, 자신이 읽는 텍스트에 대한 비평적 태도를 발전시킬 수 있기 때문이다.

보다 경험 있는 청소년 독자들은 텍스트에서 상투적인 표현(stereotype)들에 대한 거부 반응을 보인다. 그들은 텍스트에 형상화된 사건들의 논리적인 원인을 알기 원한다. 이러한 독자들은 자기 자신과 자신이 탐독하는 청소년 문학 텍스트들에 형상화된 세계를 더 잘 알기 위해 문학 읽기를 함으로써, 텍스트 읽기가 삶에 어떤 의미를 줄 수 있는지를 알기 원한다. 이를 위해 청소년 독자들은 텍스트에 형상화된 작중인물들 중에서 자신이 동일시 혹은 비동일시 할 수 있는 인물을 찾는다. 이 인물에 대한 동일시 혹은 비동일시를 통해 청소년 독자들은 폐쇄적인 자기 중심성(egocentrism)에서 점차 벗어나, "자신 속에 감춰진 것들에 맞설 수" 있게 된다.[29] 또한 문학 텍스트에 형상화된 세계에 대한 인식을 통해 자신을 둘러싼 세계 속에 자신의 위치가 어디인지를 인식하면서, 자신과 세계의 관계를 평가한다.

칼센(Carlsen, 1980)은 이러한 수준의 독서를 "철학적인 문제들을 위한 관심사" 중의 하나라고 말한 바 있다.[30] 이 단계에서 청소년 독자들은 텍스트의 의미와 해석에 관심을 갖는다. 그들은 일반적으로 확장된 자기 인식, 타자와의 관계 인식, 책임감, 가치관 형성, 관심사 등을 발견하기 위해 문학 텍스트를 읽는다.

문학적 인식(appreciation)의 모든 단계에서, 청소년들은 문학 읽기에서 즐거움을 느낄 뿐만 아니라, 텍스트에 대한 반응의 근거들을 상세히 설명할 수 있어야 한다. 청소년들이 텍스트를 읽기를 통해 인간과 독자로서 성숙했음을 드러내는 표지는 그들의 협소한 관심사를 대체할 수 있는 보다 심화된 정서이다. 성숙한 독자는 작가와 더불어 문학 텍스트에서 단순히 자신에 대한 정보들만을 찾지 않고, 삶의 근원적인 의미들을 새로이 구성한다. 성숙한 독자는 심리적·사회학적 이유뿐만 아니라, 심미적인 이유에서 문학 텍스트를 읽는다.

성숙하고 문학능력이 뛰어난 청소년 독자들은 심미적인 이유에서 문학 텍스트를 읽을 뿐만 아니라, 다른 많은 이유에서 문학 텍스트를 읽는다. 청소년 독자들은 텍스트를 읽는 이유에 부합한 다양한 접근법과 기능들을 활용하여 문학 텍스트를 읽는다. 그들은 한꺼번에 많은 이유를 갖고 텍스트를 읽기도 하고, 때로는 텍스트의 내용에 완전히 몰입하는 진정한 기쁨을 위해서만 텍스트를 읽기도 한다. 텍스트의 심미성에 관심을 갖는 청소

---

29) Donelson & Nilson (1993), op.cit., p.53
30) Carlsen, G. Robert(1980), *Books and the Teenage Reader*, 2d rev, ed. New York : Harper and Row.

년 독자들은 "문학 텍스트를 생산한 창조적 과정의 확장"으로서의 독서에
참여할 것이다.

6. 요약

청소년 문학은 청소년의 삶, 경험, 이슈, 그리고 열망 등에 초점을 둔다.
따라서 청소년 문학 텍스트는 문학교육과정 및 내용 구안 과정에서 반드
시 고려되어야 하며, 청소년들이 다른 문학 장르와 더불어 읽고, 경험하
고, 즐기는 것이 되어야 한다. 청소년 문학은 청소년들이 자신, 타자, 그리
고 세계에 대한 지식과 이해를 확장시킬 수 있는 잠재력을 갖게 하며, 청
소년들이 정체성을 형성하기 위해 필요로 하는 역할 모델들을 제공한다.

제2장

청소년 문학의 종류

오늘날 중·고등학교에서 많은 청소년들은 문학 수업 시간에 문학 읽기에 크게 흥미를 갖지 않거나 텍스트를 보는 안목 자체가 거의 없다. 청소년들은 교사나 교과서 편찬자가 선정한 문학 텍스트들이 너무 어렵거나 지루한 것이라고 불평을 한다. 그러면서 청소년들은 이것들 말고 다른 텍스트들을 왜 읽을 수 없느냐고 질문한다.

이러한 상황에서 많은 교사들은 대학 입시라는 큰 틀과 위배되는 청소년들의 요구에 당황하면서도 청소년들이 정말로 읽고 싶어하고 읽고 있는 텍스트들에 대해서는 잘 모른다. 또한 학교 당국자나 학부모도 성인의 관점에서 볼 때, 좋은 소설이라고 평가되는 것만을 청소년들이 읽어야 한다고 생각한다.

이러한 현상은 모두 청소년들의 흥미와 요구에 부합하는 문학이 무엇인지, 그리고 청소년들이 실제로 읽고 있는 문학 텍스트들이 무엇인지를 깊게 고려하지 못한 데서 생겨난다. 따라서 이러한 현상을 해결하기 위해서는 우선 청소년 문학에 대한 관심을 제고해야 한다.

지금까지 많은 교사나 학부모들은 청소년 문학의 범주(breadth)와 그 질에 대한 잘못된 지식과 편견을 가지고 있었다. 그들은 모험심이 강한 청소년들을 위한 청소년 문학은 주로 쉬운 텍스트들이며, 교양을 쌓기 위한 것으로서의 가치는 거의 없는 것이라고 잘못 믿어왔다. 교사나 학부모들이 갖는 이러한 편견을 없애기 위해선 일단 그들이 청소년 문학 텍스트들을 읽게 할 필요가 있다. 청소년 문학 텍스트들을 읽음으로써 교사나 학부모는 청소년 문학 텍스트의 특성과 장점 등을 인식할 수 있기 때문이다.

교사나 학부모가 청소년 문학 텍스트에 대해 갖는 편견은 그들이 청소년 문학 텍스트에 대해 잘 모를 뿐더러, 청소년 문학 텍스트를 교육적으로 거의 활용하지 않았기 때문에 생겨난 것이다. 청소년 문학 텍스트들은 10대의 청소년들을 위해 쓴 것이다. 따라서 청소년 문학 텍스트들은 청소년 독자들의 흥미와 요구에 부응하는 주제와 문제(subjects)들을 다룬다. 그러므로 청소년 문학 텍스트의 목록들은 지속적으로 변화한다. 이로 인해 청소년 문학 텍스트와 관련된 논의들도 매우 신속하게 변화하는 특성을 지니며, 청소년 문학 텍스트의 목록은 쉽게 한정되지 않는다. 청소년 독자들은 이전에 알지 못했던 새로운 청소년 문학 텍스트들이나 청소년 문학 작가들을 발견하게 된다. 청소년들은 이러한 발견을 통해 청소년 문학 현상에 주체적으로 참여할 수 있다.

1. 청소년 문학의 유형

청소년 문학의 유형에 대해서는 지금까지 충분한 고찰이 없었다. 이는 청소년 문학현상을 성인 문학의 시학에 의해 분석함으로써, 청소년 문학만의 고유한 현상을 체계적으로 살펴보지 못했기 때문이다. 이는 청소년 문학현상의 범주들을 다시 확인하고, 연구해야함을 반증한다.

청소년 독자들을 위해 쓰인 텍스트에는 기본적으로 허구적인 것과 사실적인 것이 있다. 허구적인 것에는 사실적 허구(realistic fiction), 유머, 미스터리, 판타지, 공상과학, 그리고 역사적 허구(historical fiction) 등이 있다. 다음의 <그림 2-1>은 허구적인 텍스트들의 유형을 이해할 수 있는 개요를 나타낸다(유머와 미스터리는 <그림 2-1>에 포함되지 않는데, 이는 이것들이 다른 유형의 허구들과 독특한 관련을 맺고 있기 때문이다).

〈그림 2-1〉 허구의 범주

반면 비허구적인 것에는 전기, 자서전, 정보 전달 텍스트 등이 있다. 이러한 유형들 이외에도 청소년 독자들이 읽을 수 있는 문학 텍스트에는 시, 짧은 이야기(short stories), 드라마, 그림 문학 등이 있다.

1) 사실적 허구(realistic fiction)

청소년을 위한 허구적 서사의 주요 범주에는 동시대의 세계를 반영하는 텍스트들이 포함된다. 사실적 허구 서사는 믿을 만한 플롯, 청소년 독자들이 공감할 수 있고 감정 이입할 수 있으며, 실재하는 것 같은 작중인물들, 학교, 이웃집, 쇼핑몰 등과 같은 친숙한 배경 등을 보여준다. 문학에서의 사실주의는 삶의 정확한 모사를 의미하기보다는, 작중인물과 환경이 실제로 존재하는 것으로 창조하는 작가의 전망(perspective)을 반영한다. 사실주의적 소설에서, 작가는 감정주의와 선정성(흥미 위주)을 피하고, 정당하고 믿을만한 갈등을 지닌 작중인물을 형상화하려고 한다. 청소년을 위한 사

실적 허구 서사 유형은 '문제 소설(problem novel)'로 지금까지 지칭되기도
했으나, 이는 잘못된 것이다. 모든 소설은 본질적으로 사건들이 초점을 두
고 있는 문제 상황이나 갈등을 갖고 있기 때문이다.

청소년 문학의 하위 유형인 사실적 허구 서사에서 작중인물은 중대한
도전들에 직면하고, 이를 처리해야만 한다. 따라서 사실적 허구 서사에서
가장 중요한 것은 작중인물들의 효율성이다. 독자들과 마찬가지로, 작중인
물은 다른 인물에 반응하고 역할을 하는 완전히 형상화되고 믿을만한 사
람이어야 한다. 작중인물의 진실성 중의 하나는 그가 오류를 범할 수 있
다는 점이다. 작중인물은 잘못된 결정을 하거나 어리석은 행동을 할 수
있으며, 자신의 실수를 통해서 삶을 배운다. 이러한 배움의 과정은 작중인
물이 성장하고 변화할 수 있는 자극이 된다. 사실적 허구 서사에 자주 형
상화되는 주제들은 소외, 정체성 탐구, 우정의 중요성, 변화에 대한 대응
과 수용, 변화하는 가족의 역할, 작중인물이 학습하고 성장하기 위한 기회
를 제공하는 모든 것이다.

사실적 허구 서사에 해당되는 청소년 소설들에는 이순원의 『19세』와
김별아의 「첫사랑」 등이 있다. 『19세』는 마흔이 넘은 화자가 이십여 년
전에 경험했던 자신의 이야기를 회상하는 형식을 취하고 있다. 화자는 이
십여 년 전의 관점으로 돌아가 소년다운 장난스러운 말투로 이야기를 전
개한다. 이 소설의 주인공 정수는 사춘기의 혼란을 극심하게 겪는 인물인
데, 그는 하루 빨리 어른이 되고 싶은 강박관념에 빠진다. 이 강박관념으
로 인해 그는 다니던 고등학교를 자퇴하고 대관령에 밭을 얻어 손수 고랭
지 농사를 짓는다. 부모와 형의 반대를 무릅쓰고, 친구들과 다른 어른들의
도움을 받아가며 한 해 농사를 짓는 동안 그는 어른의 세계로 들어서는
'성년식'을 치른다.

김별아의 「첫사랑」은 가출한 청소년이 겪는 쓰디 쓴 '첫사랑'의 경험을
형상화하고 있다. 이 소설에서 주인공 정훈수는 가출하여 주요소에서 기

숙하고 있다. 그러다 그는 역시 가출하여 편의점에서 아르바이트를 하는 15살 여자아이 명연을 만난다. 명연이 일하던 편의점에 들러 명연을 보는 것을 즐거움으로 삼던 그는, 어느 날 명연이 자신이 기숙하고 있던 주유소 쪽방에 온 사건을 계기로 명연과 함께 방을 얻어 동거하게 된다.

그러나 3개월간의 짧은 동거는 명연의 사라짐과 경찰을 대동한 명연 계모의 계략으로 파국을 맞이한다. 명연의 계모는 훈수가 명연을 강간했다는 죄목을 씌워 훈수 부모에게 돈을 뜯어내고자 했다. 부모의 도움으로 간신히 경찰 구치소에서 나온 훈수는 쓰디 쓴 첫사랑의 경험을 통해 인생에서 "무엇이 진짜이며 혹은 거짓인지"를 모른 채, 삶의 진실에 대한 혼돈스러움에 빠진다. 그러다 그는 열일곱 번째 생일을 맞이한다.

2) 유머

청소년 독자들을 위한 사실적 허구 텍스트들은 보통 유머스러운 요소들을 포함한다. 유머가 있는 청소년 사실적 허구 서사들은 청소년들의 기호에 영합하여 공간적으로 전파되고 시간적으로 전승된다. 그리고 이러한 서사들은 해학적 고전 설화들을 계승하여 끊임없이 변화되어 왔고, 앞으로도 그 생명력을 유지해 나갈 것이다.

청소년들이 즐겨 읽는 유머 텍스트는 시리즈 유머이다. 시리즈 유머는 그 변이 유형이 연쇄형과 방사형으로 나눌 수 있는데, 연쇄형은 유형 전체는 유사하고 일부분만이 수정되어 전승되어 온 것이다. 이에는 참새 시리즈가 대표적이다.

전깃줄에 일렬로 앉아 있던 참새를 향하여 포수가 총을 쏘았는데 맨 뒤에 앉은 새가 맞았다. 그 이유는 다음과 같다.
① 1970년대 전반기 : 누가 맞았나 하고 맨 뒤 참새가 고개를 들어보다가

② 1970년대 후반기 : 맨 뒤 참새만 수컷이었고, 다른 참새는 모두 암컷
  이었다. 총알이 가랑이 사이로 날아갔다.

③ 1980년대 전반기 : 총알이 최대값을 가지는 2차 함수로 날아갔다.

④ 1980년대 후반기 : 앞의 참새들은 전부 올챙이 춤으로 머리를 좌우
  이동시키고 있었는데, 맨 뒤 참새는 목 닦고 얼굴 닦는 박남정 춤을
  추고 있었다.

(유머를 즐기는 모임 편, 1998 : 31)

시리즈 유머 텍스트는 대부분 연쇄형의 단계를 거쳐서 방사형의 단계로
발전되어 가는데 그 변이 속도가 매우 빠르다. 참새 시리즈의 경우는 20
년 이상의 시간을 거쳐서 변이되어 온 반면 사오정 시리즈를 비롯한 최근
의 시리즈들은 불과 1년 안에 변이가 종결되는 경향이 강하다. 이는 입에
서 입으로 구비 전승되던 유머가 이제는 인터넷을 통해 빠르게 전파되기
때문이다. 최근의 유머 텍스트가 대부분 시리즈로 만들어지고 있는 것도
이러한 인터넷의 영향 때문이다. 통신으로 전파되는 유머 텍스트는 당연
히 집단 창작의 형태를 띠게 되고, 이는 곧 시리즈 양산이라는 결과를 가
져오게 된다.

유머는 사실적 허구에만 한정되는 것은 아니다. 어떤 유형의 허구든지,
작가는 작중인물을 드러내고 상황을 만들기 위한 장치로써 유머를 사용할
수 있다. 예를 들어, 판타지 영화 <슈렉>은 전통 서사의 양식을 희화화하
면서, 추남과 공주의 연애 서사를 형상화한다. 이러한 형상화는 기존 서사
의 형상화로서, 판타지의 전통적인 관습을 변형시키기 위해 유머를 사용
한 예라고 할 수 있다.

3) 미스터리(긴장, 초자연성, 그리고 공포)

청소년을 위한 대부분의 텍스트들이 믿을 수 있는 방법으로 반응하고

상호 작용 하는 신뢰성 있는 작중인물에 주로 의존하는 반면에, 미스터리
는 매우 모호함과 매우 분명함 사이의 균형을 깨뜨려야만 하는 경악, 왜
곡과 반전, 암시 등으로 가득 찬 정교하게 짜진 플롯에 의존한다.

<그림 2-2>에서 볼 수 있듯이 미스터리는 역사적 허구, 공상과학 혹은
판타지 등이 될 수 있다.

〈그림 2-2〉 미스터리와 다른 허구 서사와의 관련성

미스터리는 다음과 같은 특징들을 공유한다 ; 신속한 사건 전개(fast-
moving)와 긴장감 있는 플롯, 사실적인 대화, 작중인물들과 독자들에게 혼
란스러움을 주는 사건들.

우리나라에서 창작된 미스터리 텍스트들은 거의 없다. 그 대신에 청소
년들이 즐겨 읽는 미스터리 텍스트들은 거의 대부분 일본 작가들의 것이
다. 미스터리는 일본 소설의 선봉으로 수많은 마니아를 양성하고, 성공적
으로 장르로 정착되고 있다. 우리나라 청소년들이 즐겨 읽는 미스터리 텍
스트들에는 『아카쿠치바의 전설』, 『나의 미스터리한 일상』, 『로맨틱한 초
상』, 『암보스 문도스』, 『나는 지갑이다』 등이 있다.

『아카쿠치바의 전설』은 베니미도리 촌이라는 일본의 소도시 제철 가문
'아카쿠치바家'의 3대에 걸친 여자들의 삶을 그린 연대기이다. 미래를 보
는 아카쿠치바 만요, 그의 딸인 폭주족에서 인기 만화가로 변화는 아카쿠
치바 게마리, 그리고 목적 없는 삶을 살아가는 손녀인 아카쿠치바 도코로

이어지는 여자들의 삶과 함께 전후 1950년대부터 현대에 이르기까지 일본의 변화하는 사회상을 잘 보여주고 있다.

『암보스 문도스』는 일곱 편의 소설을 담고 있는데, 집단 괴롭힘, 노숙자, 붕괴된 가정 등 최근 논란이 되고 있는 첨예한 이슈들을 소재로 삼고 있다. 이 소설에서 '암보스 문도스'는 쿠바에 실존하는 호텔로, '새로운 것과 낡은 것, 두 개의 세계'를 뜻한다. 각각의 이야기는 모두 주인공이 현재 시점에서 과거를 회상하는 방식을 취하고 있다. 이를 통해 작가는 현실과 과거를 분명히 대비시키며, 겉으로 드러나지 않는 내면의 섬뜩한 뒤틀림을 서서히 뚜렷하게 드러낸다. 학교를 벗어나 어른들의 일상에까지 스며든 왕따 문제를 다룬 '식림', 여성들의 억압된 성 욕구의 비뚤어진 분출을 다룬 '사랑의 섬', 노숙자 문제를 다룬 '루비', 가족의 붕괴와 불륜을 담담히 그려낸 '괴물들의 야회', '부도의 숲', '독동', 그리고 더 이상 순진하지도 안전하지도 않은 어린 학생들과 학교를 무대로 삼은 '암보스 문도스'까지, 수록된 소설들은 현대 사회의 부조리와 억압 받는 인간들의 이중성을 적나라하게 묘사하고 있다.

『나는 지갑이다』는 무생물인 지갑을 화자로 내세워 현대사회에서 인간의 욕망을 비판하고 있다. 저마다 다른 열 개의 지갑이 배턴 터치하듯 길고 긴 살인에 대해 보고 느낀 바를 이야기한다. 돈이 천하를 지배하는 세상, 돈 욕심에 부모까지 죽이는 세상에 돈이 전부가 아니라는 단순하고 따뜻한 이야기를 하기 위해 작가는 지갑에게 생명과 개성을 불어넣었다. 형사의 지갑부터 공갈꾼, 죽은 이, 옛 친구, 소년, 탐정, 범인의 지갑까지 총 열 개의 지갑이 등장한다. 작품 전반에 걸쳐 이야기의 직접 묘사를 피하고 싶은 작가의 의도가 명확하게 드러난다. 무생물인 지갑은 대체적으로 인간에 대해 방관적인 자세로 이야기를 전달하지만, 인간을 경멸하기도, 응원하며 걱정하기도 한다. 사건 현장에서 피해자의 피를 품은 채 버려지기도 하고, 우연치 않게 다른 이의 손으로 옮아가기도 한다. 지갑이기 때문에 시각에는 한계가 있을 수 있지만, 이런 한계를 독자들이 전혀 느낄 수 없도록 스토리는 이어진다. 오히려 지갑은 자신의 주인의 심리를 누구보다 잘 대변하며, 살인 사건의 내막을 증언하고 사건 해결의 실마리를 제공하고 있다.

많은 청소년 독자들에게 가장 유행하는 허구적 서사는 공포스런 이야기이다. 무시무시한 공포 이야기를 다 읽었을 때, 청소년 독자들은 안도감을 경험하는데, 이 안도감이 공포 서사의 매력이다. 공포 서사를 읽을 때, 청소년 독자들은 공포 서사에 형상화된 작중인물들과 비교해 보고, 자신의 삶이 그렇게 슬프지 않다는 것을 인식한다. 공포 서사의 범주에 속하는 것들로는 점잖은 귀신 이야기인 초자연적인 이야기와 뱀파이어 이야기 등이 있다. 이러한 이야기들은 검은 판타지(dark fantasy)라 할 수 있는데, 우리나라 소설들 가운데 검은 판타지에 속하는 소설들은 그다지 많지 않다. 대신 외국 소설들은 많은데, 스티븐 킹의 『리시 이야기』, 『스탠드』, 일본의 공포 서사물인 『샤바케』 시리즈 등이 있다. 또한 역사 / 종교 소재 공포 서사물에는 『다빈치 코드』, 『순환의 방』, 『12번째 카드』 등이 있다.

이러한 공포 서사들은 청소년 독자들이 느끼는 것을 강조하면서, 전형적인 공포 서사에 있는 폭력, 피 흘림, 핏덩이 등을 강조하지 않는다. 이러한 공포 서사들이 성인 독자들에게는 초자연적이고 그 줄거리가 예견될 수 있는 것이라 할지라도, 이것들은 청소년 독자들에게 호소하는 바가 매우 크다.

4) 판타지

현실의 질서가 아닌 초현실적 세계의 질서를 제시하여, 오늘날의 청소년들에게 새로운 삶의 질서를 제시하는 서사적 환상이 잘 구현된 것이 판타지 소설이다. 마법사, 전사, 엘프, 난쟁이, 도둑, 괴물 등이 등장하는 판타지 소설은 인간의 무의식 속에 잠재되어 있는 불온한 것들을 살려낸다. 이를테면 상상적 미와 추, 삶과 죽음의 개념들이 섞이면서 인간의 내면에 숨어 있던 주술들이다. 영웅과 이상이 난무하는 이 세계는 어쩌면 낭만과 모험은 추구하는 사람들이 만들어낸 이상적인 세계의 꿈일지도 모른다.

판타지 소설의 이러한 특성은 궁극적으로 청소년들의 적극적인 서사 읽기를 필요로 한다. 판타지 소설은 화자가 작품 안에 등장하는 어떤 불가시적 현상에 대해 사실적이든 또는 초현실적이든 어떠한 설명도 유보시킨 채, 청소년에게 그것의 결정을 맡겨 놓는다. 즉, 초현실적인 현상을 사실적인 것으로 진술하므로 청소년에게 어떤 식의 망설임을 불러일으키고, 그러한 망설임을 현실적인 측면에서 굳이 해명하려 하지 않고 청소년으로 하여금 자의적인 해석을 하도록 방치하는 것이 판타지 소설의 중요한 특징이다.

판타지 소설은 과거 지향적이다. 리차드 L. 퍼틸(Richard L. Purtill)에 의하면, 판타지 소설은 역사 이전의 과거 또는 실제 시간과 명확한 관계를 가지고 있지는 않지만 과거의 역사와 유사한 '어떤 시간'을 배경으로 한다 (Richard L. Purtill, 2000 : 145). 이것은 현실의 질서가 아닌 초현실적 세계의 질서를 새롭게 제시하는 것이다. 흔히 '뒤돌아보기(backward looking)'로 명명되는 이 특징은 『반지의 제왕』에서 전형적으로 드러난다. 『반지의 제왕』에서 중간 땅은 시공간적으로 까마득한 상상의 과거, 즉 '옛날 옛적에'를 표방하는 과거의 세계이다. 또한 신화, 전설, 민담을 재료로 하는 로망스 전통을 계승한 『반지의 제왕』은 과거의 세계가 텍스트의 내용뿐만 아니라 형식적 차원으로 확대된다. 『반지의 제왕』이 사용하는 '과거'는 현재의 내용과 형식을 위한 '골격 또는 원천'으로서 기능한다. 따라서 현재의 내용과 형식을 위한 '골격'이 되는 '과거'는 단순한 수단이 아닌, '과거 자체에 대한 경의(pietas towards the past itself)'가 된다.

『반지의 제왕』은 텍스트의 독창성에 가치를 두는 소설과는 달리 '과거'

와 모두가 아는 이야기의 '탁월한 이본 되기(being a really good version)'에서 합법성을 찾는다. 이 소설에 등장하는 마법사, 요정, 트롤(troll), 난쟁이, 마법의 반지, 예언의 거울, 풍요의 씨앗 등과 같은 주요 모티프들은 북서 유럽의 사가(saga), 전설, 신화 등에서 큰 영향을 받았다. 또한 형식면에서, 이 소설은 로망스, 과학 소설 등의 형식을 따르고 있다. 로망스의 장르 규약의 특징을 보면, 작중인물은 단순하고, 도식적이며, 사건은 그 규모가 방대하고, 언어는 과장되어 있다. 또한 로망스의 서사 구조는 '그리고 나서'(and then)의 공식1)을 따르는데, 이 공식은 작중인물들에게 외부적으로 발생하는 불연속적인 에피소드들이 나열되는 패턴을 일컫는데, 이것들에서는 논리나 인과율은 거의 찾아볼 수 없다. 『반지의 제왕』의 핵심 사건인 '반지 추구'도 로망스의 원형적 형식을 차용한 것이다.

판타지는 한 영웅이 악한과 겨루고 진리를 탐구하게 하고, 이상하고 상상적인 괴수와 영웅이 고전적인 방식으로 대결하게 하는 방식으로 '선을 위한 싸움(fight the good fight)'의 발상을 정형화한다. 청소년 독자들을 위한 고전적인 판타지들로는 『해리포터』 시리즈, 『테메레르』 등이 있다. 『테메레르』는 나폴레옹 전투에 공군 역할을 맡은 용군단이 있다면 어떤 일이 벌어질지를 다루는 가상 역사 판타지이다. 이 판타지들은 보통 빛과 어둠, 강함과 약함, 무죄와 죄 있음, 삶과 죽음 등과 같은 것들 사이의 갈등을 기본적인 골격으로 하고 있다.

보다 현대적인 판타지는 SF 소설이다. SF 소설은 과학에서의 예언이 결정적이지 않다는 사실을 받아들일 때 빛을 발휘한다. SF 소설은 과학의 정확성에 대한 반성 때문에 그 정당성을 확보한다. 현재의 과학 지식은 정확한 것이 아니며 과학 자체도 일종의 신념 체계라는 것, 과학의 시각

---

1) 노드럽 프라이는 사실주의 소설과 로망스의 서사 공식을 '그러므로(hence)'와 '그리고 나서'로 나눈다. 사실주의로 대표되는 '그러므로' 서사는 플롯보다 작중인물이 보다 우선되는 인과율의 기술을 사용하여 행동을 수평적으로 유지하려 한다.

자체가 세계를 보는 하나의 사고 구조, 즉 허구라는 것을 인식해야 한다.

방대진의 「달빛 광상곡」(낙원사)은 '3Bs'라는 새로운 물질을 설명하고 있다. 그런데 이 소설에는 어떻게 해서 이 물질이 개발될 수 있는지에 대한 설명이 없다. 이 물질은 지금까지의 과학 지식이 발견하지 못한 것에 대한 열망에서 시작된 상상력의 소산이다. 작가는 지금까지의 과학 지식 체계를 검토한 후 그 불완전성, 미흡함을 발견하고 미래의 가능성을 꿈꾼다.

「퍼언 연대기」는 SF적 상상력이 가미된 판타지이다. 이 소설은 퍼언이라는 행성에서 생존을 위해 싸우는 여성 용기사와 감응능력을 가진 용들이 생존을 위해 벌이는 투쟁을 다루고 있다.

5) 공상 과학(science fiction)

슬레이터(William Sleator, 1992)에 의하면, 공상과학은 "아직은 일어나지 않았지만, 미래의 언젠가는 발생할 어떤 것에 대한 문학"(1992 : 4)이다. 공상과학은 특정 인물과 다른 인물들의 관련성을 과학, 기술문명, 전위예술(futurism) 등과 같은 그럴듯한 이야기 등과 관련시킨다. 공상과학과 관련된 소설들로는 아이작 아시모프의 『양자인간』, 아서 클라크의 『2001 스페이스 오디세이』, 『유연기의 끝』, 필립 K 딕의 『안드로이드는 전자양의 꿈을 꾸는가』, 로저 젤라즈니의 『전도서에 바치는 장미』, 테드 창의 『당신 인생의 이야기』, 조지 오웰의 『1984』 등이 있다.

아이작 아시모프의 『양자인간』은 로봇공학의 3원칙을 제시하고 있다. 이 소설에 제시된 로봇공학의 3원칙은 첫째, 로봇은 인간에게 해를 끼쳐서는 안 되며, 인간이 해를 입을 위험에 처하게 해서도 안 된다. 둘째, 로봇은 제1법칙을 어기는 경우를 제외하고는 반드시 인간의 명령에 따라야 한다. 셋째, 로봇은 제1법칙과 제2법칙을 어기는 경우를 제외하고는 반드시 자신을 보호해야 한다.

　로봇이 인간과 같이 복잡한 사유를 할 때, 로봇 자신의 행동을 결정하는 것은 이 3원칙의 논리적 순서에 따른다. 『양자인간』은 이 3원칙에 충실하면서도 인간으로 인정받게 되는 한 로봇에 관한 이야기이다. 22세기경에 NDR-113이라는 제조번호를 가진 로봇이 마틴 家에 배달된다. 이 로봇은 단순히 가사를 돕는 일을 하는 양전자 두뇌의 노동로봇이었으나 호기심과 추상적 능력이 유난히 발달하여 예술적 능력을 발휘하고 글을 쓰는 등 인간과 유사한 행동을 하게 된다. 마틴 가의 사람들도 '그것'을 단순한 인공체로 보지 않고 가족처럼 대하게 되어, 그에게 '앤드류'라는 이름을 붙여주고 종국에 가서는 그가 사회적으로 자유로운 존재가 될 수 있도록 함께 노력한다. 몇 세대에 걸친 마틴 가의 노력을 통해 앤드류는 법적으로 소유물이 아닌 인간과 같이 스스로를 소유한 독립적인 존재가 되었고, 수많은 학문적 업적을 남기며 인류사회에 공헌하게 된다. 그가 인간이 되고 싶어 하는 열망은 그의 외양을 인공피부로 덮고 인간과 같은 유기적 장기로 속을 채우기에 이르나, 여전히 모든 사람들이 그를 로봇으로만 인정하여 앤드류를 고뇌에 빠지게 한다. 인간이 되고 싶어 했던 앤드류가 결심한 마지막 시도는 로봇공학 제3원칙을 거스르고 인간과 같이 죽는 존재가 되는 것이었다. 죽음을 통해 그는 마침내 법적으로나 사회적으로 하나의 인간으로서 인정받게 된다.

　테드 창의 『당신 인생의 이야기』는 여덟 편의 중단편으로 이루어진 공상과학 소설이다. 이 소설집은 몇 세기에 걸쳐 하늘로 올라가기 위해 거대한 탑을 쌓아온 바빌론인들의 이야기를 다룬 단편 「바빌론의 탑」을 시작으로, 외계인과의 접촉 임무를 부여받은 언어학자의 인식론적 변용을 그린 표제작 「당신 인생의 이야기」, 괴델의 불완전성 정리를 소재로 삼아 치밀한 사색을 전개한 「영으로 나누면」, 종교적 기적이 일상화된 세계를 다룬 「지옥은 신의 부재(不在)」, 「이해」, 「일흔 두 글자」, 「인류과학의 진화」 등 지적이고 치밀한 세계 구축을 바탕으로 DNA 개변, 초월적 인식, 엔트

로피, 언령(言靈) 신앙, 메타 프로그래밍 등의 매력적인 아이디어를 종횡무진으로 구사하고 있다.

공상과학은 또한 독자들에게 탐구해야 할 교훈과 윤리적 딜레마들을 재현한다. 이 딜레마들은 인간이 개발한 기술공학의 효과들, 경쟁적인 관심사들 사이의 갈등, 생태학적 고찰을 하지 못하는 일련의 결정 등과 같은 것들과 자주 관련된다.

공상과학은 언제나 그 배경이 미래이며, 작중인물들을 신세계를 개척하는 사람들로 형상화한다. 예를 들어, 아서 클라크의 『2001 스페이스 오디세이』는 300만 년 전, '인류'라고 불리지 못하는 미개하기까지 한 인류의 조상들이 '바위'로 추정되는 물질을 통해 진화한다는 얘기로 이야기를 시작한다. 그리고 그 '바위'는 'TMA-1'이라고 다시 명명되며 미래 인류를 불안케 한다. 설명할 수 없는 많은 것들이 그것을 둘러싸고 있기 때문이다. 우주에서 가장 우월한 존재는 아니더라도, 많은 발전을 이룩해냈다고 믿었기에 인류는 이 석판을 두려워하게 된다. 인류가 아닌 원숭이였던 시기에도 그 석판이 존재했다는 걸 알게 되고, 그것을 통해 인류보다 훨씬 더 우월한 존재였다는 것을 깨닫기 때문이다. 그리하여 인류는 정보를 얻기 위해 미지의 땅 토성으로의 정찰을 시작하게 된다.

이 소설에서 아서 클라크가 그려낸 미래는 이제 우리의 미래가 되어 우리 앞에 펼쳐지고 있다. 그가 그려낸 미래를 이제는 우리가 상상할 차례다. 알려진 것보다 알려지지 않은 것이 더 많은 우주, 우리가 상상할 여지는 무궁무진하다.

공상과학에서 또 하나 지속적으로 탐구되는 주제는 지구의 존재에 위협을 가하는 것들이다. 이는 초등학교 고학년들이 흔히 읽는 공상과학 만화의 레퍼토리이다. 공상과학은 모험, 흥분, 오락, 갈등, 미래에 생겨날 일 등을 형상화한다. 이러한 주제들을 형상화하고 있는 공상과학은 청소년 독자들에게 매우 인기가 있기 때문에, 각 텍스트들의 후속편들이 지속적으로 생산되고 있다. 예를 들면, 아서 클라크의 『2001 스페이스 오디세이』
는 『유년기의 끝』의 후속편이다.

6) 역사적 허구

공상과학처럼 역사적 허구도 텍스트의 토대로써, 그리고 텍스트에 형상
화되는 많은 아이디어들을 위해 개별적인 사실성(reality)을 그린다. 역사적
허구는 이야기를 구성하는 작가에게 사실적인 구조를 제공한다. 역사적
허구 서사의 특징은 다음과 같다.

- 세밀한 조사가 필요한 특정 시대에 대한 세부 사항들의 확실성
- 문서에 기록된 사건들과 단어들에 연관 있는 역사적 인물을 지속적인
  방법으로 형상화하는 것
- 사건들의 연대기(연표)의 정확성
- 신뢰성 있는 작중인물들
- 역사적 시기뿐만 아니라 현재의 시간, 태도, 신념 등에 대한 이야기의
  적절성
- 생생하고 정확한 역사의 장면

노턴(Norton, 1987 : 76)에 따르면, 역사소설을 창작하는 과정은 다음과 같
다 : 역사 소설가는 역사소설을 쓰기 전에, 고문서를 보관하고 있는 각급
도서관에 있는 자료들, 편지들, 옛날 신문이나 각종 서류들, 역사학자와의
인터뷰, 박물관과 역사 유적지 방문 등을 통해 특정 시대의 역사에 대한
출처가 분명한 배경지식을 기록한다. 그런 다음, 역사 소설가는 이러한 지
식에 근거해 역사소설을 쓴다.

흔히 역사소설은 자기 자신과 대결하는 인물이나 자신의 사회와 대결하
는 작중인물을 보여준다. 이러한 유형의 대결들은 가치 문제, 소설에 형상
화된 시대의 도덕적 딜레마와 이슈 등을 반성할 수 있는 기회들을 독자에

게 제공한다. 예를 들어, 조정래의 『태백산맥』은 1948년 10월의 여순 사
건부터 1953년 7월 휴전 직후까지 5년여에 걸쳐 일어난 역사적 사실을
바탕으로, 허구적 인물과 실존 인물의 삶을 그려내고 있다. 6·25전쟁을
소재로 한 대부분의 분단소설들은 이념의 대립과 그 실상을 외면하거나
관념적으로 이해하였다. 윤흥길의 「장마」, 김원일의 「어둠의 혼」, 「노을」,
전상국의 「아베의 가족」 등은 이데올로기의 횡포로 인해 상실된 '아버지
찾기'를 중심으로 '혈연의식의 뿌리'를 강조한다. 대체로 회상적 구성을
통해 과거와 현재를 교차시키면서 비극의 상황을 재현시켜 놓고 부성(父性)
의 회복을 염원한다. 이러한 소설들은 이념의 실체에 대한 해명 없이 정
서적 차원에서 이념에 대한 공포를 강조하기 때문에, 분단의 원인과 돌파
의 전망을 말하기에는 깊이와 넓이에 한계가 있다. 그런데 『태백산맥』은
바로 이러한 한계에서 벗어나면서 분단 상황의 새로운 인식과 그 극복 가
능성을 제시하고 있다.

　이 소설은 이념의 대립과 전쟁, 그 뒤를 이은 분단의 체험을 철저히 파
헤친다. 여순 사건부터 6·25전쟁까지의 격동의 세월을 소설의 중심부에
배치하고 있다. 반공 이데올로기에 의해 왜곡되어 온 분단사의 진실을 밝
히고, 문학 속에서 늘 계몽의 대상이 되었던 농민, 민중이 진정한 역사의
주체임을 형상화하고 있다.

7) 비허구적 서사

　전통적으로 학교 문학교육에서는 대상 텍스트를 허구적인 것으로만 생
각해왔다. 그러나 문학교육 현장에서 많은 학생들은 읽고 싶은 텍스트로
비허구적 서사를 선택하고 있다. 이는 비허구적 서사 텍스트들이 청소년
들에게 유행하고 있음을 보여준다. 그러므로 청소년들에게 유행하고 있는
비허구적 서사물들은 새롭게 인식되어야 하고, 또한 문학교육과정에도 포

함되어야 한다. 비허구적 서사들은 청소년들에게 정보를 제공하면서, 청소년들의 호기심을 자극하여 청소년들이 읽고 즐길 수 있게 한다. 상당수의 청소년들은 비허구적 서사만을 읽기도 한다.

일반적으로 남자 청소년들이 여자 청소년들보다 비허구적 서사를 더 선호한다. 비허구적 서사는 소설이나 짧은 이야기(short stories)가 아니다. 비허구적 서사는 매우 다양한 화제들을 다루는 설명적인 텍스트이다.

(1) 전기와 자서전

전기는 개인의 삶을 설명해 주는 비허구적 서사이다. 전기는 특정 인물이 살았던 시대와 그의 특징 등에 대한 통찰력을 제공해 줌으로써, 특정 인물이 살았던 시대와 그 인물 사이의 생생한 관련성을 보여준다. 출처의 확실함(authenticity)이 전기를 검토하기 위한 주요한 범주 중의 하나가 된 이래, 특정 시대와 그 시대에 발생한 사건들의 묘사는 작중인물의 묘사를 뒷받침해 준다.

전기의 또 다른 구성 요소는 주요 인물이 극복해야만 하는 갈등의 빈번한 형상화이다. 이 구성 요소는 갈등을 해결하려고 애쓰는 작중인물에게 청소년들이 감정이입 되게 함으로써, 청소년들이 적극적으로 텍스트 읽기에 참여하게 한다. 예를 들어, 김구 선생의 일생을 다룬 『백범일지』는 독립 운동가이며 민족지도자, 정치가, 혁명가였던 백범 김구가 상해 이후 중경까지 27년간의 임시정부에서 요직을 두루 지내며 틈틈이 써놓은 친필원본이란 점에서 임시정부사의 제1차 사료인 동시에 독립운동사 연구 및 위인 전기사료로써 귀중한 자료이다. 이 텍스트를 읽을 때, 청소년들은 백범이 독립 운동을 하면서 경험했던 다양한 갈등 상황들에 감정이입되어, 백범의 진정한 인간적 면모를 이해할 수 있을 것이다.

『체 게바라』평전은 의사의 아들이었음에도 불구하고 쿠바의 혁명가가 되었던 체 게바라의 삶과 그의 갈등에 청소년들이 깊은 공감을 가질 수 있게 한다. 리얼리스트(realist)이자 몽상가(dreamer)였던 체 게바라. 그가 지녔던 직함보다는 그의 일생을 지탱해준 불굴의 의지와 끝내 잃지 않았던 순수. 그 두 가지 사상이야말로 체 게바라라는 인물을 가장 정확하게 말해준다. 오늘날에는 지독한 이기주의와 적당히 타협 가능한 나약한 소신이 만연해 있다. 이러한 시대에 청소년들은 체 게바라의 삶을 통해, 삶은 투쟁이며, 선택의 집합임을 깨닫게 된다. 그러기에 그의 삶은 넘치는 지식과 가치관의 부재(不在) 사이에서, 혼란을 거듭하는 청소년들에게 푯대가 될 수 있다.

전기의 또 다른 형태는 청소년 독자를 위해 쓰인 자서전(회고록)인데, 오늘날에는 유명 축구선수나 아나운서, 연예인들의 자서전이 많이 출간되고 있다. 축구 선수로 최초로 자서전을 출간한 홍명보는 『영원한 리베로』에서 자신의 축구와 인생 이야기를 하고 있다. 이 텍스트에서 그는 삶의 좌우명이 '一心'임을 밝히면서, 하나의 일에 집중하자는 좌우명대로 축구를 하면서 한번도 다른 곳으로 눈을 돌려본 적이 없음을 밝히고 있다. 이 텍스트에서 청소년들은 때로는 지나치게 냉정하고 차갑게 보일 만큼 자기 표현을 절제해 온 홍명보의 진솔한 면모를 읽을 수 있다.

황정민 아나운서가 쓴 『젊은 날을 부탁해』는 튀는 아나운서 황정민의 일과 사랑, 가족에 관한 26편의 이야기를 담고 있다. 뉴스를 진행하는 여자 아나운서 하면 떠오르는 몇 가지 상투적 표현이 있다. 단정하게 부풀린 짧은 머리, 무표정, 감정이 실리지 않은 고른 톤의 목소리 등. 개성을 용납하지 않는 이러한 엄숙주의는 정확성과 신뢰도라는 나름의 타당한 이유 때문이지만, 채널을 확인해야 누가 누군지 구별할 수 있을 정도로 획일화된 진행자의 모습을 보면서 갑갑한 느낌은 지울 수 없다. 그런데 이런 고정된 틀을 부수고 파격적인 모습과 뉴스진행을 통해 브라운관 밖으로 자신의 얼굴을 내민 아나운서 황정민은 이 텍스트에서 자신의 20대 시절을 쿨하게 전달하고 있다. 짧은 커트머리, 민소매 옷을 비롯해 방송 도

중 소리 내어 웃거나 노래를 부르고, 뉴스를 마칠 때 재치 있는 코멘트로 시청자들에게 유쾌함을 안겨주는 등 여러 면에서 신선한 모습을 보여주었던 자신의 30대 삶에 대한 느낌도 담담하게 전달하고 있다.

이러한 자서전들은 주인공이 살았던 시대와 그 시대의 사건들, 그리고 주인공에 대한 영감을 보여준다. 또한 작가가 자서전을 쓴 방법과 자서전에 제시된 삶에서 중요한 역할을 한 사건들에 대한 통찰력을 청소년 독자에게 제공한다.

(2) 정보 전달의 텍스트(설명문)

설명적 텍스트를 읽는 주요한 이유는 새로운 정보를 학습하는 만족감을 얻기 위해서와 자신이 이미 알고 있는 것을 다시 확인하는 만족감을 경험하기 위해서이다.

설명적 텍스트들은 모든 화제들을 생생하게 전달하며, 내용 교과의 학습에 많은 도움이 된다. 예를 들어, 사회 교과나 과학 교과에서 설명적 텍스트들은 교과서에 제시된 학습 내용(course content)을 보충해 주는 유용한 교재가 될 수 있다. 청소년들이 읽을 만한 설명적 텍스트를 몇 가지 소개하면 다음과 같다.

『삼국지 사이언스』(휘슬러)는 삼국지에 담긴 과학의 원리와 역사문화 속의 과학적 사실을 파헤치고 있다. 과학을 통해서 역사를 새롭게 해석함은 물론 숨겨진 과학의 원리를 이해할 수 있게 해준다. 따라서 이 텍스트를 통해 청소년들은 역사문화 속의 과학적 사실에 대한 이해와 일상문화 속에 과학이 녹아 있음을 알 수 있을 것이다.

『카페 안드로메다―현대물리학으로의 환상 여행』(이끌리오)은 21세기에 사는 쌍둥이 남매가 23세기 괴짜 물리학자와 함께 우주선을 타고 우주여행을 하는 가상현실을 통해서 상대성 이론, 양자물리학 등 다양하고 기본적인 물리학 개념들을 재미있게 배운다는 내용을 담고 있다. 물리학자와 수상 경력이 있는 작가가 협력하여 소설 형태로 난해한 물리학을 쉽고 흥미롭게 풀어가고 있다. 청소년은 물론 물리학에 문외한인 일반인들도 어렵다고 생각되는 (현대)물리학 이론에 쉽게 접근할 수 있게 한다.

『김선자의 중국신화 이야기 1, 2』는 청소년들이 서구 신화에 대한 유행과 열광에 대해 반성을 할 수 있게 한다. 이 텍스트는 서구 신화에 대한 급작스런 열기에 대해 반성하고 우리 전통의 재래 설화나 동양 신화에 대한 이해를 청소년들이 차분하게 할 수 있도록 돕는다.

설명적 텍스트들은 각자의 삶에서 취해야 할 삶의 방향성에 대한 정보를 청소년들에게 제공하기 때문에 매우 가치가 있다. 청소년들에게 특별히 호감을 주는 설명적 텍스트들은 수능시험 체험기나 직업의 세계를 보여주는 것들이다. 예컨대, 서울의 명문대학에 합격한 학생이나 외국의 유명 대학에 합격한 학생이 쓴 학습 안내서, 새로운 직업의 세계를 안내하는 『블루오션』 같은 텍스트들은 청소년들에게 많은 도움을 주었다. 『블루오션』 같은 텍스트는 서로 다른 사람들이 같은 직업군을 선택할 것이 아니라, 남들이 가지 않는 전혀 새로운 직업의 세계를 모색하는 것을 강조함으로써, 청소년 독자들에게 직업의 세계에 대한 사실적인 관점을 제공한다.

대학 진학을 목표로 하는 고등학생들에게 수험 안내서는 가고자 하는 대학이나 학과의 특성, 교육과정 등에 대한 정보를 제공한다. 또한 취미, 컴퓨터, 여행 등에 대한 설명적 글들도 매우 유용하다. 만일 교사가 여러 설명적 글들을 활용할 수 있다면, 청소년들은 설명적 글들을 많이 읽을 것이다.

8) 다른 유형의 문학 텍스트

청소년 문학 장르 중에서 가장 흔하게 읽히는 것은 사실적 허구 서사이다. 그러나 시, 짧은 이야기, 드라마, 그림.문학 등도 청소년들이 읽는 문학 텍스트들이다. 다양한 문학 장르들을 읽음으로써 청소년들은 문학 텍스트의 폭넓음을 인식하고 자신들의 마음에 드는 문학 텍스트를 찾을 수 있다.

(1) 시

대부분의 청소년들에게 시보다 더 강력한 반응을 유발하는 문학 장르는 없을 것이다. 초등학생들은 시를 듣고 시를 낭송하는 놀라운 경험을 자주 한다. 초등학생들은 시어의 음성, 리듬의 흐름, 운을 다는 즐거움 등에 매혹된다. 그럼에도 불구하고 시에 대한 이러한 초기 경험들 뒤에 발생한 어떤 경험이 중학생들과 고등학생들이 시에 대해 부정적으로 반응하게 할까?

이는 아마도 초등학생과 중·고등학생들이 시를 경험하는 방식의 차이 때문일 것이다. 초등학생들은 일반적으로 시를 듣고 체험한다. 반면에 중·고등학생들은 시를 읽고 해석한다. 시를 해석하는 과정에서 중·고등학생들은 자주 200년 이상 혹은 자신들의 시대와는 매우 동떨어진 시대의 시들을 모아 놓은 시선집이나 교과서에 실린 시들을 읽고, 시의 의미에 대해 교사가 생각하는 것에 맞게 시를 해석해야 한다.

많은 청소년들이 '시'라는 단어만 들어도 괴로워하는 것은 그리 놀랄 만한 일이 아니다. 다행히 요즘에는 청소년들에게 시를 해석하도록 요구하기보다는 시를 체험하도록 하는 교재나 시선집, 교육과정 등이 개발되어, 시를 두려워하는 청소년들의 인식을 점차 개선시켜 가고 있다. 예컨대, 전국국어교사모임에서 편찬한 『국어시간에 시 읽기 1, 2』는 청소년들이 시를 이해하고 경험하고 즐길 수 있게 하는 다양한 방법들을 소개하고 있다. 이 책은 청소년들의 정서를 움직일 수 있는 시를 모아 엮은 자료집으로 청소년들의 애송시 100여 편을 가려 뽑아 시를 읽는 재미, 세계의 중심, 가족, 이웃, 삶, 작은 발견, 큰 기쁨, 지혜 혹은 삶의 깊이 등을 다루고 있다.

청소년들이 시를 어렵게 느끼는 이유는 학교에서 시를 배우고 접할 때, 시 자체를 즐기고 느끼는 감상이 아닌, 하나하나 세부적으로 파헤치는, 그러면서 암기를 위주로 하는 분석적 교육을 받았기 때문이다. 일례로, 한용운의 「님의 침묵」이라는 시 전체를 외우는 청소년들은 거의 없지만, 제목에서 말하는 '님'이 무엇을 의미하는지는 대부분 다 알고 있다. 그래서인지 학교를 졸업하게 되면, 청소년들은 대부분 시라는 장르에 대해 관심을 갖지 않는다. 그러니 자연스레 시는 읽히지 않으며, 청소년들이 시를 직접 쓰려는 마음은 더더욱 갖지 않는다.

청소년 독자들이 시에 접근할 수 있도록 하기 위해서는 우선 오늘날의 시들과 시인들을 살펴보고, 이 시들을 학교 문학교육에서 적극적으로 활용해야 한다. 시에 대한 전통적인 사고가 수정되어, 시가 중·고등학교 문학 교실에서 적극적으로 활용되어야 한다. 또한 청소년들이 시를 직접 감상할 수 있는 기회를 충분히 제공하면서, 청소년들이 쓴 시들도 교육 장면에서 적극 활용되어야 한다.

(2) 짧은 이야기

고등학생들이 읽는 대부분의 문학 선집(명문집)들은 짧은 이야기들을 주로 싣고 있는데, 전통적으로 이 짧은 이야기들은 청소년들을 위해 쓰인 이야기가 아니다. 따라서 청소년 독자들은 이 이야기들을 쉽게 이해하거나 공감하지 못한다. 이런 문제를 해결하기 위해서는 중·고등학교의 청소년 독자들이 쉽게 이해할 수 있는 짧은 이야기들의 선집이 간행될 필요가 있다. 예컨대, 청소년들의 흥미에 맞는 우정, 혼란스러움, 사랑, 결정, 가족 등과 같은 주제에 따라 짧은 이야기 선집을 편찬할 수 있을 것이다. 예컨대, '청소년 이야기책'이라는 명칭으로 출간될 수 있을 것이다. 또한 우화집이나 설화집 형태로 간행될 수 있을 것이다.

청소년을 위한 우화집으로는 『끄르일로프 우화집』, 『당나귀는 당나귀답게』 등이 있다. 『끄르일로프 우화집』은 러시아의 세계적 우화 작가 이반 끄르일로프가 지은 것으로, 여타의 우화들과 마찬가지로 동물들과 사람들이 등장한다. 교활한 여우, 탐욕스런 늑대, 우둔한 곰 등 러시아 동화 속에 자주 등장했던 이들 동물들은 대부분 탐욕스럽고 위험한 맹수들로 노동은 하지 않으면서 국민들을 약탈하고 박해하여 자신들의 잇속을 챙기는 관리들, 재판관들, 정치인들을 풍자한다. 동물들을 통해 끄르일로프는 우리가 일반적으로 알고 있는 동물들의 자연적 특징을 보여주는 동시에 이들이 비유하는 전형적인 인간의 특징을 신랄하게 풍자한다. 사람들을 등장시킨 대표적인 우화로는 「두 남자」, 「농부와 일꾼」 등이 있는데, 이들 우화는 동물이 등장하는 우화들보다 훨씬 구체적이고 사실적으로 인간의 어리석음을 드러내어, 민중 계몽에 일익을 담당했다.

끄르일로프는 또한 평생 황제와 부패한 관리들의 행태를 비판하면서 러시아의 사회상을 그대로 담아내는 우화도 많이 창작했다. 그의 마지막 우화 작품인 「고관대작」은 이러한 비판적 정신을 담고 있다. 그리고 1825년 입헌군주제를 주창하며 일어난 제까브리스트 난을 우화 속에 담기도 하였고(「면도칼」, 「검」), 농노제를 옹호하며 민중들을 압살한 러시아의 전제 정치를 비판하는 우화(「물고기들의 춤」, 「얼룩 양들」, 「고양이와 꾀꼬리」)를 쓰기도 하였다.

『당나귀는 당나귀답게』(아지즈 네신, 이난아 옮김)는 교훈적인 이야기들을 우화를 통해 아주 매끄럽게 녹여서 전달해 준다. 전체 14편의 작품 중에서 표제작인 「당나귀는 당나귀답게」는 인간이 삶을 살아가면서 각자 자신에게 주어진 사회적 역할을 충실하게 이행해야 한다는 메시지를 전달하고 있다. 이를 통해, 이 이야기는 자신의 역할에 최선을 다하는 것이 얼마나 소중한지를 청소년들이 잘 깨닫게 해 주고 있다. 「위대한 똥파리」는 한계가 주어진 삶 속에서도 그 한계에 갇혀 늘상 반복되는 삶의 굴레에 안주

하는 것이 아니라, 과감하게 그 틀을 벗어나고자 노력하는 이상주의자의
자세를 보여주고 있다. 이를 통해, 이 이야기는 드높은 이상을 가지고 끝
없이 노력하는 자세가 중요하다는 점을 강조하고 있다. 「어느 무화과 씨
의 꿈」은 모든 사람들이 철저하게 자기 중심적인 삶을 살아가는 오늘날의
사회에서, 자신을 던져 메시아적인 삶을 살아가는 숭고한 희생자의 삶을
보여주고 있다. 이를 통해, 이 이야기는 '나'와 '우리'라는 좁은 틀에서 벗
어나 '대아(大我)'의 삶을 살아가도록 촉구하고 있다.

한편 우화집은 아니지만 청소년들의 흥미에 맞는 주제들을 짧은 이야기
형식을 빌어 쓴 텍스트가 있는데, 이에는 안도현의 『짜장면』이 해당된다.
이 텍스트는 18세 소년이 가출하는 얘기를 하고 있다. 시골학교였지만 초
등학교에서부터 고등학교까지 줄곧 1등만을 하던 소년이 갑자기 만리장성
이라는 중국집 배달원으로 아르바이트를 하게 된다. 아버지가 시킨 것도
아니고 어머니가 시킨 것도 아니었다. 그저 소년이 집을 뛰쳐나와 시작한
것이다. 지금까지의 자기를 벗고 새로운 자기를 찾기 위해서였다. 아버지
의 폭력성과 그 아래서 피 흘리며 아무 말 없는 어머니. 그러한 상황을 보
다 못해 뛰쳐나온 소년은 이제부터 자유로운 삶을 살고자 한다.

소년은 몇 개월 사이 국어, 영어, 수학 등을 공부하는 대신 단무지를 얇
게 써는 법, 손님 앞에 보기 좋게 배열하는 법 등을 배웠다. 뿐만 아니라
여자 친구도 사귀어 보고 폭주족들이 타는 오토바이를 타고 큰 경적소리
를 내며 달리기도 했다. 새로운 삶이 그에게 잘 맞는 듯 했다. 하지만 여
자 친구와의 가슴 아픈 이별과 실패로 돌아간 마지막 폭주로 귀가를 하게
된다. 귀가 도중 사고를 당하게 되고 구사일생으로 살아난 소년. 이제 그
는 전혀 다른 사람이 된다.

이 텍스트는 만리장성 주변 가게들의 살아가는 모습, 잔잔한 노부부의
사랑, 풋풋한 소년의 사랑을 전달한다. 이러한 것들에 대한 감상을 통해
청소년들은 자신의 삶에 대한 반성과 미래 삶에 대한 대비를 할 수 있을

것이다.

청소년들을 위한 짧은 이야기는 또는 콩트집의 형식을 취하기도 한다. 짧은 이야기는 청소년들에게 유행하는 허구 서사 형식이다. 고품격 짧은 이야기는 청소년 독자들에게 점차 그 효용성이 증가하고 있다.

(3) 드라마

청소년들에게 가장 무시되어 온 문학 장르는 아마도 드라마일 것이다. 청소년 독자들을 위해 드라마를 창작한 작가는 드물었다. 그러나 최근에 TV에서는 청소년을 위한 드라마들을 많이 방영하고 있다. 특히 EBS의 청소년 드라마는 청소년 독자들에게 많은 사랑을 받고 있다. 이로 인해 TV에 방영된 드라마의 대본들은 청소년들에게 읽히고 있으며, 어떤 것들은 중학교 『국어』 교과서에 그 대본이 실리기까지 하였다. 예를 들어, 제7차 중학교 『국어』 교과서 2-1에는 「육체미 소동」이 실려 있다. 이 드라마의 줄거리는 다음과 같다.

> 동민은 근육질 남자에 대해 동경을 하고 있는 남자아이이다. 같은 반의 우람한 기철이가 부럽고 멋있어 보여서 동민은 덕수와 함께 몸을 만들기로 결심한다. 그러나 몸이 단번에 만들어지지는 않았다. 오히려 동민은 무리한 운동 때문에 근육통에 시달리게 된다. 그렇지만 근육이 나온 것처럼 보이기 위해 동민은 편법을 쓰기로 한다. 동민은 브래지어 패드를 달아서 생활을 하며 근육이 나온 것처럼 으스대고 다니다가, 결국 학교 신체검사 때 체육 선생님께 들키게 된다. 다행히도 체육 선생님은 동민을 이해해 주고, 동민에게 조언을 해 준다. 체육 선생님의 조언에 동민은 안도해 하면서, 다시 운동을 시작하게 된다.

MBC에서 방영되었던 <나도 잘 모르지만>은 코시안 청소년들의 문제를 다루고 있다. 이 드라마는 반성은 하되 기는 죽지 않는 두 명의 반항아들의 생활을 그리고 있다. 이 드라마에서 두 명의 반항아인 민욱기와 이

두헌은 가진 거라곤 무모함, 무례함, 치켜든 주먹뿐이지만 방치된 내일과 끝까지 싸워나간다. 이 드라마에서 민욱기는 생긴 건 미소년 과인데 사고 뭉치다. 툭하면 시비를 걸어 쌈질하고 선배, 동급생들 오토바이를 훔친다. 예쁘고 공부 잘하는 여자 친구 주원이가 유일한 자랑거리다. 하루 벌어 하루 사는 아버지 때문에 자주 이사를 다니지만 정작 먹고 살기 바쁘다는 무관심이 싫다. 한편 이두헌은 파키스탄 아빠와 한국인 엄마 사이에 태어난 코시안이다. 과묵하고 어둡지만, 소심하거나 내성적인 성격은 아니다. 그는 시니컬한 성격이다. 그는 코시안이란 꼬리표가 너무나도 싫다. 자신의 혈관에 어떤 피가 흐르는지 상관없이 오로지 피부색으로만 꼬리표를 다는 인간들이 웃기다. 그래서 그는 그냥 입 닫고, 귀 닫고, 맘 닫고 조용히 살다가 이 지긋지긋한 학교에서 탈출할 날만 손꼽아 기다린다.

청소년 드라마들은 개성 있는 청소년들의 생활과 사연을 통해 청소년들의 모습을 세밀하게 표현하고 있다. 그들의 우정과 사랑, 그리고 각자의 고민을 최대한 현실적으로 그림으로써, 어른과 사회가 요구하는 개성 없는 청소년들이 아니라 개성 있는 멋진 청소년들을 형상화하고 있다.

(4) 그림 문학

최근까지도 교사와 청소년들은 그림 문학(picture book)은 초등학생에게나 알맞은 것으로 생각해 왔다. 그러나 많은 그림 문학 텍스트들이 중·고등학생들에게도 효과적으로 사용될 수 있다. 그림 문학 텍스트는 강력한 시각적 내용들을 담고 있는데, 그림 문학 텍스트가 효과적으로 사용될 수 있는가의 여부는 삽화의 예술적 가치와 텍스트의 인쇄 상태에 달려 있다. 그림 문학 텍스트는 그림으로 이야기가 전개되기 때문이다. 글이 사용되지만 보조적인 역할에 머문다. 그림 문학 텍스트의 그림은 글이 대신할 수 없는 확장되고 분명한 의미를 가진 독립적인 요소이다. 글과 그림이 함께 읽혀져야 하며, 때로는 아주 적은 단어를 사용하거나 아예 글이 없는 형태가 되기도 한다. 그림을 통해 그림 문학 텍스트는 특정한 주제나 관심사를 전달할 수 있다. 예를 들어 그림 문학 텍스트인 『다문화가정동화세트』(임희옥 저)는 총 7권으로 이루어져 있는데, 이 텍스트들은 다문화 사회에서 살아갈 어린이들과 청소년들을 위해 가정의 소중함과 모두가 함께 살아가는 공동체의 의식을 강조하고 있다.

또래의 주인공이 화자가 되어 이야기를 전하는 그림 문학 텍스트 가운데는 초등학교 중학년 이상의 어린이가 등장하는 경우가 많다. 대표적인 텍스트로는 「엄마의 의자」(시공주니어)를 들 수 있다. 이 텍스트에서 소녀는 화재로 잃었던 안락함과 행복을 가족의 노력과 이웃의 따뜻한 도움으로 회복하는 과정을 담담하게 전한다. 아이가 직접 쓰고 그린 이야기와 그림이 사실감을 더해 주며 감동을 준다. 청소년들은 또래의 주인공을 통해 깊은 감정이입과 감동을 맛볼 수 있다.

화자가 똑같이 어린이라 해도 어린이 자신을 이야기하기보다 낯선 환경의 타인을 이야기하는 그림 문학 텍스트도 있다. 「창밖의 사람들」(낮은 산)은 창 너머로 무심히 던져진 아이의 시선을 통해 춥고 외로운, 소외된 사람들을 바라보게 하는 파격적인 그림 문학 텍스트이다. '사회적 빈곤'이라는 주제가 청소년들에게 다소 어렵게 느껴질 수도 있지만, 청소년들이 '자기 중심적 세계'에서 벗어나 자신이 속한 사회와 타인, 우주를 바라볼 수 있는 계기를 제공한다.

미야자와 겐지의 동화를 그림 문학 텍스트로 만든 「빙하쥐 털가죽」(우리교육)은 자연과 인간의 괴리를 주제로 삼고 있다. 상상력이 풍부하게 발현된 이 텍스트는 인간의 탐욕을 적나라하게 꼬집고 권선징악의 내용을 담고 있다.

조안 스파르의 『나무 인간』(현대문학)은 두 팔과 다리를 가지고 있는 사람하고 비슷한 생김새의 살아있는 나무 인간과 그의 친구들인 유대인 랍비 엘리아우와 랍비의 창조물인 진흙 인간 골렘을 형상화하고 있다. 평화

로운 어느 날 엘리아우에게 북극성의 알리아 바이트의 슈넥왕이 피아노를
만들어 줄 것을 요구한다. 기한은 딱 일주일로 기한 내에 만들지 않으면
불바다로 만들어 버리겠다는 협박과 함께. 죽은 나무가 아닌 살아있는 아
틀라스 떡갈나무를 가지고 뭔가를 만들어 본 적이 없는 나무 인간은 갈등
한다. 고심하던 이들은 아틀라스로 피아노를 만들기로 하고, 아틀라스를
찾아가다 시종일관 정신없이 시끄러운 땅도깨비 카카를 만난다. 이들이
아웅다웅 아틀라스를 오르내리는 사이 일주일이 훨씬 넘게 지나버린다.
친구들이 잡혀가게 되고, 숲속은 불폭탄이 떨어져 혼란스럽다. 나무 인간
은 그들을 구하기 위해 북극성으로 향한다. 이러한 줄거리를 가진 이 텍
스트는 범상치 않은 캐릭터들과 만화적이고 몽환적인 분위기를 통해 청소
년들의 상상을 자극한다.

변형된 그림 문학 텍스트는 그림만 있고, 글이 전혀 없는 것이다. 이러
한 그림 문학 텍스트는 이야기를 온전히 그림에 의해서만 전달한다. 어떤
형태이든 그림 문학 텍스트는 그림의 분위기나 행간에서 얻은 감동을 통
해 청소년들이 삶을 보다 풍요롭게 대비할 수 있게 한다.

2. 요약

청소년 문학 장르는 다양한 유형의 작품들로 구성된다. 따라서 현직 교
사나 예비교사들은 청소년 문학 장르를 지속적으로 탐구하고, 청소년 문
학 텍스트들을 읽어서 청소년들의 요구를 충족시켜 주어야 한다. 이를 위
해서는 청소년 문학을 문학교육과정에 적극적으로 반영해야 한다.

제3장

청소년의 삶과 문학

1. 청소년의 존재성과 삶

　한 사람이 어린이에서 성인으로 성장해 갈 때, 삶에서 가장 복잡하고 중요한 변화들은 청소년 시기에 경험하게 된다. 우리는 청소년 시기에 다른 사람들과 많은 관계를 맺으면서 삶에 대한 새로운 의미들을 알게 되고, 점차 독립적인 존재가 되기 때문이다. 청소년들은 대부분의 시간 동안 장차 성인으로서의 역할을 수행하기 위해 필요한 지식과 기능들을 습득해야 할 뿐만 아니라, 자기 발견과 지평의 확대를 도모해야 한다. 따라서 청소년기는 적응과 저항, 성인과의 조화와 부조화, 수용과 창조의 양면적인 길항 관계 속에 존재하며, 이 시기는 청소년들에게 기성세대의 문화 습득 및 독자적인 문화 창조의 기회를 제공한다.

　그러나 오늘날의 청소년들에게 청소년 시기는 예전보다 훨씬 많아진 삶의 목표와 가능성을 획득하기 위해 분투해야 하는 어렵고 고단한 시간으로 여겨지고 있다. 오늘날의 사회 환경은 그들로 하여금 안정된 상태에서 천천히 자신을 성찰을 시간들을 거의 주지 않은 채, 청소년들로 하여금 어디론가 배회하게 하는 유목성을 강요하고 있기 때문이다. 청소년들로 하여금 유목성을 강조하는 우리 사회에서의 변화들은 다음과 같다.

- 가족 구조의 급격한 변화
- 여성들의 능력과 역할, 그리고 기대 수준의 급격한 향상
- 점증하는 윤리적·문화적 다양성
- 최소 목표로서의 대학진학과 많은 사람들에게 열려 있는 평생교육
- 대중 매체와 대중문화의 강력한 영향력과 가정 밖 일상들이 갖는 중요성 증대
- 생산 분야 종사보다는 서비스 분야에 대한 종사의 선호와 점증하는 소비주의
- 오락과 레저 활동의 중요성 증대와 다양한 형태의 오락과 레저 활동들의 점증
- 알코올과 다른 약물들에 대한 보다 손쉬운 접근과 남용
- 성적 개방과 문란한 사생활로 인한 성적 문제들의 증대
- 다매체 환경에서의 정보와 기술 공학의 폭발적인 혁신

크러처(Chris Crutcher, 1992)는 청소년기의 모습을 다음과 같이 예리하게 지적한다.

10대에게 가장 지독한 적들 중 하나는 무력감이다. 발달 단계상으로 볼 때, 10대들은 성인이 되기 위한 준비를 하고 있는 독립의 시기에 있다. 이 시기에 청소년들은 성인들이 갖는 특권들을 거의 허용 받지 못한 가운데, 성인처럼 행동하고, 책임지도록 강요받는다. 물론 거의 대부분의 청소년들이 부모에게 구속되어 있는 캥거루족이다. 많은 부모님들은 자신의 관점에서 청소년들이 그들의 삶에서 보다 손쉽게 성공하도록 하기 위해 청소년이 하고자 하는 많은 것들을 통제한다. 또 학교에서 선생님들도 한 반에 있는 많은 학생들을 통제하고자 한다. 이로 인해 많은 학생들은 학교생활이 재미없다고 여기게 되고, 이로 인해 자신에 별로 관심 없는 것들도 공부를 하게 된다. 이 과정에서 청소년들은 재미없는 것들을 공부하는 것이

자신의 삶에 얼마나 중요한지를 부모나 선생님으로부터 끊임없이 주입받
는다. 이 과정에서 청소년들 스스로 계획하고 조정할 수 있는 것들은 아무
것도 없게 된다. 이렇게 됨으로써 청소년들은 순간적인 홍수 뒤에 생겨나
는 사막의 꽃들처럼 가슴 속에 수많은 불만과 하고 싶은 말을 담고 있게
되며, 이것들이 어떤 계기에 의해 우발적으로 폭발하는 경우들이 점차 많
아지고 있다.

이로 인해 많은 청소년들은 기성세대에 대한 반항을 자신의 독립으로
여기면서, 자신의 정체성에 대한 고민들을 하게 된다. 이 과정에서 청소년
들은 자신의 반항이 걷잡을 수 없는 상태가 되지나 않을까 하는 많은 염려
들을 하면서도 기성세대와의 대화를 거부한다. 더군다나 기성세대들이 보
여주는 부정적인 면들로 인해 청소년들은 더욱 일탈을 꿈꾸게 된다. 이로
인해 청소년들은 성 혹은 약물 중독, 범죄 등에 대한 호기심과 아울러 미
래에 대한 두려움을 혼란스럽게 갖게 된다. 이 혼란스러움 속에 청소년들
은 이 세상에는 자신과 다른 타자들이 무수히 존재하며, 그러한 타자들과
의 조화가 삶을 살아가는 이치라는 진리를 서서히 체득해 간다. 물론 이
체득은 많은 대가를 지불한 것이기는 하지만, 이 체득에 의해 청소년들은
점차 '책임감 있는' 사람이 되어 간다.(Chris Crutcher, 1992 : 36)

청소년들에게 유목성을 강요하는 주요한 사회적 변화에도 불구하고, 청
소년들은 발달적 측면에서 많은 특징들을 공유하고 있다. 페들만과 엘리
엇(Feldman & Elliott, 1990)은 발달적 측면에서 청소년들이 공유하고 있는 특
징들을 다음과 같이 말한다.

- 정서적으로, 행동적으로 자율성 갖기
- 새로 생겨나는 성적 호기심 처리하기
- 이성과 대화할 수 있는 능력 향상과 많은 친구들을 사귈 수 있는 대
  인관계 능력 얻기
- 장차 성인으로서 기대되는 역할 수행을 위한 지식 획득과 정체성 형
  성에 관련된 이슈 해결과 가치 함양을 위한 다양한 경험하기(Feldman
  & Elliott, 1990 : 12)

이러한 특징들 속에 청소년들은 다음과 같은 사항들을 대비해야 할 필요성을 갖는다.

- 가족의 울타리 밖에 존재하는 자신의 모습 정립
- 완벽한 인간이 아닌 부모들의 관점과의 타협
- 다양한 도덕적, 윤리적, 종교적 혹은 정치적 원리들 중에서 자신만의 경향 결정
- 사춘기에 경험하게 되는 성적 발달과 심리적 변화 감수
- 이성과의 능동적인 관계 형성
- 미래의 삶, 직업선택, 결혼 생활 등에 대한 고려
- 보다 다양해지는 사회생활에의 적응

청소년들이 대비해야 할 이러한 것들과 그들의 성장 과정을 형상화하여 청소년들로 하여금 자신을 보다 이해할 수 있게 하는 매체 중의 하나가 청소년 문학이다. 청소년 문학은 청소년들이 자신들의 윤리적이고 문화적인 동일성과 차이를 이해하고 수용하게 하는 데 중요한 역할을 하기 때문이다. 자신의 경험들을 성찰하게 하는 문학 읽기를 통해 청소년들은 자신의 정체성과 가치에 대한 많은 사항들을 새롭게 알게 된다. 그리고 자신을 둘러싸고 있는 많은 타자들에 대한 이해를 통해, 청소년들을 보다 포용력 있고 균형 잡힌 세계관을 가질 수 있게 된다.

청소년 문학은 보다 다양해지고 있는 사회를 살고 있는 청소년들을 통합할 수 있는 잠재적인 힘을 갖고 있다. 청소년 문학은 평범한 청소년들의 사고방식과 생활 모습 등을 청소년들이 이해하고, 이에 의해 자신의 문화적 관습과 정체성에 대한 이해를 도모할 수 있게 한다. 나아가 청소년들이 미디어의 영향력이 갈수록 압도적이 되어가는 시대에서, 다른 청소년들과 교류하여 정체성을 새로이 형성하고 바람직한 청소년 문화를 창조할 수 있게 하는 잠재적인 힘을 갖게 한다.

청소년들이 갖는 관심사들을 반영한 청소년 문학은 청소년들의 가치 체

계, 교우 관계, 부모에 대한 태도, 사회적 적응 양상 등과 같은 것뿐만 아
니라, 사회화되는 주체로서 청소년들이 수행해야 할 사회적 역할 등을 형
상화한다. 예를 들어, 척박한 환경의 시골에서 사는 두 명의 청소년이 있
다고 가정해보자. 이 두 명의 청소년들은 척박한 환경에서 학업보다는 고
통스러운 생존을 위해, 그리고 도시의 청소년들에 대비되는 자신들의 정
체성 확립을 위해 분투할 것이다. 두 청소년들은 자신들의 정체성이 혼란
스런 상태에 있기 때문에, 이런 분투 속에 협력의 중요성과 생존의 문제
가 궁극적으로 배움에 의해서만 해소될 수 있음을 인식하게 될 것이다.
그 결과 그들은 자신들의 가족과 보다 확장된 사회 체계 속에서 자신들이
가져야 할 가치와 역할, 그리고 자신이 속한 문화 공동체 내에서 자신이
수행해야 할 역할을 인식하고 매우 치열하게 살아가려고 할 것이다. 이처
럼 청소년 문학 텍스트에 형상화된 청소년들의 고민과 정체성 형성과 관
련된 문제들은 청소년들의 존재성과 밀접한 연관성을 가질 수밖에 없다.
　청소년들이 주로 관심을 갖는 이슈들은 가족관계, 친구와 사회, 윤리
적·계급적 관련성, 신체와 자아, 성적 관계 등인데, 이 이슈들을 범주화
하여 정리하면 다음과 같다(선주원, 2004 : 341~342).

(1) 가족 관계

　‘가족관계’ 범주와 관련된 내용들은 다음과 같다 : 적절한 남성 혹은 여
성 역할, 부모와 다른 성인들로부터 정서적 독립성 성취, 개인적 이념 혹
은 가치 체계의 획득, 사회적 책임감과 성취.

(2) 친구와 사회

　‘친구와 사회’ 범주와 관련된 내용들은 다음과 같다 : 동년배 친구들과
의 새롭고 보다 성숙한 관계 수행, 적절한 남성의 혹은 여성의 사회적 역
할 수행, 신체의 효과적인 사용과 정서적 독립심 형성, 결혼과 가족을 위

한 준비, 직업을 위한 준비, 개인적인 이념이나 가치체계 획득, 사회적 책임감 수행.

(3) 윤리적 · 계급적 관련성

'윤리적 · 계급적 관련성'과 관련된 내용들은 다음과 같다 : 동년배 친구들과의 새롭고 보다 성숙한 관계 수행, 적절한 남성 혹은 여성으로서 사회적 역할 수행, 부모와 다른 성인들로부터 정서적 독립성 성취, 개인적 이념 혹은 가치 체계의 획득, 사회적 책임감 수행.

(4) 신체와 자아

'신체와 자아'와 관련된 내용들은 다음과 같다 : 동년배 친구들과의 새롭고 보다 성숙한 관계 수행, 적절한 남성 혹은 여성으로서 사회적 역할 수행, 신체적 변화에 대한 적응과 효과적인 신체 활용, 결혼과 가족을 위한 준비, 직업을 위한 준비, 개인적인 이념이나 가치체계 획득, 사회적 책임감 수행.

(5) 성적 관계

'성적 관계'와 관련된 내용들은 다음과 같다 : 동년배 친구들과의 새롭고 보다 성숙한 관계 수행, 적절한 남성 혹은 여성으로서 사회적 역할 수행, 신체적 변화에 대한 적응과 효과적인 신체 활용, 결혼과 가족을 위한 준비, 직업을 위한 준비, 개인적인 이념이나 가치체계 획득.

2. 청소년 문학의 존재 의의

청소년 문학이란 특별히 청소년을 위해, 그리고 청소년에 대해 쓴 문학이라고 할 수 있다. 따라서 청소년 문학은 청소년 예상독자를 위해 쓰인 문학적 구성, 즉 청소년들의 삶, 경험, 열망, 이슈 등을 다루고 있는 문학이라고 할 수 있다. 다시 말하면, 청소년 문학은 청소년들이 탐구하는 당면 과제뿐만 아니라, 청소년 문학을 읽고 있는 청소년 자체에 대해 알 수 있게 해 준다. 그러므로 청소년 문학은 청소년기에 있는 작중인물들에 초점을 두어, 그들의 정체성 인식, 모험, 희망, 그리고 일상사 등을 형상화한다. 청소년기에 있는 작중인물들이 도전들과 난관들에 직면할 때, 그들은 정신적으로 성장하고 발전한다. 청소년기는 의미 있는 발전의 시기이기 때문에, 청소년 문학은 청소년들이 경험하게 될 광범위한 변화들을 적절하게 반영해야 한다.

"문학은 삶을 위한 전략들을 제공한다." 문학의 모든 장르에 이 말이 의미 있게 적용될 수 있지만, 이 말은 청소년 문학에 대한 논의에서 특별히 강조되어야 한다. 청소년들만큼 능동적으로 삶에 대한 고민들을 하고, 그에 대한 답을 찾고 있는 집단은 없기 때문이다. 문학 텍스트를 읽을 때, 청소년들은 삶을 대비하기 위한 전략들을 찾는 경험을 한다. 독서 경험을 통해 청소년들은 자신의 일상을 이해하고 대비할 수 있는 토대들을 얻는다.

일반적으로 성인들은 자신들이 이미 가지고 있는 태도들을 반영하고 강화해 주는 문학 텍스트들을 선호한다. 반면에 청소년 독자들은 자신들의 개성과 실제 삶에 통합할 수 있는 아이디어, 정보, 가치 등을 텍스트에서 적극적으로 찾는다. 따라서 청소년들이 읽는 문학 텍스트들은 그들의 실제 삶과 분리될 수 없는 삶의 일부가 된다.

청소년들은 청소년 문학 텍스트에 형상화되어 있는 작중인물들에게서 동일시를 위한 강력한 역할 모델을 찾는다. 청소년들은 자신에게 의미 있는 작중인물과의 만남을 통해 실제 삶과 가치관을 변화시킬 수 있는 잠재성을 얻게 된다. 로젠블랫(Rosenblatt, 1983)은 청소년 독자들의 문학적 경험을 다음과 같이 설명한다.

청소년 독자들에게 텍스트의 구성 요소들—문체와 구조, 리듬감 있는 전개—은 문학적 경험의 전체 중 일부로서만 기능한다. 청소년 독자는 다른 사람들의 상상력에 참여하고, 세계에 대한 지식을 획득하고, 인간 정신에 대한 추론을 하고, 자신의 삶을 보다 잘 이해하기 위한 통찰력을 얻기 위해 문학 텍스트를 읽는다.(7면)

청소년 소설에 형상화된 젊은 주인공들은 청소년들에게 동일시를 위한 모델들을 제공한다. 또한 그 인물들은 청소년들이 자기 자신을 탐구할 수 있는 기회들을 제공한다. 이 탐구들을 통해 청소년들은 자기에 대한 이해를 증진하면서, 주변의 사건들과 상황들, 그리고 인간 삶의 양상들에 대한 이해를 확장하게 된다.

청소년 문학 읽기를 통해 청소년 독자들은 자아에 대한 탐색을 할 수 있을 뿐만 아니라, 자신이 처한 사회, 문화, 그리고 보다 확장된 상황맥락 속에서 자기 자신에 대해 알 수 있게 된다. 따라서 청소년 문학 텍스트는 청소년들이 자기-이해(self-understanding)를 하면서, 자신을 둘러싼 세계를 어떻게 대비하고 적응해 나갈 것인지에 대한 모색을 할 수 있게 한다. 또한 청소년 문학 텍스트는 청소년들을 미지의 장소로 데리고 가서 청소년들이 다른 사람들의 경험을 이해할 수 있게 한다. 청소년 문학 텍스트는 청소년들이 다른 사람의 신발을 신고 걸을 수 있게 하고, 다른 사람이 경험한 것을 이해할 수 있게 하는 강력한 수단을 제공하기 때문이다. 이처럼 청소년 문학 텍스트는 청소년들이 자아, 타자, 사회, 그리고 문화 등에 대한 확장된 이해를 위한 틀이 될 수 있다.

3. 청소년 문학에 형상화된 청소년

청소년들이 청소년 문학을 읽는 한 가지 이유는 청소년 문학 텍스트에서 자기 자신을 볼 수 있기 때문이다. 다양한 삶의 조건들과 양상들을 경험하는 청소년들이 자신의 모습을 청소년 문학 텍스트에서 발견한다는 것은, 청소년들의 실제 삶과 청소년 문학이 매우 깊은 관련성이 있음을 의미한다. 따라서 청소년 문학에 형상화된 청소년들의 모습과 특징을 살펴보는 것은 청소년들에 대한 더욱 깊은 이해를 가능하게 한다.

그러면 다양한 청소년 문학 텍스트들에 형상화된 청소년들의 삶의 모습을 통해 청소년들의 일반적인 특질들이 무엇인지, 그리고 이러한 특질들이 청소년들의 삶에 어떤 의미가 있는지를 살펴보자.

1) 자아 정체성 탐구

청소년들이 청소년으로서 갖는 특질 중 가장 중요한 것은 자아 정체성 탐구이다. 청소년들의 자아 정체성 탐구는 '나는 누구인가?'라는 질문에 대한 답을 찾는 과정이며, 이 과정에서 청소년들은 많은 혼란을 경험하기도 한다. 그러면 청소년들의 자아 정체성 탐구를 주요 테마로 삼고 있는 김원일의 「어둠의 혼」을 살펴보자.

이 소설에서 주인공 갑해는 청소년으로서, 아버지의 죽음을 계기로 해서 자신의 정체성에 대한 고민을 하게 된다. 그의 자아 정체성 탐구는 아버지와의 관계 속에서 이루어지는데, 자기 동일화의 대상인 아버지는 그에게 애증의 양가감정의 대상이고 어둠의 편에 존재한다. 사건의 발단도 어둠의 존재이며 빨치산이던 아버지가 지서에 잡혀 오는 것으로 시작된다. 지서에 잡혀왔다는 아버지를 찾기 위해 갑해가 이모 집에 있는 엄마를 찾고, 지서에 있던 이모부를 찾아가는 과정은 결국 죽은 아버지를 발견하게 되는 외형적인 탐색의 과정이며 스스로 성숙한 어른으로서의 정체성을 찾는 내면적 탐색의 과정이기도 하다(최현주, 2002 : 55~56).

2) 정신적 독립 추구

황순원의 「별」은 '동복'이란 아이가 겪어야 하는 누이에 대한 애증의 양가감정뿐만 아니라 누이의 죽음으로 인해 그가 성숙한 세계에 도달하게 되는 정신적 독립 추구의 양상이 드러나 있다. 어머니를 일찍 여윈 '아이' 가 겪어야 하는 첫 번째 고통은 누이와의 갈등이다. '아이'는 아름다웠던 것으로 기억 속에 남아 있는 어머니와 누이가 닮았다는 동네 과수 노파의 충격적인 말로 인해 누이에게 반항하고 누이를 혐오하게 된다.

그러던 '아이'는 시집간 누이의 죽음을 전해 듣고 비로소 누이가 모성 성을 대신하고 있었음을 깨닫게 되고, 누이에 대해 부정적이었던 자신의 잘못된 행위들에 대한 자문학 텍스트의 눈물을 흘리게 된다. 누이의 죽음 으로 인해 '아이'는 누이를 어머니와 대체되는 존재로 인식하게 된다.

그럼에도 불구하고 '아이'는 결말 부분에서 누이의 별이 어머니와 같은 아 름다운 별이 되어서는 안 된다고 생각하게 되는데, 이는 '아이'가 동일한 아 니마(anima)의 양상으로 인식되던 어머니와 누이를 분리시킴으로써 현실 원리 를 정확하게 인식하게 되었음을 의미한다. 나아가 '아이'가 어머니와 누이로 부터 온전하게 독립된 존재로 새롭게 자신을 인식하게 되었음을 드러낸다.

3) 또래 집단에 대한 의존 증대

이순원의 『19세』에서 작중인물 정수가 경험하는 중요 사건들은 친구 승태와 대관령으로 간 일, 승태 누나에 대해 이성적인 감정을 느낀 일, 농 사를 짓기 위해 상고를 그만 둔 일, 대관령에서 친구들과 농사를 지으면 서 어른들만의 은밀한 일들을 경험 것, 19세 때 대관령을 넘어 다시 집으 로 돌아온 일 등이다.

친구 승태와 함께 난생 처음 대관령으로 간 일은 정수에게 유년의 삶에

서 벗어나 유년 너머의 어른들의 세계에 대한 적극적인 탐사로서의 의미
를 갖는다. 정수에게 대관령은 항상 어른들만의 세계로 여겨져 왔는데, 자
신이 직접 그곳에 감으로써 정수는 빨리 어른이 되기를 갈망하게 된다.
이로 인해 그는 부모님과 선생님의 만류에도 불구하고 상고로의 진학을
결정한다. 그가 상고로 진학하게 된 것은 한국은행 같은 곳에 빨리 취직
해서 돈을 많이 벌어 대관령에서 농사를 짓고 싶은 소망 때문이었다. 이
는 또래 집단에 대한 그의 의존이 부모님이나 선생님에 대한 의존보다 더
컸음을 보여준다.

4) 성적 변화와 신체적 성장

오정희의 소설 「중국인 거리」는 성장기의 여성 주인공이 아버지의 부재
로 상징된 가부장제의 와해 징후를 감지하고 전통적인 성 역할의 고정관
념에 대한 회의를 보여준다. 중국인이 경영하는 푸줏간과 불친절한 이발
소, 그리고 양갈보의 집이 공존하는 거리, 그 낯설고 가난한 거리에서 '나'
는 여성으로서의 성적 정체성을 형성한다. 많은 가족들 속에서 존재 의의
를 부여받을 수 없는 '나'는 "겨우내 북풍이 실어 나르는 탄가루로 그늘지
고, 거무죽죽한 공기에 휩싸여" 있는 중국인 거리를 배회한다.

'나'는 부모와 할머니의 무관심 속에서 중국인 거리를 배회하면서 세계
에 대한 다양한 호기심을 갖게 되고, 친구 '치옥'이와 '매기 언니' 등을 통
해 세계에 대한 환멸을 체험한다. 그런 중국인 거리에서의 혼돈과 환멸
속에서 '나'는 항상 어지럼증과 구역질로 시달린다. 그 메스꺼움과 어지럼
증의 원인은 공복감이나 회충약인 산토닌 때문이기도 하지만 보다 근본적
으로는 성적 변화와 신체적 성장 과정에서의 혼돈 때문이다.

그러던 어느 날 미군 검둥이와 살던 매기 언니가 이층에서 떨어져 죽게
되고, 겨울의 끝 무렵 할머니의 부음을 듣게 된다. 이처럼 매기 언니와 할

머니의 죽음을 겪은 겨울날의 깊은 밤 '나'는 성장의 징후를 감지한다. 새로운 생명의 징후라고 할 수 있는 초조(初潮)를 감지하면서, '나'는 여성으로서의 성적 정체성을 획득하게 된다.

5) 이성과의 적절한 관계 형성

이순원의 소설 『19세』에서 '햇다표' 청바지를 입은 누나로 각인된 승태의 누나는 정수의 첫사랑의 대상이었다. 열네 살의 정수에게 승태의 누나는 '성교육 은사'였던 것이다. 이 '성교육 은사' 덕분에 정수는 사춘기 시절에 겪는 신체적 변화를 자연스럽게 받아들이면서 승태의 누나를 첫사랑의 상대자로 삼게 된다. 따라서 그는 열다섯 살에 승태와 처음으로 간 대관령에서 그림 같은 집을 짓고, 승태 누나처럼 키가 크고 얼굴이 어여쁜 여자와 농사를 지으면서 사는 것을 꿈꾸게 된다. 이러한 꿈을 하루 빨리 실현하기 위해 정수는 상고를 그만두고 부모를 설득해서 대관령으로 간다.

6) 다양한 교육적 경험의 수용

박완서의 소설들 속에서는 "유년 시절의 내가, 부권이 부재한 가족의 실질적인 가장인 어머니의 강인함에 대하여 느끼게 되는 이질감과 적대감, 그리고 점차 그 어머니의 고단한 삶을 이해하고 어머니와의 공생적인 유대감을 확인해 가는 일련의 과정"(오세은, 1995 : 239)이 그려지고 있다. 어머니에 대한 주인공의 시각은 어머니의 이중성에 대한 경멸로부터 감사에 이르기까지 시시때때로 굴곡 심한 변화를 겪게 되지만, 어머니라는 존재의 영향력만큼은 절대적이다. 어머니의 도시의 문명 속에서 주인공을 '신여성'으로 키움으로써 여성에 대한 봉건적 가치관에 도전한다.

이러한 현상은 박완서의 「그 많던 싱아는 누가 다 먹었을까」(1992)에서

도 확인된다. 이 소설에서 주인공이 '박적골'을 떠나 서울로 이동하게 된
것은 "제멋대로 방목되었던 어린 계집애에서 신여성이라는 새로운 삶으로
뿌리내리는 하나의 입사식"(황도경, 1994 : 143)으로서의 의미를 지닌다. 어
머니의 도시행 결단을 통해서 주인공은 신여성으로서의 교육적, 문화적
혜택을 누리게 되며, 아들과 구별을 두지 않는 어머니의 신여성적 사고
때문에 문학 텍스트와의 긴밀한 유대도 가능해진다.

7) 자신만의 가치관, 윤리관, 도덕관, 정치관 정립

1930년대 후반에 주체의 재건을 위해 소설을 창작한 김남천은 「무자리」
라는 소설을 통해 작중인물의 참다운 가치관 정립 양상을 보여준다. 「무
자리」에서 운봉은 누나의 도움을 받아 상급학교 진학을 꿈꾼다. 그것은
아버지의 무능으로 인한 가정 형편 때문에 일찍이 기생이 되었던 누나가
서울로 떠나면서 그의 공부를 계속해서 후원할 것을 약속했기 때문이다.
하지만 거의 폐인에 가까운 아버지가 죽고, 누나는 임신한 몸으로 서울
생활을 청산하고 고향 집으로 내려오게 되자, 그의 진학의 꿈은 물거품이
되고 만다. 그 시련 속에서 그는 진학을 포기하고 광산의 기계간에 다니
는 옆집의 학구형을 따라 취업을 위해 광산으로 향한다. 진학을 포기한
운봉이 이제 스스로 삶의 주체가 되어 새로운 길을 나서게 된다. 그런 점
에서 운봉은 자기 자신의 욕망을 삶에서 배제함으로써 상상적 질서를 벗
어나 주체로 다시 서는 상징적 질서로 진입하게 되는 자신만의 가치관을
정립했다고 할 수 있다.

8) 부모와의 관계 재정립

이용포의 「느티는 아프다」는 아무런 특징도 없이 넙데데하게 생긴 너브

대 마을을 배경으로 하고 있다. 이 마을 안에는 공터가 있고, 공터 안에는 언제부턴가 '자살나무'라는 별명을 가진 느티나무가 있다. 100여 년 전 일제의 단발령에 반발해 목은 멘 최초의 사람으로부터 왕따에 시달리다 목을 맨 중학생까지 그 나무에 목을 매고 자살한 사람이 한 둘이 아니었기 때문이다. 사람들은 사람 잡아먹는 귀신이 붙었다며 느티를 곱지 않은 눈으로 본다.

그런데 어느 날 느티에 갓등 하나를 매달자 아무짝에도 쓸모없던 나무가 가로등 역할을 하게 되었다. 가로등이 된 느티는 사람들의 아픔을 함께 아파하며 모두를 고요히 바라보고, 그 곁을 노숙자 '가로등지기'가 지키고 있다. 공터 앞에는 자수성가한 공팔봉 씨 집이 있고, 그 집에 세 들어 사는 순호 네는 노름꾼인 아빠와 억척스런 욕쟁이 엄마, 그리고 정신이 온전치 못한 순심 누나, 그리고 순호가 산다. 순호는 너브대의 모든 것을 지긋지긋해 하며 늘 공상에 빠진다. 그러던 어느 날 순호 아빠는 노름판에 전셋돈 모두를 날리고, 순호 네는 길에 나앉게 생겼다. 새벽마다 신문배달을 하는 등 열심히 생활하던 순호는 이런 아빠에게 실망을 하고, 가로등에 돌을 던져 공터를 칠흑 같은 어둠에 빠지게 한 뒤 가출을 결심한다. 이러한 결심은 노름꾼인 아빠와 욕쟁이 엄마에 대한 반발을 넘어서 현실을 도피하고자 했기 때문에 생겨난 것이다.

가출 후 옷과 돈을 모두 잃어버리고 방황하던 순호의 눈에 띈 것은 복권 가게. 로또 복권 한 장을 가지고 순호는 온갖 상상을 하며, 꿈을 부풀린다. 하지만 순호 얼굴 자체가 너브대의 밋밋하고 넙데데한 생김을 닮았듯 결코 벗어날 수 없는 고리가 있다. 이 작품은 이러한 운명을 순호가 어떻게 받아들이고, 또한 어떻게 거부하는지를 통해 소년의 성장 과정을 보여준다.

이 작품에는 희망이 있다. 작지만 분명한 '변화'가 있기 때문이다. 넙데데할 뿐 아무 특징도 없고, 가는 는개가 뭉개고 앉아 우중충한 모습이었던 너브대에도 결국 작품의 막판에 가서는 하얀 눈이 소복이 쌓여 모든

것을 덮었던 것처럼 말이다. 아파트 단지의 괴물에 쫓겨 안으로 달려오던
순호의 자전거도 결국엔 하얀 눈에 작은 길을 만들며 세상으로 나아간다.
순호는 굳게 닫혀 있던 자신의 마음을 점점 열기 시작한다. 아주 더디고
미묘해서 가슴 조이게 하지만 말이다. 순호는 공상 속에 가족과 함께 행
복하고자 하는 소망을 담고, 가로등지기를 청소부로 고용하겠다는 상상을
함으로써 가로등지기에 대한 관심과 애정을 드러내기도 한다. 돈밖에 모
르던 공팔봉 씨는 이웃의 소중함을 깨달았고, 순호 아버지도 잘못을 뉘우
치고 가정의 회복을 위해 노력한다. 이러한 과정에서 순호는 부모와의 관
계를 재정립하게 된다.

9) 삶의 다양한 난관들

　오늘날의 청소년들은 많은 난관들에 직면하고 있다. 오늘날 청소년들이
극복해야 할 난관들은 복지 시설에서의 생활, 약물, 십대 임신, 가정에서
의 학대, 친구나 부모와의 갈등, 문화적 환경 차이에 따른 혼란, 지나친
입시 부담, 학벌 위주의 사회 구조, 이성 친구에 대한 호기심 등이다. 청
소년 소설에 형상화된 청소년들은 이러한 난관들을 인내, 낙관, 희망에 의
해 그럭저럭 극복하는 모습들을 보여준다. 벌리 도허티의 「이름 없는 너
에게」를 예로 들어 생각해보자.
　「이름 없는 너에게」는 10대 청소년의 성관계와 임신에 대한 이야기를
담은 영국의 청소년 소설이다. 이 소설에서 여자아이의 어머니는 딸아이
가 남자 친구를 만나면 입시 공부에 방해된다고 눈치를 준다. 어머니는
집 앞에서 그 둘이 이야기하는 모습을 보자, 집 앞에서 이러한 꼴을 보기
싫다고 말한다. 이에 대해 여자아이는 어머니가 꽉 막힌 사람이라고 여긴
다. 그런데 나중에 어머니가 이렇게 까다롭게 군 데는, 아픈 과거가 있다
는 사실을 알고 딸은 어머니를 이해하게 된다. 알고 보니 어머니는 사생

아였다. 할머니는 어머니가 아홉 살이 되었을 때 지금 할아버지와 결혼을
했다. 그 당시에는 처녀가 임신을 하면 지금과 달리 거의 창녀 취급을 받
는 분위기였기에, 어머니는 할아버지가 이해심 많고 용기 있는 사람이었
다고 말한다. 여자아이는 친척 가운데 자신이 가장 편하게 여기던 할아버
지가 자신과 피가 섞이지 않은 사람이라는 사실에 놀란다.

한편 여자아이의 친구인 남자아이는 아버지와 동생과 함께 산다. 어머
니가 열 살 무렵에 다른 남자와 떠나버렸기 때문이다. 남자아이는 어머니
에게 편지를 보냈지만, 어머니는 격식을 차린 답장만 보내온다. 너와 친구
같은 인간관계를 이룰 순 있지만, 어머니와 아들이라는 관계를 바라지는
않는다는 암시가 깔린 편지였다. 엄마는 사진작가이다. 아버지는 엄마의
남자 친구가 자기보다 문학 텍스트를 더 많이 읽은 교양 있는 사람이라고
아들에게 말하며 쓸쓸해한다. 아버지는 일하다가 다친 다리로 절룩거리며
도자기 굽는 일을 하며 살아간다. 아버지는 상처를 입었지만 그 상처를
자식에게 함부로 내보이지 않는다.

그러던 중 남자아이는 어머니를 찾아가서 아버지와 헤어진 이유에 대해
듣는다. 어머니는 아버지가 좋은 남자라고 했다. 그러나 사랑하는 줄 알았
는데 나중에 보니 사랑하는 게 아니었다고 한다. 그래서 새로운 사랑을
만났고, 아버지를 떠났다고 했다. 자녀인 너희에게는 미안하다고 했다. 너
희 아버지는 자상하고 가정적이고 착실한 사람이어서 친구로서 네 아버지
를 사랑하지만 남자로서는 아니라고 한다.

어느 날 남자아이가 집에 와 보니, 어머니의 목소리가 들린다. 어머니의
새 남자도 함께 와 있다. 그런데 아버지와 어머니, 어머니의 새 남자가 함
께 웃으며 술을 마셔서 남자아이는 이해가 안 된다. 웬일인가 했더니, 어
머니가 집을 떠난 지는 여러 해가 됐지만 정식 이혼을 하지 않은 상태여
서 이제 이혼을 하러 왔다고 한다. 아버지는 자신보다 그 남자가 어머니
에게 더 어울린다며 웃으며 아내를 보내준다. 그리고 이혼과 새로운 결혼

을 기념하며 술잔을 부딪친다. 그런 어른들을 보고, 남자아이는 집에서 나와 벽에다 술잔을 던져버린다. 그런데 얼마 지나자 어머니의 새 남자와 친해지는 자신을 보고 남자아이는 놀란다. 더 나아가 그가 꽤 괜찮은 사람이라고 생각이 들기까지 한다. 이것은 남자아이가 자신에게 놓인 난관, 즉 어머니가 떠나버린 어린 시절을 서서히 극복하고 있음을 보여준다.

청소년들은 「이름 없는 너에게」를 읽으면서, 자신과 같은 또래 청소년들의 임신 문제에 대해 간접체험을 할 수 있을 것이다. 그리고 이에 의해 청소년들은 사춘기 시절의 사랑이 자신의 인생을 뒤바꾸는 시련이 되는 위험이 될 수 있다는 것을 알게 될 것이다. 나아가 청소년으로서 자신이 직면하게 될 성 문제들을 보다 지혜롭게 극복할 수 있는 배경지식을 얻을 수 있을 것이다.

10) 약물과 알코올 남용

오늘날의 청소년들은 본드, 마약 및 알코올에 무방비 상태로 놓여 있으며, 이로 인해 심각한 사회 문제들을 발생시키고 있다. 현실 사회에서 청소년들은 약물과 알코올에 중독되어 아직 성숙하지 못한 젊은 날을 낭비하고 있다.

4. 요약

청소년들의 실제 삶에 대한 이해는 교사로 하여금 독자로서 청소년들의 성장을 촉진하기 위한 방법을 찾을 수 있도록 해줄 것이다. 오늘날의 사회적인 영향들과 윤리적·문화적 변화들은 또한 독자로서의 청소년들에게 영향을 줄 것이다. 청소년 문학은 청소년의 고유함을 형상화하고, 자신들을 위해 쓰인 청소년 문학 텍스트들을 읽고 청소년들이 자기 자신을 뒤돌아 볼 수 있게 할 것이다.

문학 참여 전략(Literature Involvement Strategy)

✔ **등장인물 상(character award)**

우리는 문학의 중요한 가치들 중의 하나가 청소년들로 하여금 자기 자신과 타자들을 이해하도록 하는 것임을 알고 있다. 작중인물들의 탐구는 자신과 타자에 대한 이해들을 증진시키는데 중요한 역할을 한다. 청소년들은 특정한 작중인물에 대해 설명해야 할 때, 간단한 신체적 묘사나 명백하게 서술된 그 인물의 관점들에 의존한다. 이 전략에서 교사는 청소년들에게 작중인물에 대한 보상을 위해 그 작중인물을 추천하는 새로운 방법으로 인물들에 주목하도록 요구한다. 이 전략은 비전통적인 방식에 의해 청소년들이 효과적으로 작중인물들을 주목하도록 한다.

교사는 다음과 같은, 활동을 위한 모델을 제공한다.

- 내가 야영 여행에 가장 데리고 가고 싶은 사람을 위한 보상
  : 『19세』에 등장하는 승태
- 나의 가장 비밀스러운 이야기를 할 수 있는 사람을 위한 보상
  : 『19세』에 등장하는 승태
- 나의 집을 지키도록 시키고 싶은 사람을 위한 보상
  : _____
- 나의 형님으로 가장 삼고 싶은 사람을 위한 보상
  : _____

이 전략에는 다른 가능한 많은 변형들이 있지만, 특히 두 가지 변형이 유용하다. 첫 번째 변형에서, 교사는 청소년들이 스스로 추천할 수 있는 보상 범주들을 제공한다. 그런 다음 청소년들은 보상을 위한 자신들의 선택을 설명한다. 두 번째 변형에서, 모둠별로 학습을 하고 있는 청소년들은 보상 범주들을 만든다. 그런 다음 자신의 추천을 한다. 또한 청소년들은 자신들의 범주들과 선택들을 설명한다.

제4장

청소년 문학과 청소년 연계하기

청소년에게 깊은 인상을 남기는 청소년 문학들은 의미 있는 방식으로 청소년들의 삶과 개인적 경험들을 텍스트 속 내용과 연계시킨다. 청소년들은 자신의 삶을 변화시킨 '획기적인' 청소년 문학에 대한 경험을 하기도 한다. 이러한 경험을 통해 청소년들은 정서적 위안 얻기, 자신과 타자에 대한 이해, 그리고 자아 정체성 탐구 등을 하게 된다. 또한 청소년들은 상상력을 세련시키고, 삶의 가능성들에 대한 비전을 창조하고, 자신의 서투른 감정들을 표현할 수 있을 뿐만 아니라 자신의 감정, 지적 추구, 태도 등을 새롭게 구성하게 된다.

청소년 문학이 청소년 독자들과 연계되고, 청소년 독자들을 영원히 청소년으로 머무르게 하는 것을 정확하게 예측하는 것이 불가능하다고 할지라도, 우리는 이런 유형의 연계를 증진시키는 조건들에 대해 알고 있다. 많은 교사들은 학교 현장에서 가르쳐지고 있는 청소년 소설들이 청소년들의 실제 삶과 관련될 때 보다 의미 있게 읽혀지고, 그 의미도 청소년들의 삶에 지속적인 영향력을 가짐을 말하고 있다.

이 장에서는 청소년들이 모든 문학 장르들과 연계될 수 있도록 돕는 데 중요한 역할을 하는 청소년 문학의 역할에 대해 살펴볼 것이다. 또한 학교의 교육 목적뿐만 아니라 청소년들의 욕구들과 흥미들을 전달하는 청소년 문학 텍스트들의 활용에 대한 이론적 근거를 살펴볼 것이다. 아울러, 교실에서 청소년 문학 텍스트들을 사용하는 모든 상황 맥락 안에서, 청소년들이 의미를 구성할 수 있게 하는 읽기와 쓰기 과정들의 역할과 독자로서 청소년에 대해 논의할 것이다.

1. 읽기와 문학

청소년 소설들은 청소년들의 실제 삶과 관련될 때 보다 의미 있게 읽혀지고, 그 의미도 청소년들의 삶에 지속적인 영향력을 지닌다. 그러면 청소년 문학 읽기가 갖는 의의를 살펴보자. 읽기는 우리의 삶에 지속적이고 침투성 있는 영향을 준다. 지도상의 거리 이름들과 식당에서의 메뉴들에 이르기까지 우리 주변에는 인쇄된 글자들이 가득 있다. 다매체 환경에서 청소년들은 새로운 정보를 얻고, 미래 삶에 대한 준비를 하기 위해서, 그리고 좋은 학업 성취를 위해서 많은 것들을 읽고 이해해야 한다. 이러한 읽기들을 통해 청소년들은 한 명의 사회인으로 무난한 일상생활을 영위할 수 있다.

그러나 일상에서의 읽기는 무난한 생활만을 가능하게 하지는 않는다. 오히려 읽기는 한 개인을 변화시키는 힘을 갖는다. 특히 자아 정체성 탐구를 수행하고 있는 청소년들에게 읽기는 그들을 변화시키는 강력한 힘을 발휘한다. 읽기를 통해 청소년들은 자신의 마음속에 이미지를 창조하고, 격정을 가라앉히거나, 남을 설득하고자 하며, 삶에 대한 통찰력을 얻게 된다.

로젠블랫(Louise Rosenblatt, 1991)은 읽기의 두 가지 방법, 즉 문학적 읽기인 심미적 읽기(aesthetic reading)와 비문학적 읽기인 원심적 읽기(efferent reading)에 대해 다음과 같이 말한다.

> 텍스트를 문학적 혹은 정보전달적인 것으로 생각하는 대신에, 원심적 혹은 심미적인 것으로 생각할 필요가 있다. 특히 우리는 텍스트가 독자에게 원심적인 혹은 심미적인 어떤 특별하고 유력한 태도들을 촉진하기 위해 쓰인 것으로 생각해야 한다. 우리는 읽기가 단순히 부분들의 합이 아니라는 사실을 간과해왔다. 읽기 과정에서 우리는 정보를 얻기도 하지만, 또한 어떤 단어에 대한 감정들을 자각하면서, 단어들이 상기해 주는 생생한 이미지들을 떠올리고, 내적인 귀(inner ear)에 제공되는 리듬을 즐기기도 한다. 혹은 우리는 시를 읽으면서도 그 시에 있는 설명적인 정보들을 얻을 수도 있다. 심지어 우리는 읽는 동안 태도들을 바꾸어, 정보를 제공하기 위해 쓴 것을 심미적으로 읽을 수도 있고, 정서표현을 위해 쓴 것을 원심적으로 읽을 수도 있다.(Louise Rosenblatt, 1991 : 445)

로젠블랫(Louise Rosenblatt)에 따르면, 청소년들의 텍스트 읽기 경험은 고유한 상호거래라고 할 수 있다. 청소년들은 텍스트 인식에 영향을 주는 사전지식과 경험들을 읽기에 동원한다. 텍스트와 상호 작용하고 반응할 때, 청소년들은 의미(meaning)를 생성한다. 랑거(Langer, 1994)에 따르면, 문학적 지향은 '경험을 통한 생존'을 수반하며, '가능성들의 지평을 탐구하는 것'이다. 따라서 문학 텍스트 읽기 경험은 감정, 관계, 동기, 그리고 반응, 인간 존재 등에 대한 모든 것을 탐구할 수 있게 한다.

1) 청소년들의 요구들을 충족시켜 주는 청소년 문학

청소년 문학은 청소년들의 자신에 대한 앎(self-knowledge), 타자에 대한 앎, 그리고 세계에 대한 앎을 촉진시킴으로써 청소년들의 요구들을 충족시켜줄 수 있는 잠재력을 갖는다. 청소년 독자는 작중인물들이 경험하는 삶, 시련, 승리, 패배 등을 목격하면서, 자신, 타자, 세계에 대한 증진된 이해를 할 수 있기 때문이다. 이러한 이해는 청소년들이 자신의 신념들과 반응들을 작중인물들의 것들과 비교하는 데서 가능해진다. 예를 들어, 청소년들은 이순원의 『19세』에서 '빨리 어른되기'를 원했던 작중인물 정수의 신념과 자신의 신념을 비교하면서 진정한 어른되기에 대한 고민을 하게 되고, 이에 의해 자신에 대한 더욱 증진된 이해를 할 수 있을 것이다. 청소년 독자들은 작중인물들의 신념들에 대한 반응들과 가치들을 평가할 때, 자신의 신념들을 명백히 한다.

이에 대해 채임버스(Chambers, 1985)는 다음과 같이 말한다.

> 나는 문학이 언제나 모든 사람들에게 알맞고, 값싸고 쉽게 이용되어야 하며, 도전적이고 전복적이며, 기운을 돋우고, 위안이 되어야 할 뿐만 아니라 읽기에 재미있어야 한다고 생각한다. 끝으로, 우리는 문학에서 인간 상상력의 최고의 표현을 찾아야 하고, 우리 자신들과 존재들에 대한 우리의 생각들을 이해할 수 있는 가장 유용한 수단들을 찾아야 한다.(Chambers, 1985 : 16)

청소년들은 이전에는 직접 경험해보지 못한 문화와 관습들을 청소년 문학 텍스트를 통해 경험하게 된다. 자신들의 현실 경험들을 넘어선 세계들에 대해 읽을 때, 청소년들은 이러한 익숙하지 않은 환경들 속에서 살아가는 작중인물들이 여러 가지 면에서 자신들을 닮았다는 것을 인식하기 시작한다. 이러한 이해에 의해 청소년은 자신의 현실에 대한 이해력과 인내력을 증진하게 된다. 청소년 문학 텍스트들은 청소년들로 하여금 자신이 누군가 다른 사람이라는 상상을 하게 하거나, 어떤 새로운 장소를 방문하도록 하면서 그들의 상상력을 활성화시킨다.

예를 들어, 황석영의 「모랫말 아이들」을 읽을 때, 청소년 독자들은 작가 황석영과 함께 전쟁 직후의 '모랫말'로 가서, 그 당시의 암울하고 가난했지만 순수한 인정이 있었던 사람들과 아이들의 세계를 경험할 수 있게 된다.

청소년 문학은 단순히 읽기만을 위한 것이 아니라, 청소년들의 심미적이고 창의적인 경험을 도모한다. 인지적이고 정서적으로 청소년 문학 텍스트를 읽음으로써 청소년들은 자신의 삶을 변화시킬 수 있는 잠재성을 얻어야 한다. 청소년 문학 읽기를 통해 청소년 독자들은 자신의 가치들을 검토하고 명확하게 표명할 수 있는 가능성들을 제공받는다.

청소년 문학 텍스트가 청소년들의 실제 삶에 대해 갖는 역할은 청소년들이 당면하는 주요 이슈들을 탐구할 수 있는 가능성들을 청소년들에게 제공한다는 것이다. 예를 들어, 황석영의 「모랫말 아이들」에서 '금단추' 부분은 "전쟁 후 바느질로 생계를 꾸려가는 우리 집에 북쪽에서 어릴 적 어머니 친구였던 은진이란 사람이 찾아와서 소련군의 아이인 '귀남'이를 우리 집에 맡기고, 양공주로 떠난 이야기"가 나온다. 우리 집에서 천덕꾸러기로 지내던 귀남이는 어머니의 주선에 의해 일본인 집으로 보내지는데, 귀남이는 일본인 집으로 가기 전에 내 손에 사슴이 그려진 '금단추'를 쥐어주고 떠난다. 이 소설을 읽으면서, 청소년들을 전쟁 후 젊은 여성들이 당했던 성적 수치심과 생계 유지라는 당대의 이슈들을 탐구할 수 있는 가능성들을 얻는다.

로젠블랫(Louise Rosenblatt, 1985)에 의하면, 청소년 문학 읽기에서 문학적 환기(evocation) 혹은 언어적 경험, 문학적 경험, 삶의 경험들에서 이끌어낸 사고들, 지각들, 감정들, 그리고 이미지들을 선택하고, 이것들을 새로운 경험 속에 통합하는 과정은 매우 중요하다. 그러나 이 과정은 지금까지 가볍게 여겨지거나 무시되어 온 반응인, 문학 텍스트에 대한 심미적 반응의 본질이다. 청소년 문학 읽기의 전통적인 방식은 문학 텍스트를 분석하는 것으로서, 문학 텍스트를 경험할 수 있는 가능성을 제공하는 것의 중요성을 간과해 왔다. 청소년 문학 텍스트 분석은, 청소년 문학 텍스트를 읽을 때 청소년들이 갖게 되는 정서적 반응들을 크게 고려하지 않는 매우 인지

적인 과정이다. 그러나 문학 읽기 과정에서 청소년들은 인지적으로 뿐만
아니라 정서적으로도 텍스트와 밀접한 연관을 맺어야 한다.

몬시우와 샐브너(Monseau & Salvner, 1992)는 문학 읽기 과정에서 정서적으
로 텍스트와 밀접한 연관을 맺어야 하는 이유에 대해 다음과 같이 말한다.

> 청소년 소설들은 청소년들이 경험했거나 경험하고 있는 것들과 매우 잘
> 조화를 이룬다. 이로 인해 청소년들은 문학 정전(canon)들을 분석할 때와는
> 달리, 청소년 문학 텍스트에 형상화된 내용들과 자신의 경험을 연계하는
> 정서적 활동을 하게 된다.(Monseau & Salvner, 1992 : xii)

그러면 청소년 문학 텍스트에 형상화된 내용들을 중심으로 하여 청소년
문학 읽기의 의의에 대해 살펴보자.

(1) 자기 자신에 대한 이해의 증진

청소년들은 청소년 문학 텍스트와 상호 작용 하면서, 작중인물들을 자
신의 삶의 환경, 난관, 성공 등과 관련시킨다. 애서(Sandy Asher, 1992)가 말
했듯이, "청소년 문학 텍스트는 청소년들이 자기 자신에게 자신을 설명할
수 있는 단어들, 자기 자신의 삶을 창조하고, 자신의 선택권을 인식하며
선택을 하고, 한 개인으로서 타인과 다른 점을 인식하고, 인류의 구성원으
로서의 역할 등에 대해 성찰할 수 있는 단어들을 제공한다."(Sandy Asher,
1992 : 82)

작중인물들을 자신과 관련시키는 과정에서, 청소년 독자들은 자기 자신
에 대한 비판적 이해를 할 수 있게 된다. 예를 들어, 청소년 독자들은 황
석영의 「금단추」에 형상화된 어머니와 어머니의 친구 은진, 그녀의 딸 귀
남, 그리고 '나'를 서로 관련시키고, 어머니의 친구 은진이 다시 양공주로
나설 수밖에 없던 시대 상황을 인식하는 과정에서, 전쟁 직후의 시대 상
황과 오늘날의 시대 상황을 대비하게 된다. 그리고 은진이란 인물의 삶에

대한 성찰을 통해, '지금 여기'를 살아가는 자신의 삶에 대한 비판적 이해를 할 수 있을 것이다. 아울러, 전쟁 직후 배고프고 고달픈 상황에서 삯바느질로 자식들을 키워가는 화자의 어머니와 그녀의 친구 은진이 겪는 대비적인 삶의 양상들에 대한 성찰을 하게 될 것이다. 이러한 성찰을 통해 청소년들은 참다운 삶의 방식에 대한 숙고를 하고, 이 과정에서 참다운 삶을 추구하기 위해 자신이 취해야 할 삶의 태도들을 계획할 수 있을 것이다.

발달 단계상 많은 청소년들은 여전히 확실한 것과 관련지어 세계를 이해하기 위해, 구체적인 추론의 수준에서 청소년 문학 텍스트와 거래를 한다. 예를 들어, 황석영의 『모랫말 아이들』 중 「도깨비 사냥」은 전쟁 직후 사춘기 소년들이 밤에 도깨비가 나온다고 모두들 가기 싫어하는 화장터에 담력을 기르기 위해 가는 장면이 나온다. 이 장면을 읽을 때, 청소년들은 자신들이 생각하는 화장터의 모습과 관련지어 텍스트의 세계를 이해할 것이다. 특히, 화장터나 공동묘지에 가본 적이 있는 청소년들은 텍스트에서 아이들이 느끼는 두려움과 화장터에서 화부 아저씨와 대화를 한 뒤 갖게 되는 허탈감 등을 아주 구체적으로 추론하는 문학 읽기를 할 것이다. 이러한 읽기 과정에서, 청소년들은 가치와 믿음 등이 갖는 상대성을 보여주는 중요한 이슈들(예컨대, 도깨비, 화장터 등과 같은)을 탐구할 수 있는 가능성들을 얻을 수 있다. 특히 청소년들은 자신들이 살아가는 삶의 상황들이 매우 복잡하고, 복잡한 해결 방식들을 필요로 한다는 것을 인식할 수 있을 것이다.

따라서 청소년 문학 텍스트를 읽음으로써 청소년들은 자기에 대한 앎을 향상시켜 구체적인 사고 수준을 넘어서서 보다 고등 수준의 사고를 촉진할 수 있다. 예를 들어, 한창훈의 『열여섯의 섬』을 읽으면서, 청소년들은 이 소설에 형상화된 서이 아버지가 서이의 삶을 힘들게 하는 존재라는 사실을 인식하고, 자신의 아버지가 자신에게는 어떤 존재인가를 성찰하게 될 것이다. 이 성찰을 통해 청소년들은 서이가 바이올린을 켜는 여자를 좋아하게 된 것은, 그녀가 서이의 이야기를 들어주었기 때문이며, 참다운 사랑이란 부모라는 자격에서 저절로 나오는 것이 아니라 자식의 이야기를 들어주는 대화에서 시작된다는 고등 사고를 하게 될 것이다.

(2) 타자에 대한 이해의 증진

청소년 문학 텍스트는 작중인물들의 삶의 환경들에 대한 공감적 이해를 촉진시켜 준다. 청소년 문학 텍스트는 청소년들이 자신의 관점을 확장하고, 자기 중심적인 사고 방식에서 벗어나 다른 관점들과 가치들을 고려할 수 있게 한다. 청소년 문학 텍스트는 다양한 배경 속에 놓인 타자들을 포함하여, 타자들에 대한 청소년 독자들의 감수성과 이해를 향상시켜 주기 때문이다. 스토버(Stover, 1991)가 말한 것처럼, "오늘날에는 교사와 청소년들이 이용할 수 있는, 다양한 관점을 보여주는 매우 많은 청소년 소설들이 있다. 청소년을 위한 소설들은 많은 경우에 이미 성인으로 성장한 성인들이 자신들의 유년 체험과 문화들을 회고하는 방식의 성장소설의 형태를 띤다."(Stover, 1991 : 13~14) 이러한 성장소설들은 청소년들이 타자들에 대한 앎과 이해를 확장시킬 수 있게 할 뿐만 아니라, 자신들의 문화적 정체성을 긍정할 수 있게 한다.

성장소설 읽기를 통해 청소년들이 타자들에 대한 앎과 이해를 확장시키고, 자신의 문화적 정체성에 대해 고민하는 것을 이재민의 『사슴벌레 소년의 사랑』을 통해 살펴보자. 이 소설에서 주인공 은수는 폐병을 앓고 있는 순희 누나와의 대화를 통해 타자에 대한 사랑이란 구속이나 소유가 아니라 자유를 주는 것이란 이해를 하게 된다. 이러한 은수의 모습을 읽으면서 청소년들은 은수, 순희 누나 등에 대한 이해를 확장하고, 이 과정에서 사춘기에 접어든 자신이 추구해야 할 정체성을 고민하게 된다.

문학의 고유한 가치는 독자로 하여금 자신이 혼자가 아니라는 것을 알게 하는 것이다. 청소년 독자들은 자신이 공감할 수 있는 상황들과 작중 인물들을 청소년 문학 텍스트에서 찾는다. 이러한 공감의 과정은 청소년 독자와 문학 텍스트를 개별적으로 관련짓는 중대한 연결이다. 예를 들어, 이재민의 『사슴벌레 소년의 사랑』을 읽을 때, 청소년 독자들은 이 소설에 서 공감의 대상이 되는 작중인물은 은수이며, 진정한 사랑을 위해 사슴벌 레를 숲 속에 놓아주는 상황이 동일시(공감)의 대상이라는 것을 알게 된다. 작중인물과 상황에 대한 이러한 동일시의 과정에 의해 청소년들은 청소년 소설에 형상화된 타자들뿐만 아니라 실제 삶을 살아가고 있는 타자들에 대한 이해를 확장할 수 있을 것이다.

(3) 세계에 대한 이해의 증진

청소년 문학은 인간이 경험하는 중요한 주제들을 검토할 수 있는 기회 를 청소년 독자들에게 제공한다. 청소년 문학은 청소년들이 인간 조건에 대한 이해를 증진시키는 대리 경험을 할 수 있게 하기 때문이다. 예를 들 어, 『사슴벌레 소년의 사랑』은 청소년들로 하여금 은수가 갖는 가슴 떨림 과 안타까움, 그리고 애틋한 사랑을 은수와 더불어 공유할 수 있게 한다. 청소년 독자와 텍스트 사이의 공유된 경험에 대해 로젠블랫(Rosenblatt, 1983) 은 다음과 같이 말한다.

> 다른 인간 존재들의 감정과 열망들을 문학 텍스트에서 상상적 대리 경 험에 의해 공유할 때, 청소년들은 성격적, 공간적 혹은 사회적 환경 측면 에서 자신과는 크게 다른 타인들의 욕구들과 문제들에 대한 고양된 감수 성을 갖게 된다. 즉, 청소년들은 실제적인 인간 삶을 위한 추상적인 법률 혹은 정치적이거나 사회적인 이론들의 차원을 뛰어넘는 보다 구체적인 수 준에서의 상상력을 세련시킬 수 있게 된다. 이러한 감수성과 상상력은 청소 년들이 민주 시민으로 성장하기 위한 필수적인 소양이다.(Rosenblatt, 1983 : 274)

아울러 청소년 문학 텍스트는 청소년들의 사고력 향상을 위한 기회들을 제공한다. 비판적 성찰에 의해 청소년들은 개인적 자아를 넘어선 보다 큰 문제들을 성찰할 수 있게 된다. 예를 들어, 『사슴벌레 소년의 사랑』을 읽을 때, 청소년들은 순희가 말한 "진정으로 사슴벌레가 좋다면 자유롭게 살게 해 주어야 한다. 사람도 마찬가지이다. 소유하려고 하면 안 된다."라는 내용에 대한 비판적 성찰을 통해, 진정한 사랑이란 개인적 자아의 범위를 넘어선 보다 큰 틀에서 접근해야 할 문제임을 알게 된다. 이 인식에 의해 청소년들은 '진정한 사랑'에 대한 보다 폭넓은 세계관을 갖게 될 것이다.

2) 학교의 교육목적 충족

교육의 궁극적인 목적은 청소년으로 하여금 사회에서 중요한 구성원이 되는 준비를 하게 하는 것이다. 청소년들은 교양 있고 박식하고 건설적인 사회 구성원으로 성장해야 한다. 청소년 문학에서 얻을 수 있는 자기 자신에 대한 앎, 타자에 대한 앎, 세계에 대한 앎 때문에, 청소년 독자는 청소년 문학 텍스트와의 상호 작용을 통해 발전하고 성숙할 수 있는 잠재력을 갖는다.

이러한 종류의 탐구를 통해, 청소년들은 보다 추상적인 용어로 자신의 세계를 보다 폭넓게 생각하고 이해하도록 요구받는다. 이것이 긴급한 일이 되어야 하는 이유에 대해 애커(Don Aker, 1992)는 다음과 같이 설명한다.

> 그것은 다른 사회를 상상할 수 있는 매우 교양 있는 사람들의 마음속에 있다. 비판적인 문식성의 정신은 보다 고상한 민주주의에서의 변화, 사회적 정의 등을 희망한다. (중략) 망가진 제도들은 그 제도 속에 살고 있는 사람들이 변화될 때, 그 사람들이 다르게 볼 수 있을 때만 변화한다. 비판적 문식성은 교사와 학생들이 정통하고 문제화된 차이들을 받아들이면서,

변화의 행위자, 민주주의적 가치에 뿌리 내린 태도와 신념들의 규정자가
될 것으로 희망한다.(Don Aker, 1992 : 2)

(1) 교육과정적 관심사

청소년 문학은 학교 교육과정에서 많은 교육 목표들을 달성하는 데 도
움이 된다. 로젠블랫(Rosenblatt, 1985)은 교육과정을 구현하는 과정에서 문
학이 갖는 중요성을 다음과 같이 강조한다 : "문학은 다음과 같은 두 가지
고려 사항들에 대해 특별한 역할을 한다. 첫째, 문학 텍스트들은 필연적으
로 가치들에 대한 잠재적인 통찰력들을 제공한다. 둘째, 문학 텍스트를 읽
을 때, 청소년 독자들은 자연과학 혹은 사회과학 텍스트들을 읽기 위해
요구되는 과정들과는 다른 종류의 활동들을 한다."(Rosenblatt, 1985 : 66) 문
학 텍스트의 특질에 대한 이 두 가지 통찰들(하나는 문학 텍스트의 내용에 관
한 것이고, 다른 하나는 다른 종류의 읽기 자료들에서는 활용할 수 없는 심미적 경험
을 제공하는 문학을 위한 잠재력에 관한 것이다)은 교사들이 교수 방법들을 결정
하는 데 많은 도움을 제공한다. 로젠블랫이 말한 첫 번째 통찰력에 의하
면, 문학 읽기를 통해 청소년들은 보다 나은 가치들을 이해할 수 있을 뿐
만 아니라 그 가치들을 변화시킬 수 있는 능력을 기를 수 있게 된다. 문학
읽기의 목적은 가치를 받아들이는 것이 아니라, 가치를 탐구하는 것이기
때문이다.

학교에서의 문학적 전통은 정전들 혹은 좋은 명성을 얻은 주요 작가들의
텍스트들에 의해 만들어져 왔다. 이처럼 배타적으로 정전을 사용하는 것은
이 정전들이 청소년들에게 갖는 적합성에 대한 타당한 의문을 야기시킨다.
이에 대해 칼센과 쉐릴(Carlsen & Sherrill, 1988)은 다음과 같이 말한다.

정전들이 감상되기 전에 정전을 감상하고자 하는 사람들 대부분의 감상
력(taste)은 일정 수준 이상에 있어야 한다. 그럼에도 불구하고 청소년들은
어떤 문학 작품이 '정전'으로 분류되는 이유를 대학교 국어 수업 시간이

되어서야 비로소 알게 된다. 그 작품이 정전이 되는 이유를 알았음에도 불구하고 많은 청소년들은 그 정전에 대한 싫음을 지속적으로 갖기도 한다. 이는 청소년들이 특정한 작품들이나 주제들에 대한 초기 체험에 의해 커다란 정신적 충격을 받았기 때문이다.(Carlsen & Sherrill, 1988 : 135)

현실적으로 볼 때, 고등학교 학생들이 대학 입학을 위해 보는 수능시험 언어 영역에는 매우 제한된 수의 문학 텍스트들만이 선택되고 출제되고 있다. 특히 1930년대, 1960~70년대에 생산된 문학 텍스트들이 수능 시험에 주로 출제되고 있다. 따라서 이 시기에 생산된 문학 텍스트들은 문학 교육과정에서 본질적인 내용들로 자리 잡고 있다. 그럼에도 불구하고 청소년들은 이 시기의 문학 텍스트에 대한 이해나 선호를 낮게 갖고 있다. 그 이유는 이러한 문학 텍스트들이 그들의 실생활과 밀접한 연관성이 없다고 생각하기 때문이다.

논리적으로, 청소년들의 독서 가능성(likelihood)은 그들의 흥미와 그들이 살고 있는 세계에 대해 성찰할 수 있는, 문학 텍스트들을 읽을 기회들을 가질 때 증가된다. 아울러 청소년들의 흥미는 문학 텍스트를 읽고자 하는 자발적인 의지와 자발적인 시간 투자에 엄청난 영향을 준다. 사례 연구(Bintz, 1993)에 따르면, 초등학교 이후 많은 청소년들의 독서능력과 독서 경험은 더 이상 증진되지 않는다. 또한 독서에 대한 청소년들의 흥미는, 몇몇 전문가들이 청소년들의 독서 흥미 감소가 본질적인 것이 아니라 학교 독서(school reading)의 결과라는 주장을 함에도 불구하고, 점차 감소한다. 독서에 대한 청소년들의 흥미 감소는 스포츠 활동, 동아리 활동, 방과 후 활동, 텔레비전 보기, 컴퓨터 게임하기, 그리고 친구들과 어울리기 등과 같은, 독서보다 더 재미있고 중요한 일들이 그들에게 있기 때문이다.

중학생들 중 수동적인 독자(resistant reader)에 대한 사례 연구에서, 빈츠(Bintz, 1993)는 청소년들이 학교 밖의 다양한 세계를 형상화한 문학 텍스트들을 읽는 것이 의미 있고 유용하다는 것을 알지만, 학교에서의 독서가

지루하고 거의 가치가 없으므로 이러한 읽기를 싫어한다는 것을 발견했다. 빈츠는 다음과 같이 말한다 : "많은 청소년들에게 독서 그 자체는 문제가 되지 않는다. 문제가 되는 것은 문학 텍스트를 선택하는데 청소년들이 자신의 견해를 전혀 밝히지 못한 채 그 텍스트들을 억지로 읽어야 한다는 사실이다. 청소년들은 학교에서의 이러한 읽기를 의무, 부자유, 그리고 현재의 읽기 흥미에 대한 방해로 여긴다."(Bintz, 1993 : 612) 청소년들의 논평들 중 일부를 제시하면 다음과 같다.

나는 읽기를 좋아한다. 나는 내가 정말로 읽고 싶은 것을 읽을 때 능숙한 독자가 된다. 선생님들이 나에게 어떤 것을 읽으라고 요구할 때, 나는 그다지 능숙하지 못하고, 그 읽기가 단지 지루하기만 하다. 학교에서의 독서 대부분은 이런 식으로 이루어져 왔다. 나는 나의 독서에서 지금까지 억지로 해온 것처럼 항상 느껴왔다.(612면)

학교에서 나는 우리가 읽도록 요구받은 문학 텍스트들이 5~6권으로 제한된 것에 대해 좋지 않게 생각한다. 나는 스스로 내가 읽을 문학 텍스트를 선택하고 싶다. 학교는 내 자신이 선택한 문학 텍스트들을 읽을 많은 시간을 주지 않는다.(612면)

나는 교과서에 과제로 부여된 문학 텍스트 읽기를 좋아하지 않는다. 나는 선생님의 말씀을 단지 듣고 적기만 한다. 마지막 시험에서 나는 그 텍스트를 가까스로 대충 훑어보았고, 완벽한 점수와는 거리가 먼 좋지 않은 점수만을 얻었다.(612면)

빈츠는 이 놀라운 관찰에 의해 다음과 같은 결론을 내린다.

그러나 노트에 적는 것이 중요하지만, 독서에 대한 저항을 가져오는 이 형식은 비생산적일 수 있다. 청소년들이 자신들을 방해하는 행동과 태도들의 장기간의 암시들을 완전히 이해했다는 것은 확실하지 않다. 청소년들은 짧은 기간 안에 손쉬운 방법과 생존 전략들을 활용하는 것의 이로움을 이해했지만, 그들이 장기간에 이 전략들을 활용하는 것의 암시를 이해했는지는 알 수 없다. 특히 청소년들은 이러한 전략들이 보다 능숙한 독자들이되는 것을 방해할 수도 있다는 것을 인식하지 못한다. 다른 손쉬운 방법과생존 전략들에 의지함으로써 청소년들은 자신이 단순 노동에 참여하고 있다는 것을 믿게 되었다.(Bintz, 1993 : 613)

갈로(Gallo, 1992)는 4학년부터 12학년까지의 3,400명을 대상으로 하여청소년들의 독서 흥미에 대한 연구를 하였는데, 이 연구에서도 빈츠의 연구와 비슷한 결과가 도출되었다. 중학교에서 35%의 여학생들과 40%의남학생들은 과제로 부과된 소설 텍스트들을 '거의' 혹은 '전혀' 좋아하지않았다. 고등학교 여학생들의 23%와 남학생들의 41%가 같은 반응을 보였다. 모든 학생들 중에서 1/5만이 과제로 부과된 소설들을 '일반적으로'혹은 '항상' 좋아한다고 말했다.

2007년에 고시된 새로운 교육과정은 다매체 환경에 맞은 다양한 문학텍스트들을 청소년들에게 제공할 것을 강조하고 있다. 그럼에도 불구하고문학 정전들은 교육과정에서 여전히 핵심적인 것으로 남아 있다. 우리의문학교육에서는 아직도 1920년대나 1930년대 작가들, 예컨대 김동인, 염상섭, 현진건, 채만식, 김소월, 한용운 등과 같은 작가들의 텍스트들이 주요 내용들로 다루어지고 있다. 그러나 이러한 텍스트들에 대한 학생들의반응은 '지루하다', '이해하기 어렵다', 그리고 '단지 평범한 사건' 등과같다. 이는 이 작가들의 텍스트들이 오늘날 학생들의 현실 경험과는 매우동떨어져 있기 때문이다. 물론 몇몇 학생들은 1920~30년대 작가들의 문학 텍스트들을 즐겨 읽을 수도 있겠지만, 이것이 1920~30년대 작가들의문학 텍스트가 문학 교육과정에서 주요하게 다루어져야 함을 정당화해 주지는 못한다. 이제 문학교육의 장에서도 여성 작가들의 많은 텍스트들과인터넷 작가들의 텍스트들, 그리고 많은 청소년 문학 텍스트들이 문학교육의 내용으로서 중요하게 다루어져야 한다.

청소년들로 하여금 문학 텍스트를 열심히 읽도록 하는 것은 학교의 참다운 교육 목적이며, 이를 위해서 교사들은 문학 텍스트들을 활용하는 기회를 늘려야만 한다. 또한 청소년들은 문학 텍스트를 읽고, 텍스트와의 연계를 형성하기 위한 적극적인 반응을 해야 한다. 우리에게 필요한 것은 청소년들을 문학의 세계로 데리고 가는 '위대한' 텍스트들이 아니다. 우리에게 필요한 것은 청소년들로 하여금 더 많이 읽고 싶도록 격려하고, 정보를 제공하고, 마음이 내켜 읽고 싶게 하는 유인책들이다.

문학은 고전 이상으로 거대하고 넓으며, 보다 많은 것을 포함한다. 문학은 대양이다. 고전들은 내해(內海)와 같다. 우리는 청소년들은 문학의 세계로 데리고 가는 '위대한' 문학 텍스트들을 필요로 하지 않는다. 우리는 청소년들로 하여금 더 많이 읽도록 매혹하고, 정보를 제공하고, 마음이 내키게 하는 읽을 만한 유인 요소를 필요로 한다.

문학 텍스트는 지금까지 전해지지 않은 다른 많은 목소리들을 형상화해야 한다. 어린이와 청소년들의 목소리, 그리고 소외받고 있는 사회적 약자들, 즉 여성, 코시안, 조선족, 탈북자들, 한국에 시집 온 필리핀이나 베트남 여성들, 농민들, 어민들, 도시 노동자들의 목소리들을 형상화해야 한다. 이러한 목소리들을 형상화하는 문학 텍스트는 동시대의 문학으로서, '지금 여기'에서 쓰이고 있고, 미래에 쓰일 것들로써, 청소년들에게 자신의 목소리들인 다성적인 목소리들을 들을 수 있는 기회들을 제공한다.

다문화성을 지닌 문학 텍스트들을 통해 청소년들의 비판적 문식성을 증진시켜야 할 필요성에 대해 아우(Au, 1993)는 다음과 같이 말한다.

> 모든 청소년들을 위해, 문식성 달성은 마음과 인지뿐만 아니라 감정과 동기의 문제이다. 비판적 문식성은 또한 그것이 세계에 대한 인식과 실제적 행위를 통한 세계의 변혁을 수반한 이래로 양심과 책임감의 문제이다. 청소년들로 하여금 문화적으로 알고 있는 문학 텍스트들을 읽고 토론하도록 하는 것은, 청소년들이 다양한 삶의 경험들에 대해 배우고 사회 정의의

이슈들을 인식하게 되는 기회를 갖도록 하기 때문에, 청소년들의 비판적 문식성을 증진시켜 주는 한 가지 방법이 된다.

다윤리성(multi-ethics)을 지닌 문학 텍스트에 대한 토론에서, 교사들은 청소년들이 텍스트를 해석할 뿐만 아니라 자신의 실제 삶에 민주주의적 가치들을 적용할 방법들에 대한 성찰을 하도록 안내한다. 민주적 정신과 다양성의 가치들에 대한 헌신을 가진 교사들은 오늘날의 학교 교실에서 볼 수 있는 청소년들을 돕기 위한 새로운 문학 교수-학습 유형을 활용하는 과제를 받아들인다. 자신들의 적극적인 행동과 청소년들의 적극적인 행동을 통해, 교사들이 모든 청소년들에게 교육 복지의 기회들을 제공할 때, 우리 사회가 보다 완전한 민주 사회가 될 때, 청소년들은 미래를 향해 노력할 것이다.(Au, 1993 : 189)

애플야드(J. A. Appleyard, 1990)는 청소년들을 이해하기 위한 교사들의 탐구에 도움이 되고, 청소년들에게 의미 있는 읽기 경험을 제공하는 청소년 독자들에 대한 통찰력 있는 관점을 제공한 바 있다. 그는 읽기 발달 단계를 다섯 단계로 설명한다 : 초기 유년기(early childhood)-놀이자(player)로서의 독자 ; 후기 유년기(later childhood)-주인공과 여주인공으로서의 독자 ; 청년기-사고자로서의 독자 ; 대학생 이상의 독자-해석자로서의 독자 ; 그리고 성년 독자-실제적인 독자.

어떤 단계의 발달 이론을 고려할 때는 각 단계들이 단지 일반적인 발전 유형들을 나타내고 있음을 인식하는 것이 중요하다. 단계 이론들은 독자들이 특별한 나이들에 묶여 있지 않으며, 단계들의 향상은 개인적인 문제에 속한다는 것을 강조한다. 특별한 이야기들에 대해 청소년들이 크게 세 가지 반응을 보임을 애플야드(Appleyard, 1990)는 다음과 같이 설명한다.

① 청소년들은 문학 텍스트와의 연루와 작중인물과의 동일시의 경험을 솔직하게 말한다. ("내가 거기에 있는 것 같았다.", "작품 속에서 자신을 알 수 없도록 했다.", "나에 대해 쓴 것 같았다.", "작품 속에 들어갈 수 없었다.")

② 청소년들은 이야기의 현실성에 대해 이야기한다. ("이야기는 믿을만
    하여 삶에 진실함을 주었다.", "작중인물들은 보통 사람들처럼 결점
    을 갖고 있다.", "나는 그와 같이 아이들을 알게 되었다.")
③ 청소년들은 좋은 이야기란 자신을 생각하게 한다는 점을 말한다.
    ("나는 나로 하여금 생각하게 하는 것을 좋아한다.", "이야기는 내가
    지속적으로 읽게 만들고, 계속해서 전개되는 사건들에 대해 생각하
    게 한다.")(J. A. Appleyard, 1990 : 106)

연루(involvement), 동일시(identification), 현실성, 그리고 "좋은 이야기는 자
신을 생각하게 한다."는 것 등은 청소년 문학 텍스트가 청소년으로 하여금
자기 자신, 타자, 세계와의 관련성 등을 이해할 수 있는 도움을 나타낸다.

퍼브스(purves, 1992)는 문학 교육과정의 목적에 대한 세 가지 관점들을
설명한다. 어떤 교육자들은 이 세 가지 관점들을 경쟁하고 갈등하는 관점
들로 생각하지만, 퍼브스는 이 세 가지 관점들이 서로 보완적이며, 균형잡
힌 프로그램의 일부가 되어야 한다고 믿는다. 이 세 가지 관점들은 "문학
은 국어 교과의 부속물이며, 문학은 전혀 다른 지식 구성체를 구성하며,
문학은 심미적 인식이어야 함을 나타낸다. 따라서 문학은 읽기와 쓰기를
위한 자극으로서, 인간성의 한 국면으로서, 교과 중 하나로서 대안적으로
이해되어야 한다."(Purves, 1992 : 23)

이러한 연구들과 논평들은 청소년들의 요구와 흥미에 맞는 의미 있는
문학 텍스트의 사용을 강력하게 뒷받침한다. 이것은 우리가 학교의 교육
목적과 청소년들의 요구 및 흥미들에 초점을 맞춘 균형 잡힌 교육과정을
만들어야 한다는 것을 의미한다. 또한 청소년들과의 연계를 만들 수 있는
방법으로 문학 텍스트의 사용을 촉진하는 교수-학습 모델과 전략들을 개
발해야 한다는 것을 의미한다.

(2) 교수-학습 과정에서의 관심사

교사들은 문학 교수-학습을 계획하고 수행할 때, 아주 많은 교수-학습 과정상의 관심사들과 만나게 된다. 토의를 할 때, 청소년들이 자기-지식(self-knowledge)을 얻은 결과 중 하나는 사고력 향상이다. 독서 과정에 능동적으로 반응하는 과제는 청소년들에게 비판적 사고력 증진을 위한 기회들을 제공한다. 이 책에 제시된 것과 같은 다양한 교수 전략들을 통해, 청소년들은 작중인물들과 자신의 경험들을 상호 작용하고, 비판적으로 사고하는 것을 배우는 능동적인 독자가 되도록 격려 받을 수 있다.

교수 전략의 예 : 문학 참여 전략-토론 연속체(discussion continuum)

교사들은 전체 수업이나 소집단 토론 활동에 몇몇 청소년들만 참여하고, 나머지 청소년들은 무관심하게 앉아 있을 때, 가끔 당황한다. 토론 연속체는 모든 청소년들이 활기찬 토론에 참여하게 하기 위한 전략이다. 교사는 토론의 각 단계 말미에 토론 내용들을 대조시키면서, 칠판에 토론 대화의 연속체를 그린다.

교실에 들어올 때, 청소년들은 그 화제에 대한 자신의 입장을 가장 잘 진술할 수 있는 장소에 있는 연속체의 어딘가에 자신의 머리글자를 쓴다. 토론을 하는 동안 청소년들은 가끔 자신의 관점들을 뒷받침하는 읽기에서 얻은 참조사항들을 사용하여 자신의 입장을 설명한다. 지켜야 할 규칙들은 특정한 사람이 두 번째로 말하기 전에 모든 사람이 말할 기회를 가져야 한다는 것이다. 또한 모든 입장들이 존중되어 경청되어야 한다는 것이다.

처음에 교사는 청소년들이 설명하는 것이 연속체의 반대 끝에 있는 대안적 말하기(speaking)를 고려하도록 토론을 구조화할 것이다. 그러나 토론에 일단 참여하면 청소년들은 토론이 계속되도록 하기 위해 교사를 활용하기보다는, 스스로 토론을 수행하고 서로서로에게 반응한다. 또한 어떤 청소년들은 토론 결과로써 자신의 태도와 연속체에서 자신의 관점을 바꾸기도 한다.

토론 연속체는 쓰기를 위한 출발점 혹은 어떤 이슈에 대한 심화된 연구나 창의적인 프로젝트 등으로써 잘 작용한다. 토론 연속체에 친숙해질 때, 청소년들은 자신의 학습 동료들과 함께 혹은 <학생 공유와 학습 집단(student sharing and study groups)>에서 반대말들을 만들 수 있다. 청소년들이 자기 자신의 말들을 만들어 갖는 것은 비판적 사고 기능들을 발달시키고 보다 심화된 수준에서 읽고 있는 것을 내면화할 수 있도록 한다. 다음은 청소년 소설을 활용한 토론 연속체의 예들이다.

✔ 이재민의 『사슴벌레 소년의 사랑』

- 이 소설은 어린 은수의 순수한 마음과 사랑을 보여주고 있다.
  : _____
- 이 소설은 은수를 통해 사랑이란 소유가 우선되어야 함을 보여준다.
  : _____

✔ 이상운의 『내 마음의 태풍』

- 작가는 청소년들의 성장이란 길들여지는 것이 아니라, 스스로의 노력에 의해 이루어지는 것임을 보여준다.
  : _____
- 작가는 청소년들의 성장이란 타인이 원하는 모습으로 길들여지는 것임을 보여준다.
  : _____

✔ 이옥수의 『푸른 사다리』

- 작가는 빈민촌에 살고 있는 청소년들을 통해 우리 사회의 구조적 모순을 보여주고, 이에 의해 삶에 대한 긍정성을 전달한다.
  : _____
- 작가는 빈민촌에 살고 있는 청소년들을 통해 우리 사회의 부조리성을 고발하면서 삶의 혼란스러움을 전달한다.
  : _____

청소년 문학은 자기 자신, 타자, 세계 등에 대한 이해를 증진시켜 줌으로써 청소년들의 요구들을 충족시켜 준다. 따라서 실제 삶에 대한 이해와 미래 삶에 대한 준비를 도모하기 위해서 청소년들은 많은 청소년 문학 텍스트들을 읽고, 이에 의해 자아 정체성 탐구를 위한 역할 모델들을 발견할 수 있을 것이다.

2. 읽기 과정

읽기를 정의하는 방법은 문학 텍스트를 가르치는 방법에 의미 있는 암시를 준다. 오랫동안, 읽기는 단어들을 인지하는 것, 독자 자신의 개인적 의미를 파악하는 것, 그런 다음 권위 있는 사람에 의해 결정된 텍스트의 의미를 정확히 파악하는 것 등으로 여겨져 왔다.

이러한 읽기 이론에 바탕을 둔 문학 수업에서, 청소년들은 주요 사항을 확인하고 (상업적으로 준비된 참고서들을 자주 사용하여), 주요 어휘들을 익힌다. 혹은 작중인물들을 대략적으로 묘사하고, 작가의 상징적인 표현에 대해 에세이를 씀으로써 그러한 일들을 한다.

학습과 이해에 관한 포괄적인 연구에 토대를 둔 보다 최근의 이론들은 독자들이 텍스트를 사전지식과 연계시켜 의미를 능동적으로 구성하는 상호 작용적인 과정으로 읽기를 재정의하고 있다. 읽기는 중요한 역할을 하는 사회적이고 문화적인 상황 맥락을 갖는 참여적인 과정이다. 이러한 사회 구성주의적 이론에 바탕을 둔 문학 수업에서, 청소년들은 다양한 작가들의 텍스트들을 읽고, 일기 쓰기나 모둠 토론 등과 같은 활동들을 통해 정서적이고 인지적인 반응들을 공유한다. 문학 활동철(portfolio)과 창의적인 프로젝트들은 시험보다는 청소년들의 문학능력 향상을 평가하기 위해 보다 많이 활용될 것이다.

읽기 과정 모델은 읽기 전(pre-reading), 읽기 중(during reading), 읽기 후(post-reading) 등과 같은 세 가지 단계들을 포함한다. 이 모델은 독자들이 텍스트를 읽기 전에, 텍스트를 읽는 동안, 그리고 텍스트를 다 읽었을 때, 텍스트의 선택된 부분에 대해 어떻게 생각하고 반응하는지를 설명해준다. 대부분의 '뛰어난' 독자들에게 이 과정은 주로 자동적이고 무의식적인 수준에서 수행된다. 그러나 많은 청소년들에게, 이 과정은 모호한 것으로 여겨지기까지 한다.

　읽기 과정 모델을 사용하는 교사들은 청소년들이 새로운 정보와 사상들을 이미 알고 있는 것과 연결하는 데 적극적으로 참여할 때, 학습이 일어난다는 것을 인식한다. 많은 교실에서, 교수－학습 과정에서의 강조는 읽기 후 활동들에 주어져 있다. 교사들은 모든 청소년들이 읽기 전 기능들과 읽기 중 기능들을 성공적으로, 그리고 독립적으로 수행하고 있다는 잘못된 가정을 하고 있다. 읽기 전과 읽기 중에 도움을 필요로 하는 청소년들을 위해 교사는 읽기 과정을 모델화하고, 청소년들이 스스로 읽기 과정을 내면화하도록 돕기 위해 비계(scaffolding)를 제공한다.

　쓰기는 청소년들이 이미 알고 있는 것과 경험을 연결하고, 문학 텍스트에 대한 반응을 탐구하고, 자신이 읽고 있는 것을 다른 사람들과 상호 작용 하도록 돕기 위한 읽기 과정의 각 단계에서 널리 활용된다. 읽기와 쓰기는 청소년들이 의미를 구성하게 해 주는 상호보완적인 과정들이다. 쓰기에 대한 과정 중심 접근법을 이해하는 교사들은 읽기에 대한 과정 중심 접근법이 쓰기에 대한 과정 중심 접근법과 양립할 수 있음을 알 것이다.

　청소년 문학은 교사들로 하여금 청소년들의 요구와 흥미들을 충족시키고, 독자의 사전지식과 텍스트의 연계를 통해 의미를 구성하는 것에 강조를 둔 읽기 과정 모델을 수행할 수 있는 좋은 기회를 제공한다. 로젠블랫(Rosenblatt, 1978)이 강조한 것처럼, 의미 형성은 청소년들이 문학 텍스트를 읽는 가장 중요한 이유이다.

　　특별히 청소년 독자를 위해, 문학이 실행해야 할 보다 큰 요구가 있다. 그 자체로는 무질서하고 의미가 없는 것 같은 삶의 많은 것들이 창작 과정에서 작가의 질서를 만들고, 활력을 주는 영향력을 얻으면 질서와 중요성을 갖는다. 청소년은 자신에게 새롭게 알려지지 않은 정서적 자극을 느낀다. 청소년은 그에 대해 설명을 할 수 없는 방법으로 행동하는 성인을 본다. 문학에서 청소년은 의미 있는 패턴으로 드러난 감정, 상황, 사람 등을 만난다. 청소년은 행동들 사이의 우연한 관련성을 보고, 다른 사람들에 대

해서라기보다는 어떤 종류의 개성들과 행동에 주어진 승인을 찾고, 그 자
신의 모호한 감정들을 드러낼 수 있는 본형을 찾는다. 간단히 말하면, 그
는 자주 다른 상황에서는 그에게 단지 감정이 없는 사실들에 부속된 의미
를 찾는다.(Rosenblatt, 1978 : 42)

1) 읽기 전 단계(the pre-reading phase)

문학 교실에서, 읽기 전 단계는 청소년들로 하여금 읽을 텍스트에 참여
하도록 할 뿐만 아니라, 청소년들이 사전지식을 활용하고 적용하여 읽기
목적과 전략들을 수립할 수 있게 한다. 전통적으로 교사들은 교실에서의
교수-학습을 읽기 후 활동들 중심으로 수행해 왔다.

읽기 전 교수-학습은 전형적으로 읽어야 할 텍스트와 그 텍스트를 읽
은 뒤에 완성해야 할 과제에 대한 간단한 안내로 구성되어 왔다. 그러나
읽기 전 단계에 대한 보다 포괄적이고 사려 깊은 접근은 읽기 전 단계가
독자들의 호기심을 유발하고, 사전지식을 활성화시켜 독자들이 읽어야 할
텍스트에 자신을 보다 진실하게, 심오하게 연계시키도록 하는 것이다. 나
아가 읽기 후 활동들의 성공을 강화하는 것이다.

읽기 전 단계에서 '사전지식의 정서적 활성화'를 위해서는 읽기 전에
개인적이고 정서적인 연계를 증진시켜야 한다. 이를 위해서는 읽어야 할
텍스트를 청소년들이 보다 비판적으로 읽게 해야 한다. 청소년들이 텍스
트를 읽기 전에 '사전지식을 정서적으로 활성화하는 것'을 박상률의 『나
는 아름답다』를 통해서 살펴보자.

이 소설을 읽기 전에, 청소년들은 이 소설이 청소년들의 성장과 관련된
성장소설이란 설명을 듣고서, 텍스트의 내용을 거의 다 짐작한다. 즉, 이
소설을 읽기 전에 청소년들은 이 소설의 스토리가 인터넷 모임, 청소년들
의 이성 문제, 약물, 본드 흡입 문제, 성적 일탈, 학교 성적 문제, 부모와

의 대화 단절 등을 형상화하고 있음을 동년배로서 쉽게 정서적으로 이해할 수 있을 것이다. 물론 청소년들의 이러한 정서적인 이해는 그들이 이 소설과 관련된 사전지식을 정서적으로 활성화시켰기 때문이다.

다음의 질문들과 지침들(directions)은 청소년들이 읽기 전 단계를 수행하는데 도움을 주는 일반적인 방법들이다.

- 제목과 문학 텍스트 표지에 토대를 두어, 이 문학 텍스트가 무엇에 대해 이야기할 것이라고 생각하는가? 무엇 때문에 그렇게 생각하는가?
- 이 주제와 장르에 대해 이미 알고 있는 것은 무엇인가?
- 작가가 쓴 그 밖에 다른 텍스트들을 익숙하게 알고 있는가?
- 왜 이 문학 텍스트를 선택했는가? 텍스트에 대해 어떤 예상을 하고 있는가?
- 안내 부분이 있다면 안내 부분을 읽고, 첫 페이지나 두 번째 페이지를 읽는다.
- 이 텍스트를 어떻게 읽어나갈 것인지에 대해 계획을 짠다.
- 필요한 읽기 전략들은 어떤 것들인가?

읽기 전 활동을 위한 문학 텍스트 표지 활동

문학 텍스트의 앞, 뒤, 그리고 그림 등은 청소년들에게 독서를 준비하기 위한 유용한 단서들을 제공할 것이다. 예를 들어, 루이스 세뿔베다가 쓴『갈매기에게 나는 법을 가르쳐 준 고양이』의 표지는 청소년들에게 많은 단서들을 제공한다. 이 문학 텍스트의 앞표지에는 갈매기를 안고 있는 고양이와 여러 동물들이 모여 정겹게 의논하는 그림이 있다. 이러한 그림들은 이 소설에서의 고양이가 우리가 알고 예상하는 고양이의 이미지와는 매우 다르다는 것을 예측할 수 있게 한다.

또한 뒤표지는 청소년들이 텍스트 내용을 이해하기 위한 암시가 되기도 하고, 흥미를 돋우는 매혹적인 문구를 제공한다.『갈매기에게 나는 법을 가르쳐준 고양이』의 뒤표지에는 엄마 고양이가 아기 갈매기에게 전하는 '서로 다른 존재를 인정하는 방법'에 대한 메시지가 있다. 그 메시지를 인용하면 다음과 같다.

"아기 갈매기야, 우리는 여지껏 우리와 같은 존재들만 받아들이며 사랑했단다. 우리가 아닌 다른 존재를 사랑하고 인정하진 못했어. 쉽지 않은 일이었거든. 하지만 이젠 다른 존재를 존중하며 아낄 수 있게 되었단다. 네가 그걸 깨닫게 했어. 너는 갈매기야. 고양이가 아니야. 그러니 너는 갈매기의 운명을 따라야 해. 네가 하늘을 날게 될 때, 비로소 너는 진정한 행복을 느낄 수 있을 거야. 그리고 네가 우리에게 가지는 감정과 너에 대한 우리의 애정이 더욱 깊고 아름다워질 거란다. 그것이 서로 다른 존재들끼리의 진정한 애정이지."

청소년들은 문학 텍스트의 표지(jacket)에서 다른 단서들을 찾을 것이다. 표지 그림과 다른 정보를 검토한 후에 청소년들은 그 문학 텍스트에 대해 보다 정통한 결정을 하기 위해 자신의 지식을 적용할 수 있다. 청소년들은 또한 문학 텍스트의 차례를 보고서, 텍스트의 내용에 대한 추측을 할 것이다. 『갈매기에게 나는 법을 가르쳐준 고양이』의 차례를 보고서, 청소년들이 이 문학 텍스트의 내용이 '서로 다른 존재에 대한 배려와 인정'이라는 것을 추측할 수 있다. 특히 '검은 고양이 소르바스', '갈매기 알을 품은 고양이', '나는 법을 배우는 갈매기' 등과 같은 차례들을 보면서, 이 소설의 내용을 추측할 수 있다.

이런 식으로 텍스트의 표지를 활용하고, 스토리의 내용을 간단히 개관하는 것은 청소년 독자들이 자신의 마음속에 질문을 갖게 하고, 텍스트를 읽고 텍스트와 상호 작용 하도록 도와줄 것이다. 이러한 종류의 추론들은 청소년들이 청소년 문학 텍스트에 접근하기 위한 준비를 하게 해준다. 다시 말하면, 읽기 전 활동들은 청소년들이 읽기 경험에 초점을 맞추어 정신적으로 텍스트를 읽을 준비를 하는 것이다.

2) 읽기 중 단계(the during reading phase)

읽기 중 단계는 청소년들로 하여금 텍스트에 대한 이해를 자기 점검하기 위한 전략을 사용하도록 할 뿐만 아니라, 텍스트를 읽는 동안 텍스트와의 연계 및 관련을 맺도록 돕는 것을 포함한다. 읽기 중 단계에서 청소년들은 다음과 같은 방법들을 따르게 될 것이다.

- 청소년 문학 텍스트를 읽을 때는, 주기적으로 읽기를 멈추고, 읽고 있는 것에 마음이 푹 빠지게 한다.
- 어떤 구절들을 다시 읽는 것은 확실히 그 부분을 보다 잘 이해하게 해준다.
- 이 텍스트가 자신이 알고 있는 사람들, 장소들 혹은 경험들을 상기시켜 주는지에 대해 생각한다.
- 배경, 작중인물, 행동, 그리고 사건 등을 마음속에 떠올린다.
- 이 텍스트를 읽는 동안 어떤 감정들을 가지고 있는가?
- 자신이 읽고 있는 것에 대해 자기 자신에게 질문을 한다.
- 특별히 좋아하는 구절들이나 이해할 수 없는 부분들 혹은 단어들을 표시하기 위해 스티커를 사용한다. 나중에 그것들을 다시 참고하기 위해서, 스티커에 페이지 번호를 넣어 간단히 기록한다.
- 자신이 읽고 있는 것에 대해 그 밖의 다른 사람들과 대화를 한다.

황석영의 『모랫말 아이들』과 관련된 '읽기 중 단계'에서 청소년 독자들은 어떤 상상적인 비약을 하면서, 자신들이 실제로는 전혀 본 적이 없는 것을 마음속에 떠올린다. 어떤 청소년 독자들은 작가가 겪은 이야기를 해주는 기법적 측면에 호감을 가지면서, 전쟁 직후의 암울했던 상황들 가운데 이해가 잘 되지 않는 부분들에는 간단한 의문사항들을 메모하기 위해 스티커를 붙인다. 청소년들은 또한 자신이 읽을 때 느꼈던 중요한 윤리적인 이슈들, 예컨대 전쟁 직후 사람들의 메마른 정서, 전쟁의 희생양이 된 어린이나 여성들의 정신적 상처 등을 제기할 것이다. 청소년들을 읽기 중단계에 참여시키기 위한 전략들은 읽기 자료의 유형과 읽기 목적에 따라다를 것이다. 숙련된 독자들은 픽션을 읽을 때와는 다르게 논픽션에 접근한다. 학습 목적(study purpose)을 위한 읽기는 여가적 읽기(leisure reading)와는 다르게 접근되어야만 한다.

3) 읽기 후 단계

읽기 후 단계에서 청소년들은 텍스트에 대한 자신의 이해를 명료화하고, 정교화하고, 확장할 수 있는 기회들을 갖는다. 이 책을 통해서, 우리는 이러한 목적을 위한 다양한 학습 경험들을 제공할 것이다.

다음 장에서는 읽기의 3단계 모델을 정교화하면서, 쓰기가 읽기의 통합적 부분이 되는 방법을 밝힐 것이다. 청소년 문학의 교수(teaching)를 위한 '청소년 독자 참여 모델(a model of young adult reader involvement)'을 자세하게 설명할 것이다.

3. 요약

청소년 문학은 자기에 대한 지식, 타자들에 대한 지식, 그리고 세계에 대한 지식을 증진시켜 줌으로써 청소년들의 요구들을 충족시킨다. 읽기에 대한 청소년들의 태도 연구들은 청소년들의 요구와 흥미들에 초점을 맞추는 문학 텍스트의 사용을 위한 강력한 증거를 제공한다.

청소년 문학을 포함한 균형 잡힌 문학교육은 학교의 교육 목적들을 충족시키는 데 뿐만 아니라, 교육 과정적이고 교수−학습적인 관심사들을 충족시키는 데 도움이 된다. 오늘날의 관점에서의 문학 읽기는 독자가 능동적으로 의미를 구성하는 상호 작용적인 과정으로 읽기를 정의한다.

청소년 문학교육과
범교과적 관점

제 5 장

청소년 문학교육의 지향점 및 목표

청소년 문학교육은 그 본질과 성격에 따라 그 방향이 달라진다. 청소년 문학교육의 방향은 청소년 문학교육의 본질과 성격을 어떻게 규정하느냐에 따라 달라지기 때문이다. 따라서 청소년 문학교육의 방향을 올바로 설정하기 위해서는 청소년 문학교육의 본질과 성격에 대한 논의가 선행되어야 한다.

1. 청소년 문학교육의 지향점

이 책에서 논의하고 있는 청소년들은 중·고등학생들이다. 따라서 청소년들은 학교에서의 공적 담론에 속해있으면서도, 가정이나 사회에서 개인적인 특성을 갖는 사적 담론을 갖는다. 공적 담론과 사적 담론의 관계에 따라 청소년들은 학교에서의 문학교육과 잠재적 문학교육의 영향을 받게 된다. 이때 잠재적 문학교육은 교과서에 실린 청소년 문학 텍스트에 대한 학습이기보다는 청소년들이 스스로 선택해서 읽고 논의하는 대안적인 문학 텍스트들에 대한 학습에 의해 이루어진다. 이런 측면에서 볼 때, 청소년 문학교육도 두 가지 측면에서 논의할 수 있을 것이다. 하나는 중등학교 현장에서 이루어지는 문학교육이고, 다른 하나는 청소년들이 도서관이나 독서 센터 등에서 청소년 문학 텍스트들을 빌려 읽음으로써 수행되는 문학교육이다.

먼저 중등학교 현장에서 수행되는 청소년 문학교육에 대해 생각해 보자. 중등학교 현장에서 수행되는 청소년 문학교육은 학교 문학을 기본 텍스트로 삼는다. 학교 문학은 제도권의 문학교육으로서 일련의 교육과정에 의해 편성되고 문학교육 전문가들이 편찬한 교과서에 실린 문학 텍스트들을 의미한다. 이는 학교 현장의 교수-학습 과정에서 대상이 되는 문학 텍스트들로써, 두 가지 모습을 통해 교수-학습되고 있다.

첫째, 문학 텍스트가 갖는 심미성을 학생들에게 고스란히 전달해야 한다는 관점에서 문학교육을 수행하는 것이다. 이는 문학교육이 문학 연구의 산물을 그대로 이식해야 한다는 관점을 전제하는 것으로, 문학 텍스트를 읽는 것과 이것을 가르치는 것의 특성에 대한 고려를 그다지 하지 못하는 것이다.[1] 이 관점에 의하면 문학 텍스트는 문화 전통을 학생들에게 계승·발전시키기 위한 매개체로써, 절대적 진리나 가치를 담고 있는 정전으로 간주된다. 흔히 교과서에 수록할 문학 텍스트를 선정할 때 문학사적 가치와 당대 사회에서의 인정 여부를 중요 변수로 생각하는 것은 이 관점을 반영한 것이다. 이것은 문학 텍스트가 갖는 현재적 효용 가치보다는 역사적 존재 가치와 문화 전통으로서의 가치를 중시하는 것으로, 학습자 중심의 관점이나 자기 주도적 학습과는 상당한 거리가 있다.

둘째, 문학 연구와 문학교육 연구는 다르다는 관점 하에 문학교육을 통해 학생들의 문학능력을 증진시키고 문학적 문화를 고양하고자 하는 것이다. 이는 7차 교육과정에서 문학을 가르치는 목표를 '작품의 수용과 창작 활동을 함으로써 문학적 감수성과 상상력을 기른다'라고 설정하여 문학교

---

1) 김중신(2002), 앞의 논문, 19면.

육이 문학 연구와는 다름을 명시하고 있는 데서 확인할 수 있다.[2] 문학 텍스트는 텍스트 자체가 갖는 심미성을 전달하기 위한 대상이 아니라, 학생들의 다양한 정서와 체험을 발현시키는 데 가장 적합한 대상이라는 인식을 전제한 이 관점은 학교 현장에서의 문학 텍스트 읽기가 학생들의 문학능력, 자기 성찰, 새로운 자기 형성과 관련이 있음을 나타낸다. 소설 텍스트 읽기를 통해 학생들이 새로운 의미 형성을 하고, 이를 바탕으로 자기 성찰과 새로운 자기 형성을 할 수 있다는 주장이나[3] 문화 실천으로 보는 관점들[4]이 이 범주에 속한다.

이 두 가지 모습 중에서 문학교육의 본질에 맞는 관점은 물론 후자라고 할 수 있다. 문학교육은 문학의 교육이 아니라, 문학 텍스트를 대상으로 한 교육적 행위이기 때문이다. 교육적 행위는 교육 행위가 갖는 가치 지향성과 목적에 의해 수행된다. 따라서 교육 행위의 하위 영역에 속하는 문학교육도 학생들의 바람직한 인격 형성과 가치관 형성을 위한 유목적적 의도 속에 수행된다. 이런 측면에서 본다면 학교 현장에서의 문학교육은 학생들의 문학 경험과 문학능력을 증진하고자 하는 유목적적 의도 속에 수행되어야 할 것이다.

다음은 학교 현장 밖에서 수행되는 청소년 문학교육 현상에 대해 생각해 보자. 학교 현장 밖에서 수행되는 문학교육은 여러 도서관에서의 문학 프로그램, 독후감 현상 공모, 독서클럽 활동, 각종 매체에서의 문학 강좌 및 안내, 각종 백일장 대회, 각 기관에서의 청소년 문학 목록 전시 등을 통해 이루어진다. 이러한 문학교육 현상들은 학생들의 자발적인 참여가 필수적이다. 학생들의 자발적 참여가 없다면, 이러한 문학교육은 효과를 거두기 어렵기 때문이다.

---

2) 교육부(2000), 『제7차 국어과 교육과정』, 151면.
3) 선주원(2002), 「대화적 관점에서의 소설교육 연구」, 한국교원대학교 대학원 박사학위 논문.
4) 김대행(1994), 「문학교육 어떻게 할 것인가」, 『문예중앙』 1994년 겨울호 / 우한용(1997), 『문학교육과 문화론』, 서울대학교출판부.

현재 각 기관에서 청소년 문학 텍스트 목록을 많이 제시하고 있는데, 이 목록들은 특별한 선정 기준이 없을 뿐더러 일회적인 선정에 그침으로써 청소년 문학교육에 그다지 도움을 주지 못하고 있는 실정이다. 김승환(1979)은 비교적 이른 시기에 '중고교 선정 도서 목록'을 학년별로 제시하였고, 한국도서잡지 주간신문윤리위원회(1986)도 사회 저명인사로부터 청소년을 위한 좋은 문학 텍스트를 추천 받아 '백인 백선(百人百選)'을 소개한 바 있다. 그리고 서울교사협의회(1989)와 전국교직원노동조합(1992)은 현장 교사들이 추천한 청소년 도서 목록을 중·고등학생 수준별로 나누어 제시하였고, 한국청소년연구원(1992)도 청소년 독서 프로그램을 위한 '청소년용 읽기 자료'를 제시한 바 있다. 그러나 각 기관에서 선정한 도서 목록 중 청소년들이 읽을 만한 문학 텍스트들은 명시적이고 체계적인 선정 기준에 따라 작성된 것도 아니고, 선종 종수가 작가별로 다양하게 제시되지 못했다.5) 따라서 지금까지 각 기관에서 선정한 자료들은 학교 현장 밖에서의 청소년 문학교육을 위한 자료로 일반화되기에는 부족한 점이 많다.

학교 현장 밖에서의 청소년 문학교육이 실효를 거두기 위해서는 일차적으로 학생들의 문학 생활화가 필요하다. 다시 말하면, 학생들이 스스로 청소년 문학 텍스트를 즐겨 찾아 읽고, 텍스트에 대한 이해와 해석을 자신의 삶과 관련짓는 태도가 필요하다. 이를 위해서는 학교 문학만을 평가에 반영하는 교육적 관습이 시정되어야 한다. 또한 다양한 문학 프로그램이 제시되어야 한다. 현재 제시된 문학 프로그램 중에서 청소년 문학 생활화를 위한 한 방법이 독서클럽 활동이라고 할 수 있다.6)

독서 클럽이란 학생들이 소집단을 구성하여 직접 문학 텍스트를 선정하고 자율적인 방법으로 문학 텍스트를 읽은 뒤, 정기적으로 토의 모임을

---

5) 한철우 외(2001), 『문학 중심 독서 지도』, 대한교과서주식회사, 82면 참조.
6) 독서클럽 활동에 대한 자세한 논의는 강원경(1999), 「독서 클럽 활동 양상 연구」, 한국교원대학교 대학원 석사학위논문 참조.

가지는 활동이다.

청소년들이 청소년 문학을 읽는 과정은 청소년 문학 텍스트에 나타난 정서와 사상을 체험하고 육화하는 과정이다. 이때 청소년의 체험은 실재 세계의 경험과는 달리 언어적 상징으로서의 체험을 하는 것이다. 따라서 청소년 문학 텍스트와 소통하는 과정에서 청소년들이 갖는 텍스트에 대한 이해와 해석은 확정된 인지가 아니라, 상징적 언어를 통한 미완결성을 가변성을 갖는다. 또한 청소년의 청소년 문학 읽기는 심미적 자기 성찰의 속성을 지니며, 정보의 획득보다는 정서적 울림을 얻는 것이다.[7] 청소년 이 얻는 정서적 울림의 절정은 청소년 문학 텍스트에 형상화된 정서와 의미에 대한 동일화에 의해 가능해진다.

한편 청소년은 청소년 문학 텍스트의 의미에 대한 '거리두기(distancing)'를 통해 비평적인 문학 읽기를 수행하기도 한다. 작가가 의도한 문학 텍스트의 의미, 담론 구조 등을 무조건적으로 수용하기보다는, 청소년 자신이 갖고 있는 문학 경험과 문학능력에 의해 텍스트의 의미를 주체적으로 판단하여 새롭게 구성하는 비평적 수용을 한다. 이때 청소년은 청소년 문학 텍스트에 형상화된 것을 이해하고 해석하면서, 이를 삶과 연계 짓는 과정을 통해 삶에 대한 성찰을 하게 된다. 청소년의 이러한 자기 성찰은 청소년 문학 텍스트의 의미에 동일시되는 과정이 아니라, 청소년 텍스트의 의미에 대한 비평적 거리두기를 통해 자신의 삶이 갖는 생성적 본질을 인식하는 과정이 된다.[8]

청소년은 문학 읽기를 통해 발견적 경험과 교섭적 경험을 하게 된다. 발견적 경험은 문학 텍스트의 세계를 청소년 자신의 문학 경험이나 문학 능력에 따라 자유롭게 수용하는 일차적인 경험으로 발견적 읽기에 해당된 다.[9] 이는 청소년 문학의 장르적 특성이나 사회적·문화적 맥락을 고려하

---

7) 이대규(1998), 『문학교육과 수용론』, 이회문화사, 360면 참조.
8) 유성호(2004), 「현대시와 사회성 교육」, 한국문학교육학회, 제33회 학술대회발표문, 8면 참조

는 문학 읽기라기보다는 문학 텍스트의 내적 세계에 대한 자유로운 반응으로서의 읽기 경험에 해당된다. 이 경험은 정보 파악 능력, 자연스러운 감상 태도, 인식적 상상력에 부합되는 경험 공간에 해당된다. 한편 교섭적 경험은 청소년 문학 텍스트에 대한 비평적 활동을 통해 청소년 문학의 장르적 규칙이나 텍스트 생산의 사회적·문화적 맥락을 이해하고, 텍스트의 의미를 새롭게 구성하는 구성적 읽기를 통해 구체화된다. 이 경험은 청소년의 비평적 능력과 부합되는 문학적 경험을 의미한다. 발견적 경험과 교섭적 경험은 청소년의 문학 읽기 과정에서 상호 작용을 하며, 문학능력이 뛰어난 청소년일수록 발견적 경험보다는 교섭적 경험을 보다 강하게 작동시킨다.

이런 측면에서 볼 때, 청소년의 문학 읽기는 텍스트에 대한 교섭적 경험과 이에 의한 구성적 읽기를 지향할 필요가 있다. 이는 청소년이 청소년 문학에 대한 비평적 해석뿐만 아니라, 이러한 해석의 양상을 표현하는 활동, 즉 비평적 에세이 쓰기 활동을 통해 보다 풍부하게 이루어질 수 있다. 청소년 문학교육은 궁극적으로 텍스트에 대한 이해 차원에서 그칠 것이 아니라, 이해의 양상을 표현하는 활동을 지향해야 한다. 따라서 청소년 문학교육은 청소년 문학 텍스트에 대한 청소년의 이해와 표현을 아우르는 데 초점을 두어야 한다.

2. 청소년 문학교육의 이념

교실에서의 문학 읽기는 무계획적인 방법에 의해 마구잡이로 이루어지는 경험이 되어서는 안 된다. 교실에서의 문학 읽기가 마구잡이식의 경험

---

9) 발견적 읽기, 구성적 읽기 등에 대한 자세한 논의는 졸고(2002), 「대화적 관점에서의 소설교육 연구」 참조.

이 되지 않도록 하기 위해서는 문학교육과정이 정전으로서의 텍스트뿐만 아니라 청소년 문학 텍스트, 교사가 선정한 문학 텍스트, 그리고 학습자들이 선정한 텍스트도 교육 내용으로 포괄하는 유연성을 가져야 한다. 또한 문학교육 과정은 장편소설, 단편소설, 시, 수필, 드라마, 희곡 등과 같은 다양한 유형의 문학 텍스트를 포괄해야 한다. 그리고 문학교육의 주체가 학습자임을 고려하면서, 학습자들의 적극적이고 주체적인 반응을 유도하는 전략들을 포괄해야 한다.

랑거(Langer, 1992), 애플비(Applebee, 1992), 퍼브스(Purves, 1992) 등은 교실에서의 문학 수업이 매우 정적으로 수행되어 왔다는 인식 하에, 과정 중심 접근법에 의한 문학교육을 강조한 바 있다. 지금까지 중등학교에서의 문학 수업은 시대별, 장르별 정전을 학습하는 관점에 의해 조직되어 왔다. 그리고 상당수의 문학 교사들은 교과서에 제시된 문학 텍스트에 대한 감상을 가르치기보다는 문학 텍스트에 있는 문법이나 문학적 지식 등을 가르치고 있다. 이는 문학 텍스트가 어떤 대상이나 사실에 대한 이해의 도구로 활용됨으로써, 학습자가 자기 자신과 자신을 둘러싼 세계에 대한 올바른 이해를 하지 못하게 하고 있다.

모든 교육은 목표 지향적이다. 어떤 상태에 놓여 있는 인간을 교육적 의도에 의해 다른 상태로 변화시키고자 하는 것이 교육의 지향점이기 때문이다. 이때 교육적 의도에 해당되는 것이 교육의 목표라고 할 수 있는데, 교육의 목표는 특정한 주체의 형성을 목표로 한다. 문학교육이나 이 책에서 다루는 청소년 문학교육도 특정한 주체 형성을 위한 교육 목표를 갖는다. 다만 이때 상정하는 교육의 목표는 문학교육이나 청소년 문학교육을 바라보는 관점에 따라 다르다. 지금까지 문학교육의 이념은 '주체 형성'으로 어느 정도 정식화되고 있다.[10] 이때 주체란 '비판적 주체' 혹은

10) 김상욱(1999), 「주체형성으로서의 문학교육」, 문학과교육연구회, 『문학과교육』(1999년 여름호), 한국교육미디어.

'창조적 주체'로 상정되고 있다. 물론 문학교육을 통해 형성하고자 하는 이념적인 주체는 근대적인 초월적 주체(이성 중심주의와 주체 철학에 입각한 주체)이거나 탈근대적이고 몰역사적 개인(무분별한 상대주의에 의해 상정된 개인)이 아니라, 이들 양자를 지양한 형태의 주체이다.

학교 현장에서의 청소년 문학교육은 교사와 학습자가 능동적으로 역할을 수행하는 하나의 현상으로서 존재한다. 교사는 단순히 지식을 전달하는 존재이기보다는 학습자와 함께 새로이 문학 지식을 형성해 가는 능동적인 주체이다.[11] 교사와 학습자를 능동적인 주체로 구성하는 청소년 문학교육이 상정하는 주체는 타자와의 상호 관련성을 갖는 사회적인 존재로서의 주체이다. 사회적인 존재로서의 주체는 고립되고 타자와 동떨어진 폐쇄성에 의해 독백적 담론을 갖는 것이 아니라, 타자와의 상호 작용을 통해 대화적 담론을 형성하며 자신의 상을 새로이 형성해 간다. 따라서 주체가 타자와의 상호 작용을 통해 자신의 상을 새로이 설정하고 대화적인 삶의 본질을 인식하기 위해서는 이념적으로 타자와 상호 소통해야 한다. 주체와 타자의 이념은 언어를 매개로 하여 상호 소통하는데, 주체와 타자는 타자성에 의해 자신의 삶의 본질을 인식할 수 있다. 따라서 청소년 문학교육은 주체가 담론을 통해 타자와 소통하고, 이를 바탕으로 자기 반성을 수행하여 자신을 구성해 가는 모습에 초점을 둘 필요가 있다.

주체 형성으로서의 청소년 문학교육의 이념은 청소년 문학 텍스트가 갖는 고유한 특성, 특히 청소년들의 정체성과 관련된 문제와 깊은 연관성을 갖는다. 청소년 문학 텍스트는 특정한 담론을 실천하는 담론 구성체로서, 정체성 혹은 성장에 대한 청소년들의 가치 평가를 담고 있다. 따라서 청소년 문학 텍스트에 형상화된 청소년들의 상호 소통 양상을 해명하는 것은 주체와 타자의 상호 소통을 인식하는 것이 되며, 이것은 학습자가 삶

---

11) 김상욱(1999), 위의 논문, 21면.

의 본질 인식에 도달할 수 있게 한다. 그러나 청소년 문학교육은 텍스트
자체가 갖는 고유한 특성에 대한 해명에만 머무를 수는 없다. 청소년 문
학교육은 청소년 문학 텍스트가 갖는 특성 규명뿐만 아니라, 대상에 대한
청소년들의 가치 평가가 메타적 차원에서 수행되기 때문이다. 즉, 청소년
문학 텍스트가 청소년들에게 어떤 의미를 전달하는가가 아니라, 청소년
문학 텍스트는 청소년들에게 어떤 의미를 가지며, 이 텍스트는 청소년들
에게 어떻게 수용되어 청소년들의 삶과 관련되는가가 보다 근본적인 청소
년 문학교육의 영역이 되어야 하기 때문이다.

따라서 청소년들은 청소년 문학 텍스트에 대한 비평적 읽기를 수행해야
한다. 청소년들이 청소년 문학 텍스트에 대해 비평적 읽기를 수행하기 위
해선 비판적 사고가 요구된다. 청소년들이 청소년 문학 텍스트와 상호 소
통하고, 문학교육현상 속에서 타자(문학 교사나 동료 학습자 등)와 소통하기
위해선 자신의 가치 평가를 담은 비판적 사고[12]가 필요하기 때문이다. 비
판적 사고는 청소년들이 반성적 회의를 통해 청소년 문학 텍스트, 타자와
상호 소통하고, 이를 바탕으로 자기 성찰과 자기 형성을 할 수 있게 한다.
따라서 청소년 문학교육에서 상정할 수 있는 주체는 타자와 대화적으로
소통하면서 비판적 사고를 통해 자기 성찰과 자기 형성을 할 수 있는 존
재가 되어야 한다. 이 책에서는 비판적 사고를 통해 타자와 대화적으로
소통하고 자기 성찰과 자기 형성을 하는 주체를 '자기 형성적 주체'로 상
정한다. 필자가 청소년 문학교육 이념으로서의 주체를 '자기 형성적 주체'
로 상정하는 이유는 청소년들이 청소년 문학 텍스트에 대한 비평적 읽기
를 통해 자기 삶에 대한 반성 의식을 가질 수 있고, 이를 바탕으로 자기

---

12) 비판적 사고는 경험에 의하여 조절된 신중한 회의를 필요로 한다. 비판적 사고는 대상에
    대한 반성적 회의를 통해 대상에 대한 가치평가를 드러낸다. 따라서 비판적 사고는 대상
    에 대한 더 만족스러운 해결문학 텍스트, 또는 그 문제 속을 들여다볼 수 있는 통찰력을
    가져온다(J. E. Mcpeck, 박영환·김공하 역(1995), 『비판적 사고와 교육』, 배영사, 10~11
    면 참조).

성찰과 자기 형성을 수행하는 윤리적 실천을 할 수 있기 때문이다.

청소년 문학교육에서 자기 형성적 주체는 청소년 문학 텍스트에 형상화된 정체성, 미래 사회의 대비 등을 이해하고 해석하는 것에서부터, 텍스트와 세계를 조응하고 인식하면서 타자와의 소통을 통해 자신의 삶을 성찰하는 것에 이르기까지 다면적이고 중층적으로 개입한다. 청소년 문학교육의 의미망(意味網) 속에 상정될 수 있는 자기 형성적 주체의 개념역(槪念域)으로는 '메타 성찰의 주체', '타자와의 관계적 주체', '세계에 대한 비판적 주체', '욕망 실현의 주체' 등을 들 수 있다.13) 이러한 자기 형성적 주체의 개념역들은 자기 형성적 주체가 청소년 문학교육현상 속에서 타자와의 대화적 관계를 통해 사회적 존재로서의 자신에 대한 메타적 성찰을 수행할 수 있게 하고, 세계와의 상호 교섭을 통해 자신의 삶의 본질을 인식하여 주체가 지닌 내적 욕망을 실현할 수 있게 한다. 따라서 청소년 문학교육 이념으로서의 자기 형성적 주체가 갖는 개념역들은 서로 중첩되면서, 작용의 차원이 다름으로 인해 분화되는 것이라고 할 수 있다.

청소년 문학교육은 청소년들이 자기 형성적 주체로 성장하기 위한 것이 되어야 한다. 청소년들이 자기 형성적 주체로 성장하기 위해서는 그들의 대화적 소통능력14)이 증진되어야 한다. 청소년들의 대화적 소통능력은 청소년들의 문학 행위(텍스트와의 대화적 소통과 비판적 수용)가 가능하도록 하는 기본 전제이면서, 동시에 교수-학습의 일차적 목표가 되기 때문이다. 청소년들의 대화적 소통능력은 청소년들의 삶, 그리고 교육 현상, 텍스트 등과의 총체적 대화 관계를 통해 형성되며, 이 대화 관계는 완결된 형태가

---

13) 박인기(1999), 「문학교육과 자아」, 문학과교육연구회, 『문학과교육』(1999년 여름호), 한국교육미디어, 32~36면 참조.

14) 이 글에서 의미하는 텍스트 내적 층위에서의 대화적 소통능력은 문학교육에 관한 기존의 논의들에서 사용된 '문학능력'이란 개념과 거의 유사하다. 그러나 이 글에서 의미하는 텍스트 외적 층위에서의 대화적 소통능력은 '문학능력'이란 개념과는 다르다. 텍스트 외적 층위에서의 학습자의 대화적 소통능력은 문학 텍스트를 매개로 하여 학습자와 문학 교사, 학습자와 동료 학습자 등이 맺는 대화적 관계를 학습자가 풀어나가는 능력을 의미한다.

아니라 항상 '열린 구조'를 지향한다. 열린 구조를 지향하는 대화 관계는 청소년 문학교육의 핵심을 청소년들의 윤리적 실천(Praxis)[15]에 둔다. 청소년들의 윤리적 실천은 텍스트의 수용과 이해에서 구체화되는데, 이 구체화는 청소년들이 인식하는 타자(텍스트, 문학 교사, 다른 학습자, 상황맥락 등)와의 관계에서 결정된다.[16] 따라서 청소년들의 텍스트 이해와 평가는 청소년들이 얻게 되는 지식이나 유형화된 태도가 아니라, 청소년들의 문학 생활화를 통해 이루어지는 대화적 소통능력에 의해 구체화된다.

청소년들의 대화적 소통능력은 텍스트 내적·외적 층위에서 동시에 작용한다. 텍스트 내적 층위에서 발현되는 대화적 소통능력은 청소년들이 텍스트에 형상화된 정체성, 미래 삶에 대한 비전 등을 상상력을 통해 이해하고, 이를 바탕으로 화자와 작중인물, 작중인물 간, 한 인물의 의식 내부에서 수행되는 다양한 정체성 구현 양상을 파악할 수 있는 능력이다. 즉, 청소년 문학 텍스트에 형상화된 고유한 내용과 담론 구조, 의미를 인식할 수 있는 내면화된 능력을 의미한다.[17] 이 능력은 청소년들이 청소년 문학 텍스트에 형상화된 세계와 타자의 모습을 찾아내고 그 양상을 파악할 수 있게 한다. 이 능력을 통해 청소년들은 청소년 문학 텍스트를 해석하고 이해할 수 있으며, 비평적 읽기를 통해 청소년 문학 텍스트에 형상화된 자아와 세계의 관계, 타자간의 관계 등에 대한 가치 평가를 할 수 있다.

청소년들이 청소년 문학 텍스트에 대한 가치 평가를 하는 것은 텍스트

---

15) 학습자의 윤리적 실천은 텍스트의 심미화를 개인적 차원에서 구현하는 것으로, 이것은 스스로 변해 자기 차이화를 지향한다. 이 지향은 타자와의 소통맥락을 통해 구체화되며, 사회적이고 실천적인 특성을 갖는다(가라타니 코오진, 송태욱 옮김(1998), 『탐구』1, 새물결, 43~45면 참조).

16) 학습자의 소설 읽기는 다양한 방식으로 텍스트를 탐색하면서 타자와 텍스트에 대한 반응을 공유하는 것이다. 이것은 학습자가 텍스트에 대한 반응(response)에서 윤리적 책무성(responsibility)으로 옮겨가는 것이다(Probst, R. E., "Readers and Literary Texts", Nelms, B. F. ed.(1988), *Literature in the Classroom : Readers, Texts, and Contexts*, NCTE, p.232).

17) J. Culler(1975), *Structuralist Poetics*, Routledge & Kegan Paul, pp.113~114 참조

의 심미성을 텍스트와의 소통을 통해 구현하고 새로운 의미 형성을 하는 것을 의미한다.[18] 이 의미 형성은 궁극적으로 청소년들이 자아를 인식하고, 자아에 대한 성찰을 할 수 있게 한다. 텍스트 내적 층위에서의 대화적 소통능력은 청소년 문학 텍스트의 생산과 수용에 내재하는 광범위한 문학적 관습과 규칙의 습득을 통해 학습되며, 청소년들이 청소년 문학 텍스트와 대화적으로 소통할 수 있게 한다.

청소년들은 텍스트 외적 층위에서 문학 교사나 동료 학습자 등과의 대화적 소통을 수행하는데, 이때 청소년들에게 필요한 능력이 텍스트 외적 층위에서의 대화적 소통능력이다. 텍스트 외적 층위에서의 대화적 소통능력은 청소년들이 타자와의 대화적 관계를 자각하여, 비판적으로 자신과 자신을 둘러싼 타자와의 소통을 이해하고 평가할 수 있게 한다. 그리고 이 능력은 청소년들이 청소년 문학 텍스트에 내재하는 세계와 타자에 대한 인식을 하게 하고, 이를 바탕으로 청소년 문학 텍스트를 주체적이고 비판적으로 소통하여 자기 성찰과 새로운 자기 형성에 도달할 수 있게 한다. 또한 텍스트 외적 층위에서의 대화적 소통능력은 청소년 문학교육 현상의 다성성과 관련되는데, 청소년 문학 텍스트를 매개로 하여 작가, 교사, 학습자, 동료 학습자가 텍스트의 생산, 분배, 수용에 이르는 일련의 과정을 거치면서 상호 영향을 주고받는 대화적 관계를 형성한다. 작가, 교사, 학습자, 동료 학습자 등은 청소년 문학교육 현상의 인적 변인으로서 각각 생산자, 중개자, 수용자의 역할을 하면서, 대화적 소통의 각 단계에서 청소년 문학교육의 주체가 되기 때문이다. 따라서 청소년 문학 텍스트는 청소년 문학교육현상의 대화적 소통 관계를 이어주는 매개물이 되며, 청소년들이 궁극적으로 지향해야 할 자아상을 정립할 수 있게 한다.

텍스트 내적 대화적 소통능력은 문학 현상 및 텍스트 수용과 관련하여

---

18) Allen, G.(2000), *Intertextuality*, New York : Routledge, p.126.

청소년 문학 텍스트에 대한 문학적 이해 및 표현, 문학적 사고력 및 상상력, 문학 지식(개념적·절차적·전략적 지식), 문학적 체험, 문학에 대한 가치와 태도 등으로 범주화하여 그 실체를 밝힐 수 있다. 이러한 범주를 갖는 텍스트 내적 대화적 소통능력은 그 자체로 고립된 것이 아니라, 텍스트 외적 층위에서 청소년들이 타자(문학 교사, 동료 학습자)와 대화적 소통 관계를 형성하여, 궁극적으로 자기 형성적 주체에 도달할 수 있게 한다. 텍스트 내적 대화적 소통능력의 범주들은 문학 행위의 직접성과 관련하여 일정한 계층 구조를 이루는데, 그중 가장 표층에 나타나는 것은 문학 텍스트에 대한 이해 및 표현이고 사고력과 지식이 그것을 직접 뒷받침하며, 경험과 태도가 궁극적인 기저가 된다. 이러한 텍스트 내적 대화적 소통능력은 인간 삶이 본질적으로 갖는 대화적 특성으로 인해 타자의 텍스트 내적 대화적 소통능력과 상호 소통하여 텍스트 외적 층위에서 상호 관련된다. 이러한 소통의 과정을 통해 궁극적으로 학습자의 주체 형성이 가능하게 되는데, 이 과정을 모형화하면 다음과 같다.[19]

〈그림 5-1〉 자기 형성적 주체의 형성 과정

---

19) 김창원(1997), 앞의 논문, 110면 참조. 이 그림은 김창원이 구안한 '문학능력의 계층적 구조'를 바탕으로 소설교육의 지향점을 '자기 형성적 주체'로 상정하여 만든 것이다. 이 그림은 학습자의 텍스트 내적·외적 대화적 소통능력을 강조하면서, 대화적 소통능력에 의해 '자기 형성적 주체'가 형성될 수 있음을 강조하고 있다.

텍스트 내적 층위에서의 대화적 소통능력을 신장시키기 위해서는 사고력과 상상력, 문학적 지식, 문학 체험, 가치 및 태도 등이 통합적으로 운용되어야 한다. 그리고 텍스트 내적 대화적 소통능력은 학습자 개인의 능력 문제에만 국한될 수 없기 때문에, 텍스트 외적 층위에서 타자와의 대화적 소통을 통해 그 현상이 확장될 필요가 있다. 텍스트 내적 대화적 소통능력을 학습자 개인 차원에 한정하는 것은 텍스트 외적 층위에서 수행되는 청소년 문학교육 현상의 다성성과 대화적 소통 양상을 간과한 것이다. 청소년 문학교육이 학습자의 삶의 한 양태이며 삶이 본질적으로 타자와의 대화적 관계를 지향한다면, 청소년 문학교육도 당연히 주체와 세계, 주체와 타자간의 대화적 소통 문제를 다루는 텍스트 외적 층위에서의 대화적 소통 관계로 연결되어야 한다. 따라서 총체적인 청소년 문학교육의 틀은 텍스트 내적·외적 층위에서의 대화적 소통능력을 바탕으로 한 학습자의 주체 형성을 지향할 필요가 있다.

청소년 문학교육의 본질을 자기 형성적 주체로 상정하는 이 관점은 단편적 지식 중심의 단절성과 사회·문화적 맥락에서 타자와의 대화적 관계에서 유리된 청소년 문학교육 현상을 극복할 수 있게 한다. 그리고 이 관점은 청소년 문학 텍스트를 작용태로 설정한 후, 청소년들의 텍스트 수용이 다층적인 대화적 관계를 통해 수행됨을 밝혀준다. 또한 이 관점은 청소년 문학교육의 내용 변인이 '문학'이 아니라 '문학 현상'이란 점, 그리고 문학 현상을 매개로 한 학습자와 타자의 대화적 소통이 청소년 문학교육의 핵심이란 점을 드러낸다. 이 관점은 청소년 문학교육의 지향점을 세 가지 층위에서의 대화적 관계를 통해 제시한다. 첫째, 청소년 문학 텍스트의 심미성이 텍스트에 대한 학습자의 대화적 소통을 통해 밝혀진다는 점, 둘째, 학습자와 문학 교사, 그리고 다른 학습자 사이의 텍스트 외적 층위에서의 대화적 관계가 청소년 문학교육의 본질이라는 점, 셋째, 텍스트 내적·외적 소통이 청소년 문학교육 현상 속에서 대화적으로 수행된다는 점

등이다.

청소년 문학교육의 본질을 자기 형성적 주체 형성에 두는 것은 청소년 문학교육을 국어과에만 한정하지 않고, 범교과적 관점에서 접근할 수 있게 한다. 범교과적 관점에서의 청소년 문학교육은 청소년들의 텍스트 이해와 평가가 갖는 정전성(正典性)이나 무분별한 상대적 고유성을 지향하지 않는다. 그보다는 학습자들의 대화적 소통능력간의 수준 차이를 상정하고, 이 차이가 타자와의 대화적 관계를 통해 위계화되고 해소될 수 있음을 강조하는 것이다. 학습자의 대화적 소통능력은 교육을 통해 증진될 수 있고, 타자와의 관계 속에서 부단히 수정되고 증진될 수 있기 때문이다. 따라서 이 글이 상정하는 범교과적 관점에서의 청소년 문학교육은 학습자의 수준 차이를 종류의 차이로 봄으로써 상이한 수준의 텍스트 수용 양상을 마치 종류가 다른 것인 양 수평적으로 평면화하여 수용의 무정부성을 강조하는 관점과는 본질적으로 논의의 초점이 다르다. 이 글이 강조하는 청소년 문학교육은 학습자의 소통능력을 상향적으로 수렴시키고자 하는 것으로, 소통능력의 무분별한 다양화를 추구하지 않는다. 청소년 문학교육은 주체 형성을 위한 대화적 소통능력의 향상이라는 동일한 가치를 추구하는 청소년 문학교육 현상에서의 상이한 수준의 소통능력들 사이에서 성립되는 것이기 때문이다.

3. 청소년 문학교육의 목표

인간 삶의 본질은 타자와의 대화적 관계에 의한 자기 인식이다. 바흐친의 관점처럼, 인간은 자기 내부의 인식을 통해서는 자기 삶의 본질을 인식할 수 없고, 오로지 타자의 인식을 통해서만 자신의 삶을 인식할 수 있기 때문이다. 인간의 본질이 이러하다면, 이런 본질을 갖는 인간을 교육하기 위한 교육의 목표는 인간의 대화적 관계에 초점을 맞추어야 할 것이다. 그리고 인간의 대화적 관계는 단순히 소통의 문제가 아니라 자기 인식과 조명의 문제, 나아가 존재의 문제임을 규명해야 할 것이다. 특히 이 책에서 문제 삼고 있는 청소년 문학교육은 청소년들이 당면하는 정체성, 교우 관계, 가족관계, 미래 삶에 대한 비전 등을 총체적으로 보여주는 청소년 문학 텍스트를 그 대상으로 하기 때문에, 인간 삶의 본질에 대한 인식을 바탕으로 그 이념이 세워질 필요가 있다. 이를 위해 먼저 2007년 개정 국어과 교육과정에 나타난 문학교육의 목표를 살펴본 다음, 이것이 이 책이 상정한 범교과적 관점에서의 청소년 문학교육의 목표와 어떤 관련성이 있는지를 살펴보자.

2007년 국어과 교육과정 '문학' 과목의 목표는 몇 가지로 그 특징이 정리될 수 있다. 첫째, 문화 요소가 가장 현저하게 작용하는 영역을 문학으로 보고 문화의 요소를 강조하고 있다. 둘째, 학습자의 수용과 창작에 강조점을 두어, 수용과 창작의 원리에 대한 지식과 수용과 창작 과정에서의 수행 능력을 강조하고 있다. 이는 수용과 창작의 상황맥락 및 매체에 대한 강조로 이어진다. 셋째, 목표를 개인 차원과 공동체 차원으로 나눈 후, 개인 차원의 목표인 '문학능력의 신장'이 공동체 차원의 목표인 '문학 문화의 발전'을 지향해야 함을 강조하고 있다.

그러나 이러한 특징을 갖는 '문학' 과목의 목표는 문학의 하위 장르들의 특성에 대한 고려가 여전히 부족하다. 즉, 서정, 서사, 극이라고 하는 전통적인 문학 장르들에 대한 고려를 어느 정도 하고는 있지만, 각 장르가 갖는 문학성을 상당 부분 간과하고 있다. 따라서 각 장르들의 고유한 문학성이 잘 드러날 수 있게 문학교육의 목표가 세분화될 필요가 있다. 또한 2007년 개정 교육과정 문학 영역은 문학 현상의 구체적 역할에 따른 목표의 진술이 이루어지지 않았다. 즉, 구체적인 상황맥락과 매체를 활용한 '수용과 창작'을 강조하면서도, 이것이 교사나 문학 텍스트의 특성, 다른 동료 학생들과의 연관 속에서 수행되는 상황맥락의 층위를 구체화하지 못했다.[20] 수용과 창작 과정에서의 대화성은 언어 활동으로 형상화된 문학 텍스트의 대화적 특성과 인간 삶의 대화적 특성에서 연유한다. 따라서 이들 층위에 대한 고려가 있어야 한다. 이러한 고려를 통해서만 지식, 수행 능력, 맥락이 총체적으로 구현된 문학 읽기로서의 문학교육이 실현될 수 있을 것이다.

청소년 문학교육은 청소년들의 다양한 삶의 방식을 다층적으로 형상화하는 청소년 문학 텍스트를 활용하여 잘 수행될 수 있다. 청소년 문학 텍스트가 갖는 다층성은 텍스트 내적인 문제만이 아니라, 사회·문화의 본질이며, 좁게는 교육 현상의 본질이기도 하다. 이렇게 볼 때, 청소년 문학교육의 방향은 일차적으로 청소년 문학 텍스트에 고유하게 형상화된 내용들을 문학적 경험이나 지식을 동원하여 해석하는 것이며, 이를 바탕으로 하여 청소년들의 대화적 소통능력을 함양하는 것이 되어야 한다. 그리고 이차적으로는 청소년들이 청소년 문학교육의 장에서 대화적 주체가 되어 타자와의 대화적 소통을 원활하게 수행하는 것이 되어야 한다. 그리고 텍스트와의 일차적 소통과 타자와의 이차적 소통이 다시 중층적으로 대화적 관계를 맺는 것이 되어야 한다.

청소년 문학교육의 방향을 이렇게 놓고 볼 때, 청소년 문학교육의 목표는 '삶의 본질 인식', '자기 정체성 확립', '미래 삶에 대한 비전 마련' 등으로 설정할 수 있을 것이다. 이 목표들은 청소년들이 미래 삶에 대한 대비를 하면서, 자신의 정체성을 윤리적 차원에서 세울 수 있게 할 것이다.

---

20) 김상욱은 문학교육의 목표 설정을 위한 모형으로 역할 모형을 상정한 후, 이 모형에 따라 문학교육의 목표를 학습자의 '문학능력의 증진'으로 규정한 바 있다. 제7차 교육과정 중 '문학' 과목의 목표는 김상욱의 논의에 힘입은 바 큰 것 같다. 그러나 7차 교육과정에 나타난 것은, 김상욱의 논의가 강조하는 역할 모델간의 위계성이나 통합에 대한 고려는 없다(김상욱(1997), 「문학교육의 이념과 목표」, 우한용 외(1997), 『문학교육과정론』, 삼지원, 74~85면).

또한 청소년 문학교육의 지향점을 자기 형성적 주체에 두는 것이다. 궁극
적으로 청소년들이 문학 텍스트를 읽는 것은 문학 텍스트에 대한 이해와
평가를 통해 삶의 대화성을 인식하고, 이를 통해 자기 성찰과 자기 형성
을 하기 위한 것이기 때문이다.

 인간 삶의 본질이 대화적이라 함은 모든 다양성이 무분별하게 추구됨을
의미하는 것이 아니라, 대화적 관계를 통해 지향되어야 할 방향성이 있음
을 의미한다. 이 방향성은 '타자와의 대화적 관계를 자기 삶의 본질로 인
식'하는 것이다. 교육은 어느 정도의 '의도성'을 전제하기 때문에, '타자와
의 대화적 관계'를 지향하는 청소년 문학교육은 교육의 의도성에 부합되
어야 한다. 교육의 의도성이 구체화된 일차적 결과물이 교육과정이다. 그
러므로 이 책에서는 교육과정에 제시된 문학교육의 이념, 즉 '인간의 삶을
총체적으로 이해하고, 문학적 상상력이 향상되도록 하는 것'을 따르되, 이
이념에 의한 목표가 청소년 문학교육이 갖는 고유성에 맞게 재구성되어야
함을 논의하고자 한다.

 물론 청소년 문학교육의 목표를 당위적인 차원에서만 규정함으로써 목
표 규정에 관한 모든 문제가 해결되는 것은 아니다. 청소년 문학교육의
목표는 일차적으로 문학교육의 목표 및 이념과 연관되어야 하고, 또 제도
적 교육과정뿐만 아니라 잠재적 교육과정과도 관련되어야 하기 때문이다.
그리고 학습자의 발달에 따른 수직적 위계성과도 연관되어야 한다. 이 책
에서는 청소년 문학교육의 목표를 '삶의 본질 인식', '자기 정체성 확립',
'미래 삶에 대한 비전 마련' 등으로 설정했는데, 이렇게 설정한 것은 청소
년들이 문학 텍스트를 이해하고 평가하는 것은 궁극적으로 자기 정체성,
미래 삶에 대한 대비와 관련된다는 판단 때문이다. 그리고 학습자의 자기
반성과 자기 형성은 학습자만의 문제가 아니라 다른 교육 주체들인 문학
교사나 동료 학습자 등과의 대화적 소통을 통해 보다 구체화될 수 있기
때문이다. 따라서 학습자가 청소년 문학 텍스트에 대한 이해와 평가를 통

해 자기 반성과 자기 형성을 하기 위해 가장 필요한 것은 텍스트 내적·
외적 대화적 소통능력이다. 대화적 소통능력을 통해 학습자는 청소년 문
학 텍스트에 형상화된 청소년들의 다양한 삶의 양상들을 읽어낼 수 있고,
다른 교육 주체들과 대화적으로 소통할 수 있기 때문이다. 그러므로 청소
년 문학교육은 일차적으로 학습자의 대화적 소통능력을 증진시켜, 학습자
가 타자와의 대화적 관계 속에 삶의 대화성을 인식할 수 있도록 하는 것
이 되어야 한다. 이러한 청소년 문학교육의 목표는 개정 교육과정의 이념
인 '새로운 가치를 창조하는 사람'과 직결된다.

제6장

청소년 문학교육을 위한 독자 참여 모델

교실에서의 문학 읽기는 임의적인 연습이어서는 안 된다. 문학교육과정은 정전뿐만 아니라 청소년 문학 텍스트, 그리고 선집뿐만 아니라 문고판, 교사가 선택한 텍스트뿐만 아니라 청소년들이 추천한 텍스트 등을 포함하는 폭넓은 것이 되어야 한다. 문학 교육과정은 장편소설, 논픽션, 단편소설, 시, 드라마, 희곡 등에 이르는 다양한 문학 장르들을 포함해야 한다. 그러나 보다 중요한 것은 문학 교육과정이 청소년 독자들을 끌어들여야 한다는 것이다.

이 장에서는 학교에서의 일반적 문학 교수-학습 상황과 청소년들에게 참된 연계를 제공하는 교수-학습 방법을 살펴볼 것이다. 그리고 문학교육 내용을 구조화하기 위한 교수-학습 방법들을 <청소년 독자 참여 모델 (model of young adult reader involvement)>을 중심으로 살펴볼 것이다.

1. 청소년 문학 교수-학습

고등학교에서의 문학 수업, 특히 심화 선택 과목으로서의 문학 수업은 전통적인 정전(canon)에 따라 장르 중심, 주제 중심으로 조직되어 전개되어

왔다. 그러나 중학교에서의 문학 수업은 고등학교와는 매우 다르다. 중학교의 어떤 교사들은 과정 중심 접근법에 따라 교과서에 없는 문학 텍스트를 가지고 문학 수업을 하기도 하지만, 많은 다른 교사들은 교과서에 있는 문학 텍스트만을 가지고 문학 수업을 한다. 이 경우에, 교사들은 교과서에 일부만 실려 있는 텍스트를 소개하고 읽게 할 뿐, 그 텍스트의 전문(全文)이 실려 있는 작품집이나 선집(anthology)을 소개하지도 않는다. 이러한 교사들은 텍스트의 내용을 철저히 분석해서 청소년들로 하여금 암기하도록 하는 신비평적 교수법을 취한다. 이러한 교실에서의 문학 수업은 청소년들이 문학 읽기를 통해 자신과 자신이 살고 있는 세계에 대해 알게 하는 것이기보다는 이해 기능들을 가르치기 위한 수단으로써 문학 텍스트를 활용하는 것이다.

일반적으로 학교 현장에서의 문학 수업은 주로 전체−수업을 위한 교수−학습 방법을 취한다. 청소년들은 같은 텍스트를 읽고 토의하며, 그 텍스트에 대한 반응을 쓰고, 그 텍스트에 대해 시험을 본다. 개인적 차이들에도 불구하고 문학능력이 미숙한 학생들은 문학 텍스트를 덜 읽는 집단에 편성된다. 반면에 문학능력이 보다 뛰어난 학생들은 정전에 몰두할 수 있도록 보다 많은 텍스트들을 읽는 집단에 편성된다. 이로 인해 문학 수업은 정전들을 보다 많이 읽히기 위한 것이 된다. 따라서 학교 현장에서의 문학 교수−학습은 거의 백 년 전의 것과 크게 다르지 않은 가운데, 청소년들의 요구와 흥미를 충족시키지 못하고 있다.

이제 문학 수업은 청소년들의 요구와 흥미에 맞는 내용과 텍스트들을 바탕으로 해야 한다. 그럼에도 불구하고 많은 문학 교사들은, 자신들이 정전들을 읽었으며, 정전들 중에서 많은 텍스트들과 진정한 연계를 맺었기 때문에, 청소년들도 같은 경험을 해야만 하고, 같은 종류의 연계를 맺을 수 있다는 것을 가정한다. 어떤 문학 교사는 자신이 교사가 되기 위해 공부했던 대학 경험을 다음과 같이 말한다.

강의를 들으면 들을수록, 더 에세이나 시험에서 나 자신을 위해 어떤 것을 생각하거나 나의 정직한 반응들을 기록하는 것이 현명하지 못하다는 것을 점점 깨닫게 되었다. 다른 사람들처럼, 나도 일련의 문학 텍스트들을 성실하게 읽은 다음, 문학 비평서들을 읽고 많은 메모들을 함으로써, 읽은 문학 텍스트들에 대해 아는 것이 중요하다는 것을 알게 되었다. 이 메모들의 요약은 정당하게 통과된 시험들을 위해 내가 맹렬히 공부한 것들이다.[1]

위의 진술된 교사되기의 경험은, 대학에서의 문학교육에서 매우 전형적인 것인데, 불행히도 이러한 과정을 겪었던 교사들은 자신이 배웠던 것과 동일한 방법으로 문학 텍스트를 가르친다. 문학 텍스트 및 작가와의 진정한 연계들을 하지 못하는 동안, 청소년들은 교사가 예상하는 반응들만을 생산하게 된다. 교사들은 자신이 참된 경험을 하지 못한 대부분의 문학 텍스트들을 읽지 않는 선택을 할 수 있지만, 청소년들에게는 그러한 선택권을 거의 주지 않는다. 매우 자주 교사들은 문학 텍스트 읽기 과제를 "이것을 읽어라. 이것은 너에게 좋은 것이다."는 식으로 제시하여, 문학 텍스트가 약인 것처럼 취급해왔다.

그러나 이러한 식의 과제 부과는 타당성(relevance)을 갖지 못한다. 과제 부과는 청소년들의 읽기와 의미 있는 연계가 이루어질 때 타당성을 갖는다. 몬시우(Monseau, 1992)는 교실에서 문학 텍스트가 갖는 역할을 다음과 같이 말한다.

Robert Probst는 "수업에서 청소년들이 경험하고 배우도록 하기 위해 교사인 우리는 어떤 문학 텍스트들을 원하는가?"와 같은 질문을 교사들이 자기 자신에게 한다고 말한다. 청소년들이 타고난 재능, 일반적 감각, 그리고 교실에서의 짧은 경험 등에 따라 문학 텍스트를 선택한다고 하더라도, 교사들은 직업적으로 문학 텍스트들을 읽는 사람들처럼 청소년들이 문학 텍

---

1) 이 인터뷰는 연구자가 이 책을 집필하는 과정에서 직접 만난 교직 경력 10년 미만의 어떤 고등학교 교사의 것이다.

스트를 선택할 것이라고 가정한다. 대부분의 고등학생들은 문학 연구자가
되지는 않을 것이지만, 학교에서의 문학 수업은 일반적으로 정전적인 텍스
트들에 대한 객관적인 분석을 요구하고 있다. 이는 청소년들에게 문학 연
구자의 수준을 요구하는 것이다. "청소년들에게 적절한 문학 훈련을 시키
기 위한 열의에서, 교사들은 지속적으로 청소년들의 능력 범위 밖에 있는
단계의 과제들을 부과한다."라고 로젠블랫은 말한다.

정전들에 대한 철저한 분석은 청소년들로 하여금 텍스트에 대한 이해를
어렵게 만들어, 텍스트가 청소년들에게 주는 영향력을 감소시킨다고 로젠
블랫은 계속해서 말한다. 이러한 종류의 수업은 청소년들이 거짓 행위를
하는 곳에서 Bloom이 '거짓 참여'라고 부른 것에 청소년들이 빠지게 한다.
(Monseau, 1992 : 72~73)

문학 수업에서, 이것은 학습 과제에 대한 동료의 답을 베끼는 것, 참고
서(cliff's notes)에 있는 '해석'을 인용하는 것, 그리고 강의 노트에 있는 정
보를 자신의 것으로 제시하거나 뜻도 모르고 되풀이하는 것을 의미한다.
이러한 활동들은 문학 텍스트에 대한 바른 이해나 심지어는 텍스트를 읽
는 것조차도 전혀 필요로 하지 않는다(Monseau, 1992 : 88).

1) 진정한 연계

문학 텍스트와의 연계 기회의 제공은 청소년 문학교육의 목적이 되어야
한다. 청소년들은 문학 텍스트와의 연계를 "문학 텍스트를 내려놓을 수
없음, 작중인물을 친구처럼 느낌, 떠오르는 장면 그리기, 사상에 대해 관
심 갖기, 타자가 '거기에 있음(being there)'의 경험을 갖게 되는 것" 등으로
말한다. 문학 텍스트와의 연계에 대해 몬시우(Monseau, 1992)는 다음과 같
이 말한다.

읽기에의 참여는 문학 텍스트 이해에 대한 자연스럽고 필수적인 요소이

다. 그와 같이 중요한 것이 가끔 문학 교실에서 간과되는 것은 청소년들의
지겨움과 흥미 부족의 주요 원인이 될 것이다. 아마도 그것은 교사들의 지
루함의 원인이기도 할 것이다.(Monseau, 1992 : 90)

진정한 연계와 대조되는 예상된 연계(expected connections)는 독자로서 청
소년이 연계를 만들 것이라고 누군가가 예상하는 연계이다. 작가, 교사 혹
은 독서 전문가와 같은 어떤 외부의 권위자는 청소년이 선택된 텍스트와
상호 작용하고 반응해야 하는 방법을 미리 결정한다. 가끔 자신도 모르는
사이에, 교사들은 예상된 연계가 진정한 연계보다 더 가치 있다는 상황을
만들지도 모른다.

예를 들어, 청소년들은 선택된 텍스트를 읽는 동안 진정한 연계를 할지
도 모르지만, 그런 뒤에는 자신들의 경험들에 대한 공식적인 평가가 되는
어떤 '정확한' 반응들을 표현하도록 요구받는다. 혹은 청소년들은 플롯 요
약문을 씀으로써 혹은 정해진 보고서 형태를 씀으로써 텍스트를 이해했음
을 '증명하도록' 요구받을 수 있다. 교사들은 또한 청소년들이 어떤 반응
을 하도록 안내하는 활동들을 계획할 것이다. 이것은 그러한 학생들의 활
동이 텍스트에 대한 '참된' 해석이라고 믿으면서, 청소년들의 반응들이 동
시에 일어나게 하고자 하는 교사의 소망에서 나온 것이다.

청소년들은 또한 동료 학생들이 텍스트에 반응하는 방법대로 텍스트에
반응하도록 동료 학생들에 의해 예상되기 때문에, 어떤 특정한 방법으로
문학 텍스트에 반응하도록 영향을 받는다. 예를 들어, 판타지 소설이나 순
정 소설들은 많은 중학생들에게 인기가 있다. 그러나 어떤 청소년들은 친
구들과의 대화나 유대감 형성을 위해 이 소설들을 읽게 되는데, 이때 그
들은 그 소설들을 즐기는 것이 아니라 그냥 해야 할 일을 할 뿐이다. 그와
반대로, 청소년들은 자신의 예상된 반응을 추측하려고 하지 않고 텍스트
에 대한 자신의 사고와 감정을 전달하는 경험을 통해 진정하게 텍스트와

상호 작용 하는 기회를 가질 수 있다.

참된 연계와 예상된 연계 사이의 차이를 설명하기 위해, 교사는 자신이 청소년 독자로서 가졌었던 개인적 경험을 말할 수도 있다. 이때 교사는 자신이 가졌었던 것과 같은 경험을 청소년들이 하도록 가르칠 것이다.

고등학생이었을 때, 나는 김동인의 『운현궁의 봄』과 톨스토이의 『누구를 위하여 좋은 울리나』 등과 같은 소설들을 읽고, 이 소설들이 주는 매력에 빠졌었다. 특히 나는 『누구를 위하여 좋은 울리나』에 깊이 매료되었지만, 채만식의 『탁류』와 같은 소설은 다소 지루했었다. 『누구를 위하여 좋은 울리나』를 읽으면서, 나는 진정한 삶의 태도와 사랑에 대해 고민했었는데, 그것은 소설의 내용과 나의 실제 삶을 연계했기 때문이다. 이 소설을 읽고 난 뒤에 토론 활동과 쓰기 활동을 통해 나는 이 소설들을 이해했을 뿐만 아니라, 작중인물들, 작중인물의 상황들, 그리고 작중인물들의 행동들에 대해 강력한 통찰력을 갖게 되었다. 그러나 채만식의 『탁류』를 읽었을 때, 이 소설이 매우 뛰어난 문학사적 가치와 성과를 가진 것이라는 선생님의 설명에도 불구하고, 나는 이 소설과 어떠한 연계도 만들 수 없었다. 나는 그 소설을 겨우 겨우 읽어나갔지만, 수업시간에 『탁류』에 대해 거의 반응을 할 수 없었고, 『탁류』에 대한 감상문을 매우 빈약하게 썼다. 선생님은 당황하신 채, 내가 그 문학 텍스트를 읽지 않았다고 비난하셨다. 그 당시에 나는 『탁류』를 피상적으로만 인식하는 독서의 초기 단계에 있었기에 『탁류』와 같은 소설에 연계를 할 수 없었다. 나중에 대학에 다닐 때도 비슷한 경험을 했는데, 그것은 이인성의 소설 『한없이 낮은 숨결』을 읽을 때였다. 내가 참된 연계를 했었던 소설들에 대한 나의 초기 경험은 나에게 별 의미가 없는 소설들과의 '가짜' 연계가 어렵게 만들었다. 『한없이 낮은 숨결』을 읽을 때, 담당 교수님은 나에게 '예상된 연계'를 끌어내려고 했지만, 그것은 나에게 잘못된 것이었다. 내가 믿기에, 나의 경험들은 많은 청소년들의 연계가 틀에 박힌 것이었다.

청소년 문학은 청소년들이 문학 텍스트와의 참된 연계를 할 수 있게 한다. '청소년 독자 참여 모델'은 수업 시간에 청소년 문학을 활용하여 참된 연계를 증진하고자 하는 교사들에게 도움을 주기 위해 기획되었다. 갈로 (Gallo, 1992)는 청소년들의 참여가 갖는 중요성을 다음과 같이 설명한다.

> 향상된 반에 있든지 아니든지 간에, 대부분의 청소년들이 원하는 것은 문학 텍스트와의 관계 맺음이다. "나는 감정을 갖고 어떤 것을 읽기 원한다."라고 화가 난 어떤 고등학생이 나에게 말했다. 어떤 중학생은 "청소년 소설은 우리의 주의를 매우 빠르게 끌기 때문에, 나는 청소년 소설을 좋아한다."고 주장했다. 거의 문학 텍스트를 읽지 않는 청소년들과 대비되는 탐독자들은 문학 읽기 과정에서 정서적 활동을 하고, 텍스트와 상호 작용을 한다. 중학생들은 자기 또래의 작중인물들이 등장하는 소설을 적극적으로 읽기 때문에 그러한 문학 텍스트들을 읽는 것을 좋아한다.(Gallo, 1992 : 20)

어떤 교사들은 청소년들에게 문학 텍스트를 선택할 수 있게 함으로써, 즉 청소년들이 좋아하는 한 권의 문학 텍스트나 몇 권의 문학 텍스트들을 읽게 함으로써 청소년들이 문학 텍스트에 연루될 수 있다고 잘못 믿고 있다. 문학 텍스트와의 관계 맺음은 청소년들이 읽기에 대한 연계를 형성하기 위한 과정을 마련하도록 도움을 받을 때라야 비로소 수행될 수 있다. <그림 6-1>을 살펴보자. 이 과정은 세 개의 단계들과 하나의 진행 중인 요소를 갖는다. 모델에서 첫 번째 단계인 시작하기(initiating)에서, 청소년 독자들은 텍스트에 '들어간다.'

〈그림 6-1〉 청소년 독자 참여 모델

시작하기 단계는 청소년들이 부과된 읽기 과제에 따라 읽을 것 혹은 검토할 것을 스스로 선택하는 데서 출발한다. 텍스트 선택은 공유하기 혹은 그 밖의 다른 사람 추천하기 등을 포함하는 많은 요소들에 의해 영향 받는다. 마찬가지로, 부과된 읽기 과제에 대한 태도들도 공유하기에 의해 바람직한 방향으로 바뀔 수 있다.

다음으로, 청소년들은 자신의 읽기를 어떻게 탐구할 것인지를 결정한다. 이 결정은 읽기 목적 설정뿐만 아니라 그러한 목적을 성취하기 위한 적절한 읽기 전략들의 선택을 포함한다. 마저(Norma Fox Mazer, 1992)는 텍스트 읽기에 청소년들을 참여시키는 것의 중요성을 다음과 같이 말한다.

> 청소년들로 하여금 자기 자신의 텍스트들을 선택하게 하자. 교실의 창턱 위나 책상 위에, 혹은 벽을 따라 서가에 문고판 장서들을 갖게 하자. 그 텍스트들은 거기에서 이용될 것이다. 그리고 그 텍스트들을 스스로 읽자. 추천은 가슴으로부터 온다. 열정은 퍼지기 쉽다. 선호 혹은 반대하는 격렬한 감정들은 흥미이다. 텍스트들을 읽을 때 청소년들의 도움을 요청하자. 청소년들의 의견을 진지하게 받아들이자. 텍스트를 선택하고, 어떤 텍스트를 읽고 싶은지, 왜 읽고 싶은지에 대해 숙고하고 평가하고, 생각하는 과정에 청소년들을 참여시키자.(Norma Fox Mazer, 1992 : 30)

두 번째 단계인 연계하기(connecting)에서, 청소년 독자들은 선택된 텍스트를 읽는다 ; 청소년들은 텍스트와 연계를 맺고, 읽은 것을 자기 자신, 타자, 세계와 관련시킨다. 세 번째 단계인 내면화하기(internalizing)에서, 청소년 독자들은 사상과 인식을 자신의 지식 토대와 신념 체계에 포함시킨다. 공유하기(sharing)는 청소년 독자들이 자신의 주목을 끌었거나 마음속에 질문들이 생겨나게 한 텍스트들에 대해 다른 사람들과 문어적 혹은 구어적 상호 작용에 참여할 때 생겨나는 것으로, 텍스트 이해 과정의 발달적 요소이다.

<그림 6-1>이 예시하듯이, 남아 있는 중요한 요소는 시간이다. 청소년들은 시간을 초월하여 문학 텍스트를 읽고 경험할 많은 기회들을 필요로한다. 따라서 교사들은 청소년들이 읽기를 시작하고, 연계하고, 내면화할수 있도록 지속적인 기회들과 시간을 구조화해야 한다. 교사들은 또한 대화 일지(dialogue journals), 학급 발표(class presentation), 그리고 동료 학생들과의 토론 등과 같은 활동들을 통해 청소년들이 자신의 읽기를 공유할 수있도록 촉진해야만 한다. <그림 6-2>는 독자 참여 모델에서 이 과정을설명해 준다.

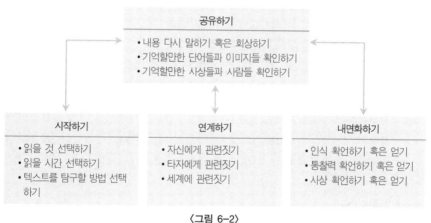

〈그림 6-2〉

청소년 독자 참여 모델은 청소년들에게 문학 텍스트와의 긍정적인 경험을 촉진하는데, 청소년들의 수준과 관심에 상관없이 사용될 수 있다. 청소년 독자 참여 모델은 미숙한 혹은 소극적인 청소년 독자들까지도 참여시킬 수 있는 틀을 교사들에게 제공한다. 또한 청소년 독자 참여 모델은 청소년들과 교사들이 각자 읽은 것을 공유하는 것의 중요성을 인식하게 하는 사회적 상호 작용 모델로서 기능을 한다.

반응 공유하기의 구성 성분은 청소년 독자들의 문학 읽기를 관련시키는 발달적인 맥락이다. 문학 텍스트에 대한 경험은 고립되고, 고립시키는 활동으로 청소년들에게 제시되어서는 결코 안 된다. 이 모델의 목표는 텍스트에 대한 반응 공유하기와 문학 읽기 경험을 풍부하게 하는 것이다. 무엇을 읽을 것인지를 결정하는 것에서부터 새로운 사상을 얻는 것에 이르기까지, 동료, 부모, 형제, 교사, 그리고 사서 등과의 상호 작용은 청소년에게 중요한 영향을 끼친다. 공유하기의 과정은 청소년 독자 참여 모델에 토대를 둔 '연계 공유하기'를 위한 교수 전략의 주안점이다.

2) 청소년 독자 참여 모델 성찰하기

청소년 독자 참여 모델은 청소년들이 문학 읽기를 실제 삶과 어떻게 연계하는지를 검토하는데 유용한 방법이다. 이 모델의 3단계들은 선형적이지도 순차적이지도 않다. 각 단계들은, 읽기 중에 청소년 독자들이 언제든지 그 단계들을 반복할 수 있다는 점에서 귀납적이다. 그러나 내면화하기는 성찰의 결과로써 어떤 기간을 지나서야 발생한다. 지속적인 공유하기의 과정은 청소년 독자의 참여를 촉진하는 데 중요하다.

(1) 정서적 참여

청소년들과 문학 텍스트의 진정한 관련은 항상 정서적 반응을 포함한다. 정서적 반응은 지적인 이해에 선행하고, 의의 있는 효과를 갖는 이해에 필수적이다. 청소년들은 많은 문학 '경험들'을 가질 수 있다. 이 경험들은 변경될 수 있고, 특정한 텍스트를 읽기 위한 자신의 목적들을 포함하는 많은 요소들에 따라 변화한다.

청소년 독자들의 참여 수준은 서로 다른 장르의 텍스트들을 읽을 때 다르게 나타난다. 예를 들어, 어떤 청소년들은 시를 자신과 관련시킬 것이지만, 다른 청소년들은 그렇지 않을 것이다. 어떤 청소년들은 픽션보다는 논픽션에 보다 많은 반응을 보일 것이다. 자신이 잘 관련시키는 장르 안에서조차도, 청소년들은 동일한 방법으로 혹은 같은 정도로 텍스트들에 반응하지 않는다. 각각의 문학 텍스트에 통찰력 있게 반응하는 능숙한 독자들조차도 동일한 문학적 경험을 하지 않는다.

문학 읽기는 단순한 의미 파악 연습이 아니다. 문학 읽기는 선택된 텍스트에 대한 인지적 이해뿐만 아니라 독자와 텍스트 사이의 정서적인 혹은 감정적인 상호 작용을 필요로 한다. 독자의 참여는 독자의 사전지식, 관심 수준, 알고자 하는 요구, 그리고 텍스트에 대한 정서적 반응 등과 같은 네 가지 요소들에 달려있다. 이 요소들 각각의 의의는 텍스트의 유형과 읽기 목적에 따라 다르다.

(2) 공유하기

공유하기의 과정은 독자와 다른 사람들 사이의 상호 작용을 포함하고, 표명하기(articulating), 명료화하기(clarifing), 그리고 확증하기(verifing) 등과 같은 세 가지 구성 요소들을 갖는다. 표명하기를 통해 독자들은 자신의 반응, 사고, 그리고 신념 등을 표현한다. 표명하기와 명료화하기 뒤에, 독자들은 자신의 가치 체계의 맥락 내에서 자신의 사고들을 재평가하고 확증한다.

<그림 6-3>을 살펴보자. 귀납적인 독자 참여 모델에서 청소년들이 그 단계들을 마칠 때는, 이 세 가지 과정을 거친다. 읽기 경험이 공유될 때에 독자들은 언제나 읽기 경험의 지속적인 부분들로서 표명하기, 명료화하기, 확증하기의 과정들을 거친다.

청소년들이 학급의 구성원으로서 문학 텍스트를 읽을 때, 교사들은 청소년들이 문학적 반응을 공유할 수 있는 다양한 기회를 제공하는 촉진적 환경을 조성해야 할 책무성을 갖는다. 교사들은 대화 일지(dialogue journals)에 반응을 씀으로써 혹은 두 사람만의(one-to-one) 공통 기반에 따라 대화를

함으로써 청소년들이 읽고 있는 문학 텍스트들에 상호 작용을 한다. 교사는 청소년들로 하여금 그들이 좋아하는 문학 텍스트들을 추천하도록 함으로써 이러한 일들을 할 것이다. 교사는 가능한 한 많이 읽고 반응함으로써 청소년들의 문학 텍스트 추천에 관심을 갖는다. 이 과정의 이점들 중의 하나는 청소년들이 자신의 흥미와 읽기 선호를 교사와 상호 공유하는 동안 교사의 흥미와 읽기 선호를 이해할 수 있다는 점이다.

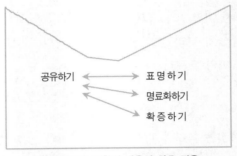

공유하기 ⟷ 표명하기
명료화하기
확증하기

〈그림 6-3〉 문학적 반응의 상호 작용

3) 교실에서의 독자 참여 모델

문학 교수-학습 내용은 청소년들이 개인적 능력에 따라 문학 텍스트를 읽고 심미적으로 이해하기 위한 기회들을 제공해야 한다. 문학 텍스트는 국어 교과에만 한정되어 활용되지 않는다. 문학 텍스트는 다른 교과들의 내용 지식을 향상시키는 범교과적 학습을 위해서도 활용될 수 있다. 예를 들어, 공상 과학(science fiction)은 과학적 원리들에 대한 탐구를 위한 강력한 도구를 제공하고, 과학 수업에서 윤리적 이슈들을 학습할 수 있게 한다. AIDS를 다룬 소설들은 건강한 청소년들에게 질병에 직면한 인간의 모습을 보여준다. 또한 스포츠 전기물들, 다른 논픽션 기사들, 그리고 운동선수들에 대한 소설들은 체육 수업에서 적극 활용될 수 있다.

문학 텍스트에 대한 청소년들의 경험은 보다 나은 개인적 탐구를 위한 출발점이 될 수 있다. 예를 들어, 이순원의 『19세』를 읽은 청소년들은 이 소설에 형상화된 정수의 '성급한 어른되기' 경험을 통해, 자신의 사춘기와 정체성에 대한 탐구를 새롭게 할 수 있는 기회를 가질 수 있을 것이다. 물론, 수업을 위해 문학 텍스트를 읽어야 하는 '요구된 읽기(required reading)'는 개인적 여가 읽기 경험들을 위한 자극을 제공할 것이다. 문학교육의 장기적 목표는 청소년들이 문학 텍스트의 평생 독자(lifelong reader)가 되게 하고, 문학 텍스트의 심미성, 힘, 그리고 지혜를 경험하도록 촉진하는 것이다.

문학 텍스트가 제공할 수 있는 범교과적인(interdisciplinary) 가능성들을 인식함으로써, 교사들은 청소년들이 문학 텍스트를 보다 넓게 읽고, 보다 확장된 관점에서 이해하도록 돕는다. 청소년들은 문학 읽기가 국어 수업을 넘어서서, 여러 사람들의 다층적인 삶의 양상들을 이해하는 것과 직접적인 관련성이 있다는 것을 인식할 필요가 있다.

문학 교수-학습 내용의 구조화와 관련되는 것은 여러 가지가 있다. 그러나 이 책에서는 문학 교수-학습 내용의 복잡성을 장르, 작가, 화제, 이슈, 주제, 그리고 문학 텍스트 구성 요소 등에 따라 논의한다. <그림 6-4>는 문학 교수-학습 내용의 복잡성을 나타내는 연속체에서, 이들 요인들이 차지하는 위치를 보여준다.

〈그림 6-4〉 문학 교수-학습 내용 구조화 관련 변인

4) 문학 텍스트 간 다리 놓기

문학 교수−학습 내용들을 위한 여섯 개의 요인들을 검토하기 위해서는 그 요인들이 문학 텍스트에서 갖는 기능을 이해해야 한다. 이 책에서는 여러 문학 텍스트들 사이의 공통점을 확인하기 위한 방법으로 '다리 놓기'를 활용했다. 다리 놓기(bridging)는 문학 텍스트들, 작중인물들, 주제들, 다른 요인들과 화제 혹은 이슈들의 관련성에 대해 교사와 청소년들이 생각하도록 돕는 출발점 행동이나 경험이다. 다리 놓기는 하나의 장르와 다른 장르 사이에서, 청소년 문학 정전 혹은 보다 전통적인 문학 텍스트들 사이에서, 허구와 비허구 사이에서, 혹은 청소년의 지식과 이해를 향상시키고 확장시키는 여러 연계들의 결합에서 이루어질 수 있다.

(1) 문학 텍스트의 구성 요소

문학 텍스트의 구성 요소를 살펴보는 접근법은 작중인물의 성격 묘사, 갈등, 배경, 혹은 다른 주요 구성요소 등과 같은 특별한 문학적 구성 요소들을 청소년들이 검토할 수 있는 기회를 제공한다. 이것은 문학 텍스트에서 하나 혹은 그 이상의 주요 구성요소들에 대한 상세한 초점을 제공함으로써 청소년들에게 도움이 된다. 따라서 청소년들은 문학 텍스트들을 읽기 전에 문학 텍스트의 구성요소들에 초점을 둘 필요가 있다.

문학 텍스트의 구성 요소들에 초점을 두는 것은 청소년들이 문학의 언어를 알게 하는데 매우 효과적이다. 문학 텍스트의 용어들을 사용하고 적용함으로써 청소년들은 문학 텍스트의 다양한 요소들을 보다 잘 알게 될 것이다. 예를 들어, 청소년들은 시점과 관련된 용어들을 앎으로써, 문학 텍스트에서 작중인물이 전개되는 방식을 보다 잘 알 것이다. 문학 텍스트의 구성요소들에 대한 학습은 청소년들이 문학 텍스트의 구조를 분석하고 검토하기 위한 좋은 방법이 될 것이다.

(2) 장르

장르라는 용어는 문학 텍스트들이 분류되는 범주들과 관련된다. 예를 들어, 소설은 넓은 범주를 갖는다. 홀만(Holman, 1975)은 장르들의 범주들을 "유용한 설명이지만 다소 자의적인 설명"이라고 말한다. 이러한 자의성에도 불구하고, 장르 연구는 청소년들에게 특정한 유형의 문학 텍스트들의 특질과 양상들에 대한 광범위한 경험들을 제공한다. 이 접근법은 청소년들이 장르들의 공통된 특질들을 알 수 있게 할 것이다.

(3) 작가

중학생들의 읽기 선호도에 대한 연구를 살펴보면, 여학생들의 50%와 9~12학년에 있는 남학생들의 34%가 자신들의 읽기 자료 선택에 작가가 영향력을 미친다고 지적했다. 청소년들의 이러한 독서 성향은 학습 단원들을 조직하기 위해 같은 작가가 쓴 문학 텍스트들을 사용함으로써 이용될 수 있다.

예를 들어, 중학교 교사는 청소년 소설인 박상률의 『봄바람』을 중학생들에게 소개하면서, 학생들이 이 소설뿐만 아니라 김원일의 「어둠의 혼」, 양귀자의 「한계령」, 김남천의 「소년행」 등과 같은 청소년들의 성장과 관련된 소설들을 읽게 한다. 이러한 소설들을 읽는 과정에서, 청소년들은 작중인물의 발달, 플롯, 문체 등에서 성장소설들이 비슷한 패턴들을 갖고 있음을 알게 된다. 이러한 앎에 의해 청소년들은 교실 수업에서 뿐만 아니라, 개별적으로 청소년 소설들을 읽는 여가 읽기를 한다.

구성요소를 활용하여 청소년 소설들 간에 다리를 놓기 위해서는 청소년들이 많은 관심을 갖는 성장소설의 작가들을 적극적으로 활용할 필요가 있다. 예를 들어, 수업을 위해 교사는 김원일, 양귀자, 김남천, 박상률 등과 같은 작가를 선택하고, 각 작가들이 쓴 소설들을 중심으로 청소년들이 모둠 활동을 하게 한다. 각 작가들의 소설들은 문체, 내용의 복잡성, 작중 인물 형상화 등에서 서로 달라야 한다.

청소년들은 여러 소설들 가운데, 하나의 소설을 선택하여 상세하게 검토한다. 자신이 선택한 작가의 소설들을 다 읽은 청소년들은 같은 소설을 읽은 다른 청소년들과 모여 협동학습을 위한 모둠을 만든다. 모둠 활동을 통해 청소년들은 한 작가가 쓴 동일한 소설을 읽는다고 하더라도 서로 다른 인식을 할 수 있음을 알게 되고, 각자 다른 측면들을 검토하였다는 것을 알게 된다. 이 접근법이 주는 이점은 청소년들이 자신의 학습을 위한 초점을 갖게 한다는 것이다. 그러나 불편한 점은 청소년들이 여러 작가들의 소설들을 양적으로, 질적으로 알고 있는 경우에만 그 작가들의 소설들을 철저하게 검토할 수 있다는 것이다.

(4) 화제

문학 교수—학습의 내용을 조직하기 위해 화제들을 사용하는 것은 가장 넓은 접근법 중의 하나이다. 화제들은 스포츠, 가족, 이웃, 친구, 학교, 동료 집단과 비행 집단 등을 포함한다. 화제에 따른 교수—학습 내용의 조직은 청소년들에게 친숙한 아이디어를 제공한다는 이점을 갖는다.

화제에 대한 약간의 사전지식과 경험을 동원할 때, 청소년들은 화제에 따른 교육 내용 조직에 어느 정도 기여를 할 것이다. 다리 놓기 경험은 비행 집단이나 동료 집단 등과 같은 보다 넓은 화제들을 교육 내용으로 조직하기 위한 출발점으로서 효과적이다.

(5) 이슈(쟁점)

화제에 의한 접근법이 매우 폭넓은 것인데 반해, 이슈 중심 접근법은 보다 협소하게 한정된다. 예를 들어, 위에서 언급한 비행 집단에 대한 화제로 교수—학습 내용의 구조화를 한다면, 아이디어에 대한 이슈 중심 접근법이 사용될 것이다. 이때 학습 단원의 조직은 비행 집단의 한 가지 측면에 초점을 둘 수 있다. 예를 들어, 비행 집단의 개개인들이 자신의 의사결정을 하는 것과 자신의 신념에 따라 행동하는 것이 어렵다는 것에 초점을 둘 수 있다. 이러한 이슈를 검토하기 위해 활용될 수 있는 소설들로는 이문열의 「우리들의 일그러진 영웅」, 최인호의 「우리들의 시대」, 이금이의 「유진과 유진」 등을 들 수 있다.

이슈에 대한 탐구를 할 때는, 매우 분명하게 다른 적어도 두 가지의 태도들이 있어야 한다. 이때 청소년들은 그 태도들을 검토하고, 그런 다음 자신이 믿는 것을 결정한다. 이슈를 중심으로 교육 내용을 조직할 때, 교사들은 화제의 범위 내에서 시작한 다음, 이슈에 대한 각자의 태도를 정하는 청소년들의 반응을 이끌어내야 한다. 이렇게 해야 교사는 교수-학습 내용의 조직화를 좁은 범위에서 할 수 있다.

(6) 주제

루켄스(Lukens, 1986)는 문학에서의 주제를 다음과 같이 말한다.

> 고유한 구성요소들과 기억할만한 언어 속에 표현된 중요한 진실. 중요한 진실은 간단한 서사가 문학으로 변하는데 필수적인 구성요소이다. 이 진실은 인간에 관한 이야기와 논평을 넘어선다. 이 전개는 이야기를 함께 떠받쳐서 플롯의 세부 사항들이 잊혀지게 하고, 주제만 남긴다.(Lukens, 1986 : 111)

주제들은 문학 텍스트에 유기적 구조를 제공해 주는, 진술되지는 않았지만 암시된 문학 텍스트의 근본적인 사상들이다. 주제들은 일반적인 효과를 갖는 폭넓고 강력한 사상들이다. 그 폭과 보편성 때문에, 문학적 주제들은 단원들을 교수하기에 알맞은 통일된 요소로 기능한다. 주제들을 선택할 때는 자신, 타자, 세계에 대한 지식과 이해 등을 증진시키는 텍스트들을 대상으로 해야 한다.

문학교육에 대한 주제 중심 접근법은 청소년들과 교사들에게 많은 이점을 제공한다. 이 접근법은 학습공동체(a community of learners)가 선택된 주제들 사이의 관련성을 발견하고, 자신들의 삶과 관련짓는 의의 있는 방법으로 감동적인 주제들을 서로 연결시킬 수 있는 환경을 조성한다. 이 접근법은 청소년들에게는 분해되고 관련되지 않은 학습 활동들에 대한 응집성을 제공하여 심화되고 폭넓은 학습을 가능하게 한다.

사전지식의 활성화를 통해 이루어지는 의미 구성은 선택된 주제들의 일반적인 성분(strand)과 상호관련성에 의해 촉진된다. 주제를 선택할 수 있는 기회를 가짐으로써 청소년들은 학습하고 있는 것에 대한 보다 많은 소유의식과 긍정적인 태도들을 개발한다. 주제 중심 접근법은 교육과정상의 특별한 요구들과 제도교육의 시간적 제약을 받는 다양한 학생들의 요구들과 조화를 이루지 못하는 교수가 갖는 문제점들을 상당 부분 보완해준다. 그리고 주제 중심 접근법은 교사들이 비판적 사고 기능, 개념적 이해, 그리고 심미적 감상 등과 관련된 학습 목표들을 설정할 수 있게 한다. 또한 주제 중심 접근법은 내용 교과들의 경계를 넘어선 내용들의 학습이나 다교과적(multidisciplinary) 학습을 하기 위한 통합적 교수를 가능하게 한다.

그러나 주제 중심 단원에 따른 학습이 갖는 심각한 문제점은 그 단원들이 매우 관행적이라는 점이다. 그 결과 청소년들은 주제의 전개와 분화를 찾는 관점에서만 문학 텍스트를 읽는다. 이를 해소하기 위해 교사는 청소년들이 문학 텍스트들에는 많은 주제들이 있다는 인식을 하고, 보다 확장된 관점에서 문학 텍스트를 읽도록 해야 한다.

5) 모든 요인들을 고려한 교수-학습 내용 조직화

이 장에서는 청소년들이 능동적으로 문학 읽기에 참여하도록 하기 위한 과정을 제안하였다. 문학 읽기와 청소년 간의 연계는 많은 조건들에 따라 달라진다. 따라서 청소년들의 문학 읽기 경험은 읽기를 공유하고 경험하도록 촉진하고 뒷받침해 주는 학습의 맥락 내에서 이루어져야 한다. 앞에서 논의한 교수－학습 내용 구조화와 관련 여섯 요인들은 독자 참여 모델(Reader Involvement Model)의 세 가지 단계들, 즉 시작하기(initiating), 연계하기(connecting), 내면화하기(internalizing) 등을 통해 청소년들의 문학 읽기와 관련될 수 있다. 그러면 박상률의 『봄바람』, 이상운의 『내 마음의 태풍』, 이옥수의 『푸른 사다리』 등을 통해 교수－학습 조직화와 관련된 여섯 요인들이 독자 참여 모델을 통해 청소년들의 문학 읽기와 어떻게 관련되는지를 살펴보자.

(1) 문학 텍스트의 구성 요소

박상률의 『봄바람』, 이상운의 『내 마음의 태풍』, 이옥수의 『푸른 사다리』 등은 모두 청소년 작중인물의 첫사랑과 정신적 성장에 초점을 둠으로써, 청소년들이 주요 작중인물들에 대한 자신의 반응을 검토하고, 반성할 수 있는 기회를 제공한다. 청소년들은 이 소설들에 형상화된 작중인물들이 자신이 알고 있는 사람들과 어떻게 같은지 혹은 다른지를 알 수 있다. 그리고 작중인물 간에는 어떤 관련성이 있는지를 알 수 있다. 이러한 활동은 청소년들이 문학 텍스트의 구성 요소 중 작중인물에 초점을 두어, 문학 읽기를 자신의 삶과 연계하는 것이다.

(2) 장르

청소년 소설들은 모두 오늘날 청소년들의 성장 과정을 보여주는 동시대적 현실성을 갖는다. 따라서 청소년들은 청소년 소설들을 읽고 상호 작용할 때, 그 소설들의 '진실성(realness)'을 평가할 것이다. 청소년 소설을 평가하기 위한 평가 척도(criterion)는 그것이 진실성을 갖고 있어야 한다는 것이다.

청소년 독자들은 작중인물이 행동하고 반응하는 방법과 이유에 대한 자신의 비평적 반응들을 쉽사리 보류하지 않는다. 신뢰성 있는 작중인물들과 연계를 형성할 때, 청소년들은 자신이 새로운 친구들을 만나고 있다고 느낀다. 신뢰성 있고, 사실성 있는 청소년 소설들은 청소년 독자들에게 반응해야 할 동년배의 다른 집단을 소개한다.

(3) 작가

박상률, 이상운, 이옥수 등과 같이 나름대로 인정받은 작가들의 청소년 소설들을 활용하는 것은 청소년들에게 그 작가의 문체와 문학적 발전을 조사하고 토의하기 위한 기회들을 제공한다. 소설의 문체, 주제, 작중인물 전개, 그리고 다른 양상들을 상대적으로 살펴보기 위해 청소년 소설들을 함께 연관시켜 읽을 수 있다. 어떤 작가의 소설을 면밀하게 연구하는 것은 그 소설에 대한 청소년들의 이해와 감정을 고양시킬 것이다.

(4) 화제

화제는 청소년들에게 중심적인 흥미와 관심사이며, 청소년들의 능동적인 읽기 참여를 이끌어낸다. 청소년 소설들은 작중인물들의 정체성 혼란과 정신적 성숙 등을 묘사한다는 점에서 유사점을 갖는다. 그러므로 정신적 성숙이란 화제는 청소년 소설들을 하나의 범주로 통합하여 토의할 수 있게 한다. 작중인물들과의 연계를 넘어서서, 청소년들은 자신의 삶에서 정신적 성숙이 갖는 중요성 때문에 자신들의 반응을 내면화할 수 있을 것이다.

(5) 이슈(쟁점)

일반적으로 화제는 많은 이슈들을 제기한다. 청소년 소설들에 형상화된 작중인물들의 정신적 성숙은 고통스러움과 난관을 동반한 것이다. 그러나 청소년 소설들을 참조할 때, 청소년들은 정신적 성숙이 개인의 방황과 고통스러움을 대가로 한다는 점에 반응할 것이다. 이 이슈는 청소년들의 경험에 강력한 반향을 불러일으킬 것이다.

(6) 주제

청소년 소설들에 형상화된 '정체성 탐구'의 주제는 주요 작중인물들에게 매우 중요하다. 그리고 이 주제는 10대 청소년들의 중요한 과업이기 때문에, 특별히 청소년들에게 알맞다.

2. 요약

많은 학교에서 문학 수업은 대대적인 수정을 요구하고 있다. 문학 교실에서 청소년 문학 텍스트는 청소년들과 텍스트 간의 진정한 연계가 가능하게 한다. 청소년 문학 텍스트는 청소년들의 요구와 관심사에 부합하기 때문이다. 청소년 독자 참여 모델은 청소년들이 문학 읽기에 참여하도록 하기 위한 틀을 교사들에게 제공한다. 청소년 독자 참여 모델은 시작하기(initiating), 연계하기(connecting), 내면화하기(internalizing) 등과 같은 세 단계와 하나의 지속적인 차원인 공유하기(sharing)로 이루어져 있다. 문학 교수－학습 내용은 문학의 구성요소, 장르, 작가, 화제, 이슈, 주제 등을 포함하는 많은 접근법들을 활용하여 구조화될 수 있다.

제7장

청소년 문학교육을 위한 교사의 역할

1. 청소년 문학교육의 현상

오늘날 교사들은 청소년들에게 문학 텍스트를 많이 읽으라고 요구하고 있다. 그러나 청소년들의 문학 읽기 경험은 오히려 줄어들고 있으며, 문학에 대한 청소년들의 흥미도 줄어들고 있다. 이러한 현상은 단순히 청소년들에게 좋은 문학 텍스트를 제공하는 것만으로는 문학교육이 그 목적을 충분히 달성할 수 없음을 반증한다. 문학 텍스트를 경험하는 데 적극적으로 참여할 때에만, 청소년들은 청소년 문학의 힘과 이로움을 완전히 인식할 수 있다. 이러한 인식이 있어야만 청소년들은 청소년 문학의 가치를 인정하고, 이에 의해 자신의 삶을 성찰하는 '체인(體認)으로서의 문학 읽기'를 수행할 수 있을 것이다.

학교 현장에서 청소년들이 청소년 문학의 힘과 이로움을 온전히 인식할 수 있도록 하기 위해서는 교사의 많은 역할이 필요하다. 구인환 외(2001)에 따르면, 문학교육에서 교사가 수행할 수 있는 역할은 교육과정을 해석하고 운용하는 주체, 학생과 더불어 문학현상을 수용하는 수용자, 텍스트의 의미를 학생들이 수용할 수 있게 하는 매개자, 문학 텍스트의 생산에 직접 참여하는 존재 등이다.[1] 이러한 역할들은 크게 수용자, 교육 실천자, 생산자 등으로 요약할 수 있다.

문학교사의 이러한 역할들은 청소년 문학교육을 수용하는 상황에서도 일반적으로 적용될 수 있을 것이다. 그러나 청소년 문학교육은 청소년을 대상으로 한다는 점, 그리고 청소년 문학 텍스트를 대상으로 한다는 점에서 문학 교사에게 새로운 역할을 요구한다. 문학 교사에게 요구되는 새로운 역할은 교사가 청소년 문학의 능동적인 수용자가 되는 것, 그리고 청소년 문학을 직접 가르치기 위한 교수─학습 방법을 연구하는 연구자가 되는 것이다. 청소년 문학을 가르치기 위한 연구자가 될 때, 문학 교사는 청소년 문학의 힘과 가치를 청소년들과 더불어 향유하고, 이에 의해 청소년들의 문학 읽기에 크게 기여할 것이다.

문학 교사가 갖는 이러한 역할들을 고려하면서, 이 글에서는 청소년 문학교육을 위한 교사의 역할 모델(a model of teacher roles)과 이 모델이 청소년들의 문학 읽기와 어떻게 관련되는지를 살펴보고자 한다. 또한 교사의 역할들에 관한 관점을 제시하고, 교사의 책무성에 대해서도 검토하고자 한다. 교사의 역할들과 더불어 교사의 책무성을 논하는 것은 교사의 책무성이 기본적으로 청소년 문학을 가르치는 역할을 성실하게 수행하는 데서 비롯되기 때문이다. 문학 교사가 가져야 할 일반적인 책무성들은 교육 실천가로서 청소년들과 효과적으로 의사소통하기, 청소년 문학의 가치와 청소년 문학사 알기, 성실한 청소년 문학 독자되기 등이다.

연구자가 이러한 연구 목적을 설정한 이유는 다음과 같다.

첫째, 청소년 문학은 청소년들이 자신을 탐구할 수 있는 기회들을 제공하기 때문이다. 이 탐구들을 통해 청소년들은 자기에 대한 앎과 개인적

---

1) 구인환 외(2001), 『문학교육론』 제4판, 삼지원, 209면.

이해를 가지면서, 사건들, 상황들, 그리고 인간의 상호 작용들에 대한 지식을 확장한다. 따라서 청소년들이 청소년 문학을 적극적으로 읽도록 하기 위해서는 교사 자신이 청소년 문학을 열심히 읽는 '독자'가 되어야 한다. 청소년들에게 문학 읽기의 중요성을 설득하면서도, 정작 교사 자신은 청소년 문학을 거의 읽지 않는다. 이와 같이 모순된 모습으로 인해 문학 읽기의 중요성을 강조하는 교사들의 설득은 청소년들에게 잘 먹혀들지 않는다. 교사들의 이러한 모습을 해소하기 위해서는 교사 스스로가 평생 독자가 되어야 한다.

둘째, 청소년들이 청소년 문학을 읽고 삶에 대한 성찰과 미래 설계를 할 수 있도록 하기 위해, 교사는 청소년들이 청소년 문학을 구체적으로 어떻게 읽을 것인지를 안내하는 전문가 / 독서 코치가 되어야 하기 때문이다. 전문가 / 독서 코치로서 역할을 수행하는 교사는 청소년들이 정전적인 문학 선집만이 아닌 당대의 문학 텍스트들을 읽고, 텍스트의 내용을 자기화할 수 있게 해야 한다. 이러한 역할을 수행하는 교사는 청소년들이 평생 독자로서 성장할 수 있게 할 것이다.

셋째, 문학 교사는 청소년 문학의 가치와 역사, 텍스트 내·외적 의미 등을 청소년들이 쉽게 이해하고, 탐구할 수 있도록 하기 위해 청소년 문학을 위한 교수—학습 방법을 꾸준히 연구해야 하기 때문이다. 청소년 문학의 가치와 의미 등을 청소년들이 쉽게 이해하고 탐구할 수 있게 하는 교수—학습 방법들에 대한 연구들을 통해 문학 교사는 청소년들이 청소년 문학의 진정한 독자가 되게 할 수 있을 것이다.

넷째, 청소년 문학의 독자, 독서 코치, 연구자 등으로서 역할들을 성실하게 수행하기 위해 교사는 많은 책무성을 가져야 하기 때문이다. 특히 청소년들의 문학 읽기를 촉진하기 위해, 교사는 '다양한 독서', '효과적으로 의사소통하기', 그리고 '청소년 문학사 알기' 등과 같은 책무성을 수행해야 한다. 교사가 이러한 책무성을 성실히 수행할 때, 교사의 안내를 받

는 청소년들은 청소년 문학의 가치를 보다 폭넓고 심오하게 이해할 수 있
을 것이다.

2. 청소년 문학교육에서 교사의 역할

청소년 문학이란 특별히 청소년을 위해, 그리고 청소년에 대해 쓴 문학
이다. 따라서 청소년 문학은 청소년 예상독자를 위해 쓰인 문학적 구성,
즉 청소년들의 삶, 경험, 열망, 이슈 등을 다루고 있는 문학이다. 다시 말
하면, 청소년 문학은 청소년들이 탐구하는 당면 과제뿐만 아니라, 청소년
문학을 읽는 청소년 자체에 대해 알 수 있게 해 준다. 청소년 문학은 청소
년기에 있는 작중인물들에 초점을 두어, 그들의 정체성 인식, 모험, 희망,
그리고 일상사 등을 형상화한다. 청소년기에 있는 작중인물들이 도전들과
난관들에 직면할 때, 그들은 정신적으로 성장하고 발전한다.

청소년 문학을 읽는 청소년들은 텍스트에 형상화되어 있는 작중인물들
로부터 동일시를 위한 강력한 역할 모델을 찾는다. 청소년들은 청소년 문
학 텍스트에 형상화되어 있는 기억할만한 젊은 작중인물과 만난다. 그리
고 이 만남을 통해 청소년들은 자신의 삶과 가치관을 변화시킬 수 있는
잠재성을 얻게 된다. 청소년 소설에서 젊은 주인공들은 청소년들이 동일
시할 수 있는 모델들을 제공하기 때문이다.

삶에 대한 비전과 모델을 얻을 수 있는 청소년 문학을 청소년들이 적극
적으로 읽도록 하기 위해 교사는 청소년 문학교육을 위한 새로운 방법들
을 성찰할 필요가 있다. 청소년들이 청소년 문학의 독자가 되기를 진심으
로 바란다면, 교사들은 청소년들의 문학 읽기를 촉진하는 많은 방법들을
동원하면서 청소년 문학의 가치를 청소년들이 알 수 있게 해야 한다. 이
를 위해서는 청소년 문학의 가치와 의의에 대해 교사 자신이 충분한 지식

과 긍정적인 태도를 갖고 있어야만 한다. 청소년 문학에 대한 교사의 지식과 태도는 문학 읽기 과정에서 청소년들의 행동을 변화시키는 데 중요한 역할을 하기 때문이다.

그렇지만 오늘날 학교 현장에서 청소년들의 문학 읽기는 대부분 대학입시에 초점을 두고 있다. 이로 인해 대부분의 국어 교사들은 자신이 대학을 다닐 때 읽었던 전통적인 문학 선집들을 청소년들에게 가르치고 있다. 그 결과 청소년들은 문학 읽기를 지루한 것, 시험을 위한 것쯤으로 여기고 있다. 이로 인해 청소년들은 더욱 더 청소년 문학을 읽지 않고 있다. 오늘날의 실제 생활과 많은 점에서 차이가 나는 전통적인 문학 텍스트들을 가르치는 교사들의 태도는 청소년들이 능동적인 독자로서 참여할 수 없게 한다. 게다가 많은 교사들은 자신이 배웠던 대로 문학 텍스트를 가르친다. 문학 텍스트를 사랑함에도 불구하고, 교사들은 텍스들에 대한 끝없는 분석 활동에 청소년들을 참여시키고, 텍스트의 '참된' 의미에 도달하도록 가르치는 것이 자신들의 책무라고 믿는다.

청소년 문학교육의 이러한 현실은 교사들이 자신의 교수법과 교육 내용에 대해 시급히 반성하는 데서 갱신을 이룰 수 있다. 이를 위해서는 교사의 신념에서가 아닌, '지금 여기'를 살아가고 있는 청소년들의 요구사항들을 충족시켜 주는 청소년 문학교육이 수행되어야 한다. 이러한 청소년 문학교육은 내용 교과들에 두루 적용될 수 있는 범교과적인 것이 될 것이다.[2] 청소년 문학은 내용 교과들의 교육 내용에 대한 폭넓고 심화된 이해를 청소년들에게 제공하기 때문이다. 따라서 문학 교사는 범교과적 차원에서 청소년 문학 텍스트를 적극적으로 활용할 필요가 있다. 이에 대해 제라취(Gerlach, 1992)는 다음과 같이 말한다.

---

2) 선주원(2005), 「범교과적 관점에서의 청소년 문학교육 연구」, 청람어문교육학회, 『청람어문학』 제30집.

교사들은 자신의 교과 영역들에서 지식을 발견하는 방법으로서 문학 읽기를 촉진할 수 있다. …… 청소년들이 자신과 관련되고 즐길 수 있는 내용에 대해 읽을 때, 청소년 문학 읽기는 학습을 위한 강화를 제공할 수 있다. 교육과정이 어떻게 조직되든지 간에, 청소년들이 학습을 위해 필요로 하는 것과 자신이 이미 알고, 이해하고, 믿고 있는 것 사이에 능동적인 연계를 만들 때에만, 학습이 일어난다. 내용 교과들에서 청소년 소설들을 읽는 것은 청소년들이 소설들에 제시된 관점을 갖고, 자신의 사고들을 종합하고 조직하도록 촉진한다.[3]

많은 교사들은 학교 교육을 풍부하게 하고 확장시킬 수 있는 청소년 문학 텍스트들의 가치를 잘 모른다. 많은 청소년 문학 텍스트들은 역사 및 문화적 상황과 관련되어 있다. 따라서 청소년 문학 텍스트들은 교실에서 교과서의 내용만이 아닌 보다 다양하고 풍부한 내용을 청소년들이 학습할 수 있게 한다. 예를 들어, 황석영의 『모랫말 아이들』 중 「도깨비 사냥」은 전쟁 직후 사춘기 소년들이 밤에 도깨비가 나온다고 모두들 가기 싫어하는 화장터에 담력을 기르기 위해 가는 장면이 나온다. 이 장면을 읽을 때, 청소년들은 자신들이 생각하는 화장터의 모습과 관련지어 텍스트의 세계를 이해할 것이다. 특히, 화장터나 공동묘지에 가본 적이 있는 청소년들은 텍스트에서 아이들이 느끼는 두려움과 화장터에서 화부 아저씨와 대화를 한 뒤 갖게 되는 허탈감 등을 아주 구체적으로 추론하는 문학 읽기를 할 것이다. 이러한 읽기 과정에서, 청소년들은 가치와 믿음 등이 갖는 상대성을 보여주는 중요한 이슈들(예컨대, 도깨비, 화장터 등과 같은)을 탐구할 수 있는 가능성들을 얻을 수 있다. 특히 성장기 청소년들이 살아가는 삶의 상황들은 매우 복잡하고, 복잡한 해결 방식들을 필요로 한다는 것을 인식할 수 있을 것이다.

---

3) Gerlach, J. M. ed. V. R., Monseau & G. Salvner(1992), "The young adult novel across the curriculum", *Reading their World*, Portsmouth N.H. : Boynton / Cook : Heineman, p.124.

또 다른 예를 들어보자. 이경혜의 『어느날 내가 죽었습니다』는 요즘 청소년들의 삶과 인식을 보여준다. 이 소설은 열여섯 살 소년(재준)의 죽음에 대한 주변 사람들의 아픔을 그리고 있다. 친엄마, 새 아빠, 성(姓)이 다른 어린 동생과 함께 살기에 누가 봐도 문제가 있을 법한 '반항아' 유미, 그리고 엄격한 아빠와 몸이 약한 엄마, 남동생과 함께 사는 '모범생' 재준이. 이 소설을 통해 청소년들은 오늘날 많은 가정에서 발생하는 가정 파탄의 모습과 그 아픔에 대해 보다 많은 이해를 할 수 있다.

어린 나이에 어이없이 사라져 간 소년들에게 글 속에서나마 아늑하고 평화로운 시간을 누리게 해 주고 싶었다던 작가의 말처럼, 이 소설은 죽음을 이야기하지만 무겁거나 어둡지 않다. 첫사랑에 실패해서 늘 멍하니 정신을 딴 데 두고 다니는 담임선생님이나 유미가 부르는 '새 아빠'라는 호칭이 합리적이라며 칭찬해 주는 새 아빠처럼 개성 있는 인물들과 청소년들의 입말을 살린 편안한 문체가 이 소설을 가득 채우고 있다. 이 소설에는 가정, 학교, 학원이라는 일상 속에서 빚어지는 사춘기 청소년들의 갈등과 감성이 섬세하게 그려져 있기 때문이다. 가장 사랑하는 친구의 죽음이라는 극적인 사건을 되새기는 과정에서 유미의 닫혔던 마음은 세상과 화해하게 된다. 이처럼 이 소설은 사춘기 청소년들의 정신적 혼란과 '성장' 과정을 보여주면서, '지금 여기'를 살아가는 현실의 청소년들에게 많은 시사점을 준다.

청소년에게 깊은 인상을 남기는 청소년 문학들은 의미 있는 방식으로 청소년들의 삶과 개인적 경험들을 텍스트 속 내용과 연계시킨다. 청소년 문학은 청소년들의 삶을 변화시킨 '획기적인' 것이 될 수 있기 때문이다. 그 결과 청소년 문학은 청소년들의 상상력을 북돋우고, 청소년들이 삶의 가능성들에 대한 비전을 창조하고, 그들의 서투른 감정들을 표현할 수 있게 한다.

이처럼 청소년들의 삶에 많은 영향을 주는 청소년 문학을 범교과적 차원에서 활용함으로써 학교 교육은 보다 실제적이고 청소년들의 삶에 획기적인 것이 될 수 있다. 이러한 학교 교육을 위해서는 청소년들이 평생 독자로 성장해야 하는데, 이는 교사의 많은 도움을 통해서 가능할 것이다.

3. 청소년 문학교육을 위한 교사의 역할 모델

청소년 문학은 청소년들의 자신에 대한 앎(self-knowledge), 타자에 대한 앎, 그리고 세계에 대한 앎을 촉진시킴으로써 청소년들의 요구들을 충족시켜주는 잠재력을 갖는다. 청소년 문학을 읽을 때 청소년들은 작중인물들이 경험하는 삶, 시련, 승리, 패배 등을 간접 경험한다. 이러한 경험은 청소년으로 하여금 자신의 신념들과 반응들을 작중인물들의 것들과 비교할 수 있게 한다. 예를 들어, 이순원의 『19세』에서 '빨리 어른되기'를 원했던 작중인물 정수의 신념과 자신의 신념을 비교하면서, 청소년들은 진정한 어른되기에 대한 고민을 할 수 있을 것이다. 이러한 고민을 통해 청소년들은 작중인물의 신념에 대한 반응들과 가치들을 평가하고, 나아가 자신의 신념들을 명백히 할 수 있게 된다.

이처럼 청소년들의 삶에 많은 영향을 주는 청소년 문학을 청소년들이 꾸준히 읽을 수 있도록 하기 위해 교사는 많은 역할을 해야 한다. 청소년 문학교육 상황에서 교사가 수행할 수 있는 역할들은 '독자로서의 교사', '전문 지도자 / 독서 코치로서의 교사', '연구자로서의 교사' 등이 있을 수 있다. 이러한 역할들은 구인환 외(2001)에서 제시한 문학 교사의 역할들, 즉 문학 수용자, 교육 실천가, 문학 연구자의 역할과 크게 다르지 않다. 그러나 현실적으로 교사들이 청소년 문학 텍스트들을 거의 읽지 않을 뿐더러 연구하지 않는다는 점을 고려한다면, 이러한 역할들은 새삼스레 강조되어야 할 것이다. 아울러 교사들이 이러한 역할들을 구체적으로 어떻게 수행할 수 있는지도 논의되어야 할 것이다.

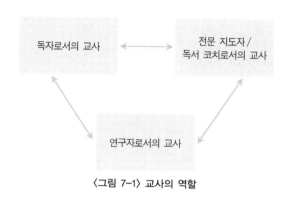

〈그림 7-1〉 교사의 역할

독자로서의 교사 역할은 문학 읽기 초기 단계에 청소년들에게 의의 있는 기여를 한다. 독자로서 청소년 문학을 읽었던 경험들과 선호(preference) 들을 교육적 상황에서 폭넓게 활용할 때, 교사들은 청소년들의 요구들을 충족시켜 주는 문학 텍스트들이 어떤 것인지, 그리고 청소년들이 청소년 문학 읽기 과정에서 겪는 어려움들을 보다 많이 도울 수 있기 때문이다.

전문 지도자/독서 코치로서의 교사는 청소년들이 청소년 문학을 직접적으로 읽게 하는 실천을 한다. 이때 교사는 청소년 문학에 대한 자신의 사전 지식과 경험, 선호도 등에 의해 청소년들이 청소년 문학을 읽을 수 있게 한다. 아울러 청소년 문학을 보다 깊게 이해하기 위한 교수-학습 전략들, 문학 읽기 과정, 그리고 다양한 내용 교과들에서 동원된 지식 등을 활용하여, 청소년들이 청소년 문학 읽기를 실제 삶과 관련지을 수 있도록 적극적으로 돕는다.

연구자로서의 교사 개념은 문학 교사가 청소년 문학을 단순히 수용하거나 가르치지만은 않는다는 관점에 근거를 두고 있다. 청소년 문학을 가르치기 위해서는 교사 자신이 청소년 문학에 대한 깊이 있는 이해를 하고, 청소년들에게 적절한 교수-학습 방법을 적용해야 한다. 따라서 청소년 문학을 가르치기 위해 교사는 청소년 문학이 어린이 문학이나 일반 문학과 어떤 차별점을 갖는지, 그리고 청소년들의 삶과 사고를 형상화한 청소년 문학들에는 어떤 것들이 있는지 등을 연구하여 알아야 한다. 아울러 이러한 청소년 문학을 청소년들에게 효과적으로 가르치기 위한 방법들을 연구해야 한다.

연구자로서의 교사 역할은 청소년 문학 읽기 과정의 처음부터 끝까지 지속적으로 수행되지만, 특히 청소년들이 청소년 문학의 가치를 내면화하는 단계에서 보다 깊이 있는 통찰력을 제공한다. 청소년 문학의 가치에 대한 교사의 깊이 있는 이해와 이해 방법을 안내받음으로써 청소년들은 청소년 문학의 가치를 보다 심오하게 내면화하고, 이에 의해 보다 나은 자기를 형성할 수 있기 때문이다.

청소년들이 문학 텍스트를 읽는 동안, 교사들은 같은 작가가 쓴 다른 문학 텍스트들, 같은 주제를 다루고 있는 텍스트들, 혹은 같은 문체로 쓰인 문학 텍스트들 등을 권장할 수 있다. 독자로서의 교사는 청소년들의 새로운 읽기 경험을 촉진하면서, 청소년들의 문학 읽기가 상호텍스트성을 갖도록 해야 하기 때문이다. 상호텍스트적인 문학 읽기를 통해 청소년들은 청소년 문학이 갖는 다층적 의미와 존재 양상을 깊이 성찰할 수 있을 것이다.

전문 지도자 / 독서 코치로서 교사는 청소년들이 문학 읽기를 잘 수행할 수 있도록 직접적인 안내를 해야 한다. 청소년들의 문학 읽기를 직접적으로 안내하기 위해 교사는 청소년 문학을 읽을 때 주의할 점, 반드시 이해해야 할 내용, 비판적으로 이해해야 할 내용, 상상력을 발현하는 방법 등을 설명하고 시범을 보여야 한다. 아울러 청소년들이 문학 텍스트에 대한 각자의 반응을 공유하게 하고, 교사 자신의 문학적 반응을 청소년들과 공유한다. 그리고 청소년들이 청소년 문학을 보다 적극적으로 읽을 수 있도록 하는 다양한 활동 전략들을 개발한다.

교사의 이러한 역할들은 궁극적으로 청소년 문학에 대한 청소년들의 반응을 보다 구체화시키고, 다른 사람들과 공유하게 하는 것이다. '반응 표현하기', '명료화하기', '내면화하기' 등과 같은 요소들로 이루어지는 문학적 반응 공유하기는 청소년들이 청소년 문학을 보다 적극적으로 읽을 수 있게 하는 기반을 제공한다. 청소년들이 다른 청소년들과 함께 공유하든 혹은 교사들과 공유하든 간에, 문학적 반응 공유하기는 청소년 문학 읽기를 생생하게 만드는 지속적인 의사소통의 과정이 된다. 그러면 청소년 문학교육 상황에서 교사가 수행할 수 있는 역할에 대해 보다 자세하게 살펴보자.

1) 독자로서의 교사

독자로서의 교사 역할은 청소년들의 문학 읽기를 촉진하는 데 많은 기여를 한다(<그림 7-1> 참조). 교사들은 청소년들의 문학 읽기 태도와 습관에 직·간접적으로 많은 영향을 준다. 교사들은 청소년들의 문학 읽기에 대한 자신의 직접적인 영향력을 인식하지만, 가끔 문학 읽기의 중요성에 대해 자신이 청소년들에게 간접적으로 부정적인 메시지들을 보내고 있다는 것을 인식하지 못한다.

많은 문학 교사들은 문학 읽기가 중요하다고 말하면서도, 교수법과 과제들에 의해 실제로는 많은 문학 읽기가 없어도 학교와 삶에서 성공할 수 있다는 간접적인 메시지들을 청소년들에게 전달한다. 교사들은 문학 읽기를 많이 해야 한다고 청소년들을 '설득'하면서도, 그들 스스로는 문학 텍스트를 즐겨 읽는 독자가 아니라는 사실을 무심코 드러낸다. 이에 대해 시몬스와 델루차인(Simmons & Deluzain, 1992)은 다음과 같이 강조한다.

청소년들은 교사들이 자신들에게 독서를 하라고 훈계하고 있는 것이 설교가 아니라는 것을 깨달아야만 한다. 대신에 청소년들은 읽을 문학 텍스트를 선택하는 것과 읽은 문학 텍스트들에 대해 토의하는 열성적인 독자가 되어야 한다.[4]

문학 교사는 청소년들이 청소년 문학을 이해하고 감상하여 상상적 체험을 할 수 있도록 하기 전에, 자신이 먼저 청소년 문학을 즐겨 읽고 이해하고 비판하는 독자가 되어야 한다. 또한 청소년 문학에 형상화된 의미를 이해할 뿐만 아니라, 그것을 내적으로 체험하여 상상에 의해 새로운 질서의 세계를 체험해야 한다. 이것은 청소년 문학 텍스트의 미적 구조와 인식 구조의 의미를 추출하고, 그렇게 추출되는 텍스트 내적 질서를 이해하며 새로운 의미를 부여하는 일이기도 하다.[5]

독자로서의 교사는 또한 청소년 문학 텍스트 자체의 관점, 구조, 의미 등을 재구성하여, 자신의 기대지평을 전환해야 한다. 이러한 지평의 전환을 통해 교사는 새로운 텍스트 해석의 틀을 갖게 되고, 나아가 텍스트의 의미를 자신의 삶에 조응할 수 있을 것이다. 그리고 상상과 체험을 내면화하여 텍스트를 자기화함으로써 과거 삶에 대한 성찰과 미래 삶에 대한 비전을 마련할 수 있을 것이다. 김원일의 「어둠의 혼」을 예로 들어보자.

「어둠의 혼」에서 주인공 갑해는 청소년으로서, 아버지의 죽음을 계기로 해서 자신의 정체성에 대한 고민을 하게 된다. 그의 정체성 탐색은 아버지와의 관계 속에서 이루어지는데, 자기 동일화의 대상인 아버지는 애증의 양가감정의 대상이고 어둠의 편에 존재한다. 사건의 발단도 어둠의 존재이며 빨치산이던 아버지가 지서에 잡혀 오는 것으로 시작된다. 지서에 잡혀왔다는 아버지를 찾기 위해 이모집에 있는 엄마를 찾고, 지서에 있던

4) Simmons, J. S. & Deluzain, H. E.(1992), *Teaching literature in middle and secondary grades*, Boston : Allyn & Bacon, pp.92~93.
5) 구인환 외(2001), 『문학교육론』 제4판, 삼지원, 210면.

이모부를 찾아가는 과정은 결국 죽은 아버지를 발견하게 되는 외형적인 탐색의 과정이며 스스로 성숙한 어른으로서의 정체성을 찾는 내면적 탐색의 과정이기도 하다.6) 이 소설이 갖는 이러한 의미에 대한 이해를 통해 독자로서의 교사는 과거 자신의 삶에 대한 성찰과 전쟁이라는 역사적 상흔이 현재 자신의 삶에 어떤 자장을 갖고 있는지를 인식할 수 있을 것이다.

독자로서의 교사는 또한 청소년 문학을 지속적으로 읽는 사람이 되어야 한다. 지속적으로 청소년 문학을 읽음으로써 교사는 청소년 문학의 의의를 알고, 이에 의해 청소년들에게 좋은 텍스트들을 안내할 수 있다. 그 결과 교사들은 자신의 열정을 청소년들과 지속적으로 소통한다. 이를 위해 교사는 청소년들이 스스로 청소년 문학 텍스트를 선택할 수 있게 해야 한다. 문학 읽기 '시작' 단계에서 청소년들의 문학 텍스트 선택을 촉진하기 위해, 교사는 청소년들과 청소년들이 이용하기에 알맞은 문학 텍스트에 대해 충분히 알고 있어야 하기 때문이다.

예를 들어, 황석영의 『모랫말 아이들』을 청소년들이 읽게 하고 싶다면, 교사는 이 소설이 어떤 사회·문화적 가치를 갖는지를 알아야 한다. 이 소설에서 「금단추」 부분은 "전쟁 후 바느질로 생계를 꾸려가는 우리 집에 북쪽에서 어릴 적 어머니 친구였던 은진이란 사람이 찾아와서 소련군의 아이인 '귀남'이를 우리 집에 맡기고, 양공주로 떠난 이야기"가 나온다. 우리 집에서 천덕꾸러기로 지내던 귀남이는 어머니의 주선에 의해 일본인 집으로 보내지는데, 귀남이는 일본인 집으로 가기 전에 내 손에 사슴이 그려진 '금단추'를 쥐어주고 떠난다. 이처럼 이 소설은 전쟁 후 젊은 여성들이 당했던 성적 수치심과 생계유지라는 당대의 이슈들을 탐구하고 있는데, 청소년들이 이 소설을 읽게 하기 위해서는 교사 자신이 이 소설이 갖는 가치를 충분히 인식하고 있어야 한다.

---

6) 최현주(2002), 『한국 현대 성장소설의 세계』, 박이정, 55~56면 참조.

청소년들이 스스로 청소년 문학을 선택하도록 하기 위한 가장 효과적인 방법은 교사들이 문학을 읽고, 자신의 문학 읽기 경험을 청소년들과 공유하는 것이다. 실제로 많은 교사들은 새로운 청소년 문학 텍스트를 읽기보다는, 과거에 즐겨 읽었었던 문학 텍스트들을 청소년들이 읽도록 한다. 물론 교사들이 해마다 출판되는 수많은 청소년 문학 텍스트들을 모두 읽을 수는 없다. 그러나 교사들은 『청소년 문학』과 같은 전문 잡지에 실린 기사들을 읽음으로써 새로 출판된 청소년 문학 텍스트들에 대한 정보를 계속적으로 얻어야 한다. 아울러 교사들은 청소년들이 청소년 문학에 대한 그들의 흥미와 성향들을 자신과 공유하도록 하는 허용적 태도를 가질 필요가 있다. 청소년들과의 이러한 의사소통을 통해 교사는 청소년들의 능동적인 문학 읽기를 촉진하고, 그들의 문학적 반응을 자신과 지속적으로 공유하게 할 것이다.

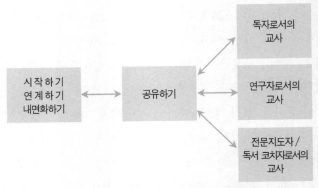

〈그림 7-2〉 교사의 역할 중 공유하기의 과정

2) 전문 지도자 / 독서 코치로서의 교사

전문 지도자 / 독서 코치로서의 교사 역할은 교수-학습의 새로운 철학을 반영한다. 청소년들에게 지식을 주는 행위로서의 교수 개념은 구시대적이고 지지받을 수 없다. 수업은 더 이상 "우리들에게—그것을"[7]이 아니다. 수업은 학습공동체(a community of learners)의 일원으로서 교사가 청소년 문학 읽기 경험을 청소년들과 공유하는 것이다. 문학 교사가 청소년 문학을 창조적으로 재구성하고 음미할 수 있는 독자라 할지라도, 교사의 이러한 능력은 실제로 수업을 통해 가르쳐 질 때 청소년들에게 전이된다. 따라서 교사는 독자로서 자신이 읽었던 청소년 문학들의 가치와 의미들을 청소년들이 충분히 공감하고 이해할 수 있도록 지도해야 한다.

전문 지도자로서 교사는 수업을 통해 자신이 수용한 청소년 문학을 청소년들에게 안내하여, 청소년들이 청소년 문학을 심오하게 이해하고 내적으로 체험하여 상상력을 계발할 수 있도록 해야 한다. 물론 이러한 교사의 역할은 자신의 읽기 경험을 청소년들에게 일방적으로 전달하는 것이 아닌, 청소년들의 청소년 문학 이해와 내적 체험의 확대를 도모하는 것이다.

문학 교사가 전문 지도자 / 독서 코치로서 역할을 하기 위해서는 우선 청소년 문학 텍스트를 구조화해야 한다. 텍스트의 구조화를 통해 교사는 청소년들에게 알맞은 청소년 문학을 안내하고 내면화시키는 데에 효과적인 교수—학습 방법을 마련할 수 있다. 이는 수업 시간에 다루어질 청소년 문학 텍스트에 알맞은 교수—학습 방법을 동원하는 것과 관련된다. 이를 통해 교사는 청소년들이 문학 텍스트를 그들의 삶과 연계할 수 있는 기회를 제공할 것이다. 올바른 연계가 이루어져 청소년 문학의 세계와 작가의 사상에 깊이 빠져드는 경험을 읽기 과정에서 할 때, 청소년들은 또다시 문학 읽기를 하고자 할 것이다.

청소년 문학을 수용하는 독자로서 청소년들은 나름대로 텍스트 이해의 지평을 갖고 있다. 그러나 청소년들이 갖고 있는 이해의 지평은 주체 형성과 체험의 확대를 할 수 있는 수준에 있는 것은 아니다. 이 때문에 독서

[7) 청소년들의 입장에서 볼 때, '그것을' 받는 것을 의미함.

코치로서 교사는 청소년들의 문학 읽기 경험이 삶에 대한 성찰과 새로운 주체 형성을 도모할 수 있는 것이 될 수 있도록 청소년들을 지도해야 한다.

예를 들어 청소년들은 황석영의 「금단추」에 형상화된 어머니와 어머니의 친구 은진, 그녀의 딸 귀남, 그리고 '나'를 서로 관련시키고, 어머니의 친구 은진이 다시 양공주로 나설 수밖에 없던 시대상황을 교사의 지도에 의해 이해하는 과정에서, 전쟁 직후의 시대 상황과 오늘날의 시대 상황을 대비할 수 있을 것이다. 그리고 은진이란 인물의 삶에 대한 성찰을 통해 '지금 여기'를 살아가는 자신의 삶에 대한 비판적 이해를 할 수 있을 것이다. 아울러, 전쟁 직후 배고프고 고달픈 상황에서 삯바느질로 자식들을 키워가는 화자의 어머니와 그녀의 친구 은진이 겪는 대비적인 삶의 양상들에 대한 성찰을 하게 될 것이다. 이러한 성찰을 통해 청소년들은 참다운 삶의 방식에 대한 숙고를 하고, 이 과정에서 참다운 삶을 추구하기 위해 자신이 취해야 할 삶의 태도들을 계획할 수 있을 것이다.

청소년들의 이러한 문학 읽기를 지도하기 위해 문학 교사가 해야 할 것에 대해 비치(Beach, 1993)는 다음과 같이 설명한다.

> 전문 지도자로서 교사는 청소년들이 단순히 교사에게 혹은 교사를 위해 라기보다는 문학 텍스트를 읽고, 동료 청소년들에게 새롭게 반응하도록 권장한다. 전문 지도자로서 교사는 청소년들에게 설명적이고 비평적인 송환(feedback)을 제공함으로써 자신의 평가 역할을 완화시킨다. 그리고 전문 지도자로서 교사는 자신이 성인, 부모, 필자, 비평가, 정치적 존재, 미스터리광, 그리고 교사로서 독서하는 방법에 대해 대화하면서, 대안적인 역할들을 선택하는 과정을 만든다.[8]

위의 설명은 문학 체험이 확대되어 청소년들이 총체적인 삶의 의미를

---

8) Beach, R.(1993), *A teacher's introduction to reader-response theories*, Urbana, Ill. : NCTE, p.110.

인식하도록 교사가 역할해야 함을 강조하고 있다. 청소년 문학 텍스트에 대한 반응 공유를 통해 청소년들은 문학적 체험을 확대하고, 이에 의해 자신의 삶에 대한 성찰을 도모할 수 있기 때문이다. 이는 독서 코치로서의 교사 역할이 청소년들이 텍스트를 이해하게 하는 수준에 머무를 것이 아니라, 텍스트를 상상적 체험으로 확대하여 비슷하거나 상반되는 텍스트를 연관적으로 수용하고 그것을 내면하도록 하는 데까지 나아가야 함을 뜻한다.

이를 위해서는 우선적으로 교사가 자신의 문학적 경험들을 청소년들과 공유할 필요가 있다. 문학 교사가 자신의 문학적 반응들을 청소년들과 진솔하게 공유할 때, 청소년 문학교육은 보다 효과적으로 수행될 수 있다. 교사는 청소년들이 단지 수동적으로 흡수할 필요가 있는 '모든 정답들'을 가지고 있는 것처럼 행동하지 않을 것이기 때문이다. 교사는 자신의 문학적 반응이 삶에 대한 가능한 접근법들 중의 하나임을 청소년들이 알게 함으로써, 청소년들이 청소년 문학에서 다양한 관점들을 찾게 할 것이다. 이는 근본적으로 문학 교사가 자신의 권위를 버리는 데서 가능할 것이다.

3) 연구자로서 교사

연구자로서의 교사 역할은 다음과 같은 두 가지 주요 국면들을 갖는다. 첫째, 교사는 연구에 정통한 문학 소비자가 되어야 한다. 둘째, 교사는 자신의 교실에서 연구 자료를 수집해야만 한다. 첫 번째 국면은 두 단계를 거친다. 첫 번째 단계에서, 교사들은 최신의 문학 텍스트들을 전문적으로 읽는 학습 읽기(reading tp learn)를 하고, 청소년들로 하여금 보다 유능하고 능동적인 학습독자가 되게 하는데 필요한 문학 이론들을 이해한다. 이 탐구는 교수 전략들과 방법에 대한 고양된 인식을 확장시킨다. 정전(canon)적인 문학 읽기 차원을 넘어서서, 최신의 문학적 경향에 맞는 문학 읽기를 수행하는 두 번째 단계는 확장된 문학 읽기와 도서관, 서점에서 최근에 유행하는 청소년 문학 텍스트들을 아는 것을 포함한다. 앞에서 논의한 것처럼, 최근에 발행된 청소년 문학 텍스트들에 대해 정통하다는 것은 청소년 문학 텍스트에 대한 구체적인 논평을 할 수 있다는 것까지 포함한다.

일단 수업 실천들을 위한 개념적 틀을 전개시키기 시작했다면, 교사들은 청소년 문학 텍스트에 대한 청소년들의 연루를 확장시킬 준비가 되어 있다고 할 수 있다. 연구자로서의 교사 역할의 두 번째 국면에서 교사들은 수업 실행 연구(action research)를 통해 자신의 문학 교실에 교수 이론을 적용한다. 교사들은 청소년들의 문학 읽기와 문학적 선호도를 관찰하고, 자료를 수집하고, 문학적 반응이 기록된 결과물들을 분석한다. 그런 다음, 교사들은 교실에서 문학 텍스트에 대한 청소년들의 학습과 읽기를 향상시키기 위해 청소년들이 쓴 문학적 반응 결과물에 따라 선택적으로 교수법을 실행한다. 교사의 관찰은 일련의 수업 실행을 위한 토대로써 혹은 더욱 깊은 탐구와 관찰을 이끄는 질문 제기를 위한 토대로써 기능한다. 이 과정은 수업 양상 반성(reflection), 수업 과정 탐구, 그리고 수업 실행이 반복된다.

교실에서의 교사 연구는 교사들이 청소년들이 청소년 문학을 어떻게 이해하고 있는지, 나아가 청소년들의 문학 읽기를 촉진하기 위해서는 어떤 교수−학습 방법이 필요한지 등을 알 수 있게 한다. 이러한 교사 연구는 수업 관찰을 통한 질적 연구로, 그리고 교사의 수업 방법에 대한 평가를 체크리스트를 통해 수행하는 것을 통해 이루어질 수 있을 것이다. 그러나 교사 연구는 기본적으로 교사가 청소년들에게 청소년 문학을 효과적으로 가르치기 위한 전제에서 출발한 것이므로, 청소년들의 문학적 반응에 초점을 둘 수밖에 없다.

연구자로서 교사가 청소년 문학 수업을 청소년들에게 알맞은 텍스트들을 가지고 할 때, 청소년들은 문학 수업에 능동적으로 참여한다. 자신에게 알맞고 호소력 있는 청소년 문학들을 반응-중심법에 따라 학습할 때, 청소년들은 이러한 학습을 보다 어려운 청소년 문학들에 대한 반응과 분석을 위해 통찰력 있게 활용한다. 예를 들어, 반응 일지 쓰기를 통해, 청소년들은 자신의 사고들을 말로 표현하고 발전시킬 수 있다. 글쓰기를 통해 청소년들은 자신의 읽기를 반성하고, 궁극적으로는 개인적인 연계와 논평들을 하기 위한 보다 고등한 기능들을 이끌어낼 것이기 때문이다. 또한 청소년들이 개방적이고 지원적인 세미나 토론 환경을 갖게 될 때, 그들은 자신의 의견, 이론, 관심사, 그리고 질문들을 적극적으로 표현할 수 있다. 이러한 표현은 비판적 사고자로서 청소년들의 정신적 성장에 기여하고, 공식적이고 분석적인 글쓰기에 전이될 수 있는 사고 과정들의 토대를 형성한다.[9]

4. 청소년 문학교육에서 교사의 책무성

교육적 상황에서 교사들은 매우 많은 책무성들을 갖고 있다. 청소년 문학교육을 수행할 때, 교사들은 '청소년 문학 다양하게 읽기', '효과적으로 의사소통하기', 그리고 '청소년 문학사에 대한 실제적인 지식 갖기' 등과 같은 세 가지 정도의 책무성을 갖는다. <그림 7-3>은 교사 역할과 교사의 책무성 간의 상호관련성을 보여주고 있다. 독자, 전문가 안내/독서 코치, 그리고 연구자 등으로서의 교사 역할은 청소년 문학 텍스트들의 선택과 검열에 관련된 이슈들에 대한 인식과 이해에 의해 향상될 것이다.

---

9) Hirtle, J. S.(1993), "Connecting to the Classics", *Teachers as researchers : Reflection and Action*, ed. Patterson et al., Newarks Del. : IRA, pp.145~146.

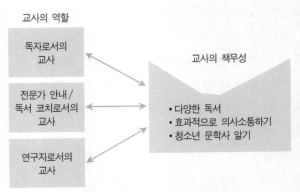

〈그림 7-3〉 교사 역할 모델에서의 책무성

1) 다양한 독서

독자로서 교사의 고유한 역할은 당대의 청소년 문학 텍스트들을 읽는 것이다. 청소년 문학을 가르치기 시작한 이래로 그 어떤 청소년 문학 텍스트도 읽지 않은 교사들 혹은 자신의 교실 수업을 위해 청소년 문학 텍스트들을 구입하기 위해 오래된 도서 목록에 의존하는 교사들이 너무나 많다. 청소년 문학 텍스트에 대한 정보를 얻기 위해 많은 교사들이 『독서평설』등과 같은 잡지에 의존하고 있지만, 가능한 한 많은 당대의 청소년 문학 텍스트들에 대한 정보를 얻기에는 이러한 잡지들을 읽는 것만으로는 부족하다.

청소년 문학을 다양하게 읽기 위해 문학 교사들은 청소년 문학 텍스트들이 다루고 있는 이슈들을 알고 있어야 한다. 일반적으로 청소년 문학 텍스트에 형상화되고 있는 이슈들은 '정체성 문제', '독립성 추구', '동료 집단에 대한 의지의 증대', '신체적 변화와 두드러진 성징 수용하기', '이성과의 적절한 관계 형성 배우기', '교육에 대한 의사결정하기', '가치, 윤리, 도덕, 그리고 직업관 결정하기', '부모와의 관계성 재정립하기', '직면하고 있는 도전들', '약물과 알코올 남용의 문제' 등이다. 이러한 이슈들을 형상화하고 있는 오늘날의 청소년 문학 텍스트들에 대한 지속적인 독서를 통해 교사는 청소년들에 대한 보다 심화된 이해를 하고, 이를 바탕으로 청소년들이 보다 공감할 수 있는 청소년 문학 텍스트들을 안내할 수 있을 것이다.

2) 효과적으로 의사소통하기

청소년 문학교육 상황에서 교사들의 유능함(effectiveness)은 효율적으로 청소년들과 의사소통하는 능력과 직접적으로 연관된다. 전문가 안내 / 독서 코치로서, 교사들은 청소년 문학의 가치에 대한 믿음을 청소년들과 의사소통하고, 청소년 문학 텍스트들을 청소년들의 삶에 연계시킬 수 있는 방법들을 찾는다. 교사와 청소년들은 학습을 위해 필요한 청소년 문학 텍스트뿐만 아니라, 여가 독서(leisure reading)를 위한 청소년 문학 텍스트들에 대해서도 서로 의사소통해야 한다.

교사들은 자신이 청소년들과 함께 청소년 문학 텍스트들을 읽고 있는 것을 학부모나 지역 공동체에 알리기 위해, 학급신문 등을 발행할 필요가 있다. 다음의 사례들은 학부모들과의 접촉을 유지하기 위해 교사들이 활동할 수 있는 것들이다. 이 사례들은 학부모들과 소통하기 위해 교사들이 취할 수 있는 몇 가지 방법이다.

- 다루기 어려운 많은 '수동적인 청소년들'이 있을 때, 교사는 청소년들의 문학적 반응에 대한 채점 기간에 학부모들을 초대하여 청소년들에 대한 긍정적인 논평을 많이 한다. 아울러 청소년들의 현재 상황에 대한 객관적이고 비판적인 논평도 한다. 학부모들 대부분은 자신의 자녀들에게 특정한 문제가 발생하기 전까지는 학교에서 아무런 말도 듣지 못했다.
- 교사와 청소년들은 수업 시간에 요구된 문학 논평과 선택적 독서, 학

습 활동의 다른 사례들, 그리고 수업 시간에 하고 있었던 것에 대한 일반적인 정보 등을 담은 소식지를 학부모들을 위해 매달 제작한다.
- 학년 초에 교사는 그 해의 문학교육을 수행하기 위해 필요한 청소년 문학 텍스트 목록을 포함한 학습 개요서를 각 가정에 발송한다.
- 교사는 학부모나 보호자들을 수업에 초대하기 위해 초대장을 보낸다. 교사는 청소년들이 발표, 극화, 그룹 활동 등을 할 때마다 학부모들을 초대한다.
- 교사는 청소년들이 각자의 학업 향상을 보고하고, 수업에서의 활동들을 설명하는 편지를 적어도 한 달에 한 번은 학부모에게 쓰게 한다. 이 편지들은 쓴 후 동료 편집 그룹에서 수정되며, 청소년들은 학부모가 자신들의 편지를 받았다는 서명을 종이에 해 주면 칭찬을 받는다.

3) 청소년 문학사 알기

연구로서의 교사 역할은, 교사가 교과에 대한 심화된 지식을 갖고 있다면 충족될 수 있다. 따라서 청소년 문학교육 상황에서 연구자로서 교사는 청소년 문학의 토대들을 인지하고 있어야 한다. 특히 청소년 문학사에 대한 이해는 연구자로서 교사들이 청소년 문학을 청소년들에게 어떻게 가르쳐야 할 것인지를 구체적으로 알 수 있게 도와줄 것이다.

한국 현대 소설들 가운데 청소년들의 삶과 관련된 것들을 성장소설을 중심으로 살펴보면, 이것들은 '인간의 성장' 혹은 '존재론적 위치의 변화' 등을 형상화하고 있다.10) 특히 1970년대 이후에 발표된 성장소설들은 빠르게 진행되는 사회의 발전과 변화에 능동적으로 대처하기 위한 중산계층의 근대적 교양 욕망을 다루고 있다. 김유정의 「동백꽃」(1936), 김남천의 「소년행」(1937), 황순원의 「소나기」(1953), 하근찬의 「흰종이 수염」(1959), 김승옥의 「건」(1965) 등 1970년대 이전에 발표된 소설들은 1970년대 이후

---

10) 최현주(2002), 『한국 현대 성장소설의 세계』, 박이정, 16면.

에 발표된 소설들에 비하면 그 양이 매우 적었다.

1970년대에 들어서면서 최인호의「술꾼」, 김주영의「도둑 견습」,「모범 사육」, 김원일의「어둠의 혼」, 윤흥길의「장마」, 오정희의「유년의 뜰」, 전상국의「우상의 눈물」, 이문열의「그해 겨울」, 박완서의「엄마의 말뚝」등과 같은 소설들이 청소년들의 성장을 다루었다. 그리고 1990년대 이후에는 김소진의「자전거 도둑」,「원색생물학습도감」, 임철우의『등대 아래서 휘파람을』, 안정효의『헐리우드 키드의 생애』, 은희경의『새의 선물』, 송기원의『너에게 가마 나에게 오라』, 김주영의『홍어』, 현기영의『지상의 숟가락 하나』, 박정요의『어른도 길을 잃는다』, 박상률의『봄바람』등 더욱 많은 텍스트들이 양산되고 있다.[11] 이러한 소설들은 시대와 상황의 변화 속에서 청소년들이 자기 정체성에 대해 어떻게 고민하고, 새로운 삶을 설계했는지를 여실하게 보여주고 있다. 또한 '지금―여기'를 살아가고 있는 청소년들에게 삶의 모델들을 제공하고 있다.

한국 현대 소설들 가운데 청소년들의 삶을 다룬 청소년 소설들에 대한 이해를 통해 연구로서 교사는 청소년들에게 어떤 소설들을 안내하고 가르칠 것인지를 분명하게 알 수 있다. 또한 양산되고 많은 소설들 가운데 '좋은 청소년 소설'들이 무엇인지에 대한 안내를 청소년들에게 할 수 있을 것이다. 이처럼 청소년 문학사에 대한 연구와 이해를 통해 연구자로서 교사는 청소년들이 현재의 삶을 어떻게 성찰하고, 미래의 삶을 어떻게 설계할 것인지에 대한 비전을 가질 수 있도록 도울 수 있다.

5. 요약

지금까지 논의된 문학 교사로서 교사의 세 가지 주요 역할들, 즉 독자

---

11) 최현주(2002), 위의 문학 텍스트, 17면.

로서의 교사, 전문가 안내 / 독서 코치로서의 교사, 그리고 연구자로서의
교사 등은 청소년들이 청소년 문학 읽기에 적극적으로 참여할 수 있도록
하는데 많은 도움을 줄 것이다. 이러한 역할들을 성공적으로 수행하기 위
해 교사들은 청소년, 학부모, 교육 행정가 등과 효과적으로 의사소통을 하
고, 청소년 문학사에 대해서도 충분히 알고 있어야 한다.

또한 청소년들이 청소년 문학 텍스트에 보다 능동적인 반응을 할 수 있
도록 교사 스스로가 문학잡지나 신문 등에 실린 청소년 문학 텍스트에 대
한 비평을 많이 읽을 필요가 있다. 이러한 읽기를 통해 교사는 당대에 유
행하고 있는 청소년 문학 텍스트들에 대한 많은 이해를 하고, 이에 의해
청소년 문학교육을 보다 효율적으로 수행할 수 있을 것이다.

제8장

범교과적 관점에서의 청소년 문학교육

1. 범교과적 관점에 의한 청소년 문학교육의 의의

피스케(Edward Fiske, 1991)에 따르면, 전통적인 교과 범주에 따라 나뉜 개별 교과의 교육과정 모델[1]은 오늘날의 교육적·사회적 요구들을 충분히 반영하지 못할 뿐더러 심지어는 모순되기까지 한다. 피스케는 전통적인 교육과정 모델을 다음과 같이 설명한다.

> 전통적인 교육과정 모델은 사고력과 문제 해결 기능을 위한 새로운 요구와 모순된다.······오늘날의 정보 사회는 축적된 지식들과 사실들에 대한 상술을 보다 많이 필요로 한다. 따라서 학교가 학생들에게 해줄 수 있는 가장 중요한 기여는 학생들이 자기 자신에 대해 학습하는 능력을 함양하도록 하는 것이다.[2]

특별히 청소년들을 위해 쓰이고 청소년들의 흥미와 관심사에 부합하는

---

1) 독립적으로 학습되어야 하는 범주에 따라 교과를 나눈 모델.
2) Fiske, Edward(1991), *Smart Kids*, New York : Simon and Schuster, p.65.

청소년 문학 텍스트들은 청소년들이 드라마, 영화, 게임, 애니메이션 등에 경도되는 현상을 어느 정도 해소해줄 것이다. 또한 전통적인 교과 구분 범주 혹은 전통적인 교육과정 내용 경계를 넘어선 범교과적 학습을 가능하게 해줄 것이다. 따라서 청소년 문학 텍스트들은 범교과적 관점(Based Transdisciplinary)에 의한 교육과정 모델의 실행, 통합적 학습 등을 위한 비계를 제공할 수 있다.

스티븐스(Stevens, 1993)는 문학 텍스트에 형상화된 주제가 인간 삶의 조건에 대한 일반적인 것이기 때문에, 문학 텍스트에서 보편적인 주제를 탐구하는 개념 중심 통합적 수업은 문학 텍스트에 근거를 두어야 한다고 주장한다.[3] 또한 그는 이러한 수업에 참여함으로써 학생들이 수업에 능동적인 참여를 하고, 동료 학생들과의 상호 작용(collaboration), 그리고 학습 과정에서 효율적인 시간 관리 등을 할 수 있다고 말한다. 특히 청소년 문학 텍스트는 학생들이 주제를 탐구하고 이야기의 흐름을 파악하는 과정에서 자신의 삶과 밀접한 관련이 있는 상황맥락을 파악할 수 있도록 하기 때문이다.[4]

어떤 면에서 보면 교과 중심(discipline-based) 접근법이 학생들에게는 보다 편안하고 의미 있는 학습을 제공할 수 있을 것이다. 어떤 경우에는 특정한 참조 틀(a point of reference)이나 특정 교과를 활용해서 학습하는 것이 보다 효율적일 수 있기 때문이다. 그러나 대학의 캠퍼스에서조차도, 전통적인 인문 교과들 사이의 경계선들이 점차 흐릿해지고 있다. 그리고 일반적으로, 내용 교과 간의 경계 구분 주장이 점차 '삶과는 동떨어진 것'이 되어가고 있다. 이는 내용 교과들 간의 뚜렷한 경계 구분이 오늘날의 사회

---

3) Stevens, Alba(1993), Learning for Life Through Universal Themes : Literacy Improvement Series for Elementary Educators, May. ERIC Document ED 365851.

4) Grady, Joan B.(1994), "interdisciplinary Curriculum Development", Paper Presented at the 49th annual Conference of the Association for Supervision and Curriculum Development, Chicago, II. ERIC Document ED 373903, p.6.

상황에서는 점차 무의미하고, 학습 효과를 저하시키는 요인이 되고 있음을 단적으로 보여준다. 따라서 보다 의미 있는 학습을 위해서는 범교과적 관점이 필요하다.

전통적인 내용 교과의 경계를 넘어서서 학습 내용들을 통합적으로 교수—학습하는 통합적 교육과정 모델을 설명하기 위한 관점이 학제적인(inter-disciplinary) 접근법이다. 학제적인 접근법은 서로 다른 내용 교과의 교사들이 전통적인 교과 구분의 범주 내에서 학습 내용들을 통합적으로 교수—학습하는 방법을 모색하는 관점이다. 이 관점은 전통적인 내용 교과의 경계 내에서 주어진 학습 내용들이 어떻게 존재하고 있는지를 설명하기 위한 것이다.

반면에 범교과적(transdisciplinary) 관점5)은 전통적인 내용 교과(content-area)의 경계를 넘어서서, 내용 교과 범주 구분을 고려하지 않는 다양한 관점들로부터 생겨나는 의미 있는 논점들을 탐구하려는 태도를 드러낸다.6) 범교과성(transdisciplinary)은 전통적인 내용 교과의 경계 내에서 이루어지는 수행—중심 모둠 활동에 대한 반성적 사고에서 출발한다. 전통적인 내용 교과의 경계 내에서 이루어지는 수행 중심 모둠 활동 접근법은 학생들에게 특정 교과에 대한 의존을 통해 한정된 기능만을 학습하도록 하기 때문이다. 이에 반해 범교과적 관점에 의한 교수—학습은 특정 교과에 한정된 학습 목표들을 초월하는 데 필요한 기능과 지식을 학생들이 학습하도록 함으로써, 학생들이 내용 교과들 사이의 자연스런 연결과 연계를 발견할 수 있게 한다.

범교과적 관점은 사회적 이슈(문제)들의 보다 확장된 상황맥락 내에서

---

5) '범'(trans)의 의미는 '경계를 넘어선'이라는 것이다.
6) Tchudi, Stephen(1991), *Travels Across the Curriculum*, New York : Scholastic ; Drake, Susan M(1993), *Planning Intergrated Curriculum : The Call to Adventure*, Alexandria, VA : Association for Supervision and Curriculum Development.

학생들이 자신의 개인적인 관심사에 초점을 두어 특별한 주제를 탐구할 수 있도록 한다. 이를 위해 이 관점은 학생들이 한꺼번에 몇 개의 교과를 탐구 수단으로 활용할 수 있는 기회를 제공한다. 이를 통해 학생들은 학교 교육이 그들의 삶에 주는 적절성을 점차 많이 인식할 수 있다. 또한, 범교과적인 수업은 학생들이 자신뿐만 아니라, 중요한 학습 내용과 기능들을 학습하고 있는 동료 학생들에 대해 보다 많이 알 수 있는 기회를 제공한다. 범교과적 관점에 의한 교수－학습을 통해, 학생들은 자신을 둘러싼 세계에 대한 인식뿐만 아니라, 세계에서 자신의 역할, 그리고 학교에서 자신과 더불어 학습하고 있는 동료 학생들과의 소통을 보다 많이 하기 때문이다.

범교과적 관점이 갖는 이러한 특성을 파악함으로써, 문학 교사는 청소년들의 인지적, 정서적, 사회적 발달과 청소년 문학 텍스트가 청소년 독자 집단에 대해 갖는 효용을 보다 잘 알게 된다. 그러므로 진정한 범교과적 수업은 학생들이 특정한 내용 교과들 중에서 적어도 한 분야 정도를 숙지하고 있어야만 올바르게 실현될 수 있다.[7] 범교과적 수업을 위해, 학생들은 다양한 내용 교과들에 대한 학습을 통해 알게 된 다양한 학습 방법들을 알고 있어야만 하고, 자신이 받고 있는 교육의 적절함을 확인하는 데에 이러한 방법들을 활용할 수 있어야만 한다. 자신들에게 중요한 개념들을 탐구할 때, 자신이 갖고 있는 기능들과 사전지식을 활용함으로써, 학생들은 수업(schooling)에서 자신들이 필요로 하는/갖지 못한 개념과 기능 및 사전지식 간의 관련성을 경험할 수 있기 때문이다.

빈(James Beane, 1990)은 청소년들의 개인적이고 매우 중요한 사회적 관심사와 상호 작용을 하는 학습 내용들의 목록을 다음과 같이 제시한다.[8] :

---

7) Grandner, H. & V.Boix-Mansilla(1994), "Teaching for Understanding-Within and Across Disciplines", *Educational Leadership* 51(5), p.17.
8) Beane, James(1990), *A Middle School Curriculum : From Rhetoric to Reality*, Columbus, OH :

정체성, 상호 의존, 건강, 사회 구조, 자주성, 갈등 해결, 상업주의, 정의, 봉사, 관습(institution) 등. 범교과적 관점에 의한 교육과정을 조직하는 기본, 원리는 청소년들이 자기 자신과 자신을 둘러싼 세계에 대해 질문을 하고, 교육과정의 구안에 참여하도록 하는 것이다. 이러한 과정에 참여함으로써 청소년들은 학습 내용 중심의 범교과적 수업에서 즐거움을 느끼고 흥미를 갖게 될 것이다.

범교과적 관점에 의해 구안된 중학교의 교육과정은 모험심이 강한 청소년들이 지적으로 보다 성장할 수 있도록 돕는다. 범교과적 관점에 의한 수업은 동기화, 청소년들의 발달 특성에 맞도록 교과에 대한 탐험, 긍정적인 미래에 대한 상상, 현실적인 목표 설정, 협력 학습 등과 같은 학습 내용에 의거한 수업이 가능하게 하기 때문이다. 범교과적 관점에 의한 수업을 받은 학생들은 그렇지 않은 학생들에 비해 시민성, 학습 태도, 독서 능력, 학업 능력, 학교 출석 등에서 보다 우월한 양상을 보인다. 범교과적 관점에 의한 수업을 통해 학생들은 교실과 학교에서 자신이 안전하게 성장할 수 있다는 인식을 할 수 있기 때문이다. 또한 학생들은 이러한 안심뿐만 아니라 소속감을 느끼고, 이를 통해 자기 성취감(self-fulfillment)을 위해 중요한 역할을 하는 자기 평가(self-esteem)를 향상시킬 수 있기 때문이다.

범교과적 관점에 의한 수업은 일지(journal) 쓰기 활동과 문학 텍스트 읽기에 초점을 두기 때문에, 학생들의 학습 태도와 개념 발달에 기여한다. 범교과적 관점은 개방적인 질문, 귀납적 / 분석적 추론, 학생들의 언어적 표현 등을 강조하기 때문이다. 조지와 알렉산더(George & Alexander, 1993)는 다음과 같이 말한다.

　가장 중요한 점은 중학교가 아동에서 청소년으로 급격하게 변화해 가는 학생들에게 정말로 초점을 둔 교육프로그램을 제공할 수 있도록 기획되고,

National Middle School Association.

조직되어야 한다는 것이다.[9]

그렇다면 범교과적 관점에 의한 수업은 중학생들의 고유한 요구에 어떻게 관련될 수 있을까? 예를 들어, '변화'를 수업 내용으로 하는 단위 수업이 있다고 생각해보자. 이 수업에서, 아동에서 성인으로 변화해 가는 과정에서 정신적 고뇌(agony)를 느끼는 학생들은 자신을 넘어서 세계와 관련되는 학습 내용으로서 변화를 탐구할 수 있을 것이다. 이 학생들은 "'변화 과정'에 있다는 것은 무엇을 의미하는가?" 혹은 "어떤 과정을 통해 변화에 이르게 되는가?" 등과 같은 질문에 답을 하려고 할 것이다. 또한 학생들은 삶의 모든 국면들에서 변화들이 어떻게 드러나는지를 보여주는 다음과 같은 내용 교과들에서의 질문에 답하려고 할 것이다. 이 질문들은 학생 자신의 개인적인 변화와 그를 둘러싼 주변 세계의 변화들에 대한 것으로, 보다 향상된 삶을 위해서 대답되어야만 하기 때문이다.

① 과학 : 나비가 되기 전에 번데기로 변화하는 과정에서 애벌레에게는 무슨 일이 일어나고 있는가? 나무가 숯이 되는 동안 나무는 어떤 변화들을 견디었는가?
② 수학 : 2차원의 도형이 3차원적인 대응으로 변형되었다면, 이 2차원의 도형에 대한 우리의 이해를 좌우하는 법칙에는 어떤 변화가 일어나는가?
③ 역사 : 독립 상태에서 종속 상태로 변화한 시기로서의 일제 강점기는 한국 역사에서 어떤 의미를 갖고 있는가? 오늘날의 한국 사회에서 노동자들이 새로운 생존(생활) 방식을 위해 투쟁하는 상황의 변화를 어떻게 설명할 수 있는가?
④ 국어와 작문 : 작문 과정에서 필자가 현재 시제의 개인적인 일기 쓰기에서 과거 시제의 창작 이야기로 변화를 주었다면, 동사 형태는 어

9) George, Paul S. & William M. Alexander(1993), *The Exemplary Middle School*, New York : Holt, Rinehart, and Winston, p.21.

떤 변화를 겪는가?

⑤ 체육 : 신체적으로 변화를 겪는 기간에 있는 청소년들의 신체 상태는 어떠한가? 변화 과정을 거치면서 생겨나는 스트레스들을 극복하기 위해 청소년들은 어떤 일들을 할 수 있는가?

⑥ 미술 : 피카소 (혹은 피카소 시대에 그림의 표현 방식이나 스타일에 변화를 겪은 다른 화가) 그림들을 살펴볼 때, 그 그림들은 그의 삶에서 어떠한 시기에서 다른 시기로의 변화를 드러내는 형식적인 변화를 드러내는가?

⑦ 사회 : 문화가 변화한다는 것은 무엇을 의미하는가? 만일 우리가 하나의 지질학적 시대에서 다른 지질학적 시대로 이동하고 있다면, 이러한 상황을 나타내는 척도는 무엇이며, 우리 주변에서는 어떤 종류의 움직임들이 일어나고 있는가?

청소년들이 삶의 모든 부분에 대한 시사점을 주는 자연스러운 현상으로서의 '변화 과정(transition)'에 대한 탐구를 하는 것은, 힘겨운 변화 과정에 있는 청소년들에게 편안함을 제공해야 한다. 따라서 '변화'를 학습 내용으로 한 교수-학습은 청소년들의 정체성과 신체적·정서적 변화를 고려하는 가운데 수행되어야 할 것이다.

2. 범교과적 관점에 의한 청소년 문학교육 내용

청소년들이 경험하는 불안과 긴장을 다루는 청소년 문학 텍스트에 초점을 둔 범교과적 관점에 의한 수업을 통해, 학생들은 자신들의 동요하는 추론 능력과 신체적 변화 상태를 극복할 수 있게 된다. 청소년 문학 텍스트에 형상화된 작중인물에 대한 동일시와 비동일시를 통해, 학생들은 실제 자신의 삶에 대한 성찰과 새로운 자기를 형성할 수 있기 때문이다. 또한 학생들은 청소년 문학 텍스트들에 대한 학습을 통해, 청소년기에 자신

이 경험하는 불안과 긴장들이 자기 혼자만이 고군분투하는 경험이 아님을
인식하게 된다.

　범교과적 관점에 의한 수업의 핵심으로써 청소년 문학 텍스트를 학습한
다고 하더라도, 학생들은 추상적인 학습 내용의 탐구를 위해 구체적인 상
황맥락을 지닌 문학 텍스트의 의미를 쉽게 적용할 수는 없다. 구체적인
상황맥락을 지닌 문학 텍스트의 의미와 추상적인 학습 내용간의 연관성을
쉽게 파악할 수 없기 때문이다. 그러나 청소년 문학 텍스트 읽기 과정에
서 생겨나는 실제 삶의 문제들을 해결하기 위해 동료 학생들과 소통함으
로써, 학생들은 학교 교육의 일관되고 근본적인 임무라고 할 수 있는 "책
임감을 갖고 삶을 영위하고, 타자를 배려할 줄 아는" 학습 공동체의 일원
으로서의 자기 자신을 인식할 수 있을 것이다.10) 따라서 범교과적 관점에
의한 교수-학습은 학생들에게 구체적인 문학 텍스트의 의미와 관련지어
추상적인 사고를 할 수 있도록 촉진하고, 보다 확장된 학습 공동체의 일
원이 되기 위한 상황맥락을 제공한다. 그러므로 청소년 문학 텍스트를 학
습 대상으로 하는 범교과적 관점에 의한 교수-학습 과정에서 청소년들은
편안함을 느낄 수 있을 것이다.

　범교과적 관점에 의한 청소년 문학 텍스트 중심의 교수-학습 과정에서
다루어진 학습 내용들은 전통적인 내용 교과 경계들을 넘어서서, 통합적
교육과정을 위한 본질적인 틀을 제공한다. 청소년 독자들이 문학 텍스트
의 특정 작중인물과 자신을 연계시키고자 할 때, 청소년 독자들은 그 작
중인물에 대해 보다 많은 것을 알고자 한다. 이는 텍스트의 세계에 몰입
하고자 하는 욕망이라고 할 수 있는데, 이 욕망을 통해 청소년 독자는 작
중인물을 탐구하게 될 것이다. 이러한 탐구 중심 교수는 교육 현장에서
가끔 활용되고 있는 '발견 학습(discovery learning)' 관점과는 다소 다르다.

---

10) Oliner, P. M.(1986), "Legitimating and Implementing Prosocial Education", *Humboldt
Journal of Social Relations* 13, p.404.

자신의 중요 교수 전략으로서 '발견 학습' 관점을 취하는 교사들은 미리 결정되어 있는 '발견해야 할 것들(discoveries)'을 학생들이 찾을 수 있도록 지도하기 위해 경험적, 상호 거래적, 탐구적 교수법을 활용할 것이다. 또한 텍스트에서 '발견해야 할 것들'을 학생들이 발견하는 것을 교육 목표로 설정할 것이다.

반면에, 진정한 탐구 수업(inquiry teaching)은 학습 과정에서 교사와 학생들 사이의 보다 균형 있는 협력을 전제한다. 학생들은 자신들이 학습해야 할 것과 학습하고자 하는 것을 조직하는 과정에 참여한다. 예를 들어, 서사 텍스트를 대상으로 한 탐구 수업을 할 때, 학생들은 문학 텍스트에서 서사가 전개되고 있는 시간과 장소에 대해 좀 더 알고자 할 것이고, 작중 인물들이 직면하는 문제들을 해결하고자 할 것이다. 그리고 학생들은 같은 작가가 쓴 다른 텍스트들을 좀 더 학습하기를 원할 것이고, 텍스트 내에서 발견되는 정보의 참조(reference)와 암시(allusion)들을 찾아내려고 할 것이다. 또한 학생들은 서사가 전개되는 상황 맥락에 구체화된 역사적 사건들, 과학적 용어들 혹은 경제 이론들 등에 대한 참조를 탐구할 것이다.[11]

서사는 실제 삶의 문제들을 해결하고, 이를 바탕으로 학습을 위한 상황 맥락을 제공하기 때문에 청소년 문학교육을 위한 강력한 매체가 될 수 있다. 청소년들은 서사를 통해 자신의 삶을 영위할 수 있는 기회와 동기를 가질 수 있기 때문이다. 또한 학생들은 서사 텍스트를 통해 자신과는 다른 세계관과 보다 복잡한 지식을 확인하고 이해할 수 있다. 따라서 범교과적 관점에 의한 교육과정 기획은 서사 문학 텍스트를 핵심적인 내용으로 하게 된다.

범교과적 관점에 의한 교육과정은 청소년 문학 텍스트가 갖는 구체적인

---

11) Harste, Jerome & Kathy Short(1995), "Inquiry, Theme Cycles, and Interdisciplinary Teaching", Presenation made at the National Council of Teachers of English Spring Conference, Minneapolis, March.

상황 맥락들과 의미들을 고려한 교육 목표들을 설정한다. 그러므로 범교
과적 관점에 의한 교육과정은 학습 과정이나 화제에 따라 조직된 통합적
인 단위수업 대신에, 실제 삶의 문제들에 대한 탐구를 위해 구체적인 기
능과 지식의 응용에 초점을 둔다. 그 결과 범교과적 관점에 의한 문학 교
수-학습 과정에서, 학생들은 자신이 읽고 있는 문학 텍스트에 형상화된
작중인물들의 언어와 문화에 대한 이해에 주로 관심을 갖는다. 또한 문학
텍스트에 형상화된 배경, 작중인물들, 그리고 사건들에 대한 통찰을 통해
작중인물간의 의사소통 과정에 주목한다. 이처럼 범교과적 관점에 의한
문학 교수-학습은 특정 학습 목표들에 초점을 두기보다는, 통합적 교육
과정 특성에 맞는 보다 확장된 교육 목표들에 초점을 둔다. 따라서 통합
된 교육과정에 따른 문학 교수-학습 과정에서 특정 학습 목표들을 보다
확장된 교육목표들에 연결시키는 것은 학습을 위한 진정한 기회를 제공할
것이다.[12]

　청소년 문학 텍스트 중심의 범교과적 관점에 의한 문학 교수-학습은
문학 교사들에게 강력한 영향을 준다. 청소년들은 문학 텍스트 중심의 범
교과적 교수-학습 과정에 보다 많은 동기와 흥미를 갖고 참여하기 때문
이다. 독자로서 자신이 겪고 있는 아동에서 성인으로의 변화와 똑같은 경
험을 작중인물들이 하고 있기 때문에, 청소년들은 청소년 문학 텍스트에
보다 쉽게 접근할 수 있다. 또한 작중인물들의 정서적 삶을 이해하고 이
를 자신의 삶과 관련지을 수 있다. 따라서 청소년 문학 텍스트는 범교과
적 관점에 의한 교수-학습을 전개하기 위한 이상적인 자료가 된다고 할
수 있다.

　범교과적 관점에 의한 청소년 문학교육을 수행하기 위해서는 청소년 문
학 텍스트에 형상화된 청소년들의 가치 체계, 교우 관계, 부모에 대한 태

---

12) Louritzen, Carol & Jaeger, Michael(1994), "Language Arts Teacher Education Within a Trasdisciplinary Curriculum", *Language Arts* 71(8), p.586.

도, 사회적 적응 양상 등과 같은 청소년들의 '관심 범주들'뿐만 아니라, 사회화되는 주체로서의 청소년들이 수행해야 할 사회적 역할 등에 대한 고려가 필요하다. 예를 들어, 척박한 환경의 시골에서 사는 두 명의 청소년이 있다고 가정해 보자. 이 두 명의 청소년들은 척박한 환경에서 학업보다는 고통스러운 생존을 위해, 그리고 도시의 청소년들에 대비되는 자신들의 정체성 확립을 위해 분투할 것이다. 두 청소년들은 자신들의 정체성을 아무도 보장해 주지 않기 때문에, 이러한 분투 속에 협력의 중요성과 생존의 문제가 궁극적으로 배움에 의해서만 해소될 수 있음을 인식하게 될 것이다. 그 결과 그들은 자신들의 가족과 보다 확장된 사회 체계 속에서 자신들이 가져야 할 가치와 역할, 그리고 자신이 속한 문화 공동체 내에서 개인으로서 자신이 수행해야 할 역할을 인식하여 매우 치열하게 살아가려고 할 것이다. 이처럼 청소년 문학 텍스트에 형상화된 청소년들의 고민과 정체성 문제들은 범교과적 관점에 의한 문학 교수-학습을 수행하기 위해 고려해야 할 유용한 것들이다.

청소년 문학 텍스트들은 중학생들을 위한 문학교육을 위해 타당하게 고려해야 할 개념들과 관련된다. 청소년 문학 텍스트들이 갖는 의의는 범교과적 관점에 의한 문학교육을 위한 기본 자료가 될 수 있기 때문이다. 지금까지 오랫동안 중학교 교육과정에서 청소년 문학 텍스트들은 교육 내용으로 다루어져 왔고, 여러 교과의 교수-학습에서 활용되어 왔다. 그러나 중요한 것은 청소년들이 특별한 학습 목표에 따라 청소년 문학 텍스트들을 스스로 선택하여 읽는 것이다. 여러 장르를 통해 다양한 문화적 양상들과 청소년들의 정체성을 형상화하는 청소년 문학 텍스트들은 청소년 독자들의 문학능력에 따라 다양하게 읽힐 수 있다. 따라서 문학 교수-학습 과정에서, 교사는 문학 교육과정의 지향점과 목표에 관련되고, 학생들의 관심과 흥미에 맞는 문학 텍스트를 학생들 스스로 선정하여 읽도록 할 필요가 있다.

그러나 한 가지 주의할 점이 있다. 청소년 문학 텍스트들은 청소년들의 실제 삶과 관심사 등을 사실적으로 구현하고 있기 때문에, 문학 교사는 청소년 문학 텍스트가 사회 일반에서 일반적으로 통용되는 가치, 삶의 방식 등을 다루고 있는지의 여부를 파악할 필요가 있다. 예컨대, 외설적인 내용이나 폭력, 비어나 속어가 무분별하게 남용되고 있는 청소년 문학 텍스트는 학생들의 바람직한 행동의 변화를 의도하는 교육적 가치에 비추어 볼 때, 교육 내용에서 제외되어야 한다. 또한 교사는 현재 청소년 독자들이 많이 읽고 있는 청소년 문학 텍스트의 목록과 이것들의 교육적 가치를 살펴볼 필요가 있다. 특정한 시대와 장소, 내용 등에 대한 배경지식을 요구하는 문학 텍스트는 청소년 독자들에게 익숙하지 않으므로, 청소년들이 쉽게 이해할 수 없다. 아래 내용은 청소년들이 주로 관심을 갖는 범주와 관련 개념들이다. 아래 내용에서 알 수 있듯이, 청소년들이 주로 관심을 갖는 범주들은 가족 관계, 친구와 사회, 인종적·윤리적·계급적 관련성, 신체(몸)와 자아, 성적 관련성(관계) 등이다. 이 범주들을 보다 구체적으로 살펴보자.

청소년의 관심 범주, 관련 개념, 관련 발달 과업

✓ **가족 관계**

'가족 관계' 범주와 관련된 교육 내용 요소들은 다음과 같다 : 용기, 의사소통, 변화, 구조, 생존, 균형, 문화, 진실, 진보(발전), 환경, 자유, 최첨단(새로운 학문 분야), 정의, 힘, 전통, 공동체, 표현, 증거, 시작, 관계성, 독립심, 이민, 경계, 색깔, 원천(자원), 순환, 패턴(유형), 시간, 적응, 탐구, 갈등, 상징, 의지력, 존경, 가문(혈통), 대립(대결), 공간, 믿음, 권리, 행동, 가정.

'가족 관계' 범주와 관련된 발달 과업들은 다음과 같다 : 적절한 남성의 혹은 여성의 역할 성취, 부모와 다른 성인들로부터 정서적 독립성 성취, 개인적 이념 혹은 가치 체계의 획득, 사회적 책임감과 성취.

✔ 친구와 사회

'친구와 사회' 범주와 관련된 교육 내용 요소들은 다음과 같다 : 용기, 의사소통, 변화, 구조, 생존, 균형, 문화, 진실, 에너지, 진보, 환경, 전쟁, 자유, 진취성, 정의, 힘, 전통, 공동체, 표현, 증거, 디자인, 경향, 스타일, 시작, 관련성, 독립성, 이민, 영향, 색깔, 경계, 원천, 순환, 유형, 시간, 적응, 탐구, 소멸, 갈등, 상징, 의지력, 기원, 대립, 공간, 믿음, 권리, 행동 가정.

'친구와 사회' 범주와 관련된 발달 과업들은 다음과 같다 : 동년배 친구들과의 새롭고 보다 성숙한 관계 수행, 적절한 남성의 혹은 여성의 사회적 역할 수행, 신체의 효과적인 사용과 정서적 독립심 형성, 결혼과 가족을 준비, 직업을 위한 준비, 개인적인 이념이나 가치체계 획득, 사회적 책임감 수행.

✔ 인종적, 윤리적, 그리고 계급적 관련성

'인종적, 윤리적, 계급적 관련성'과 관련된 교육 내용 요소들은 다음과 같다 : 용기, 의사소통, 변화, 구조, 생존, 균형, 문화, 진실, 에너지, 발전(진보), 환경, 전쟁, 평화, 진취성, 정의, 힘, 전통, 공동체, 표현, 증거, 경향, 스타일, 시작, 관련성(관계). 독립심, 이주, 영향, 색깔, 경계, 원천(자원), 순환, 유형, 시간, 적응, 탐구, 소멸, 갈등, 상징, 의지력, 존경, 기원, 공간, 믿음, 권리, 행동, 가정.

'인종적, 윤리적, 계급적 관련성'과 관련된 발달 과업들은 다음과 같다 : 동년배 친구들과의 새롭고 보다 성숙한 관계 수행, 적절한 남성의 혹은 여성의 사회적 역할 수행, 부모나 다른 성인들로부터의 정서적 독립심 형성, 결혼과 가족을 위한 준비, 경제적 성공을 위한 준비, 개인적인 이념이나 가치관의 획득, 사회적 책임감 수행.

✔ 신체(몸)와 자아

'신체 및 자아' 범주와 관련된 교육 내용 요소들은 다음과 같다 : 용기, 의사소통, 변화, 구조, 생존, 균형, 진실, 문화, 에너지, 진보(발전), 환경, 전쟁, 자유, 힘, 전통, 공동체, 표현, 증거, 디자인, 스타일, 시작, 관련성(관계), 독립심, 영향, 색깔, 경계, 원천(자원), 순환, 패턴(유형), 시간, 적응, 소멸, 갈등, 상징, 의지력, 존경, 기원, 대립(대결), 공간, 믿음, 권리, 행동, 가정.

'신체 및 자아' 범주와 관련된 발달 과업들은 다음과 같다 : 동년배 친구들과의 새롭고 보다 성숙한 관계 수행, 적절한 남성의 혹은 여성의 사회적 역할 수행, 신체적 변화에 대한 적응과 효과적인 신체 활용, 결혼과 가족을 위한 준비, 개인적인 이념이나 가치 체계의 획득, 사회적 책임감 수행.

✓ 성적 관련성

'성적 관련성' 범주와 관련된 교육 내용 요소들은 다음과 같다 : 용기, 의사소통, 변화, 구조, 생존, 균형, 문화, 진실, 환경, 자유, 전쟁, 진취성, 정의, 힘, 전통, 공동체, 표현, 증거, 경향, 스타일, 시작, 관련성(관계), 독립심, 영향, 색깔, 경계, 패턴(유형), 시간, 적응, 탐구, 소멸, 갈등, 상징, 의지력, 존경, 기원, 대립(대결), 공간, 믿음, 권리, 행동, 가정.

'성적 관련성' 범주와 관련된 발달 과업들은 다음과 같다 : 동년배 친구들과의 새롭고 보다 성숙한 관계 수행, 적절한 남성의 혹은 여성의 사회적 역할 수행, 육체적(물리적) 변화에 대한 적응과 효과적인 신체 활용, 부모와 다른 성인들로부터 정서적 독립성 형성, 결혼과 가족을 위한 준비, 개인적인 이념이나 가치 체계의 획득.

3. 범교과적 관점에 의한 청소년 문학 교수-학습

범교과적 관점에 의한 교수-학습은 일반적으로 청소년 문학 텍스트를 통해 수행될 수 있다. 그런데 범교과적 관점에 의한 수업을 설계하고 일반화하기 위해 교사는 먼저 다음의 질문 사항들을 해명할 필요가 있다.

① 학생들이 관심을 갖는 화제와 교육 내용 요소는 무엇인가?(앞에서 제시한 교육 내용 요소들의 목록, 학생들에 의해 수행된 흥미 조사, 관찰, 교육과정 안내 등을 활용해서 브레인스토밍을 통해 이 질문에 대해 반응하는 것은 매우 효과적일 것이다.) 학생들의 정신적 발달에 따른 필요와 흥미에 관련된 교육 내용 요소들이 있는가?
② 다양한 독서 태도, 흥미, 문학능력 등을 가진 학생들이 관심을 가질 만한 교육 내용 요소들과 관련된 문학 텍스트는 무엇인가?(이때 교사

는 학생 필자들의 쓰기의 질, 학습자가 성취할 수 있는 정서적 참여
의 수준, 정형성의 결핍, 세부 사실의 정확성 등과 같은 범주를 고려
한다. 학습자는 이러한 문학 텍스트를 통해 범교과적 관점에 의한 문
학교육의 의의를 이해할 수 있을 것이다.)

③ (독서 과정에서) 학생들이 실행해야 하는 기능들은 무엇인가? (이 질
문에 대한 답은 교육과정 지침, 부모와 학생들에 대한 관찰, 표준화
시험 제도(일제 고사 제도)가 부과한 지시 사항 등에서 찾을 수 있을
것이다.)

④ 학생들이 텍스트의 내용을 이해하기 위해 필요로 하는 것과 흥미를
갖는 것은 무엇인가?

⑤ 화제와 교육 내용 요소들이 질문 ①에서 생성되는가? 그리고 이것들
은 범교과적 수업을 위해 질문 ②와 ③에 암시된 범주들을 충족시키
는가?

⑥ 화제와 교육 내용 요소들이 질문 ①에서 생성되는가? 이 화제와 개
념들은 다양한 관점의 탐구를 위해 질문 ②와 ③에 암시된 범주들을
충족시키는가?

교사는 삭제될 필요가 있는 화제 / 교육 내용 요소들을 빼면서, 각 질문
에 답을 한다. 그런 후 다음과 같은 질문을 염두에 두면서, (단위) 수업 계
획을 위해 목록에 남아 있는 화제 / 교육 내용 요소들 중 일부를 선택한다.

① 학생들은 교육 내용 요소들을 적절하게 탐구하는데 필요한 내용 지
식과 필수적인 기능을 갖고 있는가?(이 질문에 대한 답이 '아니다'라
고 한다면, 학생들이 필요한 필요 조건에 도달하도록 하기 위해, 주
어진 다른 교육과정들의 요구가 실용적인지의 여부 혹은 새로운 화
제/교육 내용 요소가 선택되어야만 하는지의 여부를 고려할 필요가
있다.)

② 학생들이 교육 내용 요소 학습에 적절하게 참여하고 있다면, 필요한
어떤 특별한 자료들이 있는가? (이상적으로, 학교 내에서와 학교 밖
에서 활용할 수 있는 자료들이 있다면, 학생들은 이 자료들을 이용하

려고 할 것이다. 이용 가능한 실제적인 자료들을 고려하고, 이용할
수는 없지만 필요한 자료들을 확인한다. 목록에 이 자료들이 너무 많
이 있다면 수업 실시는 실행될 수 없을 것이다.)
③ 변할 수 있는 학업 스타일과 특별한 필요 사항을 갖고 있는 남학생
과 여학생들은 교육 내용 요소 학습을 성공적으로 할 수 있는가?

학생들과 교사는 교수—학습 과정에서 학생들이 대답해야 할 질문 목록
을 만든다. 그런 다음, 학생들이 자기 자신, 동료 학생과의 관계, 세계와의
관계, 그리고 텍스트와의 관련성을 반영하는 항목들을 확실하게 정리할
수 있도록 질문 목록을 체크한다. 또한 범교과적 관점에 의한 질문들의
유무를 확인할 뿐만 아니라, 내용 교과(content area)의 관점에서 그 질문들
이 삶에서 문제가 되는 이슈들에 초점을 두고 있는지를 확인하기 위해 목
록을 체크한다. 예를 들어, 학교 수업에서 주요한 학습 내용이 되는 "변
화"를 교육과정에 따라 교수—학습하기 위해서, 교사는 학생들과 더불어
다음과 같은 주요 질문들을 탐구할 수 있을 것이다.[13]

① 수업 질문의 사례 : 누가 / 무엇이 변화를 나타내는가?
② 교과 중심(discipline-based) 문제를 생성하기 위한 초점화
    질문 사례 : "균형(equilibrium)"은 변화 과정에서 어떤 역할을 하는가,
    그리고 변화 과정을 어떻게 "유발하고 어떤 영향"을 주는가?
③ 항목 (2)와 관련된 교과 문제의 예 :
    수학, 6~8학년 : 변수를 이해하고 계산하기 위해 컴퓨터 프로그램을
    설계한다.
    과학, 6~8학년 : 접시 바꾸기(교환하기)와 지진, 소금물과 삼투성 등
    과 같은 균형을 이루기 위해 필요한 변화를 탐구한다.
    사회 학습, 6~8학년 : 문화적, 경제적, 과학 기술적인 변화를 검토한다.

---

13) vanAllen, Lanny(1994), "English Language Arts Teachers Embracing Change and Making
    a Difference for Middle Grade Students", Paper presented at the National Council of
    Teachers of English Conference, Portland, Oregon, March 9.

국어 교과(Language arts) : 변화 과정에서의 역동적인 역할을 검토한다.
④ 6~8학년을 위한 범교과적 수업의 예 : 순환
순환적인 변화의 구성 요소와 유형을 검토한다(예를 들어, 물 혹은
탄소의 순환, 문명의 발흥과 쇠퇴의 순환). 한국인들의 세계관 혹은
운명론을 검토한다(예를 들어, 세계관 혹은 운명론을 계절의 변화에
관련짓는다. 그리고 삶의 순환을 계절의 순환과 관련짓는다).

몇몇 청소년 소설들은 "변화(과도기)"를 주제로 한 수업을 위한 유용한
자료로서 활용될 수 있는데, 그 구체적인 텍스트들은 청소년들의 '신체
적·정신적 변화'들을 형상화한 성장소설들이이다.

성장소설은 어린 주인공이 자아를 의식하고 세계 속에서 성숙한 인간으
로 성장하는 과정을 그린 소설이다. 독자들은 성장소설에서 인생에 대한
심도 있는 체험과 인식을 얻을 수 있다. 성장소설은 특히 독일문학에서
발달했는데, 이는 독일인들이 존재의 시간성을 중시했기 때문이다. 우리나
라에서는 일반적으로 성장소설이라고 일컫지만, 독일에서는 '교양소설
(Bildungsroman)'이라 일컫는다. '교양(Bildung)'이라 할 때의 'Bildung'은 동
사 '형성하다(bilden)'의 명사형으로써, 유년시절부터 청년기를 거쳐 장년기,
또는 노년기에 이르기까지 하나의 인격체로서 한 인간이 성숙해 가는 과
정을 그린 소설을 말한다.

성장소설의 작중인물은 자아에 눈을 뜨고, 주위의 세계와 접촉하고, 사
회와의 갈등을 겪는다. 아울러 작중인물은 사회와 화해하며 자신의 길을
찾아간다. 따라서 성장소설의 독자는 작중인물의 성장을 읽으면서, 그 자
신도 성장해 간다. 성장소설은 인생에 대한 심도 있는 체험과 포괄적 인
식을 제공하기 때문이다.

예를 들어, 이순원의 『19세』를 생각해 보자. 이 작품은 고백적 문체로
그린 '젊은 날의 초상'을 그리고 있다. 특히 작가 자신의 사춘기 성장 과
정을 가감 없이 보여주고 있다. 그가 20여 년의 세월이 흐른 뒤 한 소년

을 내세워 사춘기 시절을 솔직하게 고백한 이유는, 요즘 아이들을 이해하기 위해서였다. 이와 함께 어른들이 만든 도덕적 잣대로 아이들을 통제하려는 우리 사회의 어설픈 엄숙주의를 질타하기 위해서였다.

그는 아이들과 교감하기 위해 먼저 육체적 변화에 따른 '성장통'을 들려준다. 이를테면, 사타구니에서 쎄미가 잔디 기어 나오듯 하던 열네 살 때는 여자의 성에 대해 이야기하고, 홍콩 가는 짓을 배우던 열다섯 살 때는 바짝 조이는 청바지를 입은 친구 누나를 그리며 화장실에 붙은 낙서를 떠올렸다. 열아홉 때는 술집 작부와 어울리며 어른의 선을 넘기도 한다. 우여곡절 끝에 학교를 그만두고 대관령으로 들어간 소년은 고랭지 배추농사를 지어 많은 돈을 벌었다. 소년은 그 후 성인이 된 기분을 느끼기 위해 오토바이를 사고, 친구를 불러내 다방과 술집을 들락거렸다. 그러나 방황과 환희가 교차하는 순간, 소년의 가슴에는 급격한 성장에 따른 슬픔의 강물이 흐르기 시작했다. 다시 학교로 돌아온 소년은 정신적으로 한층 성숙해져 있었다. 소년은 방황을 하면서 어느덧 성인의 문턱을 넘어서고 있었던 것이다. 인생의 가장 가파른 굽이길을 돌아서는 소년에게 힘이 된 것은 문학 텍스트이었다.

『19세』에서 작가가 고백한 것처럼 그는 굽이진 길을 걸어왔다. 그러나 그런 경험이 글을 쓰는 데 많은 도움이 됐다. 그의 작품이 독자들의 사랑을 받게 된 것도 성장과정에서 겪은 다양한 경험을 울림이 있는 아픔으로 승화시켰기 때문이다.[14]

한편 정채봉의 『초승달과 밤배』는 어느 순결한 영혼이 겪는 고통의 순례기라고 할 수 있다. 성장소설은 작중인물의 신체적 성장과 인식적 성장 과정을 동시에 경험적으로 드러낸다. 몸과 머리가 크면서 객관 세계에 대한 작중인물의 인식이 어떤 변화를 겪게 되는가를 드러낸다. 이로 인해

---

14) http://www.ypbooks.co.kr/cgi-bin/db2www/contents/12junior.d2w/output.

성장소설은 자칫 생리 발달과 충돌을 겪는 관념 세계의 혼란을 다루기가 십상이다. 그러나 『초승달과 밤배』에는 찔레꽃잎들이 등장하고 돌멩이가 나오며 겨울 달빛이 흐른다. 벼랑 끝의 나무들과 바람에 날리는 동백꽃 향기가 있다. 그것들은 작중인물이 바라보는 세계가 아니라, 작중인물이 포함된 세계이다. 이 세계에는 주관과 객관이 분리되어 있지 않다. 감옥에 가 있는 아버지와 배 다른 두 손자를 키우는 할머니, 그리고 외팔이 삼촌과 도망친 어머니도 이 소설에서는 모두 주요인물이다. 난나의 성장은 풀 끝에 맺힌 이슬 방울 하나와도 무관하지 않은 것이다. 사상범으로 몰린 아버지가 감옥에 있고, 데모하다 잡혀 들어간 향교 대학생이 있긴 해도, 이 소설이 특정한 사상성을 주입하지 않는 것은 난나를 키운 것이 사회 이전의 순수한 자연과 인간이었다는 점을 강조하였기 때문이다.

이 소설은 '나는 나(즉, 난나)'라고 외치는 한 순수한 영혼이 이향(離鄕)해 도시 사회를 경험하면서 '나'가 '나'로부터 이탈되며 겪는 고통과 아픔과 번민을 파노라마식으로 보여준다. '나'가 '나'로부터 이탈하는 근본 원인이 어디에 있는지를, 구차한 설명이 아니라 꼽추 동생 옥이와 친구 불이와 영희, 그리고 무엇보다 할머니의 희생적 삶을 통해 실제적이면서도 구체적으로 묻고 있다. 결국 이 소설은 탐욕스럽고 불안한 사회에서 존재의 분열을 경험한 난나가 본연의 자기로 힘써 돌아가는 과정을 그림으로써, 성장이란 것이 통과제의적인 일탈과 복원의 변증임을 강조하고 있다.

한편 백민석의 『불쌍한 꼬마 한스』는 전통적 소설 문법을 뒤집은 새로운 성장소설의 가능성을 보여준다. 이 작품은 정신과 의사와 화자가 대화하는 형식으로 유년 시절을 추적한다. 어떤 법칙으로도 설명할 수 없는 화자의 특이한 초자연적 경험을 화두로 삼아, 애정이 결핍된 '도서관 소년'의 성장기를 보여준다. 여기에는 누구나 유년기에 경험했던 SF소설에 대한 독서 편력, 성적 체험, 어른들에 대한 위악적 행위 등이 잘 버무려져 있다. 부모 없이 할머니의 품속에서 자란 소년의 고단한 유년기를, 현실에

발을 디딘 채(정신과 의사와의 대화, 간호사 선애와의 연애 등) 분절적으로 보여
준다. 『불쌍한 꼬마 한스』가 여타의 성장소설과 다른 특성은 이러한 파편
화되고 단편적인 기억으로 소설을 구성하는 방식이다.

현기영의 『지상에 숟가락 하나』는 전체적인 서사에 구애됨 없이, 136개
의 소제목을 단 옴니버스 구성을 취하고 있다. 이 소설의 옴니버스식 구
성은, 이 소설을 순서를 굳이 지키지 않고도 읽을 수 있게 한다. 또한 단
형 서사시로 봐도 전혀 손색이 없을 만큼 미려한 시적 문체와, 자연과 역
사에 대한 사색과 통찰을 통해 미적 긴장을 제공한다. 현기영의 작품들이
일반적으로 설정하고 있는 공간인 '제주도'를 소설 공간으로 설정하였지
만, 역사적 비극에 대한 사회학적 인식 대신 자신의 어린 시절을 회고의
대상으로 삼았기 때문이다. 그러나 이러한 회고는 한 개인의 자족적 세계
에 한정되지 않는다. 그의 과거에는 그의 것만이 아닌, 그의 것이면서 동
시에 공동체적인 과거 곧 역사가 들어 있기 때문이다.

그의 회상은 아버지의 죽음으로 시작돼, 자연의 일부로 살았던 유년시
절로 거슬러 올라간다. 어머니가 옷을 가져간 줄 모르고 헤엄치다가 여자
애들이 볼세라 아랫도리를 가리고 뛰던 주인공 똥깅이, 국수가락처럼 흘
러내리는 코를 들이마시는 누렁코, 커다란 떡구슬나무를 겁도 없이 오르
내리는 나무타기 도사 웬깅이, 이어서 중1 때 입문한 글쓰기, 이성에 눈뜨
는 사춘기의 첫 몽정을 거쳐 중학교 기념연극 <맥베스>의 공연에 대한
회상으로 이 소설은 끝을 맺는다.

이들 성장소설들을 읽음으로써, 청소년 독자들은 사람들 사이의 관계
변화, 시간에 따라 변화하는 세계에 대한 개인적인 인식의 방법들과 경험
들을 알게 된다. 이는 근본적으로 삶의 변화성을 인식하는 문학 텍스트
읽기 경험이라 할 수 있다. 삶의 변화성에 대한 인식은 작중인물의 정신
적·신체적 변화들을 형상화한 청소년 문학 텍스트들에 대한 독서를 통해
확장될 수 있다. 따라서 '변화'를 학습 내용으로 하는 교수-학습의 효과

는 학생들이 다양한 청소년 문학 텍스트들을 읽도록 하는 데서 출발해야 한다. 이렇게 함으로써 실제 삶의 모든 측면에서 '변화'가 갖는 의미들을 보다 깊게 이해할 수 있을 것이다.

한편 '변화'를 학습 내용으로 하는 교수-학습 과정에서는 다음과 같은 질문들이 제기될 수 있다 : 학급의 특별한 학생들에게 적절한 활동 유형은 무엇인가? 주어진 시간, 상황 맥락, 지원 체제들 중에서 실제 수업 과정에서 실행되는 것들은 무엇인가? 바람직한 수업의 결과와 교사의 개성, 지적 능력, 철학 중에서 유용한 것은 무엇인가?

이러한 질문들에 답하기 위해서는 <표 8-1>에 있는 것을 활용할 수 있을 것이다. 또한, 다양한 교과의 관점에서 교육 내용 요소들의 학습을 위해 망(Webs)이나 개념 지도(Concepts maps) 등을 활용할 수 있다. 이에 대한 예는 <그림 8-1>에 제시되어 있다.

① 개념
② 관련된 발달 과업 / 연령별·성별 집단 차이에 따른 관심사
③ 관련된 문학 텍스트
④ 요구된 자료들
⑤ 필수적인 기능들 / (모든 교과에서 나온)내용
⑥ 관련된 기능들 / (모든 교과에서) 전달되어야 할 내용
⑦ 교육과정에서 지정된 목표들과의 관련성(그리고 교육적 결과를 위해 지정된 다른 것들과의 관련성)
⑧ 관련된 교과에서의 질문들
⑨ 범교과적인 질문들
⑩ 포함된 다문화적 관점들
⑪ 특별한 요구 사항을 지닌 학생들을 위해 요청된 고려사항
⑫ 관련된 활동들

〈표 8-1〉 청소년 문학 텍스트 중심 범교과적 교수-학습의 교육 내용 요소

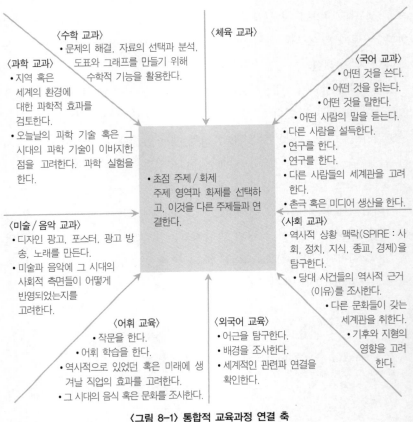

〈그림 8-1〉 통합적 교육과정 연결 축

로스(Ross, 1987)는 범교과적 관점에서의 탐구 중심 교육과정을 설계하는 것의 장점을 언급한 바 있다.[15] 범교과적 관점에서의 탐구 중심 교육과정은 특정 교과의 경계를 넘어서서 학생들이 문학 텍스트에 근거를 둔 학습을 할 수 있게 한다. 이러한 학습은 특정 교과의 경계에서 벗어나 그물망(webbing)과 브레인스토밍(brainstorming)과 같은 전략들을 통해 보다 잘 수행

---

15) Ross, E. Wayne & Lynne M. Hannay(1987), "Reconsidering Reflective Inquiry : The Rolw of Critical Theory in the Teaching of Social Studies", *Southern Social Studies Quarterly* 13(2) : 2-19.

될 수 있다. 위에 제시된 질문들은 통제보다는 학습을 위한 지침으로 사용될 수 있으므로, 특별한 순서 속에 질문들을 배치할 필요는 없다. 그런데 범교과적 관점에서의 수업을 할 때에는 서사 텍스트가 많은 이점이 있으므로, 서사 텍스트를 적극 활용할 필요가 있다.

4. 범교과적 관점에 의한 청소년 문학교육의 내용 범주

독자로서 문학 텍스트에서 보다 긍정적인 경험을 한 학생들은 자신의 삶을 통해 문학 텍스트와의 만남에 보다 즐겁게 지속적으로 참여할 것이다. 문학 텍스트와의 만남을 통해 독자는 자신의 세계를 확장하고, 다른 공간과 시간에 대해 알게 되며, 다양한 세계관에 대한 포용력을 갖게 될 것이다. 또한 독자들은 특정한 상황 맥락에 토대를 둔 한 사람의 이야기를 일반화하는 것이 본래부터 어렵다는 것을 인식할 것이다. 독자들은 자신과 다른 사람들의 문화적 유산을 보다 많이 알게 되고, 자신보다 이전에 다른 사람들이 경험했던 즐거움과 좌절을 상상을 통해 간접적으로 경험한다. 그리고 삶의 과정에서 생겨나는 문제들의 해결 과정에서 혼자가 아님을 인식하고, 편안함을 느끼거나, 자신의 실제 삶에서 생겨나는 문제를 해결할 수 있는 단서를 독서 경험을 통해 찾을 수 있을 것이다.

일반적으로, 잘 이루어진 독서는 거의 항상 범교과적 관점에서의 학습을 위한 토대를 제공할 것이다. 예를 들어, 청소년 소설 『19세』를 읽은 뒤에 청소년 독자가 비평적 에세이를 썼다면, 그는 에세이 쓰기를 통해 문학 읽기 경험 과정에서 자신의 평범한(stereotype) 생각이 변화되었음을 알 것이다. 이러한 독서를 통해 청소년 독자는 그의 상식이나 편견을 재고하면서 매우 다양한 삶의 양상들을 심오하게 인식할 수 있을 것이다. 그리고 이러한 인식을 통해 그는 청소년 문학 텍스트 읽기가 실제 삶과 밀접한 관련성이 있음을 이해하고, 보다 향상된 삶을 모색하고자 할 것이다.

1) '가정'을 내용 범주로 한 청소년 문학교육

많은 청소년들은 학업과 교우관계에서 전형적인 긴장감을 느끼고, 모험을 하기 원한다. 청소년들은 친구들을 사귀고, 친구들과 공통 목표(예를 들어, 진학, 자아 형성 및 개발 등)를 달성하기 위해 노력하는 과정에서 즐거움을 느낀다. 그러나 그들은 학교나 사회보다는 가정이 그들에게 보다 많은 편안함을 제공한다고 생각한다. 그러므로 '가정'을 내용 범주로 하는 청소년 문학교육은 청소년들이 실제로 존재하는 다양한 가정의 모습들을 이해하고, 미래에 성인이 되었을 때 자신들이 만들고자 하는 가정의 모습을 상상하도록 할 수 있고, 또 그렇게 해야만 한다.

(1) 학습 원리

역사적으로 볼 때, 한 개인이 자신의 가정을 꾸리는 것은 세계의 곳곳에서 인정되고 구현된 가치이며, 문화적 경계를 넘어서서 전 인류가 욕망하는 것이다. 그러나 오늘날의 사회에서는 전쟁이나 자연적 재해 등으로 인해 가정이 없는 많은 청소년들이 생겨나고 있다. 이로 인해 많은 청소년들은 피난 수용소를 가정으로 알기도 한다. 그리고 많은 청소년들은 가정에서 부모의 학대와 무관심을 경험하고 있다. 그럼에도 불구하고 많은 청소년들은 자신의 정체성을 찾을 수 있는 공간으로서 가정을 여전히 생각하기도 한다.

이러한 상황은 학교 교육, 특히 청소년 문학교육에서 가정이 중요한 내용 범주가 될 수 있음을 시사한다. 따라서 학교에서 많은 교사들은 '가정'이라는 내용 범주와 관련된 청소년 문학 텍스트를 적극적으로 활용하고, 이 내용 요소들을 학생들이 적절하게 학습할 수 있도록 학생들을 조직할 필요가 있다. 학생들은 다양한 문화적·윤리적 집단을 대표하는 여러 배경들을 갖고 있기 때문이다.

오늘날의 우리 사회에는 매우 다양한 가정과 가족이 존재한다. 어떤 학생들은 임시 수용소에서 살고, 어떤 학생들은 양친이 있는 전통적인 가정에서 산다. 그리고 다른 학생들은 양부모와 함께 살거나 조부모와 함께 산다. 또한 어떤 학생들은 편부 / 편모와 함께 산다. 또한 어떤 학생들은 생활보호 대상자 출신이고, 다른 학생들은 비교적 유복한 집안 출신이다. 그러나 모든 청소년들은 가정이 가족 구성원들의 정체성을 어떻게 형성하는지, 그리고 미래에 자신의 가정을 만들 때에 어떻게 노력할 것인가 등과 관련된 생각을 처음으로 정립하는 단계에 놓여있다.

많은 학생들은 '가정'을 따뜻함, 보호, 양육, 안전, 그리고 사랑의 공간으로, 주어진 것으로 생각한다. 가정 밖의 세계에서 자신들의 역할 수행(perfomance)과 상관없이, 많은 학생들은 가정을 따뜻함, 보호, 양육, 안전, 사랑 등과 같은 이미지로서 기대하고 받아들인다. 그러나 분명히, '가정'은 모든 학생들에게 그와 같이 목가적인 공간만은 아니다. 어떤 학생들은 방과 후에 돌아갈 가정이 없기 때문에, 학교를 따뜻함과 안식의 공간으로 여긴다. 그리고 어떤 학생들은 가정이 있다고 하더라도, 그 가정을 편안한 곳으로 생각하기보다는 정서적, 육체적, 성적 학대가 이루어지는 장소로 생각한다. 이러한 가정에서 학생들은 자신이 양육되고, 대접받고, 관심을 받고 있다고 생각하지 않는다. 가정이 있든지 없든지 간에, 청소년들은 가정이 할 수 있고, 해야만 하는 것들에 대해 생각하고, 자신이 성인이 되었을 때 이루고 싶은 가정의 모습을 처음으로 생각하게 된다.

(2) 학습 목표(Unit Goals)

학교의 특정한 상황 맥락들과 교육과정 내에서 수업을 하는 교사들은, 자신의 수업을 위해 다음과 같은 학습 목표들(goals)을 추가하고 빼기를 원할 것이다. 또한 탐구 수업에 참여하는 학생들과 함께 교수를 전개하는 하는 교사들은 다른 집단의 학생들이 다른 질문을 하려고 한다는 것을 알게 될 것이다. 따라서 학습 목표들은 다양한 학급들을 위해 서로 다른 방식으로 설정될 수 있다. 일반적으로, 학생들은 말하기, 듣기, 읽기, 쓰기 등의 기능들뿐만 아니라 비평적이고 창의적인 사고 기능들을 계발할 것이다. 보다 특별하게, 이러한 수업을 통해 학생들은 다음과 같은 활동들을 할 수 있을 것이다.

① 자신이 선택한 문학 텍스트들의 제목을 읽고, 이 문학 텍스트들이 교육 내용 범주로 '가정'을 갖는 수업과 갖는 관련성을 토의한다.
② 이야기의 배경과 교육 내용 범주 '가정' 간의 관련성을 설명한다.
③ 개인적인 경험들, 문학적 사례들, 그리고 과학과, 사회과 수업에서 얻은 정보를 활용하여 교육 내용 범주 '가정'의 의미를 명확히 한다.
④ 교육 내용 범주 가정을 설정하는 데에 사용된 전략들을 설명한다.
⑤ 문학 텍스트에 형상화된 작중인물, 배경, 갈등 등에 대한 이해에 토대를 두어 플롯을 구성하는 사건들을 예상한다.
⑥ '가정'에 대한 주제를 공유하는 문학 텍스트들을 비교하고 대조한다.
⑦ 도서관 조사, 다양한 연령 집단 사람들과의 인터뷰, 서로 다른 시대에 생산된 '가정'을 주제로 한 역사적 허구(소설)와 주요한 자료 등을 통해 다양한 관점에서 '가정'이라는 교육 내용 범주를 검토한다.
⑧ 모둠별 발표나 학업 수행을 통해 개인적으로 의미 있는 방식으로 교육 내용 범주를 종합한다.

(3) '가정'을 주제로 한 청소년 문학 텍스트 해석

청소년 독자들은 '가정'을 주제로 하는 청소년 문학 텍스트들을 읽고, '가정'이 정의되는 방법과 가정이 자아의 정체성에 영향을 주는 방법들을 탐구하기 위해 기획된 범교과적 수업에 이 문학 텍스트들을 통합할 것이다. 이 문학 텍스트들은 청소년들이 스스로 선택한 것으로, 그들이 생각하는 가정의 의미와 가정이 자아의 정체성에 주는 영향을 분명히 드러내는 것들이기 때문이다.

또한 창의적인 학생들은 자신들이 선택한 문학 텍스트들에 대한 해석을 재검토하고, 자신의 실제 삶과 관련된 텍스트들을 찾음으로써 범교과적 수업과 관련된 문학 텍스트를 추가하거나 보충할 수 있다. 그러나 이때 선정된 문학 텍스트들은 작중인물들이 갖는 문화적 다양성을 반영할 뿐만 아니라, 다양한 문화적 배경을 지닌 주인공들이 있어야 한다. 또한 선정된 문학 텍스트들은 남자 청소년과 여자 청소년 독자들이 모두 관심을 가질 수 있는 것이어야 한다.

범교과적 수업에서 활용될 수 있는 문학 텍스트는 남녀 청소년 모두가 관심을 갖는 것이어야 한다. 이를 위해서는 논픽션, 시, 판타지 소설, 사실주의 소설 등과 같은 다양한 장르가 범교과적 수업에 활용되어야 한다. 범교과적 수업에 활용할 수 있는 문학 텍스트를 선정할 때 중요한 점은 문화적 다양성, 성적 매력(appeal), 읽기 능력, 그리고 특별한 요구 등을 나타내는 문제들을 반드시 고려해야 한다는 것이다.

(4) 교수 – 학습 과정

학생들의 초인지 구조를 활성화시키고, 배경지식을 촉진하기 위해서는 '피라미드화 하기'와 같은 전략이 유용하다. 학생들은 개별적으로 '가정'을 한 문장으로 정의하려고 한다. 그런 다음, 학생들은 동료 학생들과 '가정'에 대한 정의를 서로 교환하고, 합의를 도출한다. 두 집단의 파트너들, 즉 4명으로 구성된 한 집단은 각 집단 구성원의 생각들을 수렴하여 가정에 대한 정의를 정리한다. 그런 다음, 4명이 한 조가 된 모둠은 8명이 한 조가 되는 보다 큰 모둠 속에 들어간다. 이런 방식을 계속 확장하면, 결국 학급은 가정에 대한 합의된 정의를 내릴 수 있을 것이다. 이 정의는 학생들의 문학 텍스트 읽기를 위한 표준이 된다. 학생들이 선정된 문학 텍스트들을 읽고 서로 다른 관점에서 '가정'이라는 교육 내용 범주를 학습할 때, 그들은 가정에 대해 학급에서 내린 정의에 새로운 내용을 추가하고 변형시킬 수 있다.

가정을 교육 내용 범주로 하는 수업을 위한 다른 가능한 활동은 가정 내의 역할들을 맡아 놀이를 하는 것이다. 이를 위해서는 친구간의 관계나 가족간의 갈등 및 해소를 보여주는 TV 청소년 드라마를 적극적으로 활용할 필요가 있다. 또한 가족 구성원들의 청소년 이해 정도나 시대의 변화에 따른 공동체의 변화 양상을 보여주는 시 텍스트들을 활용할 수도 있다. 또한 사회 공동체의 변화에 따라 가정에 대한 청소년들의 이해가 어떤 영향을 받아왔는가를 보여주는 시 텍스트들도 활용할 수 있다.

가정을 교육 내용 범주로 하는 범교과적 수업에 보다 능동적으로 참여하기 위해 학생들은 KWL활동, 즉 이미 알고 있는 것을 브레인스토밍하기, 새로운 것 학습하기, 더 알기 원하는 것을 브레인스토밍하기, 그리고 수업의 마지막 단계로서 학습한 것의 목록 만들기 등과 같은 활동에 참여한다. 예컨대 학생들은 현장 학습에 참여하여 야생동물의 자연 서식지에 대한 이해를 통해 '가정'에 대한 학습을 할 수 있다. 이를 위해 우선 학생들은 야생동물의 자연 서식지에 대해 이미 알고 있는 것을 브레인스토밍하고, 새로운 것을 학습하고, 더 알고 싶은 것을 브레인스토밍할 수 있다. 이러한 활동들을 통해 학생들은 특정 지역의 환경 변화들이 특정 지역의 야생 생물들의 서식지에 어떤 영향을 주는지를 보다 잘 알게 될 것이다.

초기 활동 후에, 문학 교사는 학생들의 개별적인 독서를 위해 문학 텍스트의 내용에 대한 대화를 학생들과 함으로써, 학생들이 선택한 다양한 문학 텍스트들 중에서 수업 시간에 활용할 핵심 텍스트들을 학생들에게 소개한다. 선정된 문학 텍스트들에 대한 학생들의 관심 유무를 판단하고자 할 때, 논의되고 있는 문학 텍스트들의 내용에 대한 대화는 매우 유용하다. 문학 텍스트를 선정할 때, 문학 교사는 학생들에게 판형, 페이지 수, 삽화의 유무, 저자에 대한 사항, 텍스트에 형상화된 작중인물들의 유형 등을 설명한다. 이러한 책 대화(book talks)는 문학 텍스트가 독자로서의 교사에게 주었던 영향, 텍스트와 교사와의 교호 작용을 보여준다. 이때 텍스트의 특정 부분을 인용하는 구두적 읽기는 작가의 문체와 텍스트에 형상화된 주요한 문학적 양상들인 플롯 개요, 그 책의 장점들에 대한 짧은 진술로 된 평가 등을 드러낸다. 책 대화가 끝나면 학생들은 수업 시간에 활용하기 위해 선택한 세 권의 문학 텍스트들의 제목을 적는다.

이 활동 후에 문학 교사는 첫째 주의 수업을 위해 선택한 문학 텍스트들 중에서, 한 가지만을 각 학생들에게 제시한다. 이때 문학 교사는 학생들이 그들 스스로 선택한 문학 텍스트를 읽을 수 있는 기회를 주어야 한다. 일반적으로 중학교에서는 45분 수업 시간의 절반 정도를 텍스트 읽기에 할애해야 하다. 학생들은 문학 텍스트에 대한 매일 매일의 학습으로서 일지 쓰기 과제를 수행한다. 일지 쓰기의 주제들은 학생들이 문식성 수준에서 그들의 읽기(독서)를 이해하는지를 확인하기 위해 마련될 수 있다. 예를 들어, "문학 텍스트에 제시된 배경을 설명하시오. 사건이 전개되고 있는 곳은 어디인가?" 등을 묻는 일지 쓰기 과제가 있을 수 있다. 또한 "주요 작중인물들과 그들이 살고 있는 곳을 설명하시오. 주요 작중인물들이 그곳에서 살고 있는 이유도 쓰시오."라는 일지 쓰기 과제가 있을 수 있다. 과제로 제시받은 문학 텍스트를 보다 자세히 읽을 때, 학생들은 "이 수업 시간에 학습하고 있는 문학 텍스트에 대해 어떻게 생각하는가?" 혹은 "지금까지 본 영화나 문학 텍스트들 중에서 이 수업시간에 소개하고 싶은 것을 소개하시오" 등과 같은 일지 쓰기 과제를 해결할 수 있을 것이다.

일단 텍스트의 중요한 부분들을 읽기 위한 기회를 가졌다면, 학생들은 일반적인 방법으로 텍스트의 의미를 구성하고 텍스트의 의미에 대해 동료 학생들과 상호 작용하기 위해 소집단에서 학습을 시작한다. 소집단 토론을 준비하기 위해, 연습 / 사전 연습으로서의 일지 쓰기 활동들을 했다면, 이를 통해 학생들은 "모둠 동료들과 어제 나누었던 대화를 어떻게 느꼈는가?", "어제의 대화에서 무엇을 배웠는가?" 등과 같은 학습 과제(topic)를 수행할 수 있을 것이다.

범교과적 관점에서의 수업이 아닌, 개별 교과의 관점에서 국어 수업을 하는 교사들은 문학 텍스트의 내용, 수업 전개와 관련된 기능들을 강조할 것이다. 이 수업에서 학생들은 같은 문학 텍스트를 읽고 있는 동료 학생들과 함께 수업에 참여한다. 이때 교사는 "나는 _____에 강한 느낌을 받았다.", "나는 _____에 동의한다 / 반대한다.", "나는 _____을 이해할 수 없다.", 그리고 "나는 _____를(을) 예상한다." 등과 같은 문장 형성구들을 통해, 학생들 간의 문학 토론을 촉진할 수 있다. 교사의 이러한 촉진 활동에 의한 토론 뒤에, 학생들은 토론이 어떻게 전개되었는지, 모둠 내에서 각 학생들이 어떤 기여를 했는지, 토론에서 어떤 질문들이 생성되었는지, 그리고 모든 학생들이 토론에 동등하게 참여하도록 하기 위해 그 모둠은 어떤 전략들을 사용할 수 있는지 등과 같은 모둠별 토론 과정에 대해 장시간에 걸쳐 보고서를 쓴다.

이러한 토론들을 위해 설정된 수업 목표는 모든 학생들이 플롯의 원리를 알고, 스토리 내에서 작중인물들 간의 관계와 기능들을 이해하고, 배경이 작중인물의 행동과 플롯의 긴장 상태 등에 어떤 방법으로 영향을 주는지를 설명할 수 있도록 하는 것이다.

마지막 활동으로서, 교사는 학생들이 그 문학 텍스트를 읽지 않은 동료 학생들에게 그 문학 텍스트의 내용에 대해 설명하게 한다. 특히 문학 텍스트 속의 주요 작중인물이 가정을 찾아내는 방법에 초점을 두어 동료 학생들에게 텍스트의 내용을 설명할 수 있도록, 학생들에게 그 문학 텍스트를 다시 읽도록 요청한다. 이때 그 문학 텍스트를 다시 읽은 학생은 그 문학 텍스트를 읽지 않은 동료 학생에게 그 문학 텍스트에 대해 설명하기 전에, 문학 텍스트 광고 영상물, 게시판 광고 등과 같은 가능한 방법들을 브레인스토밍 한다. 그런 다음 학생들을 자신의 학업 성취도에 따라 자신이 설명해야 할 동료를 선정하고, 자신의 모든 학업 능력을 동원해 문학 텍스트에 제시된 정보를 설명한다. 이를 위해 학생들은 연습 질문을 완성하고, 소집단 토론에 참여한다.

수업 시간에 다루어야 할 모든 문학 텍스트들을 학습한 뒤에, 학생들은 "나는 가정을 _____한 장소라고 생각한다."와 같은 문장을 작성함으로써, 개성적인 방법으로 '가정'에 대한 정의를 한다. 이때 학생들은 가정을 "안전한 곳", "나를 사랑해 주는 곳" 혹은 매우 초보적인 수준에서 "잠을 잘 수 있는 곳" 등으로 말할 것이다. 문화적 경계와 개인적 경험을 넘어서는 '가정'의 의미에 대한 일반화와 매우 다양한 문학 텍스트들을 읽는 독자로서 자신의 상상적인 경험을 만들기 위해, 학생들은 '개인이 양육되는 곳, 다른 사람을 양육하는 곳, 자신의 문제를 공유하는 곳' 등과 같은 좀 더 복잡한 방법으로 가정에 대한 정의를 내리기 시작할 것이다. 또한 학생들은 개인의 관점에 따라 가정의 실체가 달라지기 때문에, 자신의 가정과 미래에 자신의 가정이 갖는 의미를 구성하기 위해서는 많은 책임감이 수반되어야 함을 인식할 것이다.

(5) 범교과적 연결(Transdisciplinary Connections)

수업이 보다 분명하게 범교과적인 것이 되도록 하기 위해 학생들은 과학자, 역사학자 혹은 예술가의 관점에서 보다 명쾌하게 '가정'의 개념을 탐구해야만 한다. 수업의 마무리는 학생들이 '가정'에 대해 갖고 있는 매우 풍부하고 복잡한 지식의 근거에 토대를 두어 보다 의미 있는 탐구, 질문들에 대한 의미 부여를 하는 출발점이 되어야 한다. 문학 텍스트에 대한 지식의 형성을 통해, 학생들은 지금까지와는 다른 관점들에서 자신의 문제들을 이해할 수 있다. 예를 들어, 청소년 문학 텍스트들에 형상화된 농어촌 청소년, 이혼 가정의 청소년, 도시의 거리를 배회하는 청소년 등이 있다고 가정해 보자. 이러한 청소년들의 상황을 문학 텍스트에서 읽을 때,

학생들은 자신의 학급이나 주변 사회에서 가정이 없는 청소년들이나 이혼 가정의 청소년들에 대해 조사를 하고, 이를 바탕으로 청소년들이 처한 상황에 대한 자신의 관점을 드러내는 쓰기를 할 수 있을 것이다. 가정이라 불리는 공간을 만들기 위해 투쟁하는 주요 작중인물들이 처한 문화적 상황맥락의 다양성은 여러 상황에서 '가정'을 만드는 것과 관련된 현실적인 문제들에 대한 통찰력을 제공한다.

다른 교과의 교사들과 한 팀이 되어, 문학 교사는 문학 수업에서 '가정'에 대한 학습을 몇 가지 방법을 통해 확장시킬 수 있다. 이는 '가정'을 교육 내용 범주로 하여 범교과적 관점에서 수업을 하는 것으로, 이러한 수업은 미술, 사회, 가정, 경제, 국어, 수학 등과 관련된 활동들을 통합할 것이다.

'가정'을 교육 내용 범주로 하는 특정 수업 시간에 교사와 학생들이 교수—학습 과정에 보다 집중하기 위해서는 몇 가지 질문 목록들을 생성해야만 한다. 교육 내용 범주 '가정'을 위한 교수—학습의 촉진을 위한 질문들의 예는 다음과 같다.

① 수업 질문의 예 : '가정'은 무엇이며, '가정'을 형성하기 위한 책임은 누구에게 있는가?
② 교과 중심(discipline-based) 문제들을 생성하기 위한 질문들의 예 : '가정'의 필수적인 구성요소는 무엇인가? '가정'을 형성하는데 유용한 전략은 무엇인가?
③ 질문 ②와 관련된 교과 질문들의 몇 가지 예
   • 컴퓨터 자판을 통해 '가정'이란 글자를 쓸 때의 효과와 가치는 무엇인가?
     ─과제 : '가정의 기반'이란 학습 내용 요소를 이해하고 처리하기 위한 컴퓨터 프로그램을 설계하라.
   • 과학과 : 환경은 사람들의 집단과 다양한 동물의 서식지에 어떻게 영향을 주는가?

- 과제 : 도서관, 신문, 인터넷 자료 등을 통해 산성비, 온실 효과, 환경오염 등과 같은 환경 문제들이 '가정'을 창조하려는 노력에 어떤 영향들을 주는지 조사하고, 이러한 환경상의 변화에 반응해서 다양한 집단들(사람이나 동물, 식물)이 활용할 수 있는 적응 기술을 설명하라.
- 사회과 : 다양한 기후, 국가, 그리고 사회적 조건 속에서 가정을 창조하려는 인간의 노력들에 문화적, 경제적, 그리고 기술 공학적 변화들이 어떻게 영향을 주는가?
  - 과제 : 가정이 없음으로 인해 생겨나는 문제들을 탐구해 보고, 자신의 공동체 내의 조사에 토대를 두어 환경 개선을 위한 생각을 약술하고, 자신의 공동체에서 영향력 있는 사람에게 편지를 쓴다.
- 국어과 : 각자 다른 개인들에게 '가정'이 의미하는 것은 무엇인가?
  - 과제 : 이상적인 가정에 대한 개인적인 정의를 하고, 이러한 이상적인 가정을 성취하기 위한 개인적인 노력들에 영향을 주는 요소들을 다섯 가지 이상 쓴다.
- 체육과 : 가정생활은 개인의 정체성 발달과 스트레스 해소에 어떤 영향을 주는가?
  - 과제 : 가정이 자신의 정체성 형성에 기여하는 바를 나타내는 스크랩북이나 포트폴리오를 만든다.
- 미술과 : 화가들은 구체적인 작품을 통해 가정에 대한 이미지를 어떻게 처리하는가?
  - 과제 : 국어 교과에서 생성된 가정에 대한 개인적인 이미지를 시각적 표현을 통해 하도록 한다.
- 음악과 : 음악 이론과 관련지어 '가정'을 어떻게 말할 수 있는가?
  - 과제 : 국어 교과에서 생성된 가정에 대한 개인적인 이상을 반영하는 음악을 선곡한다.

탐구 중심(inquiry-based) 교실에서, 교사가 해야 할 일은 학생들이 동기화되어 질문을 할 수 있는 충분한 지식의 토대를 형성하도록 촉진하는 것이다.[16] 여기에 제공된 질문들은 흥미 있고 재미있는 수업을 이끌 수 있고,

서로 다른 교과의 교사들이 다른 교사들과 팀을 이루어 상호 관련된 수업을 계획할 수 있게 할 것이다. 그러나 학생들이 자신의 질문을 함으로써 교수－학습 과정에 대한 책임을 지게 된다면, 그들을 보다 열성적으로 수업에 참여할 것이다.

2) '갈등과 대결'을 내용 범주로 한 청소년 문학교육

부모의 학력과 수입이 낮은 청소년들은 교육 내용 범주 '갈등'에 많은 관심을 보인다. 이 청소년들은 학교교육에서 '갈등과 대결'에 대해 많은 것을 배우고, 이를 통해 자신들이 처한 삶의 현실을 점차 직시하게 된다. 또한 그들은 일상의 삶이 보여주는 다양한 측면에서 갈등의 증거를 보기 때문에, 교육 내용 범주 '갈등'에 강한 관심을 드러낸다. 그러기에 그들은 일상생활에서 갈등을 어떻게 처리할 수 있는지를 학습할 필요를 느낀다. 이때 그들에게 필요한 것은 사람들 사이에는 서로 다른 문화들이 존재한다는 것을 인식하는 것이다. 서로 다른 문화들의 공존은 사람들 사이의 갈등도 공존할 수 있음을 보여주기 때문이다. 자신이 살고 있는 세계에 대한 이해를 위해 중학생들이 점차 많은 관심을 가져야 할 것은 개인적인 정체성을 형성하기 위한 개인적인 노력뿐만 아니라, 점차 복잡해지고 있는 세계에서 집단적인 갈등들이 세계의 일부분이라는 것에 대한 인식이다.

(1) 학습 원리

중학생들은 지속적인 갈등의 상태에서 살아간다. 그들의 정서는 한꺼번에 수백 가지의 방향으로 그들을 이끈다. 그들은 동료 학생들과 말다툼을

---

16) Harste, J. & short, K.(1995), "Inqiury, Theme Cycles, and Interdisciplinary Teaching", Presentation made at the National Council of Teachers of English Spring Conference, Minneapolis, March.

하기도 하고, 부모님과 논쟁을 하기도 한다. 또한 그들을 선생님들의 권위에 도전을 하기도 하고, 세계가 평화롭게 살 수 있는 곳이 아니라는 증거를 찾아 세계에서의 갈등을 정당화하기도 한다. 따라서 중학생들은 일상적인 삶과 문화적·성적(gender)·연령적 경계를 넘어서서 자신의 관심사와 갈등을 통합적으로 조정할 필요가 있다. 그리고 이러한 조정은 공적인 사고를 필요로 한다.

범교과적 관점에 의한 청소년 문학교육을 통해, 중학생들은 갈등의 처리를 위해 공적인 사고(thinking)를 작동시키고, 자기 중심적 사고에서 벗어나기 위한 학습을 시작함으로써 타자들과의 공존에 의한 생존 기능을 습득한다. 또한 그들은 개인적 정체성 형성 과정에서 겪는 가치관, 도덕, 윤리 등에 대한 내적인 갈등을 해결하는 방법을 탐구할 수 있다. 이러한 탐구 과정을 통해 중학생들은 다양한 갈등 상황들에 대한 타당한 대안적인 반응을 모색할 수 있다.

(2) 수업 목표

특정한 상황 맥락과 지침으로서의 교육과정의 압박 속에서 '갈등'을 교육 내용 범주로 하는 수업을 효과적으로 수행하기 위해 교사들은 다음에 제시된 학습 목표들의 목록을 활용할 수 있다. 이러한 학습 목표들은 모든 수업 과정에서 학생들이 사회적 기능들과 언어적 처리 기능들 ― 듣기, 말하기, 읽기, 쓰기 ― 을 발달시킬 수 있게 하고, 문제 해결력과 비판적 사고력을 증진시킬 수 있게 할 것이다. 학생들의 문제 해결력과 비판적 사고력을 계발할 수 있는 수업 목표들은 다음과 같다.

① 교육 내용 '갈등'에 초점을 둔 수업 과정에서 이미 읽은 문학 텍스트에 대한 분석과 상호 작용적 반응에 참여한다. 특히 문학 텍스트에 제시된 작중인물의 갈등과 반응을 조사한다.
② 여러 텍스트들에서 작가가 '갈등'을 처리하는 방식과 관점을 비교한

다. 그리고 플롯의 긴장감을 형성하는 작가의 기교, 텍스트의 일부가 되는 예상독자에 대한 작가의 관심과 관련되는 '개인간의 갈등', '개인 의식 내부의 갈등', '개인과 사회의 갈등', '개인과 자연의 갈등' 등을 살펴보고, 이러한 갈등의 양상을 실제 삶에서도 찾아본다.

③ 문학적 관습들의 탐구에 초점을 둔 수업 과정에서 개인적 경험, 문학적 경험 등을 활용하여 '갈등'과 갈등을 창의적이고 생산적으로 다룰 수 있는 방법들을 살펴본다.

④ 갈등과 플롯, 작중인물간의 상호 작용의 관련성을 명확히 하면서, 문학 텍스트에서 '갈등'이 얼마나 중요한지를 설명한다.

⑤ 갈등의 특징을 드러내는 다양한 정보들을 모으고, 특정한 갈등을 해결하는 것과 관련된다고 여겨지는 근거들을 제시한다. 아울러 갈등의 해결에 대한 개인적인 성향을 결정한다.

⑥ 갈등 해결 기능을 향상시키기 위해 기획된 교실 밖에서의 교육 경험에 참여한다. 그리고 갈등이 발생하는 상황이.갈등 해결 과정에 영향을 주는 방법들에 대한 가설을 세운다.

⑦ 서로 다른 가치관, 정체성, 세계관 등과 관련되는 갈등을 국가와 문화들이 역사적으로 어떻게 처리해 왔는지를 검토한다.

⑧ 자연적인 세계에서 찾을 수 있는 갈등의 특징을 조사한다.

⑨ 일상 삶에서 갈등과 관련된 발상, 그것의 의의와 관련되는 질문들을 생성하고, 이 질문들에 답하기 위한 유용한 절차와 자료 목록들을 개발한다.

⑩ '갈등과 대결'에 관한 학습의 내용을 공식적인 전시를 위해 보고서를 씀으로써 수업 내용을 종합한다.

(3) '갈등'을 교육 내용 범주로 하는 청소년 문학 텍스트 선정시 유의사항

이 수업을 위해 선택될 수 있는 문학 텍스트들은 유용성, 학습자의 잠재적인 흥미, 읽기 능력, 그리고 일반적인 독서를 위한 다른 범주들을 고려하는 것이 되어야 한다. 따라서 이 수업에서 학생들은 청소년 문학 텍스트에 나타난 갈등을 고려하면서, 같은 텍스트를 읽은 경험을 동료 학생들과 공유할 필요가 있다. 또한 학생들은 읽고 있는 문학 텍스트를 보다 잘 이해하기 위해 최소한 한번 이상 읽을 필요가 있다. 그런 다음 학생들은 일반적인 독서에 중점을 둔 대집단(large group) 토론에서 자신이 선택한 텍스트들에 대한 관점을 세우거나, 소집단 내에서 다양한 방법으로 갈등에 대한 이해를 확장할 수 있다.

물론, 플롯의 전개 과정에서 갈등이 중심적인 역할을 하는 소설은 이 수업을 위한 기본 자료로 활용될 수 있다. 교사와 학생들은 '갈등'을 교육 내용으로 하는 수업 전개 과정에서 '갈등'이 중심적인 테마가 되는 문학 텍스트들을 결합하기 위해 상상력을 작동시키고, 이 과정에서 자신의 삶이 갖는 의미를 발견하게 될 것이다. 범교과적 관점에서의 수업들은 서로 교과들의 교육 내용과 교수-학습 방법을 공유할 수 있다. 예컨대, '전쟁'이라는 교육 내용에 초점을 둘 경우, 학생들은 전쟁을 갈등과 대결이라는 교육 내용이 보다 확장된 것으로 이해하면서, 전쟁이 먼 과거나 다른 사람들만의 문제가 아닌 자신의 삶과 밀접한 관련이 있는 것임을 인식할 수 있다. 또한 학생들은 전쟁에 대한 학습을 통해 국가 간의 갈등이 드러내는 특징, 전쟁으로 인해 한 개인의 의식 내에서 생겨나는 자아의 갈등에 대한 통찰력을 얻을 수 있다.

'갈등'을 교육 내용 범주로 하는 범교과적 수업에서 본질적인 것은 외적 갈등들이 내적 갈등으로 전이되는 양상이며, 이 과정에서 학생들의 자기반성과 성찰이 어느 정도 성취되느냐 하는 점이다. 따라서 '갈등'을 테마로 하는 문학 텍스트를 읽고, 이를 활용한 범교과적 관점에서의 문학 수업은 문학적 읽기 후에 학생들이 구성한 지식이 무엇인지, 학생들이 자신의 삶을 새로이 설계할 때 가장 큰 영향을 준 작중인물은 누구인지, 플롯 전개 과정에서 갈등은 어떻게 형상화되고 있는지, 작가는 독자에 어떤 반응을 불러일으키는지, '갈등'에 초점을 든 주제는 어떻게 전개되고 있는지 등을 고려해야 한다. 이러한 고려를 통해 학생들은 문학적 경험을 실제 삶과 연관짓는 가운데, 범교과적 학습이 주는 의미를 이해할 수 있을 것이다.

(4) 교수-학습 과정

　'갈등과 대결'을 교육 내용 범주로 하는 수업에서 학생들은 간단한 '갈등'의 구조망을 작성함으로써 학습 내용들에 대한 이해를 구조화할 수 있다. 그리고 학생들은 실제 삶에서 일어나는 특정한 갈등의 예들에 대한 브레인스토밍을 함으로써, 교육 내용으로서 '갈등과 대결'에 대한 이해를 촉진할 수 있다. 학생들의 이해를 촉진시키기 위해, 교사는 '갈등'의 구조망이 제시된 학습지를 학생들에게 제시한다. '갈등'의 구조망이 제시된 학습지를 받은 학생들은 '갈등'의 망에 자신의 생각을 쓰는 입체적 쓰기(Cubing writing)를 한다. 이를 위해 교사는 학생들이 학습지의 중간 부분에 '갈등'에 대한 마인드맵을 할 수 있도록, 단지 '갈등' 만을 적는 비구조화된 의미 지도를 그리도록 한다. 혹은 의미 지도의 망을 구조화시켜 학습지의 중간 부분을 가로로 나누어 '동의어', '반대어', '개인적인 갈등의 예', '세계와의 갈등의 예', '~에 대한 이유', '~을 방해하는 방법' 등과 같은 중심 용어를 활동지에 쓰게 할 수도 있다. 어떤 방법이 됐든지 간에, 이런 활동들을 통해 학생들은 보다 능동적이고 상호 작용적으로 '갈등'의 방을 의미화 하는 과정에 참여할 것이다.

　학생들이 이 활동을 수행하려고 할 때, 학생들 간에 사소한 갈등이 가끔 일어날 수도 있다. 예컨대, 어떤 학생이 다른 학생의 아이디어를 '도용' 하거나 활동지 여백에 서로 먼저 자신의 생각을 쓰려고 할 때에 학생들 간에 갈등이 생길 수 있다. 이때 교사는 학생 간의 갈등을 적절히 조정하면서, 학생들이 생산한 의미 지도망의 내용을 범주화하기 위해 학생들을 안내할 필요가 있다. 또한 학생들이 자신이 생산한, 그리고 자신에게 의미 있는 예들을 의미 지도 내용의 범주 속에 분류하도록 할 필요가 있다.

　갈등에 대한 전통적인 문학 범주들은 '개인 간의 갈등, 개인의 자의식 내의 갈등, 개인과 사회의 갈등, 개인과 자연의 갈등' 등인데, 이러한 범주들에 대한 문학 토론이 행해질 수 있다. 범교과적 관점의 수업에서 이러한 문학 토론을 활성화시키기 위해서는 갈등의 양상들에 대한 범주를 생성하고, '갈등'과 관련된 학습자들의 배경지식과 경험들을 활성화시켜야 한다. 이를 위해서는 다음과 같은 서로 다른 6가지의 관점에서 하나의 화제를 탐구하는 것도 좋은 방법이 된다. 이때 학생들은 개별 활동들을 신속하게 하면서, 이 과정에서 생성된 정보와 통찰력을 모아야 한다.[17]

① 비교적 실제적인 방법으로 '갈등'을 기술하면서, 갈등에 대한 사전적인 정의에 의해 '갈등'을 설명한다.

② '갈등'의 개념을 다른 개념들과 비교하고 대조하거나 유추와 은유의 방법을 써서 '대결'이나 '전쟁'과 비교한다. 이를 위해 일련의 비교를 하거나 상상력을 자극할 필요가 있다.

③ 갈등을 개인적인 경험과 관련시켜 생각한다. 그리고 '갈등'에 대한 자신의 생각을 결정하는데 중요한 요소가 되는 실제 삶에서 일어난 일들을 서술하거나 갈등에 대한 다른 종류의 개인적인 반성을 쓴다.

④ 갈등 개념의 구성 요소들은 기술하면서, 매우 객관적으로 '갈등'을 분석한다.

⑤ 어떤 갈등이 일상생활에 좋은지, 그리고 이 갈등이 어떻게 유용한지 / 필요한지를 설명하면서 갈등을 일상생활에 적용한다.

⑥ 특정 존재의 고유성을 드러내는 요소가 되는 '갈등'의 개념에 대한 동의를 하거나 반대를 한다. 이때는 아주 단순하거나 심각하게 자신의 주장을 내세우는 것이 좋다.

활동지의 여백에 자유롭게 쓰기(free writing)를 끝마친 뒤에, 학생들은 다양한 관점에서 화제를 탐구함으로써 생성한 통찰력을 모둠원들과 공유한다. 또한 갈등에 대해 자신이 썼던 것을 범주화하거나, 대집단 토론 과정에서 교사의 안내를 받아 자신들이 썼던 것을 범주화할 수 있다.

망 활동(webbing activity)이나 '입체적(Cubing) 쓰기'를 한 뒤에, 교사는 학

---

17) Cowen, G.& Cowen, E.(1980), *Writing, Glenview,* IL : Scott, Foresman and Company.

생들에게 그들의 실제 삶에서 갈등이 갖는 의의와 갈등의 특성에 대한 어떤 가설을 만들기 위해 모든 정보를 마음대로 사용할 수 있도록 한다. 각 집단의 학생들은 각자 서로 다른 경험들을 갖고 있기 때문에, 갈등이 갖는 의의와 갈등의 특성에 대해 서로 다른 가설을 세울 수 있다. 이 때 교사가 학생들에게 교육 내용으로서의 갈등에 대한 가설을 제시하지 않는 것이 중요하다.

자신들의 가설을 세우고자 할 때, 학생들은 갈등의 원인에 초점을 둘 것이다. 이 때 학생들은 일상적인 삶에서 해결되지 않는 갈등의 파괴성에 대해 대화하거나, 특정 집단의 학생들은 "갈등은 필연적이고 잠재적으로 유용한 삶의 일부이다."라는 다소 놀라운 관점에서 가설을 제안하기까지 한다.

일단 학생들이 하나의 가설을 생성했다면, 그 다음 단계는 가설의 의미를 명확히 하는 것이다. 가설이 무엇이든지 간에, 교사는 학생들이 가설에 대한 명확한 의미를 제시할 수 있도록 안내해야만 한다. 앞에서 말한 갈등에 대한 가설의 예를 사용함으로써, 학생들은 자신의 탐구를 위해 갈등을 '필연적인, 잠재적인, 그리고 유용한' 등으로 개념 정의할 수 있다.

교사는 독서를 위한 문학 텍스트와 독서 과정에서 문학 텍스트들을 일반화 할 수 있는 활동에 도움이 되는 문학 텍스트 선정을 위한 책 대화(book-talks)를 학생들에게 안내한다. 갈등을 형상화하는 문학 텍스트들은 작중인물들을 통해 세계의 문화적 다양성을 반영한다. 문학 텍스트에 형상화된 문화적 다양성에 대한 이해를 통해, 학생들은 문학 텍스트 선정 과정에 흥미를 갖고 참여하고 성공적인 문학 수업이 가능하도록 한다.

읽기의 초기 목적은 어떤 가설과 관련된다. 이때 학생들은 수업 자료가 되는 텍스트와 관련된 가설을 입증하거나 반박하기 위한 다양한 증거들을 텍스트에서 찾음으로써 읽기 활동에 참여한다. 이러한 읽기는 '사회적 탐구(Social Inquiry)' 수업 모델에 토대를 둔 것이다.[18] 이 모델에서 첫 번째 단계는 학생들에게 충분한 배경 정보를 제공하여, 학생들이 (a) 수업에 참여하도록 동기화하고, (b) 탐구를 위한 출발점을 갖도록 하는 것이다.

범교과적 관점에 의한 문학 읽기는 학생들이 자신의 경험에 의해 스스로 독서를 시작하도록 하기보다는, 학생들에게 갈등과 대결을 보여주는 신문과 잡지의 기사들을 수집하도록 안내하는 것이 좋다. 이렇게 하여 학생들이 갈등의 개념에 초점을 두어 독서를 할 수 있도록 해야 한다. 또한, 교사는 전체 학급 앞에서 논쟁하기에 알맞은 갈등 상황을 드러내는 화제를 선정하고, 두 명의 대화자가 서로 상반되는 주장을 하는 대화 방법을 활용하도록 해야 한다. 혹은 학생들이 자신들에게 중요한 이슈에 대해 논쟁을 하도록 하기도 한다. 그럼에도 불구하고, 학생들은 수업 시작 전에 세웠던 가설이 수업 진행 과정에서 자신의 독서를 안내하는 데 도움이 될 것이라는 생각을 수업이 끝난 뒤에도 여전히 갖고 있다. 이러한 읽기를 통해 학생들은 자신의 가치를 읽기 과정에 반영하고, 동료 학생들과 함께 읽는 방법을 배움으로써 문화를 '능동적으로 재구성'하며 사회의 진보를 이루기 위한 교육 목표를 달성할 수 있다.[19]

학생들은 수업 시간에 자신이 선택한 갈등이 형상화된 문학 텍스트를 읽고, 동료 학생들과 텍스트의 내용에 대해 토의하고, 텍스트에 대한 비평을 쓸 것이다. 문학 텍스트를 혼자서 읽는 동안, 학생들은 문학 텍스트에 형상화된 갈등의 네 가지 상황들을 계속 알 수 있도록 지도를 받는다. 문학 텍스트에 형상화된 갈등의 네 가지 상황들은 다음과 같다.

① 자신이 처음에 범주화한 갈등의 서로 다른 유형들을 예증하는 사건들
② 플롯의 전개에 필수적인 갈등의 사건들
③ 작중인물의 변화/성장에 기여하는 갈등의 사건들
④ 수업 시간에 선정된 가설을 입증하거나 반박하는 갈등의 사건들

18) Joyce, B. & weil, M.(1980), *Models of Teaching*, 2ed. Englewood(liffs, NJ : prentice Hall).
19) Massialas,B. & Cox, B.(1996), *Inquiry in the Social Studies*, New York : McGraw Hill.

　문학 텍스트에 형상화된 특정한 갈등 상황은 위에 제시된 네 가지의 갈등 범주들 중에서 하나 이상의 범주에 연관될 수 있다. 그러므로 문학 텍스트에 형상화된 갈등 상황을 보다 구체적으로 분석하기 위해 학생들은 문학 텍스트에 형상화된 갈등의 주요 부분을 분석하고, 이를 반응일지에 써서 문학 독서 자료로 활용한다.

　수업 시간에 갈등이 형상화된 문학 텍스트를 활용할 때, 교사는 이 텍스트에 대한 학생들의 배경지식을 촉진해야 한다. 텍스트에 드러난 이질 언어들, 즉 계급방언이나 문장 구조, 어투 등은 문학 텍스트에 대한 배경지식을 필요로 하기 때문이다. 학생들은 문학 텍스트에 대한 자신의 이해를 보다 확실히 하기 위해 도서관에서 자료를 찾거나 상황 맥락 단서들을 이용함으로써 텍스트에 제시된 단서들의 의미를 이해할 수 있다.

　교사는 작중인물의 정신적 성장과 연관되는 어떠한 갈등들을 다루는 문학 텍스트의 기법과 비슷한 방법으로, 학생들로 하여금 개인적 서사문 쓰기를 하도록 할 수 있다. 이때 학생들은 다음과 같은 사항들을 선택할 수 있다.

> ① 주요 작중인물이 갈등을 경험하고, 이 갈등이 그의 개인적인 성장과 성숙에 기여하는 허구적인 이야기를 만든다. 그리고 이 이야기 내에서 갈등이 해결되는 방식을 서술한다. 이를 위해 외적 갈등 속에 내적 갈등의 양상을 반영할 수 있다.
> ② 주요 작중인물로 자신이 등장하는 자전적인 이야기와 세상을 살아가면서 겪은 갈등들을 통해 개인적으로 성장하게 된 경험을 말한다. 이때 학생들은 독자에게 자신어 갈등들과 어떻게 대결했으며, 어떻게 갈등들을 해결했는지, 그리고 이러한 갈등 과정에서 경험이 어떻게 변화했는지를 제시할 필요가 있다.

　개인적 서사문 쓰기를 허구나 비허구를 통해 쓸 수 있음으로써, 학생들은 좋은 글쓰기를 하는 데 필요한 편안함을 느낄 것이다. 비록 자기 중심적인 학생들이라도, 그들은 개인적 서사문 쓰기를 통해 자기 고발(self-disclosure)에 의해 자신이 겪어왔던 갈등들을 보다 분명하게 인식할 것이다.

(5) 추가적인 문학 텍스트의 확장

일단 학급 전체가 수업시간에 다루어야 할 문학 텍스트를 다 읽었다면, 학생들은 문학적 경험 자료로써 자신이 개별적으로 읽은 문학 텍스트를 활용하여 갈등과 관련된 이슈들에 대한 토론을 확장하기 위해 소집단 활동을 시작한다. 먼저, 같은 문학 텍스트를 읽은 학생들은 자신들이 읽은 문학 텍스트의 의미를 축어적인 수준에서 완전히 이해했는지를 살펴보고, 반응을 공유하고, 텍스트의 의미에 대한 각자의 질문들에 답하기 위해 만난다. 집단의 구성원으로서 학생들은 문학 텍스트에서 중요한 갈등 유형들의 예들에 대한 개요표(chart outlining)를 만든다. 각 개요표는 (a) 초기의 그물망 작성 활동 뒤에 학생들이 범주화한 서로 다른 갈등들을 예증하는 사건들, (b) 플롯의 전개에 필수적인 사건들에 나타난 갈등들, (c) 작중인물의 변화 / 성장과 관련된 사건들에 나타난 갈등들, (d) 학급원들이 세운 가설을 입증하거나 반박하는 갈등의 경우 등을 포함한다. 각 집단은 성적(gender) 차이의 증거를 보여주는 텍스트에 대한 반응들을 활동지에 기록할 수도 있다.

각 집단은 학급 전체와 자신들의 학습 결과(finding)를 공유하기 위한 발표를 위해 발표자를 선정한다. 각 집단의 발표가 끝난 후에, 교사와 학생들은 갈등을 해결하는 과정에서 나타난 성적 차이나 텍스트에 대한 반응에서 나타난 성적 차이, 그리고 남성 인물과 여성 인물들이 드러내는 주요 갈등의 유형들을 일반화한다. 많은 학생들은 성교육을 통해 성적 갈등과 대결의 탐구 과정에 많은 관심 보인다.

이제 학생들은 각자 새 집단 내에서 다시 모둠을 형성하며, 다양한 문학 텍스트들을 이해하기 위한 표본 독자가 된다. 이때 학생들이 즉각적으로 해야 할 일은, 다음과 같은 두 가지 질문에 답하기 위해, 텍스트에 제시된 세부 사항들과 갈등의 예들을 텍스트에서 찾는 것이다 : 문학 텍스트에 형상화된 플롯과 작중인물의 담론 양상, 갈등은 어떻게 관련되고 있는가? 텍스트에 형상화된 갈등들이 벌어지고 있는 배경은 갈등 해결 과정에 어떤 영향을 미치고 있는가? 이 두 가지 질문들에 답하기 위해 학생들은 새로운 통찰력을 갖고 플롯의 이슈, 작중인물, 배경 등에 반응을 하면서 갈등이 형상화된 다른 문학 텍스트들을 읽는다.

각 집단이 그 다음에 수행해야 할 것은 갈등 해결을 위한 절차 목록을 작성하고, 갈등들이 다른 것과의 관련성 없이 개별적으로 다루어졌다면, 이 갈등들을 탐구하기 위해 갈등들의 출처 목록을 생성하는 것이다. 이 과업에 참여하기 위해, 학생들은 다른 학생들과의 동료의식(team spirit)을 향상시키고 협력 학습과 갈등 해결 기능의 습득을 위해 기획된 교실 밖의 교육 경험에 참여해야만 한다. 예컨대, 학교 밖의 교육 센터를 이용할 수 없고 체육 교사의 도움이 필요하다면, 학생들은 체육관에서 신뢰 형성과 동료의식 형성(team building) 활동들에 참여할 수도 있다.

학생들이 '갈등과 대결'을 교육 내용 범주로 하는 수업 後에, 학습의 결과를 동료 학생들과 협의하기 위해서는 '신뢰 형성'과 '동료의식 형성' 등과 같은 갈등 해결 기능의 습득이 필요하다. 이러한 기능을 통해 학생들은 특정 교과의 경계를 넘어서서 갈등의 특성을 조사하는 학습을 보다 확장하기 위해 공개 토론을 할 필요가 있다. 이는 결국 범교과적 관점에서 수업을 하기 위한 것으로, 범교과적 수업을 통해 학생들은 문학 텍스트에 형상화된 갈등을 보다 풍부하게 이해할 것이다. 그리고 동료 학생들과의 문학적 토론이나 갈등 해결 과정이 실제 삶과 긴밀한 연관성이 있음을 알게 될 것이다. 또한 범교과적 수업 과정에서 학생들은 범교과적 관점을 갖게 되며, 문학 텍스트 이해 활동이 비평적 에세이 쓰기나 문학 토론 등과 같은 표현 활동을 통해 보다 의미화될 수 있음을 알게 될 것이다.

범교과적 관점에서의 수업 후에, 학생들은 수업 초기에 갈등에 대해 세웠던 가설을 다시 검토해야 한다. 만약 그 가설이 타당한 것으로 입증되면, 그 가설을 확정한다. 그러나 그 가설이 문학 텍스트 읽기 과정에서 축적된 지식에 비추어 볼 때 수정될 필요가 있으면, 그 가설을 재검토해야 한다. 혹은, 그 가설을 뒷받침하기 위해 보다 많은 정보가 필요하다고 판단할 수도 있다. 예를 들어, 특별한 환경에 있는 사람들 사이의 갈등이 어떻게 해결되는지를 조사하거나, 갈등과 거의 관계가 없는 어떤 화제에 대해 좀 더 조사할 수 있을 것이다. 수업 초기에 세운 가설의 재검토가 원활하게 이루어지지 않는다면, 학생들은 동료 학생들과의 중재 훈련에 참여할 수도 있다. 갈등을 교육 내용 범주로 하는 범교과적 수업에 능동적으로 참여하고 자신의 학습에 대해 주인의식과 책임감을 느꼈다면, 학생들은 이러한 학습을 계속 하기를 원할 것이다. 이때 교사는 학생들의 능동적인 학습을 지속적으로 촉진해야 할 것이다.

(6) 범교과적 연결

'갈등과 대결'을 교육 내용 범주로 하는 범교과적 수업은 문화, 가치, 역사, 종교, 여성과 어린이들에 대한 관점, 법률, 그리고 관습 등의 차이에 대한 탐구를 위한 출발점을 제공한다. 특정 교과에서의 주입식 교육은 특정 텍스트에 대한 학생들의 이해를 향상시키지만, 학생들에게 실제 삶과 관련된 통찰력을 제공하지 못한다. 반면에 문학 텍스트를 중심으로 하는 범교과적 관점에서의 수업은 학생들에게 문학적 세계의 경계를 넘어선 실제 삶에 대한 통찰력을 제공하고, 동료 학생들과의 상호 관련성을 인식하게 한다. 또한 학생들이 갈등의 특성과 갈등이 일상에서 하는 역할에 대한 인식을 확장할 수 있게 한다. 그러면 갈등을 교육 내용 범주로 하는 범교과적 수업에서 활용될 수 있는 질문들을 살펴보자.

① 수업 질문의 예 : 일상생활에서 갈등은 무슨 역할을 하는가?

② 교과 중심(discipline based) 문제들을 생성하기 위한 질문들의 예
  갈등의 구성 요소는 무엇인가? 갈등은 유용한가? 갈등은 항상 부정
  적인 영향을 주는가? 갈등은 어떻게 해결되고 있는가? 갈등, 대결,
  화해 그리고 일치 등의 관계는 어떠한가?

③ 질문 ②와 관련된 개별 교과에서의 질문과 학습 과제의 예
  a. 수학
    ─질문 : 갈등이 벌어진 동안 통계는 어떻게 조정되는가? 다양한
      숫자 체계들에 찬성하는 것과 반대하는 것은 무엇인가? 로마 숫
      자 체계보다는 아라비아 숫자 체계가 보다 많이 활용되는 이유
      와 활용 방법은 무엇인가? 일상생활에서 갈등을 해결하기 위해
      수학적 개념들을 어떻게 활용하는가?
    ─과제 : 일상생활에서 겪는 갈등을 처리하기 위해 수학을 활용한
      사례가 실린 신문 기사와 대중 잡지 기사를 스크랩한다. 그리고
      이 기사들의 제목, 기사 내용에 대한 안내 글, 그리고 기사 내용
      의 분석 결과 및 자신의 비평을 쓴다. '갈등과 대결'을 교육 내
      용 범주로 하는 수학 수업을 위해 컴퓨터 기술을 활용하는 것은
      유용하다. 컴퓨터 기술 공학을 활용해서 학생들은 자기 내부의
      갈등에 반응할 수 있고, 특정 문제들에 대해 보다 창의적이고
      대안적인 해결을 모색할 수 있기 때문이다.
  b. 과학
    ─질문 : 자연의 세계 (식물의 세계, 지질의 세계, 동물의 세계, 화
      학의 세계)에는 어떤 갈등들이 존재하며, 그 갈등들은 어떻게 해
      결되는가? 자연계에서 힘들 사이의 절충의 증거를 찾을 수 있는
      가? 혹은 두 개의 힘이 충돌할 때 하나의 힘이 독점적인 힘을 발
      휘하는가? 자연계의 법칙이 깨졌을 때는 어떤 일이 발생하는가?
    ─과제 : 갈등의 범주들을 명확히 하는 텍스트와 이러한 갈등의
      범주들을 보여주는 자연계에서의 갈등의 구체적인 예들이 담긴
      비디오 테이프나 다른 매체 발표물을 만든다.
  c. 사회
    ─질문 : 다양한 문화들이 갖는 가치 체계와 믿음의 구조들은 갈

등의 해결능력에 어떤 영향을 주는가? 역사적으로 사람들의 집
단과 신념 체계의 차이로 인해 생겨나는 갈등들을 해결하기 위
해 어떤 전략들이 사용되어 왔는가? 그리고, 이러한 갈등의 예
들에서 배울 수 있는 학습 내용은 무엇인가? 세계화된 오늘날 전
지구적인 파괴를 가져오는 새로운 '치명적인 문제들(hot spots)'이
전개될 수 있는 가능성을 어떻게 해소할 수 있는가? 한국 사회
에서, 신념의 구조를 뒤흔드는 것은 무엇이고, 신념의 차이들
속에서 평화롭게 살아갈 수 있는 방법은 무엇인가?
 ─ 과제 : 오늘날의 치명적인 문제들을 조사한다. 그리고 이러한 치
 명적인 문제들에 대한 자신의 관점을 생각해 보고, 일상생활에
 서 이러한 문제들을 해소하기 위한 자신의 역할을 구상한다.

d. 국어
 ─ 질문 : 다양한 문화, 시대 혹은 작가의 가치들을 나타내는 갈등
 들은 문학 텍스트에서 어떻게 형상화되고 있는가? 갈등은 플롯
 을 어떻게 전개하고 있는가? 인간 사회에 존재하는 갈등을 해결
 하는데 이야기가 갖는 잠재적인 역할은 무엇인가?
 ─ 과제 : 동료 학생들과 함께 문학 텍스트에서 갈등을 겪고, 이를
 해결하는 두 인물을 고른다. 그런 다음 그 인물들 사이의 대화
 를 쓴다. 그리고 텍스트와의 상호 작용에 의해, 문학 텍스트가
 씌어진 문화적 상황 맥락을 이해하고, 텍스트에 형상화된 갈등
 에 대한 자신의 이해가 어떤 변화를 겪었는지를 쓴다. 그리고
 그 두 인물의 역할을 각자 맡아 동료 학생과 함께 대화를 수행
 한다.

e. 양호
 ─ 질문 : 스트레스와 정신적 질환을 야기하는 내적 갈등들을 다양
 한 문화들은 어떻게 설명하고, 다루고 있는가? 내적 갈등을 완
 화하기 위해 개인적으로 유용한 전략들은 무엇인가?
 ─ 과제 : 실제 생활에서 오는 개인적인 스트레스의 정도와 스트레
 스의 원인을 분석한다. 그런 다음 스트레스를 줄이기 위한 계획
 을 짠다. 적어도 2주 정도 실행할 수 있는 계획을 짜고, 나중에
 결과들을 분석한다.

f. 체육
  - 질문 : 스포츠에서 갈등의 역학은 무엇인가? 이러한 갈등들은 어떻게 해결되는가? 다른 상황 맥락에서 갈등 해결에 도움이 되는, 운동을 통해 배울 수 있는 갈등 해결 방법은 무엇인가? 일상생활에서의 의례적인 대결들을 통해 갈등 해결을 위해 배울 수 있는 학습 내용은 무엇인가?
  - 과제 : 3주간의 신체 훈련을 위해 두 종목의 단체 경기에 참가한다. 그리고 그러한 경험을 통해 느낀 점을 일지에 쓰고, 갈등들이 드러나는 경기에 참가한 자신의 능력과 동기에 대해 일지 끝에 쓴다.

g. 미술
  - 질문 : 화가의 내적 갈등은 그의 예술 창작 과정에서 어떤 역할을 하는가? 화가는 관람객에게 자신의 갈등을 어떻게 드러내는가? 관람객의 흥미를 유발하기 위해 화가는 갈등을 어떻게 사용되었는가?

h. 음악
  - 질문 : 음악 이론들에게 갈등은 어떤 방식으로 존재하는가? 그리고 이러한 갈등들은 청중의 반응을 자극하려는 음악가에게 어떤 역할을 하는가?(예를 들어, 연주과정이나 악기들 간의 하모니가 예상에서 벗어날 때, 청중은 어떤 영향을 받는가?) 음악가들은 작곡하고 연주하는 문화적 상황 맥락에서 생겨나는 갈등을 자신의 작품 속에 어떻게 반영하는가?
  - 과제 : 음악사의 시기별로 갈등과 갈등의 해결이 나타난 대표적인 몇 곡들을 찾는다.

청소년 문학 텍스트에 초점을 둔 범교과적 학습을 통해 청소년들은 자신이 겪고 있는 것과 같은 다양한 갈등들을 탐구하면서 편안한 안식을 경험한다. 문학 텍스트에 형상화된 갈등과 갈등의 해결 방법을 학습함으로써, 청소년들은 실제 자신의 삶에서 만나게 되는 갈등들을 보다 쉽게 해결하고 의미 있는 삶을 설계할 것이다.

3) '생존(적응), 삶'을 교육 내용 범주로 한 청소년 문학교육

오늘날의 한국 사회에서 많은 청소년들이 관심을 갖는 사회적 이슈들은 학업 성적, 교우관계, 마약, 섹스, 폭력, 오염, 학교, 빈부 차별, 아동 학대, 범죄, 살인 행위, 질병, 자살 등이다. 청소년들은 이러한 이슈들을 문학 텍스트를 통해 간접 경험하면서, 자신의 삶을 성찰한다. 이러한 성찰을 통해 자신을 둘러싼 세계와 갈등의 양상, 그리고 타자들의 관점을 보다 명확히 인식하면서 새로운 삶을 설계한다. 새로운 삶의 설계는 궁극적으로 청소년들에게 적응과 삶의 영위에 연관된다. 그러므로 청소년들의 삶, 사고방식, 갈등 등을 다룬 청소년 문학 텍스트는 궁극적으로 청소년들의 실제 삶과 긴밀한 연관성을 가지므로, 학교 현장에서는 청소년 문학교육을 강조할 필요가 있다. 이는 범교과적 관점에서의 수업을 통해 보다 효과적으로 이루어질 수 있다.

(1) 학습 원리

청소년들은 보다 나은 생존(삶)을 위해 학교에서 교육받는다. 교육은 청소년들의 잘삶을 추구하면서, 청소년들이 구조화된 학교 환경에서 비교적 안전하게 학교 밖의 삶(생활)을 준비할 수 있게 하기 때문이다. 교육과정이 보다 체계적으로 구조화되어야 한다는 교육과정의 보완에 대한 요구나 기술공학적 문식성(technological literacy)과 추수 학습(service learning)에 대한 뚜렷한 관심 등은 학생들이 미래에 보다 잘 살아가도록 하기 위한 필요성에 토대를 두고 있다.

이러한 학교 교육을 위해서는 새로운 시스템에 의한 학교 평가 절차가 필요하다. 새로운 학교 평가 절차는 학생들이 다양한 내용 교과 영역에서 학습한 기능들을 종합하여 실제 삶의 문제들을 해결하기 위해 소집단별로 학습할 것을 요구한다. 이때 평가는 기본 기능과 지식에 대한 개인적인 능력 측정보다는 오늘날의 사회에서 요구되는 생존 능력을 측정하는 것이 되어야 한다. 따라서 교육 내용 범주로서 '생존'은 교육과정과 교수-학습 방법을 결정하는 과정에서 반드시 고려되어야 한다.

중학생들에게 생존은 기본적인 삶의 목표들 중의 하나이다. 초등학교를 막 졸업한 중학교 1학년이 직면하는 문제는, 교대로 수업에 들어오는 교사들로부터 한 교실에서 수업을 받는 것과 특별실에 있는 교사들에게 가서 수업을 받는 것에 적응하는 것이다. 또한 중학생들은 신체 변화, 가치관의 혼란, 교실에서 친구들과의 적응, 어른들이나 선생님 등에 대한 실망감 등으로 인해 매우 불안정한 상태에 있게 되는데, 이러한 상태에 대해서도 적응을 해야 한다.

중학생들이 적응(생존)하는 데 가장 본질적으로 느끼는 어려움은 다른 사람들(동료 학생, 교사, 부모 등)과의 관계이다. 중학생들은 부모와의 동일시로부터 벗어나기, 데이트하기, 일하기 등과 같은 복잡한 수준의 사회적 활동을 하기에는 너무 나이가 어리다. 그러나 실망, 눈물, 강한 분노의 정서, 혹은 개인적인 격함에 대한 관심, 자립을 얻기 위해 가끔 드러내는 인내심과 협동심의 결여 등을 보일 때는 너무나 나이가 많은 것으로 여겨진다. 따라서 중학생들은 자신이 남들과 차이가 있다는 인식의 확장에 적응해야만 한다. 중학생들은 자신이 동료 학생들과 여러 면에서 다르다는 것을 인식하기에 충분한 인식력을 갖고 있다. 만일 어떤 학생이 자신과 동료 학생 간의 차이를 인식하지 못한다면, 그는 매우 특별한 학생이 되어 학교생활에 적응하는 데 많은 애로를 느낄 것이다.

중학생들은 매일 매일 학교 안팎에서의 생활에 적응해야만 한다. 따라서 중학생들이 일상 삶의 목표가 되는 적응의 과정을 학교에서 학습하는 데 많은 관심을 갖는 것은 당연하다. 학교생활에의 적응은 아동 학대, 부모의 무관심, 알코올과 약물 중독, 가정의 상실, 혹은 많은 청소년들이 고통 받고 있는 질병 등과 같은 문제들에서 벗어나 생존하는 것보다는 쉽기 때문이다.

　문학적 읽기를 통해 삶에 대한 적응을 학습한 청소년들은 실제 삶을 영위하는데 필요한 사고력을 갖게 된다. 그리고 자신이 살고 있는 실제 세계와 작품 세계 사이의 불일치를 인식한다. 이러한 인식을 통해 청소년은 자신이 꿈꾸는 이상적인 세계를 개념화할 수 있다. 또한 청소년들은 어른들의 위선과 모순에 절망감을 느낄 수도 있다. 이런 절망감을 해소하기 위해, 청소년들은 가치관의 혼돈상태를 변화시킬 수 있는 각 개인의 능력, 즉 건전한 사회를 만들어 낼 수 있는 각 개인의 능력에 대한 믿음을 가질 필요가 있다. 이러한 믿음 속에 청소년들은 보다 이상적인 세계의 형성과 삶을 위한 대안을 구상할 수 있기 때문이다.

(2) 학습 목표

　적응을 교육 내용 범주로 하는 수업에서 문학교사는 수업 맥락에 맞도록 수업 목표들을 조정할 것이다. 일반적으로, 말하기, 듣기, 읽기, 쓰기, 사고하기, 그리고 사회화 기능 등이 수업 목표에 통합되어야 한다. 또한 탐구 중심(inquiry-based) 교수의 결과에 따른 수업 참여도에 따라 학생들은 수업 시간에 학습할 학습 목표들에 대한 질문들을 생성할 것이다. 적응을 교육 내용 범주로 하는 수업 목표들은 다음과 같이 구안될 수 있다.

① 문학 읽기, 범교과적 수업을 통해 모은 정보 등에 대한 개인적 경험을 근거로 하여 다양한 환경에 적응하기 위해 필요한 지식과 기능들을 설명한다.
② 주제, 플롯 전개, 배경, 작중인물 형상화 등에 나타난 적응 양상들 간의 관련성을 설명한다.
③ 특정 환경에 적응하기 위해 필요한 개인적인 특성들과 이러한 개인적 특성들에 비추어 자기 자신을 평가한다.
④ 적응을 주제를 공유하고 있는 문학 텍스트들을 비교하고 대조한다.

⑤ 허구 텍스트와 논픽션 텍스트에 나타난 적응의 방식들을 비교하고
대조한다.

⑥ 다양한 교과의 관점에서 적응 개념을 탐구한다. 이 탐구는 생존(적응)
에 대한 과학적 · 의학적 연구의 조사, 다양한 문화적 · 지리적 환경
에 대한 개인 및 집단의 적응을 보여주는 허구 텍스트와 기타 자료
의 조사, 직장에서의 적응을 위해 필요한 수학적 기능들을 실천한 근
로자들에 대한 인터뷰 등이 포함된다.

(3) 적응을 다룬 문학 텍스트 선정하기

이 수업에서, 학생들은 신체적 적응(생존)에 관한 이야기, 정서적 위기
동안의 적응을 다룬 이야기, 세계의 질서에 도전하는 동안의 적응을 다룬
이야기들 중에서 하나를 골라 읽는다. 세 유형의 텍스트들은 각기 다른
유형의 생존(적응) 문제를 형상화하고 있다. 신체적 적응을 다룬 텍스트들
은 청소년들이 거칠고 힘든 환경에 적응해야만 하는 '전통적인' 의미에서
의 적응(생존)을 다루고 있다. 두 번째 유형, 즉 정서적 위기 동안의 적응
을 다룬 텍스트들은 청소년들이 정서적인 활력을 지속하는데 초점을 두기
보다는, 정서적으로 어려운 환경에 적응하기 위해 노력하는 청소년들의
모습을 형상화하고 있다. 세 번째 유형의 문학 텍스트들에서, 주요 작중인
물들은 기존의 상태를 유지하거나 이에 적응할 것인지, 아니면 자신과 서
술자에게 보다 의미 있는 삶을 창조하기 위해 기존 세계의 질서에 도전할
것인지 고민한다. 이러한 세 유형의 문학 텍스트들을 읽음으로써, 청소년
들은 실제 삶에 보다 잘 적응할 수 있고, 이를 통해 새로운 자기형성을 할
수 있다.

적응을 교육 내용 범주로 하는 수업에서, 학생들은 적응을 다룬 문학
텍스트들 중에서 먼저 자신이 읽고 싶은 유형을 선택한다. 이때 교사는
적응을 다룬 문학 텍스트들을 세 가지 범주로 조직한다. 그리고 문학 교
사는 텍스트 읽기 중과 후에 이루어지는 문학 토론의 효과 증진을 위해

학생들을 전문가 집단과 직소(jigsaw)집단으로 조직한다. 학생들을 이렇게 조직하는 것은 수업 후 비평을 쓰기나 학습결과 보고서 쓰기 같은 활동들을 할 때, 집단들을 비교하여 학생들이 어떤 유형의 텍스트에 보다 흥미를 갖는지를 파악하기 위해서다. 적응을 교육 내용 범주로 하는 수업 시간에 활용될 수 있는 문학 텍스트의 범주와 목록들은 다음과 같다.

- 신체적 적응을 다룬 문학 텍스트
  - 오정희의 「중국인 거리」
  - 박상률의 「봄바람」
  - 임태희의 『쥐를 잡자』
- 정서적 위기 동안의 적응을 다룬 문학 텍스트
  - 김남천의 「소년행」
  - 신경숙의 「외딴방」
  - 김주영의 『고기잡이는 갈대를 꺾지 않는다』
- 세계의 질서에 도전하는 동안의 적응을 다룬 문학 텍스트
  - 헤르만 헤세의 『데미안』
  - 김원일의 『마당 깊은 집』
  - 이순원의 『19세』

이 외에도 시, 과학소설, 그리고 다른 장르들이 수업시간에 활용될 수 있을 것이다.

(4) 학습 활동들

수업을 시작하기 위해, 학생들은 일상적인 조건에서 적응을 위해 요구되는 기능들을 인식하고 있어야 한다. 이를 위해 학생들은 자신이 읽은 문학 텍스트에 형상화된 작중인물들과 소통하기 위해 필요한 몇 가지 기능들 중에서 하나를 실천한다. 예를 들어, 예리한 관찰이 황무지에서의 생존을 위해 요구될 수 있다. 또한 학생들의 관찰 기능들을 예리하게 하도

록 하기 위해, 교사는 적응을 교육 내용 범주로 하는 수업의 시작 부분에 학생들의 책상에 감자를 놓을 수 있다. 각 학생들에게 부과된 과제는 위치를 바꾸지 않고 감자를 관찰하고, 관찰한 내용을 분명하고 정확하게 설명하는 것이다.

감자에 대한 관찰 내용을 쓴 뒤에, 학생들은 비교/대조 기술을 활용해서 자신이 관찰한 것에 대한 설명을 수정하기 위해 모둠 활동을 한다. 소집단 내 다른 학생들의 설명과 자신의 설명을 관련시킴으로써, 학생들은 감자에 대한 설명을 보다 쉽게 할 수 있다. 그런 다음 학생들은 감자의 일반적인 특질에 대한 관찰에 토대를 두어 감자들을 일반화하는 시도를 동료 학생들과 함께 한다.

학생들이 고유한 관찰, 대화, 쓰기 등을 지속적으로 할 때, 교사는 주어진 활동을 통해 성공적인 학습을 하기 위해 중요한 관찰 기능들을 그 수업 시간에 몇 번이나 사용했는지를 학생들에게 질문한다. 이때 학생들은 성공적인 학습 혹은 토론을 위한 관찰 기능들에 의존하는 학습 과제들을 목록화한다. 그런 다음, 적응 기능들에 대한 일반적인 토론을 수행한다. 적응을 교육 내용 범주로 하는 수업을 위한 대안적인 방법은 학생들이 중학교 혹은 고등학교 1학년에 입학했을 때 당면하거나, 당면할 것으로 예상되는 어려움들을 브레인스토밍하는 것이다. 학생들은 그러한 어려움들을 어떻게 극복하는가? 그러한 어려움들의 극복은 학생들의 삶에 어떤 영향을 주는가? 그러한 어려움들에 직면해 생존(적응)하기 위해 필요한 혹은 유용한 기능들은 무엇인가? 이 기능들은 육체적으로 고통스러운 상황을 극복하기 위해 필요한 기능들과 어떻게 같거나 다른가? 이러한 질문들에 답함으로써 학생들은 학교 생활에의 적응을 넘어서서 사회에 대한 적응을 보다 깊이 있게 생각할 수 있을 것이다.

문학 교사는 학생들이 학습 과정에 능동적으로 참여하도록 하기 위해 기획된 전략들을 활용하여, 교육 내용 적응(생존)과 관련된 학생들의 경험과 지식을 촉진한다. 그리고 적응(생존)에 대한 학습이 실제 세계에 주는 시사점을 인식하도록 한다. 또한 수업 시간에 학생들이 읽고 학습한 것에 초점을 둘 때 얻을 수 있는 효과를 고려한다.

그런데 이러한 수업이 이루어지기 위해서는 문학 텍스트에 대한 학생들의 배경지식이 충분히 활성화되고, 문학 텍스트를 학교뿐만 아니라 가정에서도 자유롭게 읽을 수 있어야 한다. 문학 텍스트에 대한 배경지식의 활성화를 통해 학생들은 문학 텍스트에 대한 흥미를 가질 수 있을 뿐만 아니라, 문학 텍스트 이해에 필요한 정보들을 모을 수 있기 때문이다.

만일 학생들이 가정에서 개별적으로 문학 텍스트를 모두 읽을 수 있다면, 교사는 '읽기 목표(purpose-for-reading)'와 관련된 어떤 질문에 초점을 맞출 필요가 있다. 예를 들어, 문학 텍스트를 읽을 때, 학생들은 문학 텍스트에 제시된 구체적인 배경, 작중인물의 특징과 역할, 그리고 긍정적 혹은 부정적 적응을 나타내는 갈등 등을 활동지의 가운데 부분에 기록하여 주요 작중인물의 이름이 적힌 인물망을 완성할 수 있다.

동료 학생들과 함께 학습을 할 때, 학생들은 자신의 사고를 직접적으로 촉진하는 적응에 관한 정보 구성체(a body of information)를 갖고 있어야 한다. 이를 위해, 학생들은 수업 시간에 자신이 선택한 텍스트를 읽고, 문학 반응일지를 작성한다. 학생들이 반응일지를 보다 효과적으로 쓸 수 있도록 하기 위해, 교사는 "나는 _____ 때문에 주인공과 닮았다 혹은 다르다.", "배경은 _____ 때문에 이 이야기에서 중요하다. 혹은 중요하지 않다.", "주인공은 자신이 처한 상황들을 하나라도 변화시킬 수 있었다면, _____ 했을 것이다.", "작가가 주인공에게 특별한 장점(개성) 혹은 육체적 능력인 _____을 주었다면, 주인공은 보다 쉽게 적응했을 것이고, _____ 때문에 _____하게 되었을 것이다." 등과 같은 시작 문장을 제시하여, 학생들의 반응일지 쓰기를 촉진할 수 있다. 이러한 '시작 문장'들은 학생들이 문학 텍스트 읽기에 좀 더 집중할 수 있도록 할 것이다.

학생들이 문학 텍스트를 수업 시간에 읽든지 혹은 수업 시간 외에 학교나 집에서 읽든지 간에 읽기와 이해력의 상관성에 대한 학생들의 이해를 촉진시키기 위해서는 다음의 그림들을 생각할 필요가 있다.[20]

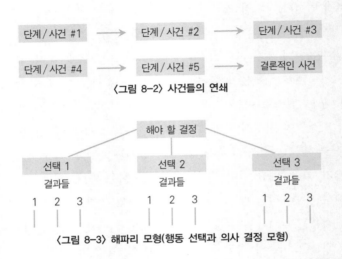

〈그림 8-2〉 사건들의 연쇄

〈그림 8-3〉 해파리 모형(행동 선택과 의사 결정 모형)

A. 이야기의 특정 시점에서 가능한 작중인물의 행동 방향	찬 성	반 대
1. 선택 1-(설명한다)		
2. 선택 2-(설명한다)		
3. 선택 3-(설명한다)		
4. 선택 4-(설명한다)		

〈표 8-2〉 의사 결정 차트

〈그림 8-2〉의 '사건들의 연쇄'는 하나의 사건이 다음 사건들을 어떻게 야기하는지를 살펴보기 위해 사용될 수 있다. 〈그림 8-3〉에서 '해파리 (Jellyfish : '해야 할 결정'에서 '선택'으로 이어지는 선)'는 하나의 문제에 몇 가지 다른 해결 방법들이 있고, 어떤 해결 방법을 선택하느냐에 따라 행동 방

20) Lyman, F & Lopez, C. & Mindu, A.(1986), "Think-Links : The Shaping of Thought In Response to Reading", Unpublished Manuscript, Columbia, MD.

식이 다르다는 것을 학생들이 이해할 수 있도록 한다. 학생들이 문학 텍스트를 개인적으로 읽든지 아니면 다른 학생들과 같이 읽든지 간에, <표 8-2>의 '의사 결정 차트(decision-making-chart)'는 한 인물이 직면하는 특별한 문제들, 가능한 해결책들, 각 개인의 찬성과 반대, 각 개인을 위한 '실제적 근거(reality base)' 등을 다루기 때문에 학생들의 문학 읽기에 많은 도움이 된다. 학생들은 자신이 선택한 것을 설명해야 한다. 특히 신체적 적응이 드러난 이야기의 배경과 플롯간의 관련성을 보다 잘 인식하기 위해 작중인물들이 적응해야 하는 배경에 대한 시각적 자료를 동료 학생들과 같이 만들 수도 있다. 이는 문학 텍스트에 대한 반응 전략으로서 미술을 적극적으로 활용하는 것이다.

적응의 문제를 다룬 문학 텍스트들을 다 읽을 때마다, 학생들은 텍스트에 대한 각자의 분석적인 이해를 확실히 하기 위해서 동일한 텍스트를 읽은 다른 학생들과 '전문가 집단'을 먼저 구성한다. 전문가 집단 내에서, 학생들은 또한 다음과 같은 질문들에 답을 한다.

① 누가 적응을 했는가? 작중인물은 성공적으로 적응을 했는가?
② 성공적인 적응에 도움이 되는 기능들은 무엇인가? 처음에는 그 기능이 부족했지만, 적응하기 위해서 작중 인물들이 발전시켰던 기능들은 무엇인가?
③ 작중인물이 적응하는데 도움이 된 개성이나 특징들은 무엇인가?
④ 배경은 적응을 위해 필요한 기능들과 특징에 어떻게 영향을 주었는가?
⑤ 작중인물은 적응을 위해 다른 사람으로부터 어떤 도움을 받았는가?
⑥ 그 인물은 적응보다는 다른 선택을 할 수 있는가? 그러했다면, 그 이유는? 그렇지 않다면, 그렇게 하지 않은 이유는? 그 인물은 적응을 하기 위한 행로를 어떤 시기에 걷게 되었는가? 그 인물은 어떤 시점에 확실한 적응을 하게 되었는가?
⑦ 독자로서 학생들은 텍스트에 어떻게 반응했는가? 그 텍스트를 독자가 읽도록 하기 위해 작가는 어떤 노력을 했는가? 플롯, 작중인물,

배경, 문체 등 가운데 그 문학 텍스트에 대한 독서를 어렵게 하거나,
독자의 독서 동기를 약화시키는 것은 무엇인가?
⑧ 텍스트에 형상화된 작중인물들 중 어떤 인물에 동일시를 느끼는가?
동일시를 느낀 방법과 이유는 무엇인가?

그런 다음, 학생들은 적응의 각기 다른 하위 항목에 배치된 문학 텍스
트들을 읽는 독자들로 구성된 집단 속에서 학습을 한다. 예를 들어, 신체
적 적응에 대한 집단 토론에서, 학생들은 각자 자신이 읽은 텍스트에 대
한 개관을 하면서, 적응의 요소를 강조하고, 전문가 집단 내에서의 토론에
참여한다. 이러한 과정에서 학생들은 다음과 같은 몇 가지 질문들에 대한
답을 하고, 이 답을 모둠원들과 함께 일반화한다.

① 작중인물이 적응에 성공할 수 있도록 한 작중인물의 기능들은 무엇
인가? 처음에는 그 기능들이 부족했지만, 적응하기 위해서 작중인물
이 나중에 발전시켰던 기능들은 무엇인가?
② 작중인물이 적응하는데 도움이 되었던 개성이나 특징은 무엇인가?
③ 배경은 적응을 위해 필요한 기능들과 특징들에 어떻게 영향을 주었
는가?
④ 적응을 위해 작중인물은 다른 인물들로부터 어떤 도움을 받았는가?
⑤ 적응의 어려움에 직면한 작중인물은 어떤 결정을 해야 하는가? 이런
상황에서 작중인물은 적응보다는 다른 선택을 할 수 있는가? 그렇다
면, 왜 그런가? 그렇지 않다면, 왜 그렇게 하지 않는가? 어떤 요소가
작중인물로 하여금 엄청난 신체적 장애를 극복하고 적응을 위해 노
력하도록 이끄는가?
⑥ 신체적인 어려움을 극복하고 적응을 위해 노력하는 작중인물이 형상
화된 이야기를 읽고 배울 수 있는 학습 내용은 무엇인가?
⑦ 독자로서 학생들은 이야기들에 어떻게 반응했는가?
⑧ 텍스트에 형상화된 작중인물들 중에서 어떤 인물에 동일시를 느끼는
가? 동일시를 느끼는 방법과 이유는 무엇인가?
⑨ 적응을 다룬 문학 텍스트의 특징들은 무엇인가?

⑩ 과제 : "적응을 한 작중인물"의 특징들에 대해 집단의 학생들이 발표
한 내용들 중에서 의미 있는 구절을 적어도 한 번은 사용해서 시를
쓴다.

집단의 구성원들은 이러한 질문들에 대한 답을 공유하고, 학급의 전체
학생들은 답을 일반화하는 과정에 기여한다. 이제 모든 학생들은 독서 후
에(적응을 다룬 문학 텍스트들에 대한 읽기에 토대를 두어) 적응에 대한 충분한
지식을 갖게 되었으므로, 교사가 처음에 조직한 '텍스트 짝들(범주)'에 토
대를 두어 같은 유형의 문학 텍스트들을 세 권씩 읽는 학생들로 다시 집
단을 구성한다. 이때 교사는 학생들에게 두 가지 과제를 부과한다. 먼저,
학생들은 제목들 간에 유사성이 있는 시각적 발표물을 만들어야 한다. 학
생들은 이 시각적 발표물들을 전시하고, 보다 확장된 공개 토론회에서 동
료 학생들에게 자신의 발표물에 대한 설명을 한다. 이것은 유용한 학습
방법이 될 것이다. 두 번째로, 학생들은 지속적인 탐구 학습을 위한 출발
점으로 사용할 수 있는 질문 목록들을 만들고, 이 질문들에 대한 답을 생
성한다.

각 집단은 학급의 구성원들과 함께 탐구하고자 하는 질문들을 공유하거
나 각 집단별로 탐구할 질문들을 하나 정도 선택한다. 하나의 교과 영역
만을 담당하는 교사가 이 학생들과 교수 – 학습을 하더라도, 학생들은 제
시된 질문들과 과제들 중에서 하나를 선택하여 현재의 수업을 범교과적으
로 연결할 수 있다.

끝으로, 적응을 교육 내용으로 하는 수업을 다른 교육 내용에 초점을
둔 수업으로 바꾸고자 할 때, 교사와 학생들은 '적응을 교육 내용으로 하
는 수업 안내서'를 만들거나 같은 집단의 다른 학생들을 위해 '적응'을 주
제로 한 워크숍을 개최할 수도 있다. 이러한 활동들을 통해 학생들은 교
실에서 배운 것을 실제 삶에 적용하고, 다른 사람들과 자신의 향상된 지

식을 소통할 수 있는 기회를 가져야 한다. 이를 위해 교사는 문학 수업을 교실 차원에서만 할 것이 아니라, '무인도에서 살아남기 프로젝트'나 적응에 초점을 둔 '여행 프로젝트' 등과 같은 체험 학습을 구안할 필요가 있다. 이러한 체험 학습을 통해 학생들은 문학 텍스트에서 얻은 적응에 관한 지식이나 관점을 실제 생활에 활용할 수 있을 것이다.

(5) 범교과적 연결들

범교과적 관점에 의한 문학 수업에서, 학생들은 사회적·문화적·정치적 이슈들에 대한 관심을 갖고, 보다 나은 미래의 삶을 설계하기 위한 탐구를 할 것이다. 또한 학생들은 이러한 이슈들과 역사적 현실 등에 대해 보다 많은 정보를 얻고자 할 것이다. 그리고 정신적인 질환들에 관심을 갖기도 하고, 보다 나은 미래의 삶을 설계하기 위한 토론을 동료 학생들과 할 것이다.

범교과적 관점에 의한 수업에서, 문학 교사는 문학 텍스트에 대한 몰입(immersion)을 통해 학생들이 교육 내용으로서의 '적응'을 실제 삶에 확장시키도록 할 필요가 있다. 적응을 교육 내용으로 하는 범교과적 수업에서 활용될 수 있는 질문들을 살펴보자.

① 수업 질문의 예 : 생존(적응)은 무엇을 의미하고, 생존과 삶 사이의 경계는 무엇인가?
② 교과 중심(discipline based) 문제들을 생성하기 위한 질문들의 예 : 학생들이 일상 현실에서 적응하기 위해 필요한 기능들은 무엇인가? 이 기능들은 서로 다른 상황에서 적응하기 위해 요구되는 기능들과 어떻게 관련되는가? 적응(생존)은 항상 가치 있는 목표인가? '적응하는 것'이 '대처하는 것'이 되는 것은 어떤 점에서인가? 생존(적응), 힘(권력), 자유 사이의 관련성은 무엇인가? 자신의 적응(생존)은 집단 내 다른 사람들의 적응과 어떻게 다른가?

③ 질문 ②와 관련된 교과 영역에서의 질문과 과제의 예

  a. 수학

    －질문 : 수학 학습을 통해 개발된 지식과 기능들 중에서 다양한
      상황 맥락과 환경에 적응하는데 필수적인 것은 무엇인가? 특별
      한 수학적 구성 개념이 줄곧 지속되어 왔고, 다른 것들이 없어
      지거나 주변으로 밀려난 이유는 무엇인가? 수학자들은 '강력한'
      수학 이론을 어떻게 정의하는가?

    －과제 : 서로 다른 직업을 가진 사람들이 직업을 위해 수학적 기
      능들과 개념들을 사용하는 방법에 관해 최소한 3명의 성인들과
      인터뷰를 한다. 이러한 인터뷰에 토대를 두어 보고서를 쓰고,
      보고서의 결론 부분에는 수학적 기능을 자기 평가(self-assessment)
      하고, 수학도로서 자신의 미래를 위한 두 가지 목표를 서술한다.

  b. 과학

    －질문 : 다양한 생물들은 생존하기 위해 환경에 어떻게 적응해
      왔으며, 이 생물들에게서 인간이 배울 수 있는 학습 내용은 무
      엇인가? 공룡이나 다른 생물체들이 생존에 실패하여 오늘날 멸
      종한 이유와 이를 통해 학생들이 배울 수 있는 내용은 무엇인
      가? 지질학적 구조와 세계의 지리적 범위에 따라 적응(생존)할
      수 있는 능력에 영향을 주는 힘은 무엇인가? (화석은 어떻게 형
      성되었고, 시간의 흐름 속에서도 어떻게 유지될 수 있었는가?
      혹은 판 구조상의 이동은 특정 지역에서의 생존에 어떤 영향을
      주었는가? 열대우림지역은 어떻게 유지되고, 다시 만들어지는
      가? 등과 같은 질문들) 인류의 생존과 적응을 확실하게 하기 위
      해 오늘날의 세계 정치 지도자들에게 필요한 행동은 무엇인가?

    －과제 : 활용할 수 있는 모든 기술공학들을 사용해서, 특정 생물
      의 생존 전략(혹은 지질학적 / 지리적 구조)을 탐구하고, '자연계
      에서의 생존'에 대한 학급 전시회를 준비한다. 그런 다음 사회
      적 혹은 국가적으로 중요한 생태학적 이슈들에 대한 제안을 담
      은 편지를 정치인들에게 보낸다.

  c. 사회

    －질문 : 여러 집단의 사람들은 다양한 기후적 · 지리적 · 사회적

조건들 아래 어떻게 생존(적응)해 왔는가? 홀로 척박한 환경에 적응하기 위해 노력하는 개인들이 필요로 하는 지식과 기능들과는 다른 공동체로서 적응하기 위해 힘쓰는 개인들에게 필요한 지식과 기능들은 무엇인가?

—과제 : 신문기사들 중에서 '생존(적응)'을 다룬 것을 스크랩하고, 생존(적응)에 관한 기사들에 논평을 간단히 적는다. 많은 집단들이 위험한 환경에서 어떻게 성공적으로 적응했는지, 그리고 특정 집단이 생존을 위한 노력을 하면서도 '세계의 질서에 도전하기' 위한 유용한 방법들을 어떻게 마련해 왔는지에 대해 깊이 생각한다.

d. 국어

—질문 : 적응의 문제를 다룬 문학 텍스트의 특징은 무엇인가? 적응을 형상화한 텍스트의 플롯, 배경, 작중인물 형상화, 갈등, 세계관 등은 어떤 관련성을 가지며, 이러한 관련성은 어떻게 일반화될 수 있는가?

—과제 : 어려운 환경에 놓인 작중인물들이 환경에 적응하기 위해 필요로 하는 기능들과 이 기능들을 통해 작중인물들이 어떻게 적응할 수 있었는지를 간단히 적는다. 그런 다음 이를 가벼운 풍자문으로 완성한다. 그리고 세계의 질서에 적응한 사람들과 도전한 사람들 중에서, 어떤 사람들이 영웅으로 고려될 수 있는지를 다른 학생들과 논쟁한다.

e. 양호(Health)

—질문 : 신체가 적응하기 위해 필요로 하는 것은 무엇인가? 특정 개인의 건강에서 어떤 측면들이 그 개인의 통제 속에 있는가? 스트레스와 일상적인 삶에서 요구되는 것들로부터 보다 잘 생존하기 위해, 학생들이 그들의 삶에서 변화시켜야 할 측면들은 무엇인가?

—과제 : 보다 완전하고 건강한 삶을 위한 삶의 스타일을 선택하고, 이를 포스터로 만든다.

f. 체육

—질문 : 야생 동물들이 생존하기 위해 필요로 하는 신체적 기능

들은 무엇인가? 환경에서 태도 / 정신 건강과 신체적 기능 / 체력 (지구력)간의 관련성은 무엇인가?

- 과제 : 생존 기능들과 관련된 개인별 훈련 프로그램을 개발하고, 특정 시간 동안의 목표를 정한다. 그런 다음 그 목표를 성취하기 위해 필요한 노력들을 반영하여 발전 상태에 대한 도표를 만든다.

g. 미술

- 질문 : 예술적으로 재능 있는 사람이 생존을 위한 충분한 수입을 위해 가질 수 있는 직업은 무엇인가? '배고픈 미술가'라는 사회적 통념 뒤에 있는 진실은 무엇인가? 사회는 예술적으로 재능 있는 사람들에게 어떤 도움을 줄 수 있고, 주어야 하는가? 미술은 문화나 사회의 생존에 어떻게 기여하는가?
- 과제 : 미술가들은 생존하기 위해 무엇을 했는지, 그들의 그림에는 어떤 것들이 줄곧 강조되어 왔는지를 검토하면서 특정한 미술가의 생애를 조사한다. 가능하다면, 이 조사 과정에서 지역에 있는 미술가를 인터뷰한다.

h. 음악

- 질문 : 특정한 음악 작품들이 시대의 변천에도 불구하고 '고전'의 지위를 줄곧 유지해 온 이유는 무엇인가? 다양한 역사적 시기에 존재해 온 음악적 전통은 무엇이며, 이 전통들은 오늘날의 대중음악에서 어떻게 나타나고 있는가? 자신의 음악을 통해 '세계의 질서에 도전해' 온 음악가들은 누구인가?
- 과제 : 음악 이론, 기악 편성법, 음악적 정의 등에 나타난 큰 발전과 변화에 따라 음악사를 구분하고, 이러한 시대 구분에 필요한 요소들이 오늘날의 음악들에 어떻게 반영되었는지를 쓴다. 또한 음악의 대중성을 확보하려 했었던 근대 혹은 현대의 작곡가들의 작품이 앞으로의 음악에서 어떻게 살아남을 수 있을지를 예상하고, 그러한 작곡자들의 작품에 대해 비평을 한다.

오늘날 많은 청소년들은 삶의 소용돌이에서 잠시 물러나 휴식을 취하기를 갈망한다. 그러나 실제의 삶은 방에서 간식을 먹으면서 편안히 문학 텍스트나 영화를 보는 것과는 다르다. 방에서 간식을 먹으면서 편안히 문학 텍스트를 보듯이 삶을 살아간다면, 그는 날로 복잡해지는 세계에 적응하지 못하는 낙오자가 될 것이다. 그러므로 청소년들은 실제 삶에 대한 대비를 위해 학교에서 '적응'을 교육 내용으로 하는 학습을 해야 한다. 범교과적 관점에서, '적응'을 교육 내용으로 하는 수업에 참여함으로써, 청소년들은 적응하기 위해 노력하는 것 자체가 갖는 본질적인 어려움과 불리한 환경에서 세계의 질서에 도전하는 것이 갖는 어려움을 인식할 것이다. 또한 단순히 적응하기보다는 보다 나은 자신을 설계하기 위해 적극 노력해야 함을 인식할 것이다. 이러한 인식을 통해 청소년들은 보다 나은 자신의 삶을 설계하는 윤리적인 실천을 할 것이다.

4) 범교과적 관점에 의한 청소년 문학 교수-학습 및 평가 방법

청소년들의 요구와 관심사에 가장 부합하는 교수-학습은 학습 과정에 학생들이 능동적으로 참여하면서, 이를 실제 삶과 관련짓는 것이다. 이를 위해서는 범교과적 관점에 의한 교수-학습이 필요하다. 범교과적 관점에 의한 교수-학습의 실천은 학생들에게 특정 교과 영역에 한정되지 않는 다양한 교육 내용을 학습할 수 있게 함으로써, 날로 복잡해지고 다양해지는 삶에 대처할 수 있게 할 것이다. 또한 학생들이 자신과 타자의 차이를 인식하고, 삶을 보다 잘 설계하기 위한 정보나 지식, 태도 등을 습득할 수 있게 할 것이다. 범교과적 관점에 의한 교수-학습의 실천을 위해 교사는 다양한 교수-학습 전략들을 활용하여 학생들의 관심을 촉진하고, 수업 동기를 지속적으로 활성화해야 한다.

청소년들의 능력과 특성을 잘 이해하고 있는 교사들은 범교과적 수업을 위해 학생들의 관심사에 부합되는 교수-학습 전략을 선택한다. 이러한 교수-학습 전략은 다음과 같은 교육 목표를 갖는다.

- 특정 내용 교과(content areas)의 경계를 넘어선 교과 간의 통합을 지향한다.
- 비판적이고 창의적인 사고 기능들을 개발한다.
- 지식을 실제 삶에 적용한다.
- 책임감, 자아와 타자에 대한 존경심을 증진한다.
- 학교 안팎에서 공동체 의식을 발전시킨다.
- 자신의 재능을 확인한다.
- 다른 사람들이 보여주는 다양한 능력들을 평가한다.

이러한 교육 목표를 달성하기 위해, 범교과성을 지향하는 교수－학습은 구조화되고 재미있어야 한다. 이를 위해, 교사는 교수－학습 구안이 구체적인 것에서 추상적인 것으로 전이 되면서, 사회성과 독립성을 아우르는 것이 되게 해야 한다. 범교과성을 지향하는 교수－학습 방법은 이 교수－학습 방법을 실천하기 위해 조직되는 학생들만큼이나 다양할 수 있다. 학생들을 집단별로 효율적으로 나누고, 교수－학습을 효율적으로 수행하기 위해서는 청소년들의 전형적인 열정과 에너지를 활용해야 한다. 이러한 교수－학습은 능동적인 교수와 학습, 구조화된 수업 전개, 프로젝트 수업과 모둠별 학습을 통한 학생들의 능력 반영, 학생들의 능력에 따라 부과되는 차별화된 과제, 학생들의 적극적인 참여를 유도하는 실제적인 활동들, 교육공학의 활용, 개별 학생들의 참여를 촉진하는 다양한 전략들, 그리고 다양한 체험 학습을 통한 활동 등을 그 특징으로 한다. 이러한 교수－학습은 학생들의 개인적 관심사나 능력에 따른 수준별 학습을 지향한다. 수준별 학습은 고등 수준의 사고력, 창의성, 의사소통능력, 긍정적인 태도, 그리고 탐구 활동들에 필수적인 기능의 획득 등을 목표로 한다.

범교과성을 지향하는 교수－학습은 교수－학습 형태의 다양성 때문에, 상황 맥락에 대한 이해가 필수적으로 전제되어야 한다. 교수－학습이 수행되는 상황 맥락은 학생들의 능동적인 참여 정도, 학습 경험 과정에서의 편안함 등을 나타내면서 교수-학습 내용에 대한 피드백을 교사에게 제공하기 때문이다.

청소년들의 발달 특성에 맞고 효과적인 교수 전략들은 다양한 유형의 협동 학습과 상호 작용 학습, 능동적인 교수-학습 탐구, 그리고 사고 기능들에 대한 교수 등을 포함한다. 이러한 교수 전략들은 다양한 학습 형태들을 촉진하는 학습 자료들, 즉 인터넷 매체, 상호 작용적인 비디오, 인쇄된 전통적인 자료들, 비디오테이프, 오디오 카세트, 그리고 교사가 만든 창의적인 자료들 등에 의해 보충되어야 한다.

범교과적인 교수-학습을 실천하기 위한 토대로써 문학 텍스트를 활용할 때, 가장 우선적으로 고려할 것은 학생들이 문학 텍스트의 세계를 실제 삶과 관련짓도록 하는 전략을 사용하는 것이다. 범교과성을 지향하는 문학교육에서는 동기를 부여하는 것과 읽기의 목적을 연결하는 것, 즉 문학 텍스트에서 학습한 것과 실제 삶을 연결하는 것이 매우 중요하다. 따라서 학생들은 다양한 문학 텍스트를 읽을 필요가 있다. 다양한 문학 텍스트를 읽고 동료 학생들과 문학 토론을 함으로써, 학생들은 문학 텍스트의 내용을 보다 풍부하게 이해하고, 이를 자신의 삶과 관련지을 수 있기 때문이다. 이를 위해 문학 교사는 학생들의 다양한 문학 경험과 문학능력을 고려하면서, 문학 텍스트에 대한 학생들의 능동적이고 다양한 반응을 촉진하는 독자 반응 접근법을 취할 필요가 있다. 독자 반응 접근법은 학생들에게 문학 텍스트와의 상호 작용을 촉진하면서, 학습의 상황 맥락 내에서 언어처리 기능을 증진시켜 주기 때문이다.

끝으로, 범교과성을 지향하는 교수-학습은 평가의 개념을 보다 확장시킬 필요가 있다. 포트폴리오, 학생들의 자기 평가, 동료 보고서, 그리고 학생들이 산출한 다양한 학습 결과물들을 평가 대상으로 삼아야 한다. 이렇게 함으로써 학생들은 사실적인 자료들에 대한 지식을 향상시킬 뿐만 아니라, 독자, 사고자(thinker), 동료로서 학습 과정에서 성장을 도모할 수 있다.

다음에는 문학 텍스트 읽기에 초점을 둔 범교과적 수업을 위한 몇 가지 교수－학습 전략들과 그에 따른 평가 절차들을 논의할 것이다. 그리고 이러한 교수－학습 전략들이 청소년들의 학습과 범교과성을 지향하는 교육에 특히 적절한 이유를 밝힐 것이다.

(1) 직접 교수－학습 전략과 협력/상호 작용 학습 전략

① 직접 / 전체 학급 교수－학습(Direct / Total Class Instruction) 전략

중학생이 될 때까지 대부분의 청소년들은 교사 중심의 직접 교수－학습을 수없이 경험해 왔다. 따라서 직접 교수－학습 전략은 중학교에 입학해서 잠재적으로 혼란한 상태에 있는 중학생들에게 편안한 출발점을 제공하고 어느 정도의 학습 효과를 갖는다. 그러므로 중학교의 문학 교사는 상당 기간 동안 교사 중심의 직접 교수－학습 전략을 활용할 필요가 있다. 브루피(Brophy, 1974)는 학급 전체를 대상으로 하는 직접 교수－학습 과정을 요약하고, 학습자로서 완전히 성공하지 못한 학생들이 갖추어야 할 기본적인 기능들의 교육에 직접 교수－학습이 갖는 효용을 언급한 바 있다.

직접 교수－학습 전략에서, 교사는 학생들에게 정보를 제시하고, 학습 실천을 부과한다. 또한 분명하고 즉각적인 피드백을 학생들에게 제공한다. 교사는 학생들이 수업이나 자습에 참여하도록 하면서, 학생들의 학업 수행을 체크하고 개별화된 피드백을 제공한다. 이 전략에 의한 수업에서는 학급의 모든 학생들이 주어진 학습 내용들을 순차적으로 학습하기 때문에, 학습 속도는 빠르다. 그러나 하나의 학습 내용에서 다음 학습 내용으로의 전환은 상당히 더디다. 학습 과정에서 학생들이 교사의 질문에 성공적으로 대답하는 비율은 약 75% 정도로 높고, 개별적으로 해야 할 과제들을 성공적으로 하는 비율은 100%에 근접할 정도로 매우 높다.[21]

---

21) Brophy, J.(1979), "Teacher Behavior and student Learning", *Educational Leadership* 37 ; p.34.

이러한 교실에서는 과제 수행에 필요한 시간이 충분히 제공되어야 하므로, 교사는 학생들의 학습에 대한 책임감을 갖고 충분한 시간을 제공해야 한다. 따라서 직접 교수−학습 전략을 따를 때, 교사는 교육과정상의 목표들, 특정 수업을 위한 학습 목표들, 활용될 자료들, 그리고 학습 환경의 조직 등을 검토해야 한다. 이를 위해, 교사는 그 이전에 했던 수업들을 회상하면서, 부과했던 과제들을 모아 검토한다. 그런 다음 학생들의 참여가 제한된 상황에서, 새로운 자료, 개념들, 기능들을 20분 정도 소개하고 학생들의 참여를 위한 구조화된 패턴(높은 성공 비율을 보장하는)을 활용하여 비교적 낮은 수준의 질문과 대답(question-and-answer)에 의한 수업을 한다. 이때 교사는 학생들이 잠시 동안 스스로 학습하게 하면서, 교실을 순회하고 정확한 피드백을 학생들에게 제공한다.

학습을 성공적으로 수행하지 못한 학생들과 학습 과정에서 교사의 통제를 많이 받는 학생들은 보다 낮은 수준의 질문들에 대해서만 대답을 하고, 반복 학습 및 구조화된 교사의 도움을 필요로 한다. 한편 학습 동기화가 높은 가운데 학습을 성공적으로 수행하는 학생들을 위해, 직접 교수−학습 전략은 교사와의 상호 작용에 의해 학생들이 수업에 보다 자발적으로 참여하도록 하는 것이 되어야 한다. 또한 학생들이 보다 어려운 질문들에 대답하도록 하고, 보다 복잡한 과제를 부과하여 학생들이 수업에 보다 적극적으로 참여하도록 유도한다.

범교과적 수업에서, 직접 교수−학습 전략은 새로운 기능의 안내, 교사가 학생들에게 어려운 내용의 텍스트에 대한 기본적인 이해를 시키고자 할 때 혹은 학생들이 교사에 대한 의존에서 점차 벗어날 필요가 있고 자신감이 결여되어 있을 때 유용하게 활용될 수 있다. 따라서 직접 교수−학습 방법은 학습 목표가 기본적인 기능들을 습득하는 것과 관련될 때 가장 효과적이다. 조지와 알렉산더(George & Alexander, 1993)는 다음과 같이 말한다.

창의성, 문제 해결, 복잡한 사고, 인식(이해), 혹은 사회적이고 정서적인 교육이 수업 목표일 때, 학급 전체를 대상으로 하는 교수-학습 과정은 최선의 교수-학습 방법이 될 수 없다. 특히 학생들이 학년이 높거나 교과에서의 학업 성취도가 높다면, 직접 교수-학습 전략은 기본적인 기능들보다도 다른 영역들에서 학생들의 학습에 불리한 것이 되기까지 한다. 학급 전체를 대상으로 하는 교수-학습은 사회과, 국어과(고전 문학), 미술, 그리고 특히 덜 초인지적이고 사실적인 교과들의 교육 목표와 모순되기도 한다.[22]

② 소집단 교수-학습과 협력 / 상호 작용 학습 전략

학급 전체를 대상으로 하는 교수-학습 전략이 갖는 문제점에 대한 한 가지 대안은 소집단별 학습이다. 학습 과제를 수행하기 위해 함께 학습하고자 하는 목표를 가진 2~6개의 집단으로 나뉜 학생들은 상호 작용 / 협력 학습(Collaborative and / or Cooperative learning)에 참여한다. 이 학습 환경에서 교사는 학습 과정을 조직하고 촉진한다. 학생들이 동료 학생들과 함께 학습할 수 있는 지적 수준(Sophistication)과 기능 수준에 따라, 교사는 간단한 과제 혹은 여러 과제들을 잘 배합해서 학생들에게 부과한다. 경우에 따라서는 학생들이 스스로 학습할 수 있도록 과제를 제시하지 않을 수도 있다. 학생들의 학습 과정에 교사가 어느 정도 관여하든지 간에, 소집단 활동을 통해 성취해야 할 학습 목표들은 초인지를 갖는 정서적인 영역과 깊은 관련성이 있다.

'상호 작용' 학습 전략은 학생들이 동료 학생과의 대화를 통해 지식을 분류하고 새로운 지식을 구성할 수 있게 한다. 협력 학습 전략은 거의 항상 상호 작용 학습 전략과 관련되지만, 비교적 구조화된 조직화를 필요로 한다 : 학생들은 일반적인 수업 목표를 달성하기 위해 집단 구성원으로서

---

22) George, P. S. & Alexander, W. M.(1993), *The Exemplary Middle School*, 2ded. New York : Hacourt, Brace, Jovanovich College Division, p.152.

활동을 하고, 집단은 각 학생들이 집단의 구조 내에서 책임감 있게 학습에 임할 때 적절한 보상을 한다. 상호 작용 학습 전략은 말하기와 듣기 기능을 향상시키고, 학습 도구로써 말하기가 갖는 힘을 보여주기 때문에 적극 활용될 필요가 있다. 일반적으로, 교사들이 협력 학습 전략을 선택할 때, 그들은 협력을 위해 필요한 사회적 기능들의 체계적인 발달에 대한 책임 의식을 나타낸다.

상호 작용 활동들은 다양한 소집단 활동뿐만 아니라 과제 검토 혹은 동료와 초고 편집하기 등과 같은 공식적인 동료 활동을 포함한다. 학생들은 자신의 지식과 이해를 명확히 하고 확장하기 위해 동료 학생들과 대화하는 상호 작용을 한다. 수업 시작 부분에서 상호 작용 활동들은 학생들의 초인지 구조를 활성화시키는 데 도움을 준다. 예를 들어, 상호 작용 활동으로서 '생각 / 짝 / 공유'에 대해 들었다면, 학생들은 이 활동들을 위해 학습 내용에 대한 브레인스토밍을 하고, 충분한 시간 공유를 통해 자신의 브레인스토밍 내용을 수정한다. 그 후 학생들은 다른 집단 학생들과 대집단 토론을 한다. 이 과정에서 학생들은 학습해야 할 내용들을 다시 생각하면서, 그 내용들에 대한 자신의 생각을 모을 기회를 갖는다.

상호 작용 학습 전략은 학생들이 정보를 처리하고, 다른 학생들과의 대화를 통해 이 정보를 적용할 수 있도록 한다. 또한 수업 시간에 학생들이 높은 수준의 학습에 참여할 수 있도록 한다. 예를 들어, 직접 읽기 활동 시간 동안, 조용히 텍스트를 읽은 뒤에 학생들은 동료 학생들과의 소집단 활동을 통해 '읽기 목적(Purpose-for-reading)'에 관한 질문들에 답을 하도록 요청 받을 수 있다. 이때 학생들은 읽기 과제에 대한 토론을 시작하는 방법으로써, 텍스트에서 그 질문들에 대한 대답을 찾을 수 있는 질문 목록을 동료 학생들과 만들 수 있다.

청소년들은 친구들과의 대화 시간을 가치 있게 생각한다. 그러므로 문학 교사는 상호 작용 학습 전략을 구성적으로 활용해서 사회화에 대한 학생들의 관심을 촉진시켜야 한다. 한 집단의 학생들이 상호 작용적인 활동들을 할 수 있는 방법들은 여러 가지가 있다. 때때로 같은 수준의 읽기 능력을 가진 학생들은 자신들이 읽어 왔던 텍스트의 의미를 구체화하기 위해 함께 활동할 수 있다. 때로는 동일한 기능에 대해 차이를 나타내는 학생들이 그 기능을 강화하기 위해 기획된 활동에 함께 참여할 수 있다.

학생들은 학습 과제에 대한 흥미에 따라 집단별로 조직되거나 협력 학습을 하고자 하는 희망에 따라 자신의 집단을 선택할 수 있다. 교사들은 인내와 사회적 용인을 증진하기 위한 노력을 해야 하는 학생들의 집단을 결정할 수 있다. 또는 개인별 지도 목적을 위해 특정한 기능을 갖고 있는 한 명의 학생을 능력 부족 때문에 특정한 기능을 갖지 못해서 별도의 도움이 필요한 학생과 짝을 짓기도 한다.

학생들은 학업 스타일에 대한 참조를 통해 가장 효과적으로 집단화 될 수 있다. 예를 들어, 자신들이 읽은 소설을 종합하여 어떤 결과들을 만들어야 한다면, 시각적인 것을 좋아하는 학생들은 포스터나 차트를 만들기 위해 함께 모여 집단을 이룰 것이다. 반면에 활동적인 학생들은 교육연극을 하기 위해 함께 모여 집단을 이룰 것이다. 교사가 학생들의 개성에 토대를 두어 집단 구성원을 결정하는 것은 구성원들 간의 갈등을 피하고 집단의 학습 효과를 향상시키기 위함이다. 예컨대, 강한 개성을 가진 말이 많은 학생들끼리 한 집단을 이룬다면, 그 학생들은 주어진 과제를 성취하기 위해서는 다른 사람의 말을 듣고 차례를 기다려야 한다는 것을 배우게 될 것이다. 반면에 조용히 침묵하고 대집단 속에서 적극적으로 대답을 하지 않는 학생들끼리 한 집단을 이룬다면, 그 학생들은 말이 많은 학생들에 의해 가려지지 않은 채 대화에 의한 토론을 수행할 수 있을 것이다. 평소 대화 과정에서 침묵하는 학생들로 구성된 집단에서, 지도성을 발휘해야 하는 기회가 주어졌을 때 어떤 학생이 대화를 주도하는가는 교사들에게 상당한 흥미를 준다. 이것은 그 학생들의 마음속에 숨겨진 지도성을 발견할 수 있게 하기 때문이다.

집단 속에서 동료 학생들과 함께 활동할 기회를 거의 갖지 못한 학생들은 집단 구성원들과 함께 과제를 수행하기 위해 필요한 자기통제와 자기 모니터링(확인)의 기능이 부족하다. 이러한 경우에 교사는 학생들이 보다 확장된 집단 속에서 학습 활동을 할 수 있는 사회적 기능들을 갖출 때까지, 매우 초점화된 한정된 과제에 2명씩 짝을 이루어 동료 활동을 하게 해야 한다. 그러나 모든 상호 작용 활동들의 목표는 학생들이 동료 학생들과의 활동을 통해 개인적 지식이나 기능을 확장하게 하는 것이다.

협력 학습 전략의 효용성을 강조해온 연구자들은 오랫동안 진정한 협력을 위해 필요한 사회적 기능들을 학생들에게 가르쳐야 한다고 주장해왔다. 학생들의 활동이 단지 함께 모여서 부과된 과제를 하는데 한정된다면, 학생들은 효율적인 학습을 할 수 없다. 상호 작용적인 교실에서, 교사는 교실의 다른 환경보다도 학생들의 상황을 민감하게 인식해야 한다. 교사의 직접적인 설명과 교사의 대화가 주도적인 교실에서 학생들은 무미건조한 수업을 단지 견딜 뿐이다. 성공적인 협력 학습 활동을 위해 필요한 기능들을 학생들이 획득하도록 돕지 못한다면, 교사는 잠재적으로 학생들의 교육적 발전에 손상을 주기까지 하는 무미건조한 수업을 강요하고 있을 뿐이다.

진정한 협력 학습 전략들은 몇 가지 구성 요소들을 갖는다. 이 구성 요소들은 학생들이 활동할 수업 목표(goal), 개인적인 책임감, 그리고 각 학생들의 활동 기회 등이다. 협력의 주고받음을 학습할 기회를 전혀 갖지 못한 학생들은 자기 중심주의를 극복하지 못한 채 성장할 것이다. 따라서 이런 학생들은 성인이 되어서 사회생활에 쉽게 적응하지 못한다. 예컨대, 도로에서 교통신호 체계를 준수하지 않는다든지 결혼 생활에서 부부간의 의사소통이 결핍된다든지 혹은 직장에서 동료와의 동료의식을 잘 형성하지 못한다.

다음은 문학 중심 범교과적 수업에 적용될 수 있는 몇 가지 협력 학습 전략들을 살펴보자. 협력 학습 전략들은 학습 동기를 향상시키고, 동료 학생들과의 긍정적인 관련성 — 다른 학생들이 자기와는 다르다는 인식을 포함한 — 을 향상시키고, 고등 수준의 사고 / 문제 해결 기능들을 자극한다.

✔ 팀 / 게임 / 토너먼트

이것은 용어의 정의, 문제 해결 과정, 그리고 규칙 / 원리 등과 같은 사실적인 자료들에 초점을 둔 수업에 특히 유용한 학습 전략이다. 예를 들면, '가정'을 교육 내용으로 하는 수업에서, 수업의 목표가 "다양한 관점에서 '가정'의 개념을 조사할 수 있다."라고 하자. 건강 전문가의 관점을 적용할 때, 학생들은 스트레스의 개념을 알고, 좋은 스트레스와 나쁜 스트레스, 그리고 스트레스의 요인들을 파악할 수 있어야 한다. 또한 학생들은 문학적 경험을 통해 얻은 사례들을 활용해서 각 가정에서 스트레스를 유발하는 요인을 설명할 수 있어야 한다. 4 혹은 5개의 팀에서, 학생들은 학습 목표와 관련된 정보들을 학습한다. 이때 학생들은 정보를 찾기 위해 도서관에서 시간을 보내고, 관련 연구자들의 강의를 듣고, 교재나 다른 자료들에서 스트레스에 관한 정보들을 읽는다.

학생들은 충분한 시간 동안의 훈련 뒤에, 자신의 팀이 이러한 기본 지식을 획득하기 위한 게임이나 토너먼트에 참가한다는 것을 안다. 이러한 게임이나 토너먼트에서 개인별 보상이나 성적(평가)은 팀 성적에 따라 주어진다. 슬래빈(Slavin, 1984)에 따르면, 학생들은 자신의 동료들이 정보에 숙달하게 되고, 검토 과정에서 팀원으로서 활동할 수 있도록 돕는다.[23)]

23) Slvain, R.(1984), "Students Motivatin Students to Excel : Cooperative Incentives, Cooperative Tasks, and Student Achievement", *Elementary School journal* 85, pp.53~64.

✔ 라운드 로빈(Round-Robin)과 안쪽-바깥쪽 원(Inside-Outside Circle)

라운드 로빈과 안쪽-바깥쪽 원은 둘 다 상황을 검토하는 데 유용하다. 라운드 로빈(Round-Robin) 활동을 위해 학생들은 소집단으로 편성된다. 각 학생들은 구두로 혹은 글로 써서, 주어진 화제에 대해 학습한 것을 동료 학생들과 공유한다. 동료 학생이 중요하다고 언급한 것을 듣고 다시 말함 으로써 각 학생은 집단 내 다른 구성원들의 기억을 자극시킨다. 그 후 그 집단은 구성원간의 협력을 통해 화제의 개요를 구성한다. 안쪽-바깥쪽 원(Inside-Outside Circle) 활동을 할 때, 학생들은 파트너를 마주볼 수 있는 둥그런 원을 만든다. 안쪽 원에 있는 사람은 바깥쪽 원에 있는 사람을, 바 깥쪽 원에 있는 사람은 안쪽 원에 있는 사람을 마주본다. 이때 교사는 학 생들에게 주어진 질문들을 검토하도록 요청한다. 바깥쪽 원에 있는 학생 이 질문의 답을 확인하는 동안 첫 번째 안쪽 원에 있는 학생은 질문에 대 한 답을 해야 한다. 그런 다음 바깥쪽 원과 안쪽 원에 있는 학생들은 다른 질문에 답하기 위해 파트너를 바꾸는 순환을 한 후, 다른 파트너와 활동 을 한다.

학생들이 '갈등과 대립'을 교육 내용으로 하는 수업을 하고 있다고 생 각해 보자. 이 수업에서, 각 학생들은 갈등을 형상화하고 있는 현기영의 『지상에 숟가락 하나』를 읽고, 자신이 선택한 적어도 두 권의 문학 텍스 트들을 더 읽는다. 문학 텍스트에서 갈등이 플롯 전개에 필수적이라는 것 을 매우 많이 학습해 왔음을 학생들이 인식할 수 있도록 하기 위해, 교사 는 학생들이 우선 문학 텍스트에 형상화된 갈등의 개념들을 정리할 수 있 도록 한다. 이를 위해 교사는 학생들이 갈등의 유형을 정리하기 위해 라 운드 로빈(Round-Robin) 활동을 하게 한다. 예컨대, 라운드 로빈 활동 과정 에서 한 학생은 갈등의 유형을 '개인과 환경간의 갈등'이라고 쓴다. 그가 쓴 종이는 "또 다른 갈등 유형은 개인간의 갈등"이라고 덧붙여 쓰기 위해 집단의 다른 구성원에게 전해진다. 어떤 학생은 문학 텍스트에 대한 해석에서, 갈등이 생겨날 수 있다고 덧붙여 쓴다. 또 다른 학생은 문학 텍스트에서 작중인물들이 동일한 상황에 대해서도 서로 다른 반응을 할 수 있음을 쓸 것이다.

안쪽 원과 바깥쪽 원을 위치이동하는 과정에서, 학생들이 갈등에 대한 그들의 지식을 적용할 수 있도록 하는 질문을 교사는 학생들에게 한다. 예를 들어 "중학교에 입학해서 얻은 갈등의 예를 한 가지 제시하라" 혹은 "수업 시간 외에 개별적으로 읽은 문학 텍스트들 중에서 갈등을 나타내는 것을 말하라" 혹은 "자연계에서 갈등이 어떻게 본질적인 것이 되었는지를 보여주는 예를 제시하라" 혹은 "여기에 갈등적인 상황이 있다. 이 상황을 어떻게 해결할 수 있는가?" 이러한 질문들에 대한 하나의 정답이란 없다. 안쪽과 바깥쪽 원을 도는 활동 과정에서 한 명의 파트너는 반응을 제공하고, 다른 파트너는 그가 제공한 반응에 재반응하는 대화에 참여한다.

✔ 직소와 변형(jigsaw and variation)

"생존(적응), 삶, 세계의 질서에 대한 도전"을 교육 내용으로 하는 수업은 직소(Jigsaw)의 원리에 따라 조직될 수 있다. '적응'을 교육 내용으로 하는 수업에서 문학 텍스트들은 몇 가지 구분 원칙에 따른다 : 적응을 교육 내용으로 하는 수업에서 학생들은 각각 세 권의 문학 텍스트들을 선택한 7개의 집단으로 나뉜다. 그런 다음 학생들은 문학 텍스트 구분의 기준이 되는, 참여자들의 수가 동일한 팀에 배정된다. 이렇게 해서 학생들은 7개의 집단에서 활동을 한다. 전문가 집단에서 학생들은 학습 대상 문학 텍스트에 대한 동료 학생들의 이해를 체크한다. 이때 학생들은 플롯 전개, 작중인물 간의 관련성, 정서적 긴장감과 주제 등을 이해할 수 있어야 한다. 그런 다음, 학생들은 세 가지 범주에 따라 각각 서로 다른 문학 텍스트를 읽는 7명의 학생들로 구성된 보다 확장된 집단에 재배치된다. 자신이 읽고 있는 텍스트의 전문가로서, 학생들은 교사의 안내를 활용해서 자신이 읽고 있는 문학 텍스트에 대한 일반화를 하기 위해 동료 학생들과 함께 활동한다. 이를 위해 차트 형식을 활용해 직소(jigsaw) 절차를 생각하는 것이 좋다.

텍스트 범주		
신체적 적응	정서적 위기 상황에서의 적응	세계의 질서에 대한 도전
1. 〈텍스트 제목〉 학생 a, b, c, d	〈텍스트 제목〉	〈텍스트 제목〉
2. 〈텍스트 제목〉 학생 e, f, g, h	〈텍스트 제목〉	〈텍스트 제목〉
3. 〈텍스트 제목〉 학생 i, j, k, l	〈텍스트 제목〉	〈텍스트 제목〉

〈표 8-3〉 네 명으로 구성된 각 학생 집단이 각기 다른 범주의 텍스트들을 읽는 경우

먼저, a, b, c, d 학생들은 공통으로 읽은 문학 텍스트에 대한 '전문가'가 되기 위해 함께 활동한다. 신체적 생존에 관한 문학 텍스트를 읽는 과정에서 학생들은 함께 활동을 한다. 각 범주에 속한 문학 텍스트들을 읽을 때 편안함을 느낀 후에 학생들은 다시 집단별로 편성된다. 이제 모든 학생들은 신체적 생존에 관한 세 권의 문학 텍스트들 사이의 유사성과 차이성을 발견하기 위해 함께 활동한다. 이 집단에서 학생들은 신체적 적응(생존)에 관한 문학 텍스트에 대한 '전문가'가 될 것이다.

전문가로서 학습에 임할 때, 학생들은 직소 전략에 개별적으로 책임감 있게 참여해야 한다. 그런 다음, 학생들은 협력이 필요한 과제를 수행하기 위해 집단의 구성원으로 학습에 참여한다. '생존(적응)'을 교육 내용으로 하는 수업의 경우에, 학생들은 '전문가'로서 자신의 지식을 공유하고, 집단 구성원들이 질문하는 것들에 답해야 한다. '집단 연구자' 전략은 어떤 화제에 관한 사항 한 가지를 자세하게 조사하여 발표하는 직소 전략과 유사하다. 자신이 조사한 결과를 발표하여 다른 학생들과 공유한 뒤에, 각 학생들은 집단 보고서를 쓰기 위해 다른 학생들과 상호 작용을 한다.

끝으로 협력 학습 전략들을 활용하는 데는 몇 가지 유의점이 있다 : 상
호 작용 / 협력 학습 전략을 활용하고자 하는 교사는, 이 전략을 교실 수업
에 활용하기 전에 학습 과정을 효과적으로 구안해야 한다. 따라서 교사는
학생들에게 협력 학습이 필요한 과제들을 부과하기 전에, 수업에서 중요
한 몇 가지 요소들을 다음과 같이 고려할 필요가 있다.

- 진정한 학급 토론이 가능하게 하는 화제를 선택한다.
- 질문들에 초점을 둔 수업 과정을 제시한다.
- 교실의 의자, 책상 등을 재배치하고, 보다 확장된 집단 속에서 학생들
  의 상호 작용을 촉진시키기 위해 교실 공간을 효과적으로 배치해야 한
  다(이러한 교실 배치는 학생들의 책상이 교실 전면의 교탁을 향해서
  일렬로 배치된 교실 상황보다 더 많은 대화를 가능하게 할 것이다).
- 협력 학습은 집단 내의 학생들이 의장, 기록자, 보고자, 촉진자, 시간
  관리자, 평가자 등의 다양한 역할을 할 수 있도록 돕는다.
- 집단의 일관성(consistency)에 대한 지속적인 통제를 한다.
- 분명한 활동 지침을 제공하고, 활동에 대한 예상을 한다.
- 집단의 학습 향상도를 모니터하고, 피드백과 평가를 제공한다(<표 8-4>).
  학생들이 집단 활동과 개인별 참여 활동 과정에서 자기 평가와 동료
  평가 활동에 참여할 수 있는 기회를 포함한다.[24]

---

24) Stover, L. & Neubert, G. & Lawlor, J.(1993), *Creating Interactive Environment in the Secondary School*, Washington, DC : National Educational Association, pp.55~56.

〈표 8-4〉 5가지 평가표 유형

다음에 제시되는 각 평가지는 학습 과정에서 여러 집단들의 어려움을 진단하고, 집단 구성원들의 학업 성취도를 평가할 수 있게 한다. 다음의 A와 B 평가표는 초보자에게도 사용될 수 있다.

A) 집단의 자기 평가(self-rating)를 위한 체크리스트
 −평가 목적
  ⓐ 즉각적으로 활동을 했는가?
  ⓑ 논점(요점)을 유지했는가?
  ⓒ 조용히 활동했는가?
  ⓓ 모든 구성원들이 집단 활동에 기여했는가?
  ⓔ 도움이 필요하다면 즉시 도움을 주었는가?
  ⓕ 성취한 것은 무엇인가?

집단에 의해 완성되는 평가표는 학업 성취를 위해 사용되는 전략들과 경험들의 적절성에 대한 판단을 제공하면서, 학급의 학습을 촉진할 것이다.

B) 미숙한 학생의 자기 평가(self-rating)를 위한 체크리스트
 −평가 목적(subject)
  ⓐ 충분하게 준비했는가?
  ⓑ 지침을 따랐는가?
  ⓒ 시간을 가장 잘 활용했는가?
  ⓓ 다른 집단에 방해를 주지 않고 활동했는가?
  ⓔ 집단 활동에서 내가 크게 기여한 점은 _____이다.

자기 평가를 한 후에 학생들은 다른 구성원들을 평가한다.

C) 다른 구성원에 대한 평가를 위한 체크리스트
  ⓐ 그 / 그녀가 집단에 기여한 점은 무엇일까?
  ⓑ 그 / 그녀는 어떤 점을 먼저 향상시켜야 하는가?
  ⓒ 평가 내용

경험이 많은 집단일수록 보다 의미 있는 평가를 할 것이다. 평가는 교수−학습이 이루어지는 상황에서 직접적으로 이루어져야 하고, 짧은 에세이 쓰기를 통해 학생들의 학업 수행 양상들을 측정할 수 있어야 한다.

D) 능숙한 학생의 자기 평가를 위한 체크리스트
  ⓐ 집단이 기대했던 책임감을 생각했는가?
  ⓑ 유의하면서 들었는가?
  ⓒ 자신의 관점을 기꺼이 표현했는가?
  ⓓ 다른 사람들의 관점을 이해하려고 했는가?
  ⓔ 표현된 견해들의 장점과 단점들을 평가하려고 했는가?

ⓕ 수동적으로 말하는 사람들에게 용기를 주려고 했는가?
ⓖ 우호적이고 효과적인 분위기를 만들기 위해 노력했는가?
ⓗ 목적 의식을 갖고 토론을 지속했는가?
ⓘ 집단의 목표를 향상시키기 위해 적극 참여했는가?
ⓙ 집단의 활동에 내가 가장 크게 기여한 점은 _____이다.

E) 집단 구성원 평가를 위한 체크리스트
   집단간 연대(solidarity)의 필요성은 집단 구성원들을 평가하는데 도움이 된다. 다음의 평가 방식은 집단간 연대를 통한 구성원들을 평가하는데 적합한 것들이다. 각 집단들은 공정한 평가를 위해 같은 인원을 유지할 필요가 있다.

'가나다' 순서에 따라 구성원들의 이름에 번호를 붙인다.
ⓐ 김태익
ⓑ 박주석
ⓒ 오승화
ⓓ 유장현
ⓔ 전보미
ⓕ 표기태

체크리스트와 수치를 활용한다. 1(훌륭한)에서 5(부족한)까지에 걸쳐 평가한다.

		집단 구성원들					
		1	2	3	4	5	6
ⓐ	책임을 다한다	5					
ⓑ	토론에서 상호 협력한다	1					
ⓒ	자신의 관점을 분명히 표현한다	1					
c	모든 관점을 고려한다	2					
ⓔ	다른 사람들을 촉진한다	2					
ⓕ	집단별 학업 성취에 관심을 보인다.	5					

물론, 평가는 그 결과가 과장되어 발표될 수도 있다. 따라서 타당한 평가를 위해, 교사는 먼저 평가 기준과 평가 척도(device)를 학생들에게 안내해야 한다. 그렇지만 학생들이 집단 활동에 보다 숙련되었을 때는, 평가 기준은 거의 필요하지 않을 것이다.

5) 동기화와 범교과적 교육과정

(1) 동기화 이론

범교과적 수업이 이루어지기 위해서는 일단 수업이 재미있고 구성적일 필요가 있다. 이를 위해서는 일차적으로 동기화 원리들이 적용되어야 한다. 무엇보다도 우선, 음식, 물, 안식처 등과 같은 생존의 필요 조건들이 충족되지 않는다면, 학생들은 지적인 노력에 집중하기가 힘들다. 게다가, 신체적으로 혹은 정신적으로 주어진 환경이 편안하지 않다고 느끼는 학생들은 교과 학습에 최선을 다할 수 없다.

일반적으로 중등학교는 학생들이 청소년기의 고민과 갈등을 해결하고, 학교 안팎에서의 경험들을 처리하기 위한 일상적인 토대를 제공한다. 아울러 청소년들이 성인들과 더불어 학습하고 생활할 수 있는 기회들을 제공한다. 그러므로 많은 중학교 교사들은 친밀한 관계(소속감, belonging), 자기 평가 등을 위해 학생들에 관한 필요 사항들을 인식하고, 학생들의 동기를 떨어뜨리고 약화시키는 전략들은 피해야 한다. 이때 학생들은 보다 확장된 전체 집단의 구성원이 되고, 개인적으로 성공적인 학습을 하고 있다는 것을 느낄 수 있는 기회들을 가져야 한다.[25] 청소년 문학 텍스트에 토대를 둔 범교과적 관점에 의한 수업에서는 문학 텍스트에 대한 학생들의 해석이 교사의 해석과 다른 것은 별 문제가 되지 않는다. 오히려 문학 텍스트에 대한 학생들의 해석과 반응은 문학 토론과 학습을 위한 출발점이 된다.

훌륭한 교사들은 수동적인 자세로 생활을 하는 학생들과 적극적으로 생활을 개척하는 학생들 간의 차이, 부모나 교사의 영향에 의해 진로를 수동적으로 선택한 학생들과 자신의 진로를 스스로 선택하고 개척해 가는

---

25) George, Paul S. L Alexander, W. M.(1993), *The Exemplary Middle School*, 2d ed. New York : Harcourt, Brace, Jovanovich College Division.

학생들 간의 차이를 안다. 이러한 교사들은 모든 학생들이 주체적인 행동, 학습, 세계에서 주도적인 역할 등을 하는 존재로서 자신을 인식하기를 원한다. 따라서 교사는 학생들이 스스로 읽고 싶은 텍스트를 선택하고, 이 텍스트들에 토대를 두어 학습 방향을 정할 수 있도록 해야 한다.

학생들의 개인적인 능력에 대한 교사의 믿음은 자신의 삶을 통제할 수 있는 능력에 대한 학생들의 인식에 영향을 준다. 학습에 대한 책임감, 실제적인 목표 설정과 단계적인 목표 수행, 그리고 삶에 대한 책임을 스스로 지는 책무성 등을 학생들이 스스로 받아들이도록 하는 교사는 성공적인 교수를 할 수 있다. 범교과적 관점에 의한 수업에서 학생들을 학습 동료로 생각할 때, 교사들은 학생들을 동기화시켜야 한다. 학생들을 높게 동기화시키는 한 가지 방법은 학생들에게 성공적으로 학습할 수 있는 기회를 제공하는 것이다. 이를 위해 교사는 학생들의 능력을 충분히 파악하여, 학생들이 이미 알고 있는 것과 알 수 있는 것에 토대를 두어 수업이 진행되도록 해야 한다.

청소년 문학 텍스트를 대상으로 한 수업에서, 문학능력이 부족한 학생들은 학습 초기에 문학 텍스트 읽기에 어려움을 느끼고 문학 경험을 거의 활성화시키지 못한다. 이 학생들은 개인적인 경험을 텍스트의 내용과 충분히 관련시키지 못한 채, 문제 해결 과정에서 논리적인 추론을 하지 못한다. 그러나 동료 학생들과 협력 학습을 함으로써, 이 학생들은 성공적인 문학 읽기 전략을 모델화하고, 이 과정에서 향상된 문학 읽기 태도를 갖게 된다. 그 결과 학생들의 문학적 경험과 문학능력은 보다 향상된다. 학생들은 문학 텍스트의 내용에 대한 가설을 세우고, 이 가설을 평가하기 위해 구조화된 방법으로 문학 텍스트를 의미화할 것이다.

학습 상황을 동기화시키는 또 다른 요소는 학습 결과들에 대한 지식을 학생들에게 제공하는 것이다. 이를 위해 교사는 학생들의 학습에 대한 평가를 추상적으로 하기보다는 구체적으로 할 필요가 있다. 만일 어떤 학생

의 학습 결과가 '부족함'으로 평가되었다면, 이 학생은 자신의 학습 결과
가 '부족함'이 된 이유와 이러한 상태에서 벗어나기 위한 학습 전략이 무
엇인지를 알고자 할 것이다. 따라서 교사는 학생들의 학습 결과에 대한
평가를 구체적인 문장이나 문단으로 진술하고, 그 내용이 학생들에게 충
분히 인식될 수 있도록 해야 한다.

교사들은 또한 학교 밖에서의 생활에 많은 신경을 쓰고 걱정을 하는 청
소년들을 위해 다양한 교수―학습 전략과 자료들을 제공해야 한다. 다양
한 교수―학습 전략들과 자료들을 통해 학생들은 학교 밖에서의 생활에
대비를 할 수 있기 때문이다. 예를 들어, 다양한 환경에 직면하기, 특정한
역할 수행하기, 자발적인 태도 증진하기 등을 통해 학생들은 학교 밖의
생활에 대비할 수 있을 것이다. 수업 시간에 학생들의 학습 동기를 촉진
하기 위해서는 다양한 매체와 전략들이 활용될 수 있다. 예를 들어, 오디
오―비디오 자료, 게임 쇼, 교육연극, 하이퍼텍스트, 인터넷, 각종 영상물
등이 활용될 수 있다.26)

학생들은 자신을 인격적으로 존중해 주는 교사와 수업을 할 때 학습을
가장 잘 한다. 학생들은 교사에 의해 불려지는 학급 명렬표에 있는 이름
들에 불과한 존재가 아니다. 학생들은 호의적인 교실 환경을 조성해 주는
교사와 수업을 할 때 학습을 가장 잘 하기 때문이다. 따라서 교사는 학생
들이 자신의 개성을 인식하고 살려 학습할 수 있는 개방적인 교실 담론을
조성할 필요가 있다. 개방적인 담론 속에서, 교사와 학생들은 교실에서의
학습뿐만 아니라 교실 밖의 학습에 역동적으로 함께 활동한다.

이 책에서 논의하고 있는 범교과적 관점에서의 수업 구조는 청소년 문
학 텍스트에 토대를 두고 있다. 범교과적 수업을 통해, 학생들은 인격적
성장을 도모하고, 학습에 대한 관심을 지속적으로 가지며, 개방적인 교실

---

26) Kim, E. C. & Kellough, R. D.(1995), *A Resource Guide for Secondary School Teaching :
Planning for Competence*, 6th ed. Engle wood Cliffs, NJ : Merrill, pp.599~611.

담론을 형성에 책임감 있게 참여할 것이다. 따라서 교사는 학생들의 동기를 계속적으로 활성화시킬 필요가 있다. 학습에 대한 동기화가 지속될 때, 학습 과정에서 생겨나는 학생들의 걱정은 긍정적인 것으로 변화된다.

일반적으로 많은 학생들이 수업 시간에 갖는 학습에 대한 걱정 / 두려움은 긍정적인 방향으로 전이되지 못한 채, 학생들에게 정신적이고 정서적인 무기력감을 유발한다. 이러한 무기력감에 의해, 학생들은 학습 과정이나 시험을 볼 때 실패를 자주 한다. 수업 과정에서 학생들이 정서적인 무기력감을 느끼지 않도록 하기 위해, 문학 교사는 학생들이 매우 뛰어난 사고자(thinker)임을 강조하고, 사고력을 촉진하기 위해 구안된 활동들에 적극적으로 참여할 수 있도록 한다. 아울러 학생들이 문학 텍스트에 형상화된 작중인물과 오랫동안 소통을 할 수 있도록 한다. 이 과정에서 학생들은 문학 텍스트를 읽기 전에 자신의 읽기 능력에 대해 확신을 갖고, 다양한 방법으로 문학 텍스트를 읽어야 한다. 물론 학생들은 문학 텍스트를 읽고 이해하는 과정에서 어려움에 직면할 수 있는데, 이를 해결하기 위한 전략들은 교사로부터 제공받는다.

학생들이 집단별 과제를 수행하기 위해 협력 학습을 해야 하거나 어려운 텍스트들을 읽고 이해함으로써 읽기 능력을 증진하고자 할 때, 교사는 학생들에게 학습의 절차나 전략을 구체적으로 안내할 필요가 있다. 또한 추상적인 학습 과제는 구체적인 몇 단계들로 나누어, 학생들이 각 단계들로 학습을 할 수 있게 한다. 이렇게 하면 학생들은 학습 과정에 대해 자신감과 만족감을 느낄 것이다. 이 과정에서 학생들은 자신이 알고 있는 것과 모르는 것을 인식하고, 자신의 지식과 기능이 다른 학생들에 비해 부족한 점을 보충할 수 있는 방법을 고려한다. 그리고 자신이 터득한 기능들이 교사의 도움 없이 수행되어야 하며, 그러기 위해서는 교사의 비계(scaffolding)가 필요함을 알아야 한다. 학생들의 학습이 동기화되기 위해서는 학습 상황에 맞는 교사의 비계가 적절하게 사용되어야 하기 때문이다.

중학생들은 구체적인 사고를 하고 자기 중심적인 인식을 하면서, 학습을 위한 보상과 강화에 반응을 잘 한다. 그러나 보상의 조건이 까다로우면 학생들은 교사가 보상을 결코 하지 않을 것이라고 생각한다. 따라서 교사는 학생들에게 무엇이 학습 동기를 활성화시키는 것인지, 진정한 보상과 격려를 위해 교사 자신이 어떻게 행동할 것인지를 말해줄 필요가 있다.

어떤 학생들은 학습하기 위한 동기를 내면화한 채, 학습 과정 자체가 자신에 대한 보상이 됨을 인식하면서 혼자서만 문학 텍스트를 읽거나 학습하려고 한다. 반면에 수업 시간에 학습 내용을 그다지 열심히 듣지 않는 학생들은 자신의 학습을 보다 의미 있고 내실 있게 하기 위해 교사의 도움을 필요로 할 것이다. 이 과정에서 학생들은 자신이 성공적으로 학습했을 때, 이를 교사가 칭찬해 주기를 원할 것이다.

(2) 다리놓기 - 읽고 학습하도록 학생들을 동기화시키기

동기화가 이루어진 범교과적 수업에서, 학생들은 교실의 세계와 교실 밖의 세계를 연결한다. 이러한 수업에서 교사는 학생들이 문학 텍스트에 대한 이해와 평가를 교실 밖의 현실 세계와 연결하도록 다리를 놓을 필요가 있다. 학습한 내용이나 기능을 실제 삶과 경험의 특정 국면들과 연결함으로써, 학생들은 외적인 보상(눈에 보이는 보상)에 대한 의지에서 벗어나 보다 의미 있는 학습을 수행할 수 있다.

학습 내용과 실제 삶을 다리 놓는 것은 "문학 텍스트에 형상화된 갈등을 실제 삶과 관련시키는 목적은 무엇인가?"와 같은 질문을 통해 구체화될 수 있다. 이러한 수업은 구체적인 학습 활동을 통해 실현되고 통합된 말하기, 듣기, 읽기, 쓰기 활동을 동반한다. 예를 들어, 교사는 학생들에게 최근의 사회적 격변을 다룬 신문 기사를 읽고, 이 격변에 나타난 갈등들을 설명하도록 요구할 수 있다. 그러면 학생들은 창의적으로 사고하기 위해 집단별로 주어진 화제에 대한 브레인스토밍 활동을 할 것이다. 이러한 집단 활동을 통해 학생들은 주어진 화제 혹은 학습 내용에 대해 더 많은 것을 학습할 수 있다.

　학생들이 추상적인 학습 내용에 대한 구체적인 경험을 할 수 있도록, 교사는 학습 활동을 비교적 복잡하게 구조화해야 한다. 예컨대, '다문화적 생활에서의 상호 의존'을 내용으로 하는 수업을 안내하기 위해, 교사는 각 나라의 이름이 적혀 있는 색인 카드와 도서관에서 수집한 정보들을 학생들에게 제공한다. 어떤 학생은 프랑스에 관한 정보를 받고, 다른 학생은 쿠웨이트, 또 다른 학생은 브라질에 관한 정보를 제공받았다고 하자. 각 학생들은 자신이 맡은 나라의 공식 언어, 주요 종교, 주요 수출품과 수입품, 다른 나라에 대한 의존도, 현재의 통치권자, 선거 제도, 정당 체계, 독립 기념일, 주요 건축물 등을 조사한다. 이러한 조사가 끝난 뒤에, 교사는 각 나라에 대한 조사 내용을 적을 수 있는 공을 어떤 학생에게 건넨다. 이 학생은 공에 자신이 맡은 나라에 대한 정보를 쓴 다음 다른 학생에게 그 공을 건넨다. 모든 학생들이 자신이 맡은 나라에 관한 정보를 쓴 다음에, 교사는 "오일 가격의 급등에 영향을 받는 나라는 얼마나 많은가?" 혹은 "그 나라에서 큰 인기를 얻고 있는 사람은 누구인가?" 등과 같은 질문을 학생들에게 한다. 자신이 맡은 나라가 언급되기까지 학생들은 의자에 조용히 앉아 있어야 한다. 그런 다음, 교사는 각자 맡았던 활동에 대한 일반화를 하도록 학생들에게 요구한다. 이때 학생들은 도표와 시각적 자료 등을 동원하여 세계 여러 나라들 간의 상호 의존을 파악하고, 이를 갈등, 독립 혹은 생존 등과 같은 내용 요소에 초점을 둔 많은 수업들과 연결한다.

　문학 텍스트에 형상화된 것 혹은 학습 내용을 실제 세계의 삶과 관련지을 때, 교사는 학생들의 배경지식, 사전 경험을 학습 혹은 수업과 연관짓는 것이 상당히 복잡하고 어려움을 알 필요가 있다. 그러나 학생들은 문학 텍스트의 세계로 들어가기 전에 많은 정보들을 필요로 한다. 이를 위해 교사는 문학 텍스트에 제시된 사건이 오늘날의 사건들과 어떤 관련성과 의미를 갖는지에 대해 학생들이 주목하도록 함으로써, 수업에 대한 학생들의 흥미를 증진시켜야 한다. 학생들의 흥미를 증진시킬 수 있는 한 가지 방법은 문학 텍스트에 제시된 사건을 오늘날의 사건과 관련시켜, 그 의미를 나타내는 편지를 친구들에게 쓰는 것이다. 이러한 편지를 쓰면서 학생들은 격변하는 사회적 환경에서 참된 행동이 무엇인지, 그리고 그러한 행동의 가치는 어떠한지를 음미하면서, 보다 나은 자신의 삶을 위해 새로운 인식들을 해 나갈 것이다.

청소년 문학 텍스트를 읽으면서, 학생들은 부모의 이혼이나 별거 혹은 이성에 대한 관심, 학교 과제나 성적, 친구 관계, 불확실한 미래 등으로 인해 고민하고 갈등하는 작중인물들의 상황과 소통할 것이다. 작중인물과의 의미 있는 연결을 통해 학생들은 자신의 실제 삶에 대한 풍부한 성찰을 하고, 의미 있는 행동 패턴과 사고방식, 가치관 등을 형성할 수 있다. 그리고 학생들은 청소년들의 갈등과 고민, 일탈을 다룬 신문 기사들을 스크랩하고, 이것들에 제시된 청소년들에 관한 정보들을 분석하여 보다 바람직한 청소년상을 정립할 수 있을 것이다. 또한 다양한 사회적·문화적 상황에서 육체적·정신적으로 성장하는 청소년들이 형상화된 문학 텍스트들을 다양하게 읽음으로써, 학생들은 자신의 삶을 건전하게 설계할 수 있을 것이다.

청소년 문학 텍스트를 대상으로 하는 범교과적 수업에서, 학생들은 문학 텍스트에 대한 관심과 학습하고자 하는 열망을 증진할 수 있다. 또한 문학 텍스트의 세계를 자신의 실제 삶과 연관지을 수 있다. 이를 통해 학생들은 문학 텍스트의 세계가 자신의 실제 삶을 변화시킬 수 있는 매체가 되는 경험을 하게 될 것이다.

(3) 의사소통 기능과 국어적 사고력의 통합

앞부분에서 논의한 '다리 놓기'는 학생들이 학습한 내용을 실제 삶과 연결하도록 하는 것이다. 이러한 연결은 학생들이 실제 삶에서 말하기, 듣기, 읽기, 쓰기 등과 같은 의사소통을 그 기능과 국어적 사고력의 통합 속에 수행함으로써 가능하다. 의사소통 기능과 사고력을 통합하여 교육을 수행하는 것은 청소년 문학 텍스트 중심의 범교과적 수업에서 필수적으로 요구된다.

　청소년 문학 텍스트들이 범교과적 관점에 의한 수업에서 핵심이 되기 때문에, 학생들은 청소년 문학 읽기 과정 및 학습 과정에서 기존에 자신이 갖고 있던 읽기 기능들과 새로 얻은 읽기 기능들을 실현해야 한다. 미스터리, 시, 자서전, 소설, 에세이 등과 같은 매우 다양한 청소년 문학 텍스트들을 읽고 학습해야 하기 때문에, 학생들은 각 장르에 부합하는 읽기 기능을 발휘하고, 각기 다른 수업 목표를 달성시키기 위한 읽기 전략들을 동원해야 한다.

　예를 들어, 직소 모형을 활용한 범교과적 수업에서 학생들은 주어진 문학 텍스트에 대한 전문가가 되어 자신이 읽은 텍스트의 내용을 다른 학생들에게 안내해야 할 책임이 있기 때문에, 텍스트의 내용을 요약하는 기능이 있어야 한다. 또한 학생들은 문학 텍스트에 형상화된 것 중에서 가장 중요한 것이 무엇인지를 결정하고, 자신의 관점을 입증할 수 있는 세부적 사실들을 활용해서 자신의 관점을 동료 학생들과 공유해야 한다. 아울러 학생들은 다양한 관점들을 나타내는 정보들을 수집하여 학습 내용에 대한 자신의 생각을 종합해야 한다. 이를 위해 학생들은 다른 학생들과 함께 집단별로 활동을 하면서, 학습한 내용들을 일반화할 수 있는 기능들을 발휘해야 한다.

　문학 텍스트에 대한 자신의 반응을 동료 학생들과 공유하면서 학생들은 말하기와 듣기 기능을 실현한다. 그리고 문학 텍스트에서 관련 정보를 모으고, 그 정보들을 다양한 관점에서 해석하고 발표할 때, 학생들은 다양한 목적을 위해 듣고 말할 수 있는 기회를 갖는다. 문학 텍스트에 있는 다양한 정보들을 동료 학생들과 공유하기 위해 학생들은 동료의 말을 들어야 한다. 그래야 그 학습 내용에 대한 일반화 혹은 가설과 결론을 생성할 수 있다. 예를 들어, '갈등과 대결'을 교육 내용으로 하는 수업에서 학습 과제가 "국제 사회에서 논쟁이 되고 있는 특정 지역의 분쟁을 조정하기 위한 특사로서, 그러한 분쟁을 조정하기 위한 역할에 대해 쓰시오."라고 가정해 보자. 이 과제를 성공적으로 수행하기 위해 학생들은 텍스트 유형, 관련 내용을 생성하고 조직하는 방법, 표현을 효과적으로 하기 위한 어법, 문장 및 문단을 조직하기 위한 기능, 그리고 자신의 관점을 뒷받침하기 위한 근거 등을 동원해야 할 것이다. 또한 그는 분쟁 당사자들의 주장이 갖는 약점을 파악하고, 비판적으로 그들의 주장을 듣고, 분쟁을 조정하기 위한 방안을 결정해야 할 것이다.

이러한 활동을 함으로써, 학생들은 갈등을 해결하기 위해 필요한 전략과 기능을 보다 분명히 인식하고, 갈등의 요인들에 대한 비판적인 분석을 할 것이다. 그리고 상황 맥락에 맞게 갈등을 조정하는 능력을 기를 수 있을 것이다. 또한 학생들은 갈등을 조정하기 위해 필요한 지식과 정보들을 동원하여, 이를 논리적으로 진술하고 조직화하기 위해 노력할 것이다.

문학 중심 범교과적 수업에서 문학 텍스트에 대한 이해와 반응을 쓰는 것은 매우 의미 있는 활동이다. 학생들은 문학 텍스트에 대한 반응, 다양한 자료들에서 모은 정보 등을 기억하기 위해 비평문을 쓴다. 그리고 소집단에서 자신이 수행한 학업의 향상 정도를 파악하기 위해 비평문을 쓴다. 또한 학생들은 자신이 이미 알고 있는 것을 발견하고, 학습하고 있는 것을 처리하고 학습한 것을 조직하기 위해서도 비평문을 쓴다. 비평문을 씀으로써 학생들은 시간의 경과에 따른 사고의 변화와 학업 향상 정도를 평가할 수 있고, 이에 의해 새로운 학습 목표를 설정할 수 있다.

다시 한 번 '갈등과 대결'을 교육 내용으로 하는 수업을 생각해 보자. 수업 시작 활동인 '입체적 쓰기(Cubing)'는 쓰기가 학습 내용에 대한 학생들의 다양한 관점을 촉진하는 것임을 보여준다. 학습 내용과 학생들을 연결하는 그물망 활동(Webbing activity)은 상호 작용적으로 갈등과 관련된 학생들의 사전 경험과 사전지식을 활성화시킴으로써, 학생들의 문학 텍스트 읽기와 학습 과정을 안내한다. 또한 다양한 질문 생성을 통해 학습에 대한 출발점을 제공한다. 다양한 텍스트를 읽는 동안 '목표 중심의 읽기(purpose-for-reading)'와 관련된 질문을 하고, 그 질문들에 답하는 것은 갈등과 플롯의 관련성에 대한 일반화를 위해 필요한 데이터베이스를 학생들에게 제공한다.

앞에서 설명한 학습 과제를 통해, 학생들은 다양한 장르를 탐구하고, 다양한 예상 독자와 목적을 고려하는 가운데 글을 쓸 수 있는 기회를 갖는다. 학생들은 집단 구성원들과 더불어 갈등을 해결하는 절차에 따라 갈등에 대한 자전적인 설명을 허구적인 형식으로 쓰기 위한 기능들을 동원한다.

쓰기는 단어, 문장 구조, 그리고 전체 내용 조직 등을 고려해야 하기 때문에 사고력 증진과 학습에 도움이 된다. 또한 쓰기는 다양한 학습 방식들과 관련된다. 학생들은 자신이 쓴 것을 보고, 느끼고, 생각함으로써 보다 확장되고 구조화된 사고와 학습을 할 수 있기 때문이다. 일반적으로 학생들은 쓰기를 통해 학습자로서 자신이 갖는 권위와 독립성을 얻을 수 있다. 따라서 쓰기는 강력한 발견적 교수(heuristic)의 한 방법으로써 사고의 심화와 확장에 도움이 된다.

말하기, 듣기, 읽기, 쓰기 등 어떤 영역이든지 간에 전통적인 교과의 경계들을 넘어선 범교과적 관점에 의한 교수-학습을 위해 학생들은 능동적인 사고자가 되어야 한다. 학생들은 정보를 조직하고 설명하고 해석해야 한다. 또한 정보 탐색에서 얻은 시사점과 일반화를 학습 과정에 반영해야 한다. 예를 들어, 서로 다른 환경에 처한 작중인물의 적응(생존) 문제를 형상화한 몇몇 문학 텍스트들을 읽은 뒤에, 학생들은 문학 텍스트에 형상화된 생존자의 본질적인 특성을 쓸 수 있다. 이때 학생들은 적응을 잘한 인물의 특성들을 인식하고, 이를 차트에 쓴다.

<표 8-5>와 같은 반응지에 작중인물의 특성을 쓰기 위해, 학생들은 문학 텍스트에 형상화된 작중인물에 대한 정보에 바탕으로 자신이 읽은 문학 텍스트를 해석한다. 또한 학생들은 문학 텍스트에서 얻은 여러 자료들을 바탕으로 해서 특정 인물에 관한 정보들을 조직하고, 자신의 관점이나 주장을 뒷받침하기 위한 세부적인 사실들을 텍스트에서 다시 한 번 확인한다.

- 초점 기록 : 세계의 질서에 도전했는가? 주인공의 발달 차트
- 지시 사항 : 주인공의 한 가지 주요 특성을 선택하라. 주인공의 특성을 드러내는 증거들을 텍스트에서 찾고, 텍스트에 서술된 사건들을 인용하라. 서술자가 작중인물들을 형상화하기 위해 사용하는 네 가지 서술의 예들을 찾아라. 그러한 예들이 있는 페이지를 쓰라.

서술자의 직접 서술	작중인물의 행동	작중인물의 대화(말)	주인공에 대한 다른 인물들의 말
페이지 : 실 례 :	페이지 : 실 례 :	페이지 : 실 례 :	페이지 : 실 례 :

〈표 8-5〉 초점 기록 개요

범교과적 관점에 의한 수업에서, 교사는 학생들에게 특별한 사고 기능들을 체계적으로 요구해야 한다. 학생들은 문제를 정의하고 분명하게 할 필요가 있는데, 분명하게 문제를 드러냄으로써 학생들은 문제를 해결하기 위해 활용할 전략들을 선택할 수 있다. 그리고 학생들은 문제를 적절하게 하기 위해 확실하지 않은 상황과 관련된 중심 이슈들을 확인할 필요가 있다. 또한 학생들은 용어를 정의하고, 가설, 편견, 상투적인 문구, 근본적인 이념 등을 확인할 필요가 있다. 학생들은 자료를 선택하고, 그 자료가 해결책을 찾는 데 관련되고 적절한지의 여부를 결정해야 한다. 또한 가능한 해석들과 해결책들을 브레인스토밍하면서, 문제 해결을 위해 가장 적합한

해석과 해결책을 선택한다.

이 기능들은 목록화하기, 세부적 사실에 주목하기, 관찰하기, 분류하기, 요약하기 등과 같은 보다 추상적인 기능들과는 그 토대가 다르다. 예를 들어, 자료를 조직하기 위해 학생들은 차트와 그래프를 만들고 해석하고, 자신의 관찰을 표현하기 위해 단어와 숫자를 활용하고, 자료를 질서 있게 배열할 것이다.

한편 특별한 상황에 대한 반응을 하기 위해 필요한 정서적인 기능들도 있다. 예를 들어, 학생들이 다의적인 표현, 불완전한 종결, 판단 유보 등을 인정하면서, 관점들의 불일치와 다양성을 인식해야 하는 경우가 있을 수 있다. 이 경우에 가장 중요한 것은 학생들이 어떤 한 문제에 대한 해결이 또 다른 문제를 야기하고, 문제 해결 과정과 해결 방안은 창의적이고 비판적인 사고력의 순환적이고 중요한 요소임을 인식하는 것이다.

범교과적 관점에 의한 수업이 이루어지기 위해서는 평가 방법이 개선되어야 한다. 다시 말하면, 추상적인 문항들을 통해 학생들의 지식과 기능을 평가하고, 일반화된 인지적 능력을 평가하는 시험들은 재고되어야 한다. 이를 위해, 문제를 정의하고 명확히 하면서, 그 문제와 관련된 정보의 가치를 판단하고, 문제를 해결하는 학생들의 능력, 즉 비판적 사고력이 평가되어야 한다.[27] 이를 위해, 학생들은 다음과 같은 능력을 평가하기 위해 만들어진 개인적이고 협력적인 과제에 참여해야만 한다.

- 다양한 학습 목표 아래 내용 교과의 경계를 넘어선 화제들을 여러 장르의 글로 쓴다.
- 추론을 한다.
- 반응들에 대한 근거를 만든다.
- 사전지식과 개인적 경험을 활용해 문학 텍스트에 표현된 사상들을 비

27) Kneedler, P.(1985), "California Assesses Critical Thinking", *In Developing Minds*, ed. Alexandria, A.C., Va : Association for Supervision and Curriculum development.

교한다.
- 다양한 목적을 위해 다양한 유형의 텍스트들을 다시 읽는다.
- 특정 내용 교과에서 다루고 있는 주제를 다른 내용 교과들과 관련시킨다.

또한 학생들은 문제 해결 과정에서 어떻게 사고했는지를 설명해야 한다. 이 학생들은 점차 인지적 기능을 필요로 한다.

청소년 문학 텍스트에 토대를 둔 범교과적 수업 과정에서, 학생들은 새로운 평가 절차들에 따라 보다 복잡한 사고 과정에 참여해야 한다. 이러한 참여를 통해 학생들은 특정 내용 교과에 한정되지 않고 삶의 전 영역에 작동하는 기능들을 실현하고, 보다 의미 있는 학습과 삶을 영위할 것이다.

문학능력이 뛰어난 학생들은 잘 모르는 단어와 상황 맥락들을 의미화하기 위해 사전지식과 사전 경험을 활용한다. 그리고 의미의 연속체를 유지하기 위해 플롯과 작중인물 형상화를 인식하고 해명한다. 또한 문학 텍스트에 대한 인식을 통해 앞으로 벌어질 사건을 예상하고, 작중인물들의 삶과 자신의 삶, 경험을 비교하거나, 비허구적 텍스트에 서술된 세계와 허구 텍스트에 서술된 세계를 비교한다. 만일 플롯 전개에 그다지 관심이 없거나 작중인물들의 매력이 그다지 없거나 텍스트에 형상화된 내용들이 학습 과제 수행에 직접적인 관련이 없는 것으로 여겨진다면, 학생들은 텍스트의 내용에 대한 판단을 유보한 채 텍스트를 계속 읽을 것인지의 여부를 판단하기 위해 충분한 정보를 얻을 때까지 텍스트를 대충 읽을 필요가 있다. 만일 작가가 단계적으로 천천히 줄거리를 전개했다면, 학생들은 줄거리 전개 과정을 계속적으로 살펴보면서 자신의 의도를 실현한 작가의 창작 능력을 신뢰해야 한다. 궁극적으로 학생들은 주어진 학습 목표를 실천하기 위해 시간을 들여 문학 텍스트가 읽을 가치가 있는지를 평가한다.

예를 들어, '가정'을 교육 내용으로 수업에서 학생들은 교육 내용에 대한 자신의 직관적인 관점을 검토함으로써 '가정'에 대한 학습을 시작할 것이다. 점차, 학생들은 작중인물의 삶의 경험이 자신의 문화적 맥락과는 매우 다른 문화적 맥락에서 형성되었음을 알게 될 것이다. 이를 통해 학생들은 여러 문학 텍스트 읽기에 토대를 두어 새로운 지식을 형성할 것이다. 또한 학생들은 다양한 영역의 전문가들처럼 '가정'이라는 용어를 사용함으로써, 이 교육 내용을 부연 설명할 것이다. 보다 많은 지식을 얻을수록, 학생들은 '가정'이라는 교육 내용이 매우 다양하고 특별하게 사용되고 있으며, 그러한 사용들 간에 많은 차이가 있음을 알게 될 것이다. 특히 가정에 대한 관점들이 허구적 상황 맥락과 비허구적 상황맥락에 따라 다르다면, 학생들은 여러 상황 맥락에 적용할 수 있는 가정에 대한 일반화된 정의를 해야 한다.

교육 내용 '가정'과 관련된 자료를 수집하면서 수업에 참여하는 동안, 학생들은 자신의 관점과는 다른 관점들을 허용하면서 가정에 대한 향상된 이해를 잘 표현할 수 있는 방법을 다른 학생들과 함께 창의적으로 생각해야 한다. 이렇게 함으로써 학생들은 자신이 원하고 실제로 성취할 수 있는 이상적인 가정이 무엇인지에 대한 이해를 보다 잘 할 수 있다.

6) 탐구 학습, 다중텍스트, 독자 반응 이론

(1) 탐구 학습

교사들은 발견 학습(discovery learning)과 탐구 학습을 흔히 혼동한다. 발견 학습과 탐구 학습은 둘 다 학생들이 학습 과정에 능동적인 참여를 할 때 보다 많은 것을 학습하고, 그렇게 함으로써 보다 더 동기화된다고 하는 기본 전제를 갖는다. 그러나 탐구 학습에 비해 발견 학습은 학습 과정에 대한 교사의 보다 많은 지도를 필요로 한다. 발견 학습 방법을 활용하는 교사들은 학생들이 학습해야 할 문제를 확인하고, 학습 활동을 위해

필요한 자료들을 제공한다. 또한 교사 자신이 이미 알고 있는 결론에 학
생들이 도달하도록 한다.

반면에 탐구 중심 수업에서, 학생들은 탐구된 문제를 명확히 표현하면
서 탐구 방법들을 생성한다. 이를 통해 학생들은 문제 해결 방법을 결정
하고, 교사의 도움 없이 문제를 해결할 수 있다. 이때 교사는 탐구 학습을
위해 학생들의 사고를 촉진하고, 학생들이 "_____에 대해 생각해
보셨습니까?"와 같은 질문을 하더라도 학생들의 탐구 활동에 방해가 된다
면 대답을 해서는 안 된다. 탐구 학습 과정에서 학생들의 파트너가 되는
교사는 자신이 예상했거나 알고 있는 것이 아닌 새로운 결론을 학생들이
발견할 수 있도록 해야 한다.

탐구 학습은 회의하기(doubting), 명료화하기, 가설 세우기, 추론하기, 평
가하기, 결론짓기 등과 같은 활동들을 기본 요소로 한다. 트라우(Traugh,
1974)는 탐구 학습을 위한 유용한 출발점이 되고, 탐구 학습을 위한 프로그
램을 충실하게 구현하기 위해 다음과 같은 일련의 질문들을 제안했다.[28]

① 이 질문들은 시각적인 도움과 문제 제안을 위한 다른 방법들과 관련
   되는가?
② 학생들이 문제를 탐구하도록 하는 어떤 방법들이 있는가?
③ 학생들은 자신의 설명과 가설들을 분석하도록 요구받았는가?
④ 학생들이 자신의 가설들을 평가하고 다시 세우도록 하는 어떤 방법
   들이 있는가?
⑤ 학생들이 상황을 종합하도록 하는 유용한 자료들이 있는가?
⑥ 탐구 학습을 통해 지속적으로 사용된 과정과 조건, 정의들이 있는가?

탐구 학습에 참여함으로써, 학생들은 체계적이고 상징적인 사고자로서
자신의 능력을 효과적으로 개발할 수 있다. 자료 수집과 다음 단계의 수

---

28) Traugh, C. E.(1974), "Evaluating Inquiry Procedures", *Social Studies* 65(5), pp.201~202.

업 전개가 새로운 탐구 학습의 전개를 위한 연결이 되기 때문에, 탐구 학
습은 순환적인 특성을 갖는다.[29]

범교과적 관점에서의 탐구 중심 교수─학습 설계는 학습 기간 혹은 하
나의 단위 수업이 어떻게 전개될지 예측하기가 어렵기 때문에, 일부 교사
들에게는 두려움을 주기조차 한다. 학습자 변인, 학습 내용 변인, 교사의
교수 능력 변인, 수업 상황맥락 변인 등을 종합적으로 고려해야 하지만,
이를 종합적으로 고려하는 것이 쉽지 않기 때문에 이러한 어려움이 발생
한다.

따라서 탐구 중심 수업에서 학생들은 서로 다른 관점과 사회적 맥락을
인식하면서, 동료 학생들의 학습 결과와 자신의 것이 다를 수 있음을 알
아야 한다. 그리고 탐구 학습의 결과 중에서 자신의 학업 성취도나 학습
능력 등에 가장 부합되는 것을 결정하고, 이를 바탕으로 자신의 학습과
삶에 대한 성찰을 해야 한다. 그래야만 보다 의미 있는 학습자가 될 수 있
을 뿐만 아니라, 학습의 결과를 자신의 삶과 관련지어 의미 있는 삶의 주
체가 될 수 있기 때문이다. 한편 교사는 동료 의식을 갖고서 학생들과 탐
구 중심 수업에 참여하면서, 수업 시간에 학습해야 할 문학 텍스트와 학
습해야 할 내용들을 결정해야 한다. 그래야만 수업을 보다 조직적으로 전
개하고, 탐구 중심 수업과 문학교육 간의 관련성을 종합적으로 고려할 수
있다.

(2) 다중텍스트(Multiple Text)

탐구 수업은 놀라움과 호기심을 불러일으키는 모순된 사건과 불안정을
동반하면서 시작된다. 따라서 모순된 사건을 문학 텍스트에서 찾음으로써

---

29) Andrew, S.(1989), "Teaching as Inquiry : Contexts that Empower", Paper Presented at the
International Reading Conference, New Orleans, Louisiana, May 4, ERIC Document ED
310085.

텍스트와 독자의 의의 있는 소통을 가능하게 하기 위해 다중텍스트를 활용하는 것은 진정한 탐구 수업을 촉진하기 위해 기획된 범교과적 교수-학습의 중요한 구성요소가 된다.

독자 반응 이론에 따라 다중텍스트들을 활용함으로써 교사는 탐구 중심 수업이 갖는 문제점에서 벗어날 수 있다. 탐구 중심 수업은 학생들의 질문 생성, 개별 학습, 학습의 결과를 교실 밖의 세계로 전이하는 방법을 학생들에게 교수하는 것 등이 어렵다는 문제점을 갖는다.[30] 이러한 문제점은 학생들의 질문 생성이 수업에 대한 적극적인 참여와 일정한 학습 능력을 전제로 한다는 점, 수준별 학습을 지향하는 개별 학습이 현재의 학교 상황에서는 그 실천 가능성이 낮다는 점, 입시 부담으로 인해 교실에서의 탐구 학습 결과를 교실 밖의 현실에 적용하기가 어렵다는 점 등 때문에 생겨난다.

단일 텍스트 중심 접근법은 문학능력이 동일한 학생들이 주어진 텍스트에 똑같이 반응하고, 같은 공간에서 그 텍스트를 읽는다는 것을 전제한다. 그러나 한 교실에 있는 학생들은 문학능력과 문학 텍스트에 대한 관심이 매우 다양하다. 따라서 어떤 하나의 텍스트에 대한 동기, 기능, 관심 수준 등은 매우 다양할 수 있다. 그러므로 다중텍스트를 활용해서 이러한 차이를 극복할 필요가 있다. 예를 들어, 시간 여행을 다룬 소설을 학습하는 경우를 생각해 보자. 이 소설에서 역사적인 시간들에 대한 안내를 하고 있는 작중인물과의 상호 작용을 통해, 학생들은 시간 여행을 다룬 소설의 특성을 탐구하면서, 다른 소설들에서 시간 여행이 형상화된 예들을 찾을 것이다. 또한 학생들은 다양한 시대들을 반영하고 있는 역사 텍스트들을 탐구하고, 다양한 매체를 통해 수학, 과학, 음악, 미술 등과 관련된 기능들

---

30) Cornbleth, C.(1978), Inquiry Theory and Social Studies Curricular Problems in Planning for Thinking, Paper Presented at the Annual Meeting of the American Educational Research Association, Toronto, Ontario, March 27-31, ERIC Document ED 152646.

을 발견할 수 있을 것이다. 이를 통해 학생들은 다양한 학습 요소들을 탐구하는 범교과적 학습을 하게 된다.

　다중텍스트의 활용은 학생들이 수업 시간에 자신이 말한 것과 하나의 텍스트만을 이야기할 때는 할 수 없었던 활동 방법에 대해 반성할 수 있도록 한다. 학생들은 동시에 같은 텍스트를 읽고, 질문에 답하고, 작중인물의 역할놀이를 하고, 반응일지를 쓰고, 학습 향상을 나타내는 발표를 할 수 있기 때문이다. 이때 학습할 자료들에 대한 학생들의 지식을 향상시키기 위해, 교사는 수업 시간이나 그 학기에 읽을 문학 텍스트들을 학생들이 선택하도록 한다. 문학 텍스트 선택을 통해 학생들은 학습에 보다 많은 관심을 가질 뿐만 아니라, 텍스트 읽기가 교실에만 한정되는 것이 아니라 교실 밖의 삶을 대비하기 위해서도 필요함을 알게 될 것이다.

　다중텍스트를 활용한 문학 읽기를 위해서는 직소(Jigsaw) 전략이 필요하다. 직소 전략을 활용한 문학 수업에 참여함으로써, 같은 텍스트를 읽은 학생들은 작중인물의 이름이나 나이, 작중인물 간의 관련성, 플롯에 제시된 사건들, 배경, 주제 등에 대한 기억을 새롭게 할 것이다. 수업에서 이 단계는 학생들이 동시에 많은 텍스트들을 읽고, 각 텍스트들과의 소통을 동료 학생과 할 수 있도록 해 주기 때문에 매우 중요하다. 이때 학생들은 동료 학생과의 소통을 통해 문학 텍스트에 대한 자신의 관점을 토론할 수 있는 기회를 가진다. 또한 작중인물과의 동일시 혹은 비동일시가 어떠한 것인지를 동료 학생들과 공유하면서, 특히 기억에 남은 구체적인 장면 등을 확인할 수 있다.

　이러한 활동 뒤에, 교사는 서로 다른 종류의 문학 텍스트를 적어도 4개 이상 읽은 학생들로 새로운 집단을 만든다. 새로운 집단에 소속된 학생들은 문학 토론을 통해 같은 텍스트를 읽은 다른 학생들에게 자신이 읽은 텍스트의 내용을 차례대로 발표한다. 그런 다음 학생들은 탐구 학습에 참여한다. 이때 교사는 학생들 간에 원만한 문학 토론이 이루어질 수 있도록 비계를 제공해야 한다. 이를 위해 교사는 학생들에게 학습 내용이 무엇인지 묻고, 학습 목표를 다시 한번 상기시킨다. 또한 교사는 학생들에게 그들이 읽은 텍스트의 주인공이 되어, 주인공의 관점에서 텍스트의 주제나 작중인물들 간의 갈등, 작중인물 의식 내의 갈등에 대해 대화하도록 한다. 이러한 대화를 통해 학생들은 작중인물에 대한 인식을 보다 심화시켜, 작가의 의도나 주제를 자신의 삶과 관련지어 평가할 수 있다.

이러한 학습 단계 뒤에, 학생들은 문학 텍스트에 대한 동료 학생들과의 소통 과정에서 갖게 된 질문들을 쓰고, 집단 활동을 통해 얻은 텍스트에 대한 이해들을 종합할 필요가 있다. 이를 통해 학생들은 동료 학생들과의 탐구 학습이 자신의 문학능력 증진에 어떤 의미가 있는지를 보다 확실히 알 수 있기 때문이다. 다음에 제시된 질문들에 답하는 과정을 통해 학생들은 문학 텍스트에 대한 관심과 참여를 지속시킬 것이다.

① 작가의 삶의 여정은 그의 창작 방법, 태도, 텍스트 내용에 어떤 영향을 주었는가?
② 작가의 사상, 신념 등은 텍스트에 어떻게 형상화되었는가? 그리고 작가의 사상, 신념 등은 독자가 텍스트의 내용을 탐구하는 데 어떤 도움을 주었는가?
③ 시각적 자료나 다른 영상 매체를 통해 학습한 문학 텍스트에 형상화된 의미의 다층성을 드러낼 수 있는가?
④ 동일 작가가 쓴 다른 텍스트들은 학습한 텍스트의 주제, 사상 등과 긴밀한 관련이 있는가?
⑤ 동일 집단 내의 남학생들은 그 집단의 여학생들에 비해 텍스트에 대한 이해와 평가의 내용이 어떻게 다른가?

집단 활동을 통해 학습할 문학 텍스트를 선택하고 토론함으로써, 학생들은 개별 학습을 할 때와는 다른 모습을 보인다. 즉, 앞에 제시된 질문들에 답을 함으로써 텍스트에 대한 보다 의미 있는 평가와 관점을 가질 수 있다. 또한 집단 활동을 통해, 학생들은 작가의 관점을 그대로 받아들이는 수동적인 문학 읽기가 아닌, 작가의 의도, 사상, 태도 등에 대한 비평을 하고, 이를 동료 학생들과 소통하는 문학 읽기를 한다.

문학 텍스트에 대한 관점과 인식을 보다 숙고하기 위해 학생들은 자신의 관점과 인식을 뒷받침해줄 수 있는 타당한 정보들을 텍스트나 다른 매체에서 찾는다. 황순원의 「소나기」와 영화 <소나기>를 예로 들어보자. 집단의 학생들은 황순원의 「소나기」가 영화화되었음에 착안해서, 소설 「소나기」와 영화 <소나기>의 내용, 관점 등이 어떻게 다른지를 토론한다. 이 토론을 위해 학생들은 소설 「소나기」와 영화 <소나기>의 차이점과 유사점을 파악하고, 이를 근거로 해서 보다 의미 있는 문학 토론을 할 수 있을 것이다. 그리고 소설 「소나기」에 대한 반응과 영화 <소나기>에 대한 반응간의 차이점과 유사점에 대한 토론을 한다. 이 토론 과정에서 학생들은 자신의 문학 읽기 습관과 관심을 다시 한번 생각해 보고, 이를 동료 학생들과의 토론을 통해 보다 올바른 것으로 교정할 수 있을 것이다.

문학 읽기에서 중요한 것은 단일 텍스트에 대한 이해와 감상만이 아니다. 다양한 여러 텍스트들을 읽음으로써 학생들은 다른 텍스트에 반응할 수 있는 참조 틀을 형성할 수 있고, 보다 다양한 세계에 대한 인식을 할 수 있기 때문이다. 또한 학생들은 문학적 세계들을 종합하고 이해할 수 있는 문학능력을 증진시켜, 보다 확장된 세계관을 형성하는 경험을 함으로써 미래의 삶에 대한 탐구를 할 수 있기 때문이다.

(3) 독자 반응 이론

같은 텍스트 혹은 같은 주제나 내용을 다룬 다른 텍스트들을 읽은 독자들과 텍스트에 대한 반응을 토론함으로써, 학생들은 탐구 학습을 위해 필요한 의문을 갖고 질문을 할 기회를 갖게 된다. 텍스트에 대한 반응들을 공유하는 문학 토론을 통해 학생들은 텍스트에 대한 자신의 관점을 보다 명료하게 하면서, 동료 학생들의 반응에서 많은 것을 배울 것이다. 그리고 이러한 학습 경험은 탐구 학습의 중요성을 학생들에게 제공한다.

문학 토론을 통해 학생들은 텍스트에 대한 동료 학생의 해석이 타당한 지를 평가하고, 이를 자신의 해석 및 텍스트의 내용과 관련지어 성찰함으로써 보다 의미 있고 풍부한 텍스트 의미화를 할 수 있다. 그리고 이러한 의미화를 바탕으로 해서 자기 성찰 및 새로운 자기 형성을 하는 자기 형성적 주체(self-formative subject)로 성장할 수 있을 것이다.

독자 반응 이론은 탐구 학습이 학습자와 텍스트의 상호 작용 과정에서 이루어짐을 전제한다. 이러한 전제에 대한 프로브스트(Probst, 1988)의 관점을 살펴보자.

문학 작품이 사건을 통해 작용하기보다는 읽혀진다면, 독자는 문학 작품에 대한 인식을 반성할 필요가 있다. 그것은 '특정한' 예술 작품이 어떤 시대나 예술가의 작품 세계를 설명하는 것처럼 연구되어야 할 주제가 아니기 때문이다. 그보다는 문학 작품 속으로 들어가는 경험을 해야 한다. 그러나 문학 작품 속으로 들어가는 것은 우리가 하는 대부분의 다른 경험과는 다르다. 우리는 문학 작품에 대한 참여자가 될 뿐만 아니라, 우리 자신을 볼 수 있는 기회를 가짐으로써 문학 작품에 대한 관객이 되기 때문이다. 문학 작품은 사건들을 모사함으로써 독자가 사고력을 발휘하도록 한다. 독자의 사고에 의해 작품 속의 사건들은 서로 긴밀하고 의미 있게 연관되기 때문이다. 그러나 문학 텍스트는 경험을 하게 하고 경험을 반성할 수 있게 하기 때문에, 자기 자신과 세계를 이해하고자 하는 사람들이 자기 탐닉(self-indulgence)에 빠지게 한다.[31]

청소년 소설을 핵심적인 학습 대상으로 하는 수업을 구안하는 교사는 텍스트에 대한 학생들의 반응과 관련된 것을 교육 내용으로 하는 교과들에 대한 지식을 필요로 한다. 이는 다양한 교과들로부터 학습 내용에 대

31) Probst, R.(1988), *Response and Analysis*, Portsmouth, NH : Boyton / Cook, p.4.

한 참조를 구하는 것이기도 하다. 따라서 교사는 학생들이 참조 내용들과 관련된 화제들을 학습하도록 해야 한다. 교사는 문학 텍스트의 기본적인 요소들에 대한 학생들의 이해를 체크하기 위한 학습 안내를 활용해서 문학 교수-학습의 단계들을 구안해야 한다. 그러나 학습의 단계들을 나누는 교수-학습에 의한 수업은 사실상 범교과적인 것이 아니다. 학생들은 다양한 관점에 의해 학습 내용을 탐구함으로써, 학습 요소에 대한 자신의 개념을 향상시키지 못할 수도 있기 때문이다.

문학 텍스트에 대한 적극적인 반응을 통해 학생들은 세계관을 확장시킬 수 있을 뿐만 아니라, 세계에서의 자기 위치, 세계와의 관련성, 타자들과의 관련성을 다시 생각할 수 있다. 따라서 로젠블랫이 주장했듯이, 문학 텍스트를 매개로 한 문학 토론은 학생들이 독자로서 텍스트에 대한 자신의 반응을 분명히 표현할 수 있는 것이 되어야 한다. 텍스트에 대한 학생들의 반응은 반드시 '옳은' 것은 아니다. 그러나 학생들은 문학적 반응을 하는 과정에서 자신의 문학 경험을 텍스트와의 상호 작용에 반영하는 소통을 한다. 집단 내에서 학생들이 텍스트에 대한 반응들을 공유할 때, 개별 학생들은 텍스트가 집단 내의 다른 학생들과는 다르게 자신에게 소통되는 이유를 생각해야 한다. 이를 위해 학생들은 자신의 개인적인 독서 성향을 발견하고 텍스트의 구조를 평가해야 한다. 또한 학생들은 다양한 반응을 야기하는 텍스트의 '작동' 방법들을 이해하기 위해 작가의 창작 방법에 대한 지식을 활용해야 한다. 학생들은 자기 자신을 작가가 생각했던 이상적인 독자와 비교하고, 작가가 문학 텍스트를 쓰던 당시의 환경들이 선택과 배열에 의한 텍스트 내용에 어떤 영향을 주었는지를 고려한다.

독자 반응 중심 관점에서 볼 때, 텍스트는 결코 '정적'인 것이 아니다. 작가는 당대를 이해할 수 있는 매우 특별한 양식을 위해 언어와 세부적 사실들을 신중하게 선택한다. 그러나 작가와는 다른 장소와 시간에서 그 텍스트와 상호 작용을 하는 독자들은, 그 텍스트를 이해하기 위해 작가와는 다른 비평적 렌즈를 사용해서 새로운 해석과 의미 창출을 한다.

7) 범교과적 관점에서의 대안적 평가

학생들이 자신의 학습을 조직하기 위해 교사를 도울 수 있다면, 학습 내용뿐만 아니라 언어 처리와 사고 기능들이 강조된다면, 학생들이 서로 다른 방법으로 반응하기 위해 다중텍스트를 읽는다면, 범교과적 관점에 의해 학습 요소들이 다양하게 탐구된다면, 초기의 평가 도구가 되는 표준 '학습 평가'는 정당화되기 어려울 것이다. 학생들이 전통적으로 경험했던 양적 평가보다는 '대안적 평가(authentic assessment)'인 질적 평가 방식에 따라, 학생들이 문학 텍스트에 대한 비평문을 쓰는 것은 표준화 평가와 표준화 평가 도구들이 갖는 한계를 보여준다.

대안적 평가란 무엇인가? 일반적으로 '대안적 평가'란 용어는 평가와 학습이 서로 얽혀 있음을 시사한다. 선형적이고 정확한 평가 혹은 대안적인 평가로 언급되는 참된 평가(authentic assessment)는 학생들이 학습 목표들을 충족시켰는지를 판단하기 위해 다양한 전략들을 활용한다.[32] 대안적 평가와 관련된 교수—학습과 과제들은 평가 도구로 간주될 수 있다. 대안적 평가의 관점에서 볼 때, 교실 안이든 밖이든 학습 목표들과 관련된 학생들의 모든 활동은 교사와 학생들에게 학업 성취도를 반성하고, 학습한 것과 성취해야 할 것들을 평가할 수 있는 기회를 제공한다.

학생들의 지속적인 자기 평가와 새로운 학습 목표 설정을 통해 대안적 평가는 평가의 순환성을 나타낸다. 학습 내용에 대한 지속적인 자기 점검과 새로운 학습 목표 설정은 순환적인 탐구 학습과 관련되기 때문이다. 학습 향상도 평가 방식의 표준화 설정 자체가 협력, 타협, 반성, 탐구 등

---

32) Meyer, C.(1992), "What's the Difference Between 'Authentic' and 'Performance' Assessment?", *Educational Leadership* 49(8), pp.39~40.

을 위한 기회가 된다. 반성적인 자기 평가는 교실에서 의무적으로 하는 추가적인 활동이 아닌, 과제와 학습 내용의 통합적인 구성 요소가 되어야 한다.

학생들의 자기 평가는 문학 텍스트 중심 수업에 통합되어야 한다. 학생들은 문학 읽기를 의미 있게 하는데 책임감을 가지면서, 지속적인 자기 평가를 해야 한다. 이때 교사는 자기 평가를 동반하는 읽기를 모델화하고, 텍스트와의 소통 과정에서 생겨나는 문제들을 극복하기 위해 사용할 수 있는 전략들을 학생들에게 제공해야 한다. 학생들은 문학 토론과 교사의 비계를 통해 자신의 읽기 전략과 관점을 강화해야 한다.

학생들은 복식 기입 일지(double-entry journals) 쓰기를 통해 문학 텍스트의 내용에 대한 예상을 할 수 있고, 교사는 이를 텍스트와 학생의 상호 작용을 평가할 수 있는 매체로 활용할 수 있다. 학생들이 수행하는 구두적 언어와 가정에서의 경험은 텍스트에 제시된 언어활동과는 상당히 다르다. 이로 인해 학생들은 텍스트에 제시된 언어활동을 잘 이해하지 못하기도 하며, 수업 시간에 문학 텍스트에 대한 자신의 생각을 발표하도록 요청 받기도 한다. 따라서 학생들은 텍스트에서 의미 있는 내용이나 구절을 복식 기입 일지에 쓸 필요가 있다. 텍스트에서 인상적인 구절을 찾아 복식 기입 일지에 쓰는 것은 학생들이 텍스트에 형상화된 언어활동을 보다 풍부하게 이해할 수 있도록 하기 때문이다. 이 활동을 통해 학생들은 자신이 읽고 있는 문학 텍스트들에 보다 심오하게 반응할 수 있는 능력을 함양할 수 있을 것이다.[33]

학생들은 가끔 그 의미를 정확히 모르더라도 텍스트에서 시적인 구절을 찾거나, 특정 상황맥락에서 그 의미를 정확하게 이해할 수 없는 축자적인 읽기를 하면서도 인상적인 구절에 대해 논평을 하기도 한다. 따라서 교사

[33] Treu, C. E.(1995), "Luring Readers Out of Hiding", *Voices from the Middle* 2(2), p.33.

는 학생들의 문학능력을 향상시킬 수 있는 전략들을 마련하여, 그 전략들이 학생들의 문학 경험과 문학적 지식을 활성화시켜 텍스트의 의미화에 기여할 수 있도록 지도해야 한다.

많은 교사들은 학생들의 학습 과정 및 결과, 행동, 기능 등에 대한 양적인 자료 수집이, 학생들의 학업 수행에 대한 균형 있고 질적인 평가를 위한 다양한 형태의 자료 수집과 차이가 있다는 점을 인식하고 있다. 질적인 평가를 위한 자료 수집은 학생들이 말한 것과 쓴 것, 다양한 상황맥락에서 여러 매체를 활용하여 생산한 것들을 통해 이루어질 수 있다. 범교과적 교실은 학생들이 다양한 교과에서 학습한 것을 지속적으로 활용하고, 어떤 문제나 이슈를 탐구할 수 있는 다양한 활동들에 참여할 수 있는 기회를 제공한다. 그리고 범교과적 교실에서의 교사는 학생들의 학습을 질적으로 평가하는 대안적 평가를 한다. 학생들이 자신의 학습을 위한 비망록을 만들고, 이 비망록을 평가하기 위한 범주들을 만들 수 있는 탐구 학습 환경을 만들 때, 범교과적 문학 중심 수업을 지향하는 교사들은 대안적 평가를 성공적으로 할 수 있다.

쓰기 과제 수행, 쓰기 결과물은 학습 활동 포트폴리오 형태로 대안적 평가를 위한 도구가 될 수 있다. 포트폴리오는 학생들이 자신의 학습 발전을 위해 쓴 집적된 학습 결과물(artifact)들이다. 포트폴리오를 집적하는 과정에서 학생들은 항목들을 조직해야 한다. 포트폴리오를 그다지 많이 작성하지 않은 학생들은 교사의 안내를 받아야 하지만, 학습 능력이 뛰어난 학생들은 포트폴리오를 작성하기 위한 원리들을 스스로 마련한다. 일반적으로 포트폴리오를 이루는 것들로는 학생들이 쓴 문학 텍스트, 교실에서 수행한 과제, 가정에서 하는 숙제, 연구 과제, 쓰기 견본들, 자기 평가, 동료 평가 활동 등이 있다. 이때 동료 평가 활동은 동료들과 함께 쓰기 과제를 완성하거나, 구성원들이 함께 수업 후 활동을 하는 것을 의미한다.

교사는 학생들에게 쓰기 활동을 안내하면서 쓰기 활동에 포함된 것과 그것이 포함된 이유를 설명한다. 그리고 결론 부분에는 반성적인 내용을 쓰면서, 학습한 것을 자세히 설명하도록 지도한다. 쓰기 활동 초기에는 다음과 같은 특별한 질문들에 답을 하여, 반성적인 내용을 쓸 수 있도록 안내한다.

① 쓰기 활동 마지막 부분에서 하는 자기 평가에 비추어 볼 때 전체 내용은 어떠한가?

② 주어진 시간 안에 과제를 완수해야 하는 책임감에 비추어 볼 때, 얼마나 성공적으로 과제를 수행했는가? (숙제, 교실에서의 과제, 연구 과제, 쓰기 과제, 읽기 과제 등을 고려한다.)

③ 1부터 10까지의 평가 척도를 따를 때, 내가 쓴 것은 어떤 평가를 받는가, 그리고 수업을 통해 얼마나 많은 것을 학습했는가? (다음과 같은 문장을 학생들이 완성하도록 하는 것은 이 항목을 유용하게 변형하는 것이다 : "나는 _____에 대해 _____을 생각하고는(혹은 믿고는, 알고는, 느끼고는) 했다. 그러나 이제 나는 _____ 때문에 _____라고 생각한다(혹은 믿는다, 안다, 느낀다)." 학생들은 문장 구성을 위해 서로 다른 단어들을 사용하거나 한 문장을 다른 관점들에서 완성할 수 있다.)

④ 학업 수행을 향상시킬 수 있었는가? 교사가 했던 것은 무엇인가?

⑤ 성공적으로 달성한 학습 목표는 무엇인가? 여전히 달성할 필요가 있는 학습 목표는 무엇인가?

⑥ 교실 밖에서 만족스러운 학습 경험을 제공했던 교실 밖의 교육 환경을 적어도 하나 정도 설명한다.

⑦ 포트폴리오 중에서 가장 좋아하는 것은 무엇인가?

⑧ 동료 학생들과의 활동을 얼마나 잘 수행하고 있다고 생각하는가?

⑨ 마지막 자기 평가 이후에 실천했던 사고 기능은 무엇인가?

⑩ 다음 수업을 위해 세운 학습 목표는 무엇인가?

포트폴리오에 대해 교사들과 협의를 하기 위해 학생들은 다음의 문장들을 완성할 필요가 있다.

> ① 나는 _____ 때문에, 네가 _____에서 강화를 보인다고 생각한다.
> ② 나는 _____ 때문에, 네가 _____에 대해 활동할 수 있다고 생각
>   한다.
> ③ _____ 때문에 네가 만든 포트폴리오 중에서 내가 좋아하는 부분
>   은 _____이다.
> ④ 너는 _____ 때문에 _____에서 발전을 보인다.
> ⑤ 다른 논평들.

　자신의 학업 성취도를 평가하는 것을 학습할 때 학생들은 자신을 평가한다. 학생들은 자신의 성장에 대해 사고하고 자기 반성을 한다. 그런 다음 학생들은 수업 목표들 중에서 어떤 것은 성취되었고, 어떤 것은 성취되지 못했음을 인식한다. 그리고 학생들은 자신의 글쓰기를 뒷받침하기 위해 다른 작가들이 쓴 텍스트를 활용하거나 서로 다른 유형의 문학 텍스트들을 읽는다. 그 뒤에 학생들은 보다 개인적인 읽기와 쓰기를 수행한다. 학습 목표 설정과 수행을 통해 학생들은 보다 능숙한 독자와 필자가 될 뿐만 아니라, 보다 많은 자기 확신을 갖는다. 이 자기 확신은 학생들의 학습과 교사의 교수에 도움이 된다. 따라서 학생들은 쓰기의 다양한 문체와 기능들을 이해하고 학습하면서, 독자와 필자로서 자신의 개인적인 성장에 대한 확신을 갖게 된다.

8) 총체적 언어교육의 의의

　범교과적 관점에 의한 문학 수업에서 교사들은 '총체적 언어' 교사로서 역할을 한다. 총체적 언어교육의 원리들은 청소년 문학 텍스트 중심 범교과적 문학교육의 핵심이 된다. 총체적 언어교육(whole language teaching)은 듣

기, 말하기, 읽기, 쓰기 등을 인위적(人爲的)으로 분절시킨 접근법에서 벗어나 자연스러운 상황에서 언어의 전체 의미를 상호 관련시키고자 하는 신념 및 교수 전략을 의미한다. 이 관점은 언어교육을 위한 분절된 의사소통보다는 실제 생활에서 활용할 수 있는 삶을 위한 의사소통을 강조한다.

굿맨(K. Goodman)은 총체적 언어교육의 내용과 특징이 각 나라의 문화와 사회적 배경에 따라 서로 다르지만, 학습자·언어·교사에 대한 공통된 관점을 갖고 있다고 말한다.[34] 그에 따르면, 총체적 언어교육은 학습자에 대한 관점, 언어에 대한 관점, 교사에 대한 관점에서 언어교육을 하나의 전체로 생각한다. 총체적 언어교육에서는 학습자를 근본적으로 신뢰하고 존중해야 한다고 생각한다. 학습자 개개인의 개성과 능력, 흥미, 요구들은 최대한 수용되어야 한다. 그리고 총체적 언어교육은 부분이 아닌 전체로서의 언어, 언어의 사회성, 언어와 삶의 연관성을 중시하기 때문에, 의미 있는 상황에서의 실제적인 의사소통을 위한 언어교육을 강조한다. 교사와 학생의 관계에 대해서도, 일방적으로 교사가 가르치고 학습자는 배우는 관계가 아니라, 교사와 학생이 서로 영향을 주고받는 공생관계라는 사실을 강조한다.

총체적 언어교육 접근법을 취하는 교실 수업은 그 어떤 수업도 서로 다르며, 전형적인 수업 모델이 있는 것도 아니다. 그러나 상호 작용을 통한 학생의 의미 구축, 통합적 접근, 실수 허용, 학습에 대한 주인 의식, 학부모 참여, 질적 평가를 기초로 한 다양한 평가, 교육과정의 재구성과 같은 공통적인 원칙들을 철저하게 지키고 있다. 총체적 언어교육을 단지 과정 중심 쓰기와 학급 문집을 의미하는 것으로 보거나, 학생이 단어를 잘못 읽은 것이나 학생이 원하는 대로 말하고 쓰는 것을 무조건 허용하는 것이라고 보는 것은 총체적 언어교육의 본질을 오해한 것이다. 또한 적절한 문법

34) Goodman, K.(1986), *What's Whole in Whole Language*, Portsmouth, NH : Heinemann, p.38.

적 지식을 고려하지 않는 것이 총체적 언어교육의 속성은 결코 아니다.[35]

스미스(F. Smith)에 따르면 총체적 언어교육을 실천하는 교사들은 총체적인 언어교육을 실천하지 않는 교사들과는 다른 관점에서 교수법을 생각한다. 총체적 언어교육을 실천하는 교사들은 다음과 같은 학습 활동들에 대한 믿음을 갖는다.[36]

- 학생들은 학습 내용에 대한 질문에 대답하기 위해 파트너나 소집단 구성원들과 대화한다.
- 교사와 학생들은 자유롭게 선택한 문학 텍스트들을 방해받지 않고 묵독한다.
- 학생은 문학 텍스트에 대한 이해를 표현하기 위해 창의적인 교육연극을 한다.
- 학생들은 문학 텍스트에 대한 사고와 감정을 표현하기 위해 반응일지 쓰기, 편지 쓰기, 학급 신문 만들기, 영화 대본 쓰기, 질문거리 만들기, 이메일(e-mail) 쓰기, 문학 토론의 내용을 집단 창작 시로 쓰기 등과 같은 쓰기 활동들을 할 수 있을 것이다.
- 학생들은 수업 시간을 어떻게 활용할 것인지를 결정한다.
- 학생들은 독자, 필자, 화자, 그리고 청자로서 자신의 성장 정도를 다른 사람들에게 표현할 방법을 결정한다.

총체적 언어교육 교실에서 교사들은 구어와 문어가 학생들에게 의미 있게 사용되는 교실 환경을 만든다. 학생들의 요구와 관심은 총체적 언어교육의 핵심이 되는데, 이 교실에서 학생들은 무질서한 학습을 질서 있게 하고, 사전지식을 명료히 해서 새로운 의미를 구성한다.

초등학교에서 총체적 언어교육을 실천하는 교사들은 학생들에게 한 자리에서 쉬지 않고 한 번에 읽을 수 있는 총체적인 텍스트를 제공한다. 이

---

35) 서울대학교 국어교육연구소(1999), 『국어교육학사전』, 대교출판, 733면.
36) Smith, F.(1992), "Learning to Read : The Never-Ending Debate", *Phi Delta Kappan* 72(February), pp.432~441.

때 총체적인 텍스트들은 학생들이 다른 학생들, 교실 밖의 사람들과의 총체적 대화에 참여할 수 있는 기회를 제공한다. 이는 교사의 질문에 학생들이 하나의 단어로 사실적인 반응만을 하거나 질문의 빈칸에 답을 쓰는 것과는 다르다.

마찬가지로 중학교에서 총체적 언어교육을 실천하는 교사들은 학습 과제를 위해 텍스트를 분절시키기보다는 소설, 희곡, 이야기 등의 텍스트를 처음부터 끝까지 읽도록 한다. 그리고 학생들이 문학 텍스트에 있는 정보들을 찾도록 하기보다는 텍스트에 대한 반응을 구두적으로, 문어적으로 다른 학생들과 논쟁할 수 있는 기회를 제공한다. 읽기와 쓰기는 세계에 대한 학생들의 맥락적이고 윤리적인 이해에 영향을 주기 때문이다.[37]

총체적 언어교육을 실천하는 교사들은 교수와 학습에 대한 자신들의 신념이 전통적인 공교육 구조와 갈등을 빚는다는 점을 인식한다. 그러나 이 교사들은 교육이란 정치적인 지향점을 갖는다는 것을 강조한다. 교사는 자신의 취향에 따라 교육 내용들에 대한 호의성과 비호의성을 갖기 때문이다. 따라서 중요한 것은 교사가 자신의 사회적 성향에 맞는 교수를 어떻게 지속할 것인가이다. 이때 가장 중요한 것은 교사가 학생들과의 관련성을 인식하면서, 학생들의 사회화에 도움을 주는 것이다.

총체적 언어교육을 실천하는 교사들은 학생들의 호기심, 협력 학습, 독자, 필자, 화자, 청자, 사고자 등으로서 학생들의 학업 성취를 촉진하는 학습 목표를 설정해야 한다. 또한 학생들의 문식성 발달과 독서 습관의 향상을 촉진하고, 학생들이 기능을 숙달하도록 하기보다는 스스로 의미를 형성하도록 하는 촉진자가 되어야 한다. <표 8-6>은 총체적 언어교육을 지향하는 교사와 그렇지 않은 교사들 간의 차이점을 보여 주고 있다.

물론 총체적 언어 교육을 지향한다고 해서 교사 중심의 직접 교수-학습

37) Freirie, P.(1985), *The Politics of Education*, South Hadley, MA : Bergin and Garvey.

을 무시해서는 안 된다. 학생들의 읽기 기능은 체계적이고 직접적인 교수법에 의해서도 향상되기 때문이다. 또한 체계적이고 직접적인 교수법은 학습 과제를 이해하고 처리하는 학습 능력을 향상시켜 줄 수 있기 때문이다.

중학생들은 아동에서 성인으로 변화되는 과정, 초등학교와 고등학교의 중간에 해당되는 과정에 있기 때문에, 교실에서 편안함을 느끼면서 혼란된 과거의 시간과 경험을 정리하여 미래의 삶에 대비해야 한다. 따라서 청소년 문학 텍스트 중심의 범교과적 수업은 중학생들에게 의미 있을 것이다. 청소년들의 정서를 반영하는 문학 텍스트들은 중학생들로 하여금 자신을 반성하고 타자들에 대해 배울 수 있도록 함으로써 미래를 새로이 설계하고, 세계를 종합적으로 인식할 수 있도록 해 주기 때문이다. 또한 청소년 문학 텍스트에 초점을 둔 범교과적 탐구 수업에 참여함으로써, 중학생들은 교육이 개인적이고 집단적인 삶을 형성하는 인간관계의 복잡성을 탐구하는 것이 될 수 있고, 되어야만 한다는 것을 이해할 것이다. 따라서 교사는 청소년 문학 텍스트가 갖는 가치를 인식하면서 청소년 문학 텍스트를 범교과적 학습과 연계하고, 이 과정에서 평가 틀을 양적 평가가 아닌 대안적 평가로 바꾸어야 할 것이다.

총체적 언어교육에서의 교사 역할	다른 언어교육에서의 교사 역할
① 학생들이 개인적 취향에 따라 자신에게 알맞고 의미 있는 화제를 선택하여 글을 쓰도록 한다.	① 학생들이 제한적으로만 쓰기 화제를 선택하도록 하거나, 교사 자신이 쓰기 화제를 선택한다.
② 모든 쓰기가 교사에 의해 평가될 필요가 없다는 것을 이해한다.	② 학생들이 쓴 것을 '정확함'이라는 기준에 의해 평가한다.
③ 모든 학생들이 책상 앞에 앉아 있을 때 글을 가장 잘 쓰는 것은 아니라는 것을 이해하고, 대안을 제공한다.	③ 모든 학생들이 책상 앞에 앉아 주어진 시간에 작문을 할 수 있고, 하는 것을 전제한다.
④ 학생들이 다양한 장르를 탐구하고, 필자로서 자신의 생각을 나타내도록 한다.	④ 학생들을 그들이 쓰고 있는 어떤 장르 속에 구조화한다. ―"오늘, 우리는 시에 대해 학습하고 있다.", "오늘 우리는 비교, 대조라는 표현 방법에 의해 에세이를 쓰고 있다."
⑤ 학생들이 자신의 견해를 여러 사람 앞에서 발표할 수 있는 공개 토론회를 제공한다.	⑤ 교사는 학생들의 활동에 대한 유일한 청중이며, 가정에서의 학습을 미리 설정된 범주에 따라 평가한다.
⑥ 학생들이 스스로 학습 목표를 세우고 자신의 학업 향상을 점검하도록 도우면서, 학생들과 함께 학습 활동에 대해 협의한다.	⑥ 학생들을 위해 학습 목표를 선택하고, 이 목표들의 달성 정도를 평가한다.
⑦ 쓰기 과정은 단선적이지 않고 회귀적인 복잡성을 가지고 있음을 인식한다.	⑦ '작문 과정'을 가르치고, 그 과정이 모든 학생들에게 편안하게 적용될 수 있음을 전제한다.
⑧ 언어 처리 기능들 간의 연결을 증진하는 교수―학습을 위해 학제적 연결과 수업 구안을 한다.	⑧ 교육과정의 나머지 부분 및 다른 내용들과 분절시켜 학습 내용과 기능들을 교수한다.
⑨ 상호 작용적이고 협력적인 교수―학습 전략을 사용한다.	⑨ 주로 전체 학급 교수법과 직접교수법을 활용한다.
⑩ 학생들이 스스로 읽을 텍스트들을 선택하도록 하고, 텍스트의 전부를 읽는 것이 중요함을 강조한다.	⑩ 모든 학생들이 읽어야 할 텍스트를 결정하거나 제한된 상황에서 학생들이 텍스트를 결정하도록 한다.
⑪ 텍스트에 대한 학생들의 반응을 촉진하고, 텍스트가 개별 학생들의 독서에 의해 각기 다르게 존재함을 인식한다.	⑪ 학생들이 텍스트에 대한 해석이나 반응을 하도록 하기 보다는 텍스트를 자세히 분석하도록 한다.
⑫ 학습한 것을 표현하기 위해 미술, 음악, 드라마, 그리고 다른 능동적인 방법 등을 학생들이 활용할 수 있도록 한다.	⑫ 다양한 방식으로 텍스트를 이해할 수 없게 한다.
⑬ 학생들의 언어 사용을 촉진하기 위해 학부모와 함께 다양한 방법으로 수업에 참여한다.	⑬ 학생들에게 수업에 부모가 참여하는 것이 매우 두려운 것이 되게 한다.
⑭ 다양한 방법으로 청소년 문학 텍스트들을 사용한다.	⑭ 문학교육을 위한 토대로써 '정전'에 의존한다.
⑮ 많은 종류의 인쇄물과 영상 매체 등을 활용한다.	⑮ 전통적인 인쇄 매체(문자화된 자료들)를 강조한다.
⑯ 포트폴리오 평가, 연구보고서 평가 등과 같은 다양한 평가 방법들을 활용한다.	⑯ 주로 지필평가에 의존한다.

〈표 8-6〉 총체적 언어교육과 다른 관점에서의 언어교육 비교

제 3 부

청소년 문학교육의
환경과 전략

제9장

청소년 문학 텍스트 선정하기

교육자들이 청소년 문학 텍스트의 유형들, 대표적인 작가와 제목들에 친숙해질수록, 청소년들에게 알맞고 교육과정의 요구들을 충족시켜 주는 텍스트 선정과 관련된 문제들은 보다 중요해진다.

이 장에서는, 검열을 포함하여 양질의 청소년 문학 텍스트를 선택하는 것과 관련된 많은 이슈들을 논의할 것이다. 이를 위해 먼저 문학 텍스트의 특질과 관련지어 텍스트 선정의 문제를 검토할 것이다. 그런 다음, 이 장의 뒷부분에서는 텍스트의 특질, 예상독자, 그리고 상황맥락의 틀 내에서 검열의 문제를 검토할 것이다.

1. 선정 모델

텍스트 선정을 위한 많은 요인들을 고려해야 하기 때문에, 적절한 독서 자료 선정은 교사들에게 중요한 난제이다. 텍스트 선정을 위해서는 텍스트 특질(quality)의 문제, 청소년들의 흥미와 관심사에 부합하는가의 문제, 교육과정에 제시된 교육 내용과의 부합 문제 등과 같은 세 가지 사항을 고려해야 할 것이다. 다시 말하면, 청소년 문학 텍스트 선정에 관한 의사

결정은 텍스트, 예상독자, 그리고 상황맥락을 검토해야 한다. <그림 9-1>은 청소년 문학 텍스트 선정을 위한 모델을 보여주고 있다.

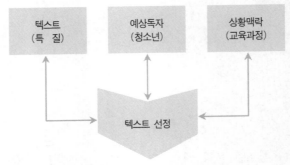

〈그림 9-1〉 문학 텍스트 선정 모델

1) 문학 텍스트의 특질 결정 방법

청소년들이 믿을 수 있는 전문가의 의사결정에 의해 문학 텍스트 선정을 신중하고 반성적으로 한다면, 이것은 청소년들에게 큰 도움이 될 것이다. 칼손과 배그넬(G. Robert Carlson & Norma Bagnell, 1981 : 11~12)은 문학 텍스트의 특질을 평가하기 위한 범주를 논의한 바 있다. 그들에 따르면, 문학 텍스트의 특질을 평가하기 위한 범주는 다음과 같다.

① 표현된 비전. 문학 텍스트는 무엇을 재현하고 있는가? 문학 텍스트는 청소년 독자의 상상력, 지성, 그리고 감정을 자극하는가?
② 비전을 향한 문학 텍스트의 태도. 문학 텍스트에 내재된 태도는 승인, 비난, 중립 중의 하나인가? 문학 텍스트의 목소리 혹은 어조는 어떠한가?
③ 문학 텍스트의 문체(style). 문학 텍스트에 구현된 언어, 심상, 플롯은 비전을 전달하는가?
④ 예상독자. 예상독자는 문학 텍스트에 형상화된 비전을 이해하고 수

용할 만큼 성숙하게 준비되어 있는가? 많은 교사들은 10대 청소년들
이 문학 텍스트에 형상화된 비전을 이해하고 수용할 만큼 충분하게
준비되어 있지 않다고 생각한다.(11면)

칼슨(Carlson)은 문학 텍스트의 각 요소들을 조화시키는 통합적인 전체에
대해 말한다 : 문학 텍스트는 인지적인 반응과 정서적인 반응을 결합시키
기 위해 청소년 독자의 이성과 감정에 호소한다. 배그넬(Bagnell)은 '이러한
관점들에 동의를 하면서도, 다음과 같은 사항들을 추가로 제기한다.

① 문학 텍스트는 비전을 정직하게 제시하고 있는가? 작가는 정직하게
　주제를 제시하고 있는가 혹은 주의를 끌기 위해 속임수나 화려한 문
　장을 사용하고 있는가?
② 스토리는 예상독자에게 정직한가? 즉 스토리는 암시, 성격 묘사, 그
　리고 다른 문학적 기교들을 정직하게 사용하면서 문학 텍스트의 관
　습들을 유지하고 있는가 혹은 진실성의 관점을 넘어서서 문학적 관
　습들을 과장하고 있는가?
③ 문학 텍스트는 한계를 설정하고, 그러한 한계들을 고수하고 있는가?
　우리 모두가 인식하고 있는 외적 현실에 따르면, 이미 설정된 그러한
　한계들은 사실적 허구인가? 그러나 판타지나 로맨스를 창작할 때조
　차도, 우리는 작가가 한계들을 설정하고서, 그 한계들 내에 머무를
　것을 예상할 수 있다.(G. Robert Carlson & Norma Bagnell, 1981 : 12)

배그넬이 제기한 위의 사항들은 현실과 모순되지 않은 규범들을 통해,
문학 텍스트의 신뢰성을 판단하기 위한 기준을 나타낸다.

우리가 여러 해 동안 읽어왔던 정말로 좋은 문학 텍스트들을 확인하는
것이 쉽다고 할지라도, 특정한 문학 텍스트가 좋은 이유를 설명하는 것이
항상 쉬운 것은 아니다. 우리가 읽어 왔거나 읽으려고 시도했었던 나쁜
문학 텍스트들을 확인하는 것과 텍스트의 질을 저하시키는 그러한 특질들
을 설명하는 것이 보다 쉬울지도 모른다. 특정한 문학 텍스트들에 대한

개인적인 호감은 복잡하고, 때로는 의식적인 수준에서 완전히 표현되지 않는다. 그러나 문학 텍스트를 선택할 때, 교사와 청소년들이 고려할 수 있는 문학 텍스트의 특질들을 나타내는 척도들이 있다. 그 척도들은 다음과 같다.

① 신뢰할만한 작중인물. 신중히 창조된 작중인물은 진부하거나 전형적이지 않고 다층적인 성격을 지닌다.
② 통일성이 있으나 예상할 수 없는 플롯
③ 합리적인 갈등
④ 만족스러운 갈등 해결
⑤ 작중인물간의 의미 있는 상호 작용
⑥ 의미 있는 주제
⑦ 적절한 배경

또한 문학 텍스트가 언어적으로 표현된 방법(인쇄 방법)도 문학 텍스트 선정 과정에 많은 영향을 준다. 이러한 특질을 드러내는 척도들은 문체와 관련된다.

① 생생한 대화
② 언어의 명료성
③ 생생한 이미지
④ 풍부한, 그러나 성기게 퍼지지 않은 묘사

문학 텍스트의 특질과 관련된 세 번째 척도 영역은 문학 텍스트의 통일성(integrity)과 관련된다. 문학적 경험을 하는 과정에서 청소년 독자들은 텍스트의 메시지를 전달받는 존재가 아니라, 문학현상의 주체로서 텍스트를 의미화해야 한다. 이를 위해 청소년 독자들은 문학 텍스트의 통일성에 주의하면서, 텍스트의 의미를 이해하고 해석해야 한다. 텍스트의 통일성에 주의하면서 텍스트의 의미를 이해하기 위해 청소년 독자들은 다음의 사항들을 고려해야 한다.

① 작중인물의 특성과 시대에 적절한 언어
② 시대를 초월하는 이슈들을 전달하는 영원한 주제들
③ 논쟁적인 사상들을 신뢰성 있게 제시하는 것

그러면, 사춘기 청소년들의 정신적 성장과 첫사랑을 형상화한 두 편의 청소년 소설, 박상률의 『봄바람』과 이재민의 『사슴벌레 소년의 사랑』을 통해, 문학 텍스트의 특질을 살펴보자. 이 두 소설은 양질의 소설과 그렇지 못한 소설의 차이를 보여준다. 박상률의 『봄바람』은 진도라는 공간적 배경을 통해 사춘기 소년 훈필의 정신적 성장 과정을 사실적으로 보여주고 있다. 따라서 이 소설은 훈필이가 청소년기에 겪은 현실적인 체험에 뿌리를 두고 있다. 감상적이거나 막연한 환상의 세계에 대한 경도가 아닌, 현실을 그리고 있다. 바다 건너 섬에서 자란 소년 훈필의 뭍에 대한 동경은 환상에 의존하지 않고 가난과 눈물과 사랑에 의존하고 있는데, 이것이 청소년 독자들에게 감동을 준다.

이 소설에는 훈필의 은주에 대한 짝사랑이 있고, 첫 가출이 있다. 열 세 살짜리 소년의 맑은 꿈이 있고, 동경이 있다. 따라서 이 소설은 앞에서 논의한 양질의 문학 텍스트가 갖추어야 할 척도들 중에서, '신뢰할 만한 작중인물', '작중인물 간의 의미 있는 상호 작용', '작중인물의 특성과 시대에 적절한 언어' 등과 같은 특질들을 갖고 있다.

한편, 이재민의 『사슴벌레 소년의 사랑』은 사춘기 소년 은수의 순희 누나에 대한 순수한 사랑을 보여주고 있다. 이 소설에서 은수는 순희 누나와의 대화를 통해 자연과 인간을 대하는 태도에 근본적인 변화를 겪게 되고, 사랑이란 구속하거나 소유하는 것이 아니라 자유롭게 해 주는 것임을 알게 된다. 그러나 이 소설에서 은수와 순희 누나의 상호 작용은 의미 있는 것이기보다는, 은수가 순희 누나의 말을 그저 수용하는 것이다. 따라서 그들의 상호 작용은 그다지 의미를 갖지 못하며, 그들에 대한 묘사도 다층적이지 못하다. 이로 인해 이 소설은 좋은 소설로서 갖추어야 특질을 부족하게 갖추고 있다. 문학 텍스트의 특질은 갈등의 적절한 발생과 해결을 지닌 잘 짜여진 플롯 속에 생생하게 활동하는 신뢰할 만한 작중인물들의 상호 작용에 의해 결정되기 때문이다.

(1) 청소년의 문학 텍스트 선택에 영향을 주는 것들

교사들이 여러 가지 객관적인 규범들에 토대를 두어 수업 시간에 사용될 문학 텍스트들을 선택한다고 하더라도, 청소년들은 자신들이 읽을 문학 텍스트들을 선택하는 데 많은 주관적인 요인들에 의해 영향을 받는다. 미시건주 고등학생들의 독서 선호도에 관한 1991년도 조사 연구(Brown, 1992)에 의하면, 여학생 독자들의 텍스트 선택에 가장 큰 영향을 준 것은 또래 친구들이었다. 고등학생들의 독서 선호도에 대한 조사 연구는 또한 1980년에 미시시피주와 매인주, 그리고 1985년에는 미시건주와 몬타나주에서 수행된 바 있다.

각각의 조사 연구에서, 모든 학년의 여학생들은 문학 텍스트 선택 과정에 영향을 주는 요소로 자주 친구들을 지적했다. 고등학교 남학생들이 문학 텍스트를 선택하는 데 영향을 주는 것들은 끊임없이 바뀌어져 왔다. 1991년 조사 연구의 종합적 결과에 따르면, 남학생들이 문학 텍스트를 선택할 때, 그들에게 가장 중요하게 영향을 주는 것은 텍스트의 제목이었다 ; 그러나 대다수의 11학년 청소년들은 문학 텍스트 선택에 가장 중요하게 영향을 미치는 요인으로 교사를 지적했고, 대부분의 12학년 남학생들은 친구들을 지적했다.

<표 9-1>은 1991년도 조사 연구의 결과인데, 이 조사는 성별, 학년별

수준에 따라 문학 텍스트 선택에 영향을 주는 각각의 요인들과 그 요인들의 영향 정도를 보여준다. 자료의 마지막 그룹은 성별에 따른 영향 정도를 퍼센트와 등급으로 나타내고 있다.

여학생	9학년	10학년	11학년	12학년
친 구	74(1)	50(1)	57(1)	53(1)
부 모	31(7)	25(7)	28(7)	22(7)
형제(자매)	14(11)	21(9)	15(12)	15(11)
교 사	52(4)	36(4)	57(1)	52(2)
도서관 사서	22(8)	10(12)	23(10)	11(12)
신간 안내문	16(9)	26(6)	25(9)	16(9)
신간 안내말	15(10)	18(10)	26(8)	20(8)
작 가	57(2)	37(3)	48(3)	39(4)
영화 / TV	54(3)	32(5)	31(5)	42(3)
베스트셀러 목록	14(11)	16(11)	22(11)	16(9)
제 목	51(5)	47(2)	37(4)	39(4)
문학 텍스트 표지	44(6)	24(8)	31(5)	29(6)
기 타	6	7	0	6

남학생	9학년	10학년	11학년	12학년
친 구	35(5)	30(4)	33(3)	40(1)
부 모	13(10)	13(10)	10(12)	8(12)
형 제	11(12)	17(9)	11(11)	9(10)
교 사	39(2)	31(2)	42(1)	37(2)
도서관 사서	22(7)	5(12)	18(9)	9(10)
신간 안내문	18(8)	24(7)	20(7)	15(8)
신간 안내말	12(11)	20(8)	20(7)	15(8)
작 가	29(6)	30(4)	27(6)	28(5)
영화 / TV	38(3)	31(2)	38(2)	25(6)
베스트셀러 목록	15(9)	13(10)	18(9)	17(7)
제 목	51(1)	39(1)	28(4)	33(3)
문학 텍스트 표지	38(3)	29(6)	28(4)	32(4)
기 타	1	4	2	5

합 계	여학생 전체	남학생 전체
친 구	234(64%) 1	138(42%) 3
부 모	106(29%) 7	44(13%) 12
형제(자매)	65(17%) 12	48(14%) 11
교 사	197(54%) 2	149(45%) 2
도서관 사서	66(18%) 11	54(16%) 9
신간 안내문	83(23%) 8	77(23%) 7
신간 안내말	79(21%) 9	67(20%) 8
작 가	181(50%) 3	114(34%) 6
영화 / TV	159(44%) 5	132(40%) 4
베스트셀러 목록	68(19%) 10	53(16%) 9
제 목	174(48%) 4	151(45%) 1
문학 텍스트 표지	128(35%) 6	128(39%) 5
기 타	19	12

〈표 9-1〉 청소년들의 문학 텍스트 선택에 영향 주는 요인들

이 연구 결과에 따르면, 교사들은 청소년들의 문학 텍스트 선택에 많은 영향을 준다. 의무적이지 않은 여가 독서에 관한 지침들을 제공해 주는 교사들에게 청소년들이 의존할 때, 교사는 청소년에게 적절한 문학 텍스트에 대한 많은 지식을 가져야 한다. 이러한 지식을 갖기 위해, 교사는 청소년 문학 텍스트에 대한 지속적인 관심을 갖고 많은 독서를 해야 한다.

(2) 청소년 문학 텍스트 선택 체크리스트

	예	아니오
〈문학적 특질〉		
• 플롯이 잘 전개되고 있다.	❏	❏
• 주요 인물들은 믿을만하다.	❏	❏
• 갈등들은 그럴 듯하다.	❏	❏
• 갈등의 해결은 개연성이 있으나 예측할 수는 없다.	❏	❏
• 부수적 인물들도 적절한 역할들을 한다.	❏	❏
• 텍스트는 예상독자에게 알맞은 주제를 제공한다.	❏	❏
• 배경은 스토리에 기여한다.	❏	❏

	예	아니오
〈주제 설정의 적절성〉		
• 주제 설정은 청소년들에게 적절하다.	☐	☐
• 텍스트는 논쟁적인 이슈들을 담고 있다 .	☐	☐
• 논쟁적인 이슈들은 미적 감각과 감수성에 따라 처리되고 있다.	☐	☐
• 텍스트는 적극적으로 고려될 수 있는 언어들을 담고 있다.	☐	☐
• 텍스트는 성적으로 명시적인 장면들을 담고 있다.	☐	☐
• 이러한 장면들은 고상하게 제시된다.	☐	☐
〈교육과정상의 고려 사항〉		
• 텍스트는 교육과정에 제시된 목표들을 충족시킨다.	☐	☐
• 텍스트는 학교의 텍스트 선정 정책을 충족시킨다.	☐	☐
〈사용을 위한 추천〉		
• 텍스트는 전체 수업에 알맞다.	☐	☐
• 텍스트는 그룹과 동료 학생들에 의해 선택될 것이다.	☐	☐
• 텍스트는 개별 학생에 의해 선택될 것이다.	☐	☐
• 텍스트는 사용을 위해 추천되지 않는다.	☐	☐

〈표 9-2〉 체크리스트

2) 문학 텍스트에 대한 청소년들의 욕구와 흥미

다음은 문학 텍스트에 대한 청소년들의 욕구와 흥미를 결정하기 위한 다섯 가지 접근법들이다.

(1) 독자 자서전

청소년들은 자신의 읽기 경험을 묘사하면서 독자로서 자서전을 쓴다. 자서전에는 독서하는 것을 어떻게 배웠는지, 자신에게 영향을 준 문학 텍스트들은 무엇이었는지, 현재 가장 자주 읽고 있는 문학 텍스트의 유형은 무엇인지 등을 포함한다.

(2) 독자 특성 서술

독자로서 자기 자신을 서술한다. 장점은 무엇인지, 단점은 무엇인지, 독서에 대해 어떻게 느끼는지 등을 서술한다.

(3) 문학 유형 체크리스트

다음에 제시된 문학 텍스트들의 유형 목록을 검토한다. 먼저, 자신이 읽은 모든 유형들에 체크를 한다. 그런 다음 + 표시를 하여 자신이 가장 좋아하는 다섯 가지 유형들을 확인한다. 끝으로, 그러한 유형들을 좋아하는 이유를 간단히 설명한다.

체 크	유 형	체 크	유 형	체 크	유 형
	허 구		판타지		전 기
	사실적 허구		과학적 허구		자서전
	미스터리		역사적 허구		정보 텍스트
	초자연적 공포물		논픽션		시

〈표 9-3〉 문학 텍스트 유형 체크리스트

(4) 독서 질문표

- 지금까지 읽었던 문학 텍스트들 가운데 가장 좋았던 텍스트는 무엇입니까? 무엇 때문에 그렇습니까?
- 지금까지 읽었던 문학 텍스트들 가운데 가장 나빴던 텍스트는 무엇입니까? 무엇 때문에 그렇습니까?
- 어떤 화제들을 읽기 좋아합니까?
- 가장 좋아하는 독서 유형은 무엇입니까? 그 이유는?
- 가장 싫어하는 독서 유형은 무엇입니까? 그 이유는?
- 문학 텍스트에서 기대하는 것은 무엇입니까?
- 가장 좋아하는 작가는 누구입니까? 그 이유는?
- 읽을 만한 새로운 텍스트를 어떻게 알게 되었습니까?
- 어떤 것을 읽는 데 영향을 준 것들은 무엇입니까?

(5) 문학 텍스트 표지로 텍스트 판단하기

교사들은 청소년들이 가끔 "문학 텍스트 표지에 의해 텍스트를 판단하지 말라."는 원칙을 무시한다는 것을 안다. 청소년들의 텍스트 선택에 영향을 주는 조사 연구(<표 9-1>)에 따르면, 문학 텍스트 표지는 고등학교 여학생들에게는 6번째, 고등학교 남학생들에게는 5번째 순위에 있다. 문학 텍스트 표지는 텍스트의 내용과 특질에 관한 예상을 하게 하여, 청소년들이 읽을 텍스트들을 선택하는 데 중요한 영향을 미친다.

예를 들어, 청소년들에게 김중미의 『괭이부리말 아이들』을 읽게 한다고 가정해 보자. 청소년들은 이 소설의 표지가 동화 텍스트와 같다는 생각 때문에, 처음에 이 소설을 적극적으로 읽으려고 하지 않을 것이다. 어떤 청소년은 '그와 같이 보이는' 소설을 읽는 것이 시시하다고 생각할 것이다. 교사가 읽기 전 활동을 제공하지 않는다면, 청소년들은 이 소설을 읽을지의 여부를 결정하는 데에 문학 텍스트 표지를 사용할 것이다.

교사들은 자주 문학 텍스트 표지에 의해 텍스트를 판단한다. 상당수의 교사들은 문학 텍스트 표지에 있는 삽화들을 봄으로써, 텍스트의 내용과 특질에 대한 잘못된 판단을 하기도 한다. 동일한 제목의 텍스트 일지라도 판본에 따라 삽화와 표지가 다른데, 이러한 차이는 교사들이 텍스트의 특질을 판단하는 데 많은 영향을 준다. 일반적으로 청소년 독자들에게 호소력 있는 삽화나 표지는 성인 독자들에게는 별로 호소력이 없다.

교사와 성인들은 문학 텍스트 표지가 자신이 읽고 싶지 않은 텍스트 유형을 암시하거나 호소력이 없다는 것을 안다. 그럼에도 불구하고 청소년 독자들은 문학 텍스트 표지와 문학 텍스트 표지에 암시된 징후에 매혹된다. 독자들이 자주 문학 텍스트 표지에 현혹되는 것은 출판 현실 때문이다. 문학 텍스트 표지들은 텍스트가 풍부하고 심오한 내용을 담고 있지 못할 때에 청소년 독자들을 꾀기 위해 디자인된다. 문학 텍스트 표지들은 텍스트가 전달하는 것보다 더 많은 긴장감, 더 많은 로맨스, 혹은 더 많은 행위들을 암시하기도 한다.

어떤 경우에 문학 텍스트 표지는 텍스트에 형상화된 내용들을 전혀 반영하지 못하거나 텍스트에 있는 중요한 사건들을 드러내지 못한다. 그럼에도 불구하고 문학 텍스트 표지들은 청소년들의 문학 텍스트 선택에 영향을 준다. 다음에 제시된 문학 참여 전략(The Literature Involvement Strategy)은 청소년들이 문학 읽기 초기 단계에서 적극적으로 문학 텍스트 표지들을 활용하도록 하기 위해 기획되었다.

〈표 9-4〉 고등학생의 문학 텍스트 선호도 조사

Ⅰ. 자신이 스스로 선택했든지 아니면 학교 공부와 연관되어 선택했든지 간에, 지난 2년 동안 읽은 문학 텍스트 다섯 권을 기록한다. 이 문학 텍스트들은 허구 텍스트 혹은 비허구 텍스트일수도 있고, 문학 텍스트 안내서에서 읽을 문학 텍스트들을 포함할 수도 있다. 문학 텍스트 목들을 기록한 다음에, '가장 좋아함(5)', '두 번째로 좋아함(4)', '세 번째로 좋아함(3)', '네 번째로 좋아함(2)', '마지막으로 좋아함(1)' 등과 같은 기준에 따라 각각의 문학 텍스트들에 대한 평가를 한다.

1.   5 4 3 2 1
2.   5 4 3 2 1
3.   5 4 3 2 1
4.   5 4 3 2 1
5.   5 4 3 2 1

Ⅱ. 지난 2년 동안 수업을 위해 읽을 필요가 있었던, 교과서 외의 다섯 권의 문학 텍스트 목들을 기록한다. 이 문학 텍스트들은 허구적 서사일 수도 비허구적 서사일 수도 있다. '가장 좋아함(5)'부터 '가장 적게 좋아함(1)'에 따라 각각의 문학 텍스트들을 평가하여, 해당 점수에 동그라미를 친다.

1.   5 4 3 2 1
2.   5 4 3 2 1
3.   5 4 3 2 1
4.   5 4 3 2 1
5.   5 4 3 2 1

Ⅲ. 올해 읽으려고 계획하고 있는 다섯 권의 문학 텍스트들을 기록한다. 각각의 문학 텍스트 읽기가 여가 독서에 해당되면 P에, 학습 과정에서 요구된 것이면 R에 동그라미를 친다.

1.　　　P　R
2.　　　P　R
3.　　　P　R
4.　　　P　R
5.　　　P　R

Ⅳ. 읽을 문학 텍스트들을 어떻게 선택할 것인가? 읽을 문학 텍스트들을 선택하는데 영향을 주
   는 것들을 다음에서 골라 체크한다. 체크하고 싶은 것들을 여러 개 체크할 수도 있다.

　　1. ＿＿친구　　　　　　　2. ＿＿부모　　　　　　　3. ＿＿형제나 자매
　　4. ＿＿교사　　　　　　　5. ＿＿도서관 사서　　　　6. ＿＿도서 안내서
　　7. ＿＿신간 안내말　　　　8. ＿＿작가　　　　　　　9. ＿＿영화나 TV
　　10. ＿＿베스트셀러 목록　　11. ＿＿문학 텍스트 제목　12. ＿＿문학 텍스트 표지

Ⅴ. 읽고 싶은 문학 텍스트들의 유형을 평가한다. 가장 좋아하는 유형의 문학 텍스트에는 1을,
   그리고 그 다음으로 좋아하는 유형의 문학 텍스트에는 2를 사용하는 방식으로 평가를 한다.

　　1. ＿＿동물 이야기　　　　2. ＿＿모험소설　　　　　3. ＿＿정보적 글
　　4. ＿＿스포츠　　　　　　　5. ＿＿로망스　　　　　　6. ＿＿미스터리
　　7. ＿＿공포물과 초자연물　　8. ＿＿판타지　　　　　　9. ＿＿컴퓨터
　　10. ＿＿설화　　　　　　　11. ＿＿청소년 문제　　　　12. ＿＿공상과학
　　13. ＿＿역사(사실)　　　　14. ＿＿역사소설　　　　　15. ＿＿전기와 자서전
　　16. ＿＿기술서　　　　　　17. ＿＿과학　　　　　　　18. ＿＿실용 안내서
　　19. ＿＿기타

Ⅵ. '강한 동의(SA)', '약간 동의(A)', '의견 없음(N/O)', '약간 반대(D)', '강한 반대(SD)' 등에
   동그라미를 쳐서 다음의 진술들에 대한 평가를 한다.

　　1. 나는 오로지 수업 시간에 필요한 문학 텍스트들만 읽는다. SA　A　N/O　D　SD
　　2. 독서는 내가 좋아하는 취미다.　　　　　　　　　　　SA　A　N/O　D　SD
　　3. 나는 주로 정보를 얻기 위해 독서를 한다.　　　　　　SA　A　N/O　D　SD
　　4. 나는 주로 즐거움을 얻기 위해 독서를 한다.　　　　　SA　A　N/O　D　SD
　　5. 나는 신문을 주기적으로 읽는다.　　　　　　　　　　SA　A　N/O　D　SD
　　6. 나는 읽기 시작한 문학 텍스트를 자주 끝까지 읽지 못한다.SA　A　N/O　D　SD
　　7. 나는 여가 독서를 위해 더 많은 시간을 갖기 원한　　　SA　A　N/O　D　SD
　　8. 나는 독서하기보다는 차라리 게임을 하고 싶다.　　　　SA　A　N/O　D　SD
　　9. 나는 독서하기보다는 차라리 TV를 보고 싶다.　　　　SA　A　N/O　D　SD
　　10. 나는 수업시간에 독서가 과제로 부과된다고 하더라도 결코 독서하지 않는다.
　　　　　　　　　　　　　　　　　　　　　　　　　　　SA　A　N/O　D　SD
　　11. 나는 내가 좋은 독자라고 믿는다.　　　　　　　　　SA　A　N/O　D　SD

12. 어떤 문학 텍스트를 다 읽을 때마다, 나는 일반적으로 즉시 새로운 문학 텍스트를 읽기 시작한다.   SA   A   N/O   D   SD

13. 나는 즐거움을 얻기 위해 독서하는 것은 좋아하지만, 정보를 얻기 위해 독서하는 것은 싫어한다.   SA   A   N/O   D   SD

14. 나는 문학 텍스트를 선택하여 독서할 수 있을 때, 독서하는 것을 좋아한다.   SA   A   N/O   D   SD

15. 나는 학교에서 과제로 부과한 문학 텍스트를 읽는 것을 싫어한다.   SA   A   N/O   D   SD

16. 나는 많은 독서를 하지만, 그 독서들은 학교에서 부과된 과제 때문은 아니다.   SA   A   N/O   D   SD

3) 교육과정의 영향

문학 텍스트 선정은 교육과정의 맥락 안에서 고려되어야 한다. 여가적 읽기를 촉진하고 개인적 욕구를 충족시키기 위해 다양한 문학 텍스트들이 사용될 수 있다고 하더라도, 교육과정상의 필요들을 충족시키기 위해선 특별한 문학 텍스트들이 선택되어야 하는 경우가 있다.

청소년들의 문화적 인식을 증진시고 다양한 교육 목표들을 충족시키기 위해 많은 문학 텍스트들이 선택될 수 있다. 김하인의 성장소설 『나는 못생겼다』를 예로 들어 논의를 해 보자. 이 소설에서 작중인물 '후남'은 남아 선호사상이 강하게 유지되던 1960~70년대 우리 선조들의 삶의 방식과 문화를 청소년들이 이해하는 데 도움이 될 것이다. 이는 문학 텍스트가 청소년들의 문화적 인식을 증진시켜 주는 예인데, 이처럼 문학 텍스트는 청소년들이 다른 시대의 문화와 삶을 이해하는 데 많은 도움을 준다.

한편 문학 텍스트들은 문학의 구성요소에 대한 청소년들의 이해 증진과 같은, 특별한 학습 목표들과 관련되어 선택될 수 있다. 그러면 청소년 소설들을 통해 문학 텍스트 구성요소들의 개념을 살펴보고, 이러한 요소들이 구체적으로 나타난 예들을 구체적으로 살펴보자.

(1) 성격 묘사(characterization)

소설 텍스트에서 성격 묘사는 행동을 전개하고 있는 작중인물(혹은 인격화된 형태를 취한 동물)을 묘사하는 것이다. 학생들은 작중인물들에 대한 흥미와 작중인물 간의 관계에 대한 이해를 통해, 문학 텍스트 선정에 참여하게 된다.

작중인물의 효과적인 형상화는 문학 텍스트에서 매우 중요한 요소이다. 잘 형상화된 작중인물은 실제의 인물처럼 느껴지고, 문학 텍스트를 생생하게 만든다. 작중인물은 그의 행위, 외모, 그리고 사상 등에서 신뢰성이 있고, 바람직한 특질들과 바람직하지 못한 특질들을 복잡하게 갖고 있다.

작중인물과의 동일시는 청소년 문학에서 매우 중요한 구성요소이다. 청소년 소설에서 작중인물은 일반적으로 청소년이거나 사춘기 이전의 인물이다. 청소년 소설에서 주요 인물들은 다음과 같은 몇 가지 방법으로 형상화된다.

① 자기 폭로(revelation)를 통해서

이순원의 소설 『19세』에서 '나(정수)'는 자신의 내면을 따뜻한 시선 속에 폭로하면서, 빨리 어른이 되고 싶어 했던 그 시절과 욕망과 꿈을 오래된 사진첩을 펼쳐보이듯 정감어린 어투로 생생하게 묘사하고 있다.

② 내적인 자기 반성과 사고를 통해서

내적인 자기 반성과 사고를 하는 작중인물의 예로는 한승원의 소설 『아제아제 바라아제』에 형상화된 두 인물, 진성과 청화를 들 수 있다. 이 소설에서 진성은 초월적인 이상 세계를 좇는 여승이고, 청화는 파계하고 맨몸으로 세속을 떠도는 여승이다. 이 소설은 두 여승의 파란만장한 삶을 통해 참다운 자유인의 길에서, 자기 반성을 통한 깨달음의 보석을 어둠 속에서 슬프게 살고 있는 사람들과 나눠 갖는 삶의 모습을 보여준다.

③ 주인공 혹은 다른 인물들에 대한 신체적 묘사를 통해서

김원일의 『마당 깊은 집』에는 상이군인인 준호 아버지에 대한 신체적 묘사가 나온다. 한 손이 잘려나간 준호 아버지는 거기에 쇠갈퀴로 된 손을 달고 허접한 물건들을 팔러 다닌다. 이런 준호 아버지의 모습은 길에서 신문을 팔다 우연히 그를 만난 '나'에 의해 묘사되고 있다.

④ 행동과 다른 인물들의 반응을 통해서

김용성의 소설 『리빠똥 장군』에서 리빠똥 장군은 장군 진급을 열망하고 있다. 대대장인 리빠똥은 연대장보다 더 현명해지기 위해 월권을 행사하면서 대대를 지휘한다. 그러다가 점차 부하들이나 상관들로부터 견제를 받는다. 그러다 그는 진급이 힘들어지자, 군대를 떠나기 싫어 자살을 하고 만다.

이러한 리빠똥 장군에 대해 송 중령은 그가 평소에 월권을 행사하며 대대를 지휘한 것에 불만을 품다가, 그가 죽자 그를 철저히 기억에서 지운다. 이 소설은 리빠똥 장군이 송 중령 등을 통해 구체화된 조직의 메커니즘에 의해 파멸하는 모습을 보여준다.

⑤ 자신의 행동을 통해서

이순원의 소설 『아들과 함께 걷는 길』에서, 주인공은 어린 시절 소중한 추억으로 간직된 대관령 길을 초등학교 6학년이 된 아들과 함께 넘으며 대화를 나눈다. 이 대화를 통해 주인공은 가족 해체 시대에 진정한 아버지의 모습과 역할에 대해 고민하는 성격을 드러낸다.

다른 작중인물의 성격 형상화는 주인공에 비해 거의 잘 드러나지 않는다. 그들이 소설의 전개에 중요하고 독자의 흥미를 끈다고 하더라도, 다른 작중인물들은 주인공만큼이나 그 성격 묘사가 복잡하지 않다. 이순원의

『19세』에서 승태와 승태 누나는 주인공인 '나(정수)'의 성격 및 행동에 많은 영향을 주고 있음에도 불구하고, 이 소설에서 그들의 성격과 특징은 거의 형상화되고 있지 못하다. 청소년 소설에서 보조 인물들은 주로 주인공의 친구, 형제, 부모, 조부모, 그리고 선생님이나 교장 선생님 같은 사람들이다.

(2) 플롯

소설의 플롯은 본질적으로 작중인물의 행위 작용을 위한 구조이다. 플롯은 작중인물들이 참여하고 있는 세계-내의 사건들과 행위들의 논리적인 연쇄이다. 플롯이 효과적이기 위해서는, 작중인물들이 성장하고 발전하도록 하기 위한 행위들이 서로 관련되고, 아울러 그 행위들을 위한 틀이 제공되어야 한다.

한 편의 소설에서 플롯 구성은 변화할 수 있다. 예를 들어, 김동인의 「배따라기」는 '나'의 이야기로 시작하지만, 곧 '나'의 이야기가 아닌 그와 그의 동생, 그리고 그의 아내 사이의 관련성과 사건들이 플롯에서 가장 중요한 요소가 된다. 따라서 이 소설은 단선적인 플롯이 아닌, 복선적인 플롯에 의해 '가족간의 사랑과 오해'라는 주제의식을 전달하게 된다.

플롯에는 갈등, 복선(전조), 회상 등과 같은 세 가지 구성요소가 있다. 문학 텍스트에서 갈등은 전통적으로 두 세력 간의 대립으로 묘사된다. 청소년 소설에서, 갈등은 자주 주요 인물들이 자신이 살고 있는 세계 안에서 자신을 남과 분류하려고 시도하는 것과 자기 자신과 자신을 둘러싼 환경에 대해 생각하고 느끼는 방법 안에서의 내적인 투쟁으로 형상화된다.

이러한 점에서 볼 때, 청소년 소설에서의 주요 갈등은 주요 인물의 성장과 발전의 결과라고 할 수 있다. 성숙이란 이슈는 삶의 도전들을 처리하는 결과로써 작중인물들이 갈등 상황에 직면하고, 갈등을 해결하고, 성장하는 데 절대로 필요한 것이다. 청소년 소설에 형상화된 갈등들에 대한 이해는 작중인물들이 겪는 갈등의 중요성과 역할을 앎으로써, 청소년들이 청소년 소설을 구성하고 있는 플롯을 알 수 있게 한다. 갈등은 소설 텍스트에서 행위가 대립과 그 해결을 따라 주기적으로 일어나도록 하기 때문에, 플롯을 위한 토대를 제공한다. 갈등의 전형적인 유형들은 다음과 같다.

① 자기 자신과 대립하는 개인(내적 갈등)

청소년기와 청소년 소설의 전형적인 특성은 청소년이 자기 자신과 싸우면서 겪는 혼란을 통해 드러난다. 이러한 유형의 내적 갈등은 이순원의 『19세』에 잘 나타나 있다. 이 소설에서 '나(정수)'는 빨리 어른이 되고 싶어, 학교도 채 마치기 전에 휴학한 뒤 대관령으로 올라가 배추밭 농사를 시작해 목돈을 쥔다. 그리고 250CC 혼다 오토바이를 폼 나게 몰고 다니고 유곽을 들락거리면서 '어른 연습'을 한다. 그러다가 얼마 뒤 자신의 행동이 '어른 노릇'이 아니라, '어른 놀음'이었음을 깨닫고 대관령에서 내려와 학교로 돌아간다.

② 환경과 대립하는 개인(인물과 환경 간의 갈등)

인물과 환경 간의 갈등은 많은 청소년 소설들에 형상화되어 있다. 그 소설들에서 작중인물들은 가혹한 환경과 싸운다. 예를 들어, 혹독한 성인의식을 치르는 청소년들의 모습을 구체적으로 형상화한 김별아의 「꿈의 부족」이 이에 해당된다.

그러나 인물과 환경 간의 갈등은 작중인물이 자신을 둘러싼 냉혹한 현실, 예를 들어 가난, 고통 등과 싸우는 모습을 통해 형상화되기도 한다. 이는 김별아의 소설 「첫사랑」에서, 집을 가출한 '나'가 주유소에서 아르바이트 일을 하면서 느끼는 가난, 외로움, 좌절감 등을 통해 확인할 수 있다.

③ 다른 개인들과의 갈등(작중인물 상호 간의 갈등)

작중인물 상호 간의 갈등은 전상국의 소설『우상의 눈물』에 잘 나타나 있다. 이 소설에서 '재수파' 두목으로 학교에서 절대 권력을 누리던 유급생 최기표는 담임, 반장 형우 등과의 갈등 과정에서, 사람들의 동정 대상이 되어 초라하게 몰락한다.

④ 사회 혹은 사회의 기대와 대립하는 개인(작중인물과 사회와의 갈등)

작중인물과 사회의 기대와의 갈등은 서영은의『먼 그대』에 잘 나타나 있다. 이 소설에서 처자식이 있는 남자 한수를 사랑하게 된 주인공 문자는 결혼도 하지 못한 채, 한수의 본처에게 아이까지 빼앗긴다. 게다가 사업에 망한 뒤 술에 취해 끊임없이 돈을 요구하는 한수로 인해 문자는 하루하루를 힘겹게 살아간다. 문자의 이러한 상황은 처녀에게 일반적으로 요구되는 사회의 기대를 저버린 데서 연유한 것이다.

이승우의 소설『가시나무 그늘』은 1인칭 화자인 '나'가 겪는 군대 체험, 회사라는 소집단 내의 생활, 1980년대 봄의 정치 상황 등을 통해 권력, 즉 지배와 복종의 메커니즘을 몇 가지 층위에서 겹쳐 보여준다. 이를 통해 작가는 권력의 횡포로부터 자유로워지려고 하면서도 은근히 지배받기를 바라는 우리 안의 복종 심리로부터 자유로워져야 함을 말하고 있다.

회상(flashback)은 작가가 스토리라인의 연대기적 흐름에 맞지 않는 플롯에 명확함이나 관점을 더해 주는 배경 정보를 독자에게 제공하기 위해 사용하는 문학적 기법이다. 김원일의 소설『마당 깊은 집』은 서술 주체와 경험 주체간의 시간적 차이에 의해 서술 주체가 과거 경험에 대한 회상을 특별한 회상의 장소를 통해 구체화하고 있다. 이 소설에서 서술 주체로 하여금 특별한 회상들을 하게 하는 회상의 장소는 '마당 깊은 집'이다. '마당 깊은 집'은 30년이 지난 지금까지도 서술 주체에게 그 시절과의 연속성을 제공해 주면서, 과거의 삶이 현재에 되살아나 현재의 삶과 중첩되게 한다.

전조(복선, foreshadowing)는 작가가 스토리에서 다가오는 상황이나 사건을 준비하기 위해 독자에게 제공하는 단서들이나 힌트들이다. 예를 들어, 김원일의 「도요새에 관한 명상」은 '도요새'라는 소재를 단서로 삼아, 공업화란 발전의 미명 아래 훼손되는 환경 문제를 제기하고 있다. 또한 유연하게 비상하는 '도요새'를 통해 긴 고난의 시간 뒤에는 반드시 희망과 새날이 올 것이라는 복선을 보여주고 있다.

(3) 시점

시점은 작가가 스토리를 전개하기 위해 나타내는 관점이다. 작가는 스토리를 전달하기 위해 다음과 같은 시점들을 선택한다.

① 1인칭 시점

1인칭 서술은 청소년 소설에 흔히 쓰이는 문학적 기법이다. 예를 들어, 김주영의 『고기잡이는 갈대를 꺾지 않는다』는 1인칭 서술자 '나'를 내세워, 작가의 가슴 속에 아로새겨진 어린 시절의 편린들을 수채화처럼 보여주고 있다. 특히 '나'와 '아우'가 어린아이의 눈으로 바라본 주변 세상의 풍경을 진솔하게 보여주고 있다. 청소년 독자들은 이 소설을 통해 어린 시절이 삶에서 차지하는 의미를 온전히 이해하고 체험하게 될 것이다.

② 복합적 시점

복합적 시점은 이야기가 전개되는 가운데 서술자가 수시로 바뀌는 경우나 겉이야기의 서술자와 속이야기의 서술자가 다른 액자소설에서 흔히 찾아볼 수 있다. 예를 들어, 김동인의 소설 「배따라기」에서 겉이야기의 서술자는 '나'이지만, 속이야기의 서술자는 '그'이다.

③ 전지적 시점

전지적 혹은 서술자가 모든 것을 다 아는 시점은 청소년 소설에서는 드물게 사용된다. 전지적 시점에서 서술자는 이야기 속에 직접 나타나지는 않지만, 그는 이야기 내용에 대한 모든 것을 알고 있다. 그리고 그러한 정보들을 사용한다. 예를 들어, 김유정의 「봄봄」에서 서술자는 '나'와 점순, 그리고 그 밖의 다른 작중인물들의 심리상태에 대해 모든 것을 아는 상태에서 서술하고 있다.

④ 3인칭 관찰자 시점

3인칭 관찰자 시점은 서술자의 개입을 최대한 막으면서 극적인 방법(보여주기 방법)으로 서술을 하는 경우에 나타난다. 이 시점은 처음에는 전지적 시점인 것 같지만, 점차 3인칭 작중인물들의 대화에 의해 이야기가 전개되는 경우에 잘 나타난다. 한국 청소년 소설에서 3인칭 관찰자 시점은 거의 찾아볼 수가 없다.

(4) 배경(setting)

배경은 청소년 문학 텍스트에서 이야기의 성분을 구성하는 요소로서 공간적, 시간적 자질의 총화를 가리킨다. 배경은 행동과 사건이 가능하기 위한 필수적인 요건이다. 시간은 형이상학적 자질이지만, 이야기의 구성 성분으로서 행동과 사건이 발생한 때와 시기, 그리고 계절 등을 가리킨다. 반면에 작중인물이 행동하고 사건이 발단·발전하는 공간은 가시적이며 물리적인 자질이다.

배경의 구성 요소들에는 위치, 기후와 날씨, 시기, 그리고 시간 등이 있다. 문학 텍스트의 배경은 이야기가 전개되고 있는 실제적이고 물리적인 위치가 될 수 있다. 또한 작중인물들의 지속적인 일상의 생활에 관해 설명해줄 수도 있다.

한승원의 소설 「물보라」에서 '연도'라는 작은 섬은 어린 주인공의 일상을 보여주면서, 신비로운 주술과 다채로운 이야기들을 간직하고 있는 공간이 된다. 따라서 이 소설에서 '연도'는 동심과 자연이 그대로 살아 넘치는 공간, 모든 사물들이 서로 교통하는 신화적인 공간이 된다. 이 공간에서 소년은 바깥 세상에 대한 민감한 감수성, 일상사에 대한 현기증 나는 순진함 등을 생동감 있게 보여준다.

시간이 문학 텍스트에서 주요한 구성 요소가 되는 예는 송기원의 소설 「아름다운 얼굴」에서 찾아볼 수 있다. 이 소설은 가볍고 거친 어린 시절을 겪고, 삶의 '치부'를 극복하지 못해 방황하는 성장기를 겪다가 문학에 탐닉하여 작가가 된 주인공이 후배와 이야기를 나누며 어릴 적 트라우마(trauma, 정신적 상처)를 극복한다는 자전적 내용을 담고 있다. 이 소설에서 주인공이 겪는 어렵고 거칠었던 어릴 적의 시간들은, 결국 후일 작가가 된 주인공이 다시 소설을 쓸 수 있게 하는 밑거름으로써, 이 소설에서 중요한 기능을 담당하고 있다.

청소년 문학 텍스트에서 배경은 이야기를 구성하는 필수적인 자질일 뿐더러 이야기의 심미성을 좌우하는 결정적인 요인이다. 예컨대, 김별아의 소설 「첫사랑」에서 주유소나 편의점이라는 공간은 가출 청소년 혹은 아르바이트로 생계를 꾸려가는 청소년들의 삶을 단적으로 보여주면서, 이 소설의 심미적 양상을 좌우하는 결정적인 요소가 되고 있다.

(5) 문체

문체는 작가가 자신의 사상이나 정신을 수사학적으로 표현하는 방식이다. 문체는 어휘 선택, 이미지, 문장 구조, 그리고 작가에 의해 독특하게 지속적으로 사용된 다른 특질 등을 포함한다. 따라서 문체는 발견의 수단, 즉 경험 속에서 가치를 발견하는 수단으로써, 작가의 세계관을 드러낸다. 문체는 작가를 둘러싸고 있는 세계의 개인적인 여과의 반영이기 때문이다.

예를 들어, 김유정의 소설들에는 활기와 생명력이 넘치는 문체들이 사용되고 있다. 이는 김유정의 소설들이 토착적인 우리말 표현법을 유려하게 사용한데서 연유한다. "퐁! 퐁! 퐁! 쪼록퐁!", "찌르쿵! 찌르쿵! 찔거러쿵!"(산골 나그네)처럼 실감나는 의성어뿐만 아니라, 생동감 넘치는 사투리와 비속어가 수시로 등장하여, 활기와 생명력 넘치는 문체를 보여주고 있다. 또한 대개 현재진행형으로 서술되는 문장들을 통해 빈농들의 생활 언어를 사실적으로 살리고 있다.

(6) 상징

상징은 문자적 차원을 넘어선 의미의 대상과 관련된다. 예컨대, 황순원의 「소나기」에서 '소나기'는 소년과 소녀의 순수한 사랑이 외부적 환경(소녀의 병과 죽음)으로 인해 한때의 것이 될 것임을 상징적으로 나타낸다.

청소년 문학 텍스트에서 '섬'은 성장하고, 변화하고, 자신을 증명해야 하는 청소년들이 자신이 누구인지를 발견하는 상징으로, 성인들의 세계로부터 독립하고자 하는 청소년들의 요구나 소외감을 나타내는 상징으로 자주 사용된다. 예를 들어, 한창훈의 『열여섯의 섬』에서 '섬'은 열여섯 살의 '서이'에게는 성인들의 세계로 인식되며, 일한 세계에서 벗어나고자 하는 그녀의 욕구를 억누르는 공간이다. 따라서 이 공간에서 서이는 소외감을 느끼는 존재로서 "큰 이모 빼고는 처음으로 내 말을 들어준 아줌마"에게 빠지게 된다.

(7) 주제

주제는 문학 텍스트의 중심 내용이라 할 수 있다. 주제는 이야기를 구성하는 여러 성분 자질들을 결합시키는 중심 원리로, 주제가 제대로 기능하는 이야기일수록 주제가 잘 드러나지 않는다. 이야기의 현상 속에 숨어 있는 사상, 관념, 도덕적 판단, 교훈, 한 편의 이야기가 궁극적으로 환기해 내는 인상인 주제는 이야기의 핵심적이고 중심적인 지주이다.

청소년 문학 텍스트들은 청소년들이 주로 관심을 갖는 이슈들을 주제로 설정하는데, 가족 관계, 친구와 사회, 윤리적·계급적 관련성, 신체와 자아, 성적 관계 등이 이에 해당된다. 이러한 주제들은 청소년들이 사회화되는 주체로서 수행해야 할 사회적 역할 등에 대한 인식과 대비를 할 수 있게 할 것이다.

2. 문학 텍스트 선택하기

교사들은 청소년들을 위한 문학 텍스트들을 계획하고 선택할 때 중요한 책무성을 갖는다. 교사들의 책무성은 검열의 이슈와 연관된다.

1) 선택과 검열

모든 교사들은 청소년들이 외부의 압력 없이 청소년 문학 텍스트들을 읽고, 탐구하고, 생각할 수 있도록 해야 할 책무성을 갖는다. 교사들은 질적으로 다양한 문학 텍스트들을 포함한, 도전적인 학습 경험들을 청소년들에게 제공해야 한다. 청소년들이 무엇을 읽을 것인지를 결정하기 위해, 교사들은 자신의 전문적인 판단이 학급 학생들과 학부모, 교육 행정가들로 의해 지지받을 것이라는 확신을 가질 필요가 있다. 이를 위해 학교는 교사들이 문학 텍스트 선정과 관련된 검열에 대비할 수 있도록 도와야 한다.

교사들은 교육과정에 의해 설정한 학습 목표를 달성하기 위한 문학 텍스트를 선택해야 한다. 이를 위해 교사는 문학 텍스트 선택과 관련된 자신의 전문성에 대해 확신을 가질 필요가 있다. "교사의 첫 번째 책무성은 청소년들에게 다양하고 질적으로 우수한 학습 경험들을 제공하는 것이다. 교사들은 이것을 두려움 없이 지속적으로 할 수 있어야만 한다. 교사들은 또한 자신의 문학 텍스트 선택들에 대해 반성할 필요가 있다."(Brown & Stephens, 1994)

문학 텍스트 선정에서 자기 검열은 매우 중요한 문제이다. 자기 검열은 누군가 다른 사람의 시각과 가치관에 따라 문학 텍스트를 읽고 선택하는 것을 의미한다. 교사는 이 가공의 검열관의 능력을 자신이 소유하지 않은 것으로 여기면서, 문학 텍스트 선정을 의의 있게 만들기 위해선 텍스트 선택과 관련된 자기 검열이 필요하다고 생각해야 한다. 따라서 수업을 위한 문학 텍스트 선택은 모두 검열적인 것으로 여겨질 수 있다. 교사들이 문학 텍스트 선택을 위한 자기 검열을 하기 위해 필요로 하는 것은 자신의 전문적인 판단에 충실하는 것이다.

교실에서 사용할 수 있는 문학 텍스트들을 선택하기 위해 활용할 수 있는 검열의 범주들은 다음과 같다.

(1) 문학적 특질(literary quality)

문학적 특질은 작가의 문체 혹은 주요 주제를 가장 잘 표현하는 단어와 문장들의 배열과 관련된다. 따라서 문학적 특질은 문장 구조, 대화와 어휘 등을 포함하며, 텍스트의 형태나 삽화 등에 의해 영향을 받지는 않는다.

성격 묘사(characterization)는 문학적 특질의 한 측면이다. 효과적으로 형상화된 작중인물은 그 인물을 믿을 수 있도록 하는 다양한 방법으로 행동하고 말한다. 플롯은 문학적 특질의 또 다른 측면이다. 스토리의 사건들은 상호 관련되어, 독자를 스토리의 절정 부분으로 데리고 가야 한다. 문학적 특질의 또 다른 측면은 이야기의 주제이다. 작가의 철학이라 할 수 있는 주제에는 이야기의 의미가 표현되어 있고, 가끔은 성장 과정에서의 발달적 가치들을 반영한다.

(2) 적절성(appropriateness)

청소년 문학 텍스트의 적절성을 평가할 때 고려되어야 할 요소들에는 청소년들의 흥미, 문학 텍스트에 형상화된 작중인물의 연령 수준이나 성숙함, 경험, 그리고 내용, 형식, 삽화 등이 있다. 이러한 것들은 독자로서 청소년들의 흥미와 문학능력 등과 연관되는 것으로, 청소년 문학 텍스트가 청소년들의 언어 발달, 정서 발달, 사회성·윤리성 발달 등에 어느 정도 적절한지와 관련된다.

(3) 유용성

유용성은 학습 목표들과 관련지어 문학 텍스트들을 사용하기 위한 목적이다. 유용성은 문학 텍스트가 학습 목표에 비추어 어느 정도 사용 가치를 갖는지와 연관된다. 이것은 문학 텍스트의 주제, 배경, 작중인물, 사건 등이 학습 목표 및 교육 내용에 어느 정도 유용하게 활용되는지와 관련된다.

(4) 고유성(uniqueness)

모든 문학 텍스트들은 고유하다. 문학 텍스트의 고유성은 주제, 플롯, 문체, 성격 묘사, 형태 혹은 삽화 등에 따라 결정된다. 고유성을 지니는 이러한 문학 텍스트들은 교실과 도서관에서 특별한 공간을 차지하면서, 독자들에게 읽힐 것이다. 교사들은 문학 텍스트들을 고유하게 만드는 것들에 대해 알고, 이 정보를 학생들과 공유해야 한다.

(5) 이슈를 둘러싼 배경

문학 텍스트들은 성(性)과 인종에 관한 전형적인 문제들을 제기할 수도 있다. 종교, 정치, 그리고 도덕 혹은 애국심 등과 같은 문학 텍스트에 형상화된 이슈들은 그러한 이슈들에 대한 다양한 견해들을 보여준다. 그리고 그러한 이슈들에 대한 다양한 견해들의 이면에는 많은 역사적 관점들이 배경으로 작용하고 있다. 따라서 그러한 이슈들을 형상화하고 있는 문학 텍스트들을 읽을 때, 청소년들은 다양한 견해들이 텍스트의 배경으로 자리 잡고 있음을 이해해야 한다. 또한 특정한 이슈들에 대한 역사적 관점들에 대한 자신의 입장을 정리할 필요가 있다. 아울러 청소년들은 문학 텍스트에 형상화된 다양한 문화, 사회, 인간관계, 사상, 이슈 등을 수용하거나 거절하면서, 미래 삶에 대한 대비를 해야 한다.

문학 텍스트 선택에 대한 검열(제도)은 텍스트 선택이 사전에 결정된 범주들에 대한 고려 없이 이루어질 때 문제가 된다. 따라서 문학 텍스트의 선택은 텍스트의 특질, 교사와 청소년의 요구, 그리고 교육과정의 요구 등을 고려하여 이루어져야 한다. 문학 텍스트의 신중하고도 책임감 있는 선택은 잠재적인 검열 문제들을 다루기 위한 최선의 준비이다. 무엇보다도, 교사들은 자신이 문학 텍스트의 적절한 선택을 할 수 있는 비판적 전문가라는 것을 기억해야 한다.

2) 문학 텍스트 특질에 따른 선택 검열

문학 텍스트 선택에 대한 검열에서 논란이 되는 것은 검열의 기준 설정의 문제, 검열에서 자유로운 문학 텍스트의 존재 유무이다. 문학 텍스트 선택에 대한 검열의 문제들은 그것들이 텍스트의 특질에 관련될 때는 논란의 소지가 줄어든다. 그러나 문학 텍스트를 선택하는 집단이나 개인의 주관적인 인식과 관련될 때는 논란이 커진다. 그럼에도 불구하고 문학 텍스트 선택의 문제는 집단이나 개인의 주관적인 인식의 통제에서 벗어날 수는 없다. 따라서 그 어떤 문학 텍스트들도 그것을 검열하고자 하는 집단이나 개인의 주관적인 인식이나 관점의 통제를 받게 된다. 따라서 텍스트 선택과 관련된 최상의 방어는 문학성을 인정받은 문학 텍스트를 사용하면서, 그 텍스트의 가치를 옹호하고 입증하는 것이다. 교사는 문학 텍스트의 내용과 특질을 판단할 수 있는 전문가이므로, 그의 판단은 승인되고 높이 평가되어야 한다.

문학 텍스트 선택과 관련된 판단을 지속적으로 승인받기 위해 교사는 텍스트 선택과 관련된 범주들을 개발하여, 이를 다양한 문학 장르와 존재 상황들[1])에 적용해야 한다. 이를 위해 교사는 문학 텍스트 선택을 통해 청소년들에게 양질의 다양한 학습 경험들을 제공해야 한다. 교사들은 이러한 학습 경험을 망설이지 말고 제공해야 한다. 교사는 또한 지나친 자기 검열에 의해 청소년들의 흥미와 관심사에 맞는 문학 텍스트 선택을 주저해서는 안 된다.

또한 교사는 문학 텍스트 선택과 관련된 여러 자료들을 읽고 파악하여, 텍스트 선택의 타당성을 입증할 준비를 해야 한다. 이를 위해 교사는 첫째, 문학 텍스트 선택과 관련된 자료들을 꼼꼼하게 수집하고 검토해야 한다. 교사가 출판된 모든 문학 텍스트들을 읽을 수는 없다. 그러나 교사는 (신간) 문학 텍스트를 소개하는 신문 기사나 문예 잡지 등을 읽고 그 텍스트들에 대한 지식을 얻을 수는 있다. 그러므로 교사는 (신간) 문학 텍스트에 대한 사전지식을 얻기 위해 텍스트를 소개하는 자료들을 검토하지 않은 채, 수업 시간에 사용할 텍스트를 임으로 선택해서는 안 된다. 둘째, 교사는 문학 텍스트에 관한 논평들을 복사하여 파일로 보관해 놓아야 한다. 셋째, 교사는 선택한 문학 텍스트를 가르치기 위해 필요하고 적절한 문학적 지식을 갖추고 있어야 한다. 일반화된 문학 지식뿐만 아니라 가르치고자 하는 문학 텍스트에 적절한 문학 이론들을 앎으로써 교사는 자신

---

1) 문학 텍스트의 존재 상황이란 문학 텍스트가 온라인, 오프라인, 인쇄, 비인쇄, 영상 매체, 하이퍼텍스트 등으로 존재하는 상황을 의미한다.

의 교수 상황과 청소년의 요구에 부합하는 문학 수업을 할 수 있을 것이다. 넷째, 수업 시간에 활용될 문학 텍스트에 대한 추가적인 설명이 필요할 경우, 교사는 그 텍스트에 대한 여러 정보들을 수집·정리하여 설명을 할 수 있어야 한다. 문학 텍스트에 관한 정보들을 수집·정리하여 그 텍스트를 설명하기 위해 교사가 알아야 할 사항은 다음과 같다.

- 텍스트에 관한 서지학적 정보
- 텍스트의 주요 정보
- 논쟁점이 되는 주요 이슈
- 텍스트에 관한 주요 논평, 특히 논쟁적인 이슈를 전달하는 논평
- 문학 텍스트가 인용된 사례

(1) 검열에 대한 이의 신청

오늘날의 학교에서 교사는 점차 지혜로운 조력자가 되어 가고 있다. 따라서 교수(teaching)는 학습하기, 독서하기, 공유하기, 안내하기, 지도하기, 관찰하기, 자료 수집하기 등과 같은 복잡한 과정을 거치는 것으로 여겨지는데, 이는 교사를 조력자, 안내자 등으로 인식한 결과이다. 교사의 이러한 노력은 문학 텍스트 선택 과정에서도 마찬가지로 실현된다. 교수하기 위한 문학 텍스트를 선택할 때, 교사는 텍스트에 대한 전문적인 판단을 하고, 자신의 판단을 학생들과 효과적으로 의사소통해야 한다. 그리고 텍스트 선택에 대한 다양한 문제 제기(검열)에 대응할 수 있는 논리를 개발해야 한다. <표 9-5>는 교사가 텍스트 선택에 대한 문제 제기에 이의를 신청(challenge)하기 위한 준비 체크리스트이다.

〈표 9-5〉 이의 신청 준비 체크리스트

① 학교는 지적인 자유에 대해 인쇄물로 된 지침을 갖고 있는가?
② 학교는 도서 선정에 관한 인쇄된 형태의 지침을 갖고 있는가?
③ 학교된 도서 선정 재심 방법과 절차를 담은 인쇄된 지침을 갖고 있는가?
④ 학교는 교사들이 도서 선정과 관련된 지침을 알 수 있는 전문적 소양 개발 모임을 제공해 왔는가?
⑤ 학교는 학교 공동체 내에서 정치적, 종교적, 그리고 학부모들과 협력적인 활동 관계를 유지해 왔는가?
⑥ 학교는 잠재적인 문제들에 대처하기 위한 위원회를 구성했는가?
⑦ 학교는 이의 제기들에 능동적으로 대처하는 지역위원회 혹은 국가위원회의 지부들을 알고 있는가?
⑧ 교사들이 이의 제기에 직면했을 때, 학교는 교사들을 도와줄 수 있는 인력풀을 확보하고 있는가?
⑨ 학교는 이의 제기가 있다면, 학교를 지지할 작가와 지역 언론의 기자들과 관계를 유지해 왔는가?
⑩ 학교는 지적 자유를 위해 활동하는 국가나 지역의 조직체들을 알고 있는가?

문학 텍스트 선택에 대한 검열에 이의 신청을 하기 위해, 교사는 다음과 같이 해야 한다. 검열상의 문제가 있다면 / 있은 뒤에 (그리고 공식적인 이의 제기 절차가 시작되기 전에) 다음의 사항들을 고려하여 이의 신청을 한다.

- 학교장에게 검열에 대한 불만과 검열에 대비하기 위해 계획한 방법을 확실하게 알린다.
- 이의 제기된 문학 텍스트들을 학교장이 읽어 보도록 촉구한다. 그런 다음, 그 문학 텍스트를 수업 시간에 청소년들과 함께 활용해야 할 이유를 학교장에게 설명한다. 또한 학교 게시판 담당자도 그 이유를 알고, 그 문학 텍스트를 읽게 한다.
- 만약 학부모가 문학 텍스트 선택에 대한 즉각적인 토론을 주장하면서 자료에 대한 불만을 나타낸다면, 그 토론은 나중에 하겠다고 약속하면서 뒤로 연기하는 것이 좋다. 동시에 교사 자신이 청소년들의 흥미에 많은 관심이 있음을 학부모에게 설득시킨다. 토론할 요소들에 대

해 사전에 신중하게 고려하지 않은 채, 교사나 학부모가 그 텍스트에 대해 토론해서는 안 된다. 순간의 감정에 따라 그 텍스트를 옹호해서는 안 된다. 그 문학 텍스트와 관련된 모든 것들을 심사숙고하면서, 교사는 전문가로서 자신의 견해를 충분히 밝혀야 한다.

• 그 문학 텍스트를 이미 친숙하게 알고 있다고 하더라도, 그 텍스트를 의심을 갖고 다시 읽거나 검토한다. 그런 다음 그 텍스트의 장점을 확인한다. 수업 과정에서 그 텍스트가 적절하고 유용하다는 근거와 이유를 기록한다. 『함께 여는 국어교육』 혹은 『문학교육학』 등과 같은 책에서 자신이 선택한 문학 텍스트와 관련된 논평이나 이론들을 수집한다.

(2) 청소년의 요구와 흥미, 그리고 검열

청소년 문학교육 상황에서, 교사는 선정적인 문학 텍스트를 안내하지 않으면서, 청소년들의 관심사와 흥미에 부합하는 텍스트를 선택해야 한다. 청소년들의 관심사와 흥미에 부합하는 소설들은 사춘기의 신체적 변화들, 10대의 임신, 약물과 알코올 남용, 가족 관계의 변화, 그리고 성 역할의 변화 등과 같은 논쟁적인 이슈들을 형상화하고 있다. 청소년 소설들에 형상화된 이러한 내용들은 다른 이슈들보다 더 많은 관심을 청소년들에게 불러일으키고 있다. 따라서 문학 교사는 청소년들의 흥미와 관심사에 부합하면서도 교육 목적에 어긋나지 않는 문학 텍스트를 선정해야 한다. 이를 위해 교사는 교육 목적, 교육 방법, 그리고 교육과정의 내용들을 충분히 인식하고, 이에 근거하여 청소년 문학 텍스트를 선택해야 한다. 이때 문학 텍스트에 대한 교사의 전문가적 판단은 충분히 인정받는 가운데, 교육 수행의 핵심이 되어야 한다.

3. 청소년 문학 텍스트의 적절성(appropriateness)

칼센(Carlsen, 1980)에 따르면, 청소년들의 문학 읽기는 세 가지 정도의 패턴을 보인다.[2] 첫째, 청소년들은 문학 텍스트들을 자신의 문학능력이나 문학 경험에 따라 읽기보다는 시대적 요구와 성인들이 생각하는 정전 혹은 교육적 가치가 있는 텍스트들을 주로 읽는다. 그러나 청소년들은 그들의 정체성, 요구, 문학능력과 부합하는 텍스트들을 그렇지 않은 텍스트들보다 효율적으로 읽을 수 있다. 또한 보다 적극적인 문학 수업 참여를 통해 향상된 학업 성취를 할 수 있다. 따라서 성인 문학 텍스트를 강제로 읽힌다면, 청소년들은 성인 텍스트들을 축어적인 수준에서만 이해할 뿐, 정서적으로 문학 텍스트와 자신의 삶을 연결하지 못한다. 문학 텍스트와 자신의 삶을 연결하지 못함으로써 청소년들은 문학 읽기에서 흥분과 열정을 갖지 못하고, 문학 텍스트 읽기를 학교에서 해야 하는(school-based) 따분한 일로만 생각하게 된다. 이렇게 된다면, 청소년들에게 문학 읽기는 텍스트에 제시된 시간과 공간적 배경, 작중인물의 정서 등을 분석하는 과제가 됨으로써 그의 삶과는 관련성이 없는 것이 되고 만다. 그러나 문학 텍스트 읽기는 일차적으로 실제 삶과 밀접하게 연관되는 가운데, 텍스트 읽기에서 진정한 즐거움을 얻을 수 있는 것이 되어야 한다. 그래야만 청소년들이 스스로 문학 텍스트를 찾아 읽는 평생 독자가 될 수 있기 때문이다.

청소년들의 풍부한 배경지식과 문학 경험은 문학 텍스트를 매우 쉽게 이해할 수 있게 한다. 청소년들이 문학 텍스트에 정서적으로 연계되어 그들의 실제 세계와 문학 텍스트의 세계를 관련시킬 수 있다면, 그들은 텍스트에 형상화된 복잡한 주제와 이슈들을 보다 쉽게 이해할 수 있을 것이다. 문학 텍스트 읽기는 독자의 정서 및 실제 세계와 관련될 때 그 의미화

---

2) Carlsen, G. Robert(1980), *Books and the Teenage Reader* 2d rev.ad, New York : Harper and Row.

가 구체화되는 활동으로써의 속성을 갖기 때문이다.

둘째, 청소년들은 문화적 영향을 받아 읽을 문학 텍스트들을 선택한다. 예를 들어, 남자 청소년과 여자 청소년의 독서 성향에서 나타나는 많은 차이들은 문화적 영향 때문에 생겨난 것이라고 할 수 있다. 여자 청소년들은 남자 청소년들보다 픽션(상상적인 것)을 보다 즐겨 읽지만, 남자 청소년들은 여자 청소년들이 많은 관심을 갖는 하이틴 로맨스 시리즈에는 별 관심이 없다. 따라서 모든 청소년들이 모든 문학 텍스트에서 동일한 즐거움을 얻을 수 있다고 가정하는 것은 청소년들에게 단지 독서가 즐거운 활동이 아니라는 인식을 심어줄 뿐이다.

셋째, 청소년들은 문학성보다는 문학 텍스트에 형상화된 주제(내용, subject matter)에 대한 관심에 근거하여 텍스트들을 선택한다. 이때 청소년들이 관심을 갖는 주제는 정체성, 갈등, 신체적 변화, 정서적 충격 등과 관련된 것으로, 그들이 청소년 시기를 바람직하게 보내기 위해 끊임없이 씨름해야 하는 것들이다.

청소년들의 문학능력은 다양한 발달 단계들을 드러낸다. 그러나 청소년 문학 텍스트들은 다음과 같은 몇 가지 이유 때문에 청소년들의 문학능력 발달 단계와 관계없이 청소년들에게 잘 읽혀진다. 첫째, 청소년 문학 텍스트는 청소년들의 관심사와 흥미에 부합되기 때문에 잘 읽혀진다. 텍스트에 대한 독서의 필요와 흥미가 충족되지 않는다면, 청소년들에게 독서는 따분한 일이다. 이때 청소년들은 여가 시간 활용으로서 독서를 소중히 여기는 독서 공동체(reading community)의 구성원이 될 수 없다.

둘째, 청소년 소설에 형상화된 주제(subject matter), 작중인물의 특성, 그리고 작중인물들 간의 관계 등을 파악함으로써, 청소년들이 자기 자신, 세계, 그리고 세계와 자신의 관련성 등을 보다 잘 알 수 있기 때문이다. 또한 청소년 소설에 형상화된 작중인물의 독립성은 청소년들이 소망하는 세계에 대한 비전을 제시해 줄 뿐만 아니라, 그들이 안고 있는 문제들을 극복할 수 있는 실마리를 제공해 주기 때문이다.

많은 청소년들은 정서적, 육체적 혹은 성적 학대를 경험하고 있다. 수많은 청소년들이 매일 가정에서 부모로부터 학대를 받고 있다. 어떤 청소년들의 경우에는 학대가 매우 심하기까지 하다. 청소년들의 부양과 교육을 책임져야 하는 성인들이 약물 중독 혹은 알코올 중독 때문에 책임감 있는 행동을 하지 못하기 때문에, 가정에서 학대를 받던 청소년들은 가출을 한다. 이러한 환경에서 자란 청소년들은 세상을 왜곡되게 보며, 자신의 행동을 철두철미하게 통제하거나 행동에 대한 책임감과 통제를 완전히 포기하는 불신에 직면하게 된다.

많은 청소년들은 자신들이 목격한 성인들의 약물 남용과 알코올 중독을 자신의 삶의 모델로 삼는다. 수많은 청소년들이 가학적이고 알코올 중독 환자인 아버지의 요구와 자신의 욕망 사이에서 상처를 입는다. 많은 청소년들은 자신이 가정에서 환영과 사랑을 받지 못하고 있다고 인식하고, 거리에서 살아가는 또래 청소년들의 삶에 관심을 갖는다. 이러한 청소년들은 집이 없어서 외로운 것이 아니다. 가출해서 혼자 살아가는 대부분의 청소년들은 경제적 곤란을 경험하면서, 안정되지 못한 여러 곳에서 더욱 힘겨운 생활 속에 수많은 타락과 범법 행위에 내몰리고 있다.

청소년들이 집을 나서서 가장 먼저 부딪히는 문제는 의식주 해결이다. 먹고 자고 입는 것을 해결하는 터전이었던 가정을 떠나는 순간부터 가출 청소년들은 스스로 의식주 문제를 해결해야 하기 때문이다. 따라서 가출 청소년들은 집을 나서는 순간부터 전에는 상상하지도 못했던 많은 어려움에 부딪히게 되고 점점 더 어려운 생활에 놓이게 된다. 청소년들이 가출한 후의 모습은 크게 두 가지로 나뉠 수 있다.[3) 첫째, 사회적 행동으로는 절도, 마약 복용, 윤락 행위 등의 행위에 빠지게 된다. 둘째, 심리적 행동으로는 기분이 저하되어 있거나, 슬프거나, 미래의 불투명으로 인한 낙담,

---

3) http://210.104.183.2/home/couns/theme/outdoor/4-3.html.

자신에 대한 실망감, 자살 충동 등을 느낀다.

가정에서의 학대, 부모의 이혼, 가난, 알코올 및 약물 중독 등과 관련된 문제들 속에서, 오늘날의 청소년들은 엄청난 스트레스, 자살 충동, 폭력, 그리고 임신과 AIDS 감염 등과 같은 성적 위험 등을 극복해야 한다. 또한 좋지 못한 가정 환경에서 태어난 청소년들은 계급적·경제적 편견뿐만 아니라, 학교 적응에 실패할 수 있는 위험성까지도 계속적으로 견디어야 한다. 청소년들이 처한 이러한 상황은 그들에게 심리적 안정감의 결핍을 초래한다. 심리적 안정감의 결핍으로 인해, 청소년들은 심각한 범죄 — 강간, 살인, 그리고 강도 등과 같은 범죄 — 들을 저지르게 된다. 그 결과 청소년들은 폭력적인 행위들을 목격할 뿐만 아니라, 점점 더 이런 행위들에 적극적으로 참여하고, 폭력을 통해 집단 정체성을 창조하는 범죄 조직에 가입한다. 또한 자신들의 분노와 좌절을 표현하기 위한 방법으로써 폭력을 행사한다. 범죄 조직에 가입하는 청소년들의 모습이 형상화된 텍스트들(예컨대, 만화 <짱>, 영화 <친구>나 방송 드라마 <나쁜 친구들> 등)[4]을 통해, 청소년들은 자신과 같은 처지에 있는 다른 청소년들도 그들의 삶을 개척하기 위한 방법으로 폭력을 선택했다는 것을 인식한다.

청소년 문학 텍스트는 청소년들이 자기 자신과 타자, 세계를 볼 수 있게 하고, 다른 장르의 텍스트들이 제공하지 못하는 편안함과 안정됨을 청소년들에게 제공한다. 청소년 문학 텍스트들은 청소년들의 정체성, 관심사 등을 직접적으로 형상화함으로써, 청소년들에게 삶의 거울을 보여주기 때문이다.

셋째, 일반적으로 청소년 소설들은 가족 문제, 친구 관계, 미래에 대한 불안감 등으로 인해 갈등하는 청소년 주인공을 형상화하고 있기 때문에

---

4) 임재권의 만화 <짱>은 요즘 청소년들 사이에서 폭발적인 인기를 누리고 있는 텍스트로, 학교를 중심으로 일어나는 사건들을 폭력 위주의 장면 전개를 하고 있다. 이러한 장면 전개를 통해 이 만화는 청소년들에게 대리 만족을 느끼게 하고 있다.

청소년들에 쉽게 읽힌다. 고민하고 갈등하는 작중인물이 일상적으로 볼 수 있는 주변의 친구들과 별반 다르지 않기 때문에, 청소년들은 청소년 문학 텍스트에서 자신의 모습을 발견한다. 많은 청소년 소설들은 정서적인 문제로 학교에서 고통 받는 청소년들과 영리하고 부지런하지만 가정의 뒷받침을 받지 못해 성적이 향상되지 않는 청소년들의 문제를 다룬다. 또한 경제적으로 부유하고 유복한 가정의 청소년들이 학교 세계에 적응하는 데 어려움을 겪는 상황을 다루기도 한다. 어떤 내용을 다루던지 청소년 문학 텍스트는 청소년들이 그 이야기에 쉽게 접근할 수 있게 한다. 따라서 문학 교사는 문학 텍스트에 대한 청소년들의 관심 고조와 이해 확장을 위해 청소년 문학을 활용할 필요가 있다.

넷째, 청소년 문학 텍스트는 청소년들로 하여금 텍스트에 정서적 거리를 갖도록 하기보다는 능동적인 참여를 하게 한다. 따라서 청소년들은 청소년 문학 텍스트를 읽을 때, 텍스트와의 능동적인 상호 작용을 한다. 청소년 텍스트들을 읽을 때, 청소년들은 텍스트에 형상화된 작중인물에 대한 동일시와 비동일시를 통해 자기 성찰을 하기 때문이다. 청소년 문학 텍스트는 청소년들에게 새로운 인식을 제공하고, 다양한 방법으로 텍스트의 내용을 실제 삶과 관련지을 수 있는 상상력의 세련을 촉진한다. 이저 (Iser, 1974)는 다음과 같이 말한다.

> 모든 이야기가 독자에게 주어져있고, 독자가 해야 할 것이 아무 것도 없다면, 그의 상상력은 전혀 생겨나지 않을 것이다. 그 결과 모든 것이 단편적이고 무미건조해져서 필연적으로 독자는 독서를 지루한 것으로 여기게 될 것이다. 그러므로 문학 텍스트는 독서 행위를 통해 독자의 상상력을 끌어내는 방식 속에 수용되어야 하고, 독서 행위가 능동적이고 창조적인 것이 될 때 독서는 즐거움을 줄 수 있다.[5]

---

5) Iser, Wolfgang(1974), *The Implied Reader : patterns of Communication in Prose Fiction from Bunyan to Beckett*, Baltimore : Johns Hopkins university Press, p.275.

프로브스트(Probst, 1986)는 이저(Iser)의 견해를 청소년 독자들에게 적용하면서, 청소년 독자들은 자신과 타자의 차이성을 자각하고, 창조적으로 텍스트에 참여하기 위해 문학 텍스트를 필요로 한다고 말한다.

> 청소년 독자들은 문학 텍스트가 자신에게 의의 있는 문제들을 다루고 해명한다면, 자신도 그러한 탐구를 하기 원할 것이다. 따라서 좋은 청소년 문학 텍스트는 특히 국어 수업 시간에 유용하게 활용될 수 있다. 청소년 문학 텍스트가 전통적으로 고등학교 교육과정의 핵심으로 여겨져 온 문학 텍스트의 본질을 갖지 않는다고 하더라도, 학생들은 이 텍스트에 보다 능동적으로 관심을 갖고, 텍스트의 내용을 '실제화'하도록 자극 받거나 텍스트의 의미를 새로이 구성할 수 있을 것이다.[6]

따라서 청소년들이 독서 행위에서 '즐거움'을 느낄 수 있는 기회를 제공하고, 청소년들의 문학능력을 증진하기 위한 자료로써 청소년 문학 텍스트의 의의는 충분히 고려되어야 한다.

4. 요약

양질의 청소년 문학 텍스트 선택은 교사들의 중요한 책무 중의 하나이다. 청소년 문학 텍스트 선택은 텍스트의 특질, 청소년들의 흥미와 요구, 그리고 교육과정상의 요구 등과 관련된 많은 요인들과 관련되기 때문에 중요한 과제가 된다. 텍스트 선택은 가끔 자기 검열을 포함해서 검열에 대한 논의와 매우 밀접하게 연관된다. 검열에 대한 최상의 대비는 이의 제기가 발생하기 전에 미리 준비하는 것이다.

---

6) Probst, Robert(1986), "Mom, Wolfgang, and Me : Adolescent Literature, Critical Theory, and the English Classroom", *English Journal* 75(October), p.35.

제10장

청소년 문학교육을 위한 환경 만들기

이 책의 기본적인 전제는 한 명의 박식한 교사로부터 모든 지혜가 나온다는 전통적인 수업 방식을 오늘날의 수업은 더 이상 따를 수 없다는 것이다. 교실은 교사와 청소년들이 서로 학습하고 성장하는 학습자들의 공동체가 되어야 한다. 이러한 교실에서, 교사들은 새로운 학습 자료들과 개념들을 검토할 수 있는 기회들을 청소년들에게 제공하고, 교사 스스로도 학습에 참여해야 한다. 이 철학은 문학교육의 전통적인 방법들을 넘어서는 수업 구조를 통해 수행될 수 있을 것이다.

1. 교수-학습의 체제

전형적으로, 교실에서의 청소년 문학 텍스트 사용은 세 가지 범주 중의 하나가 된다. 첫째는 전통적인 문학 텍스트들을 교수-학습의 주요 자료로 삼는 교실이 있다. 이러한 교실에서의 문학 읽기는 문학 선집에 있는 텍스트들을 읽는 것이 된다. 검열에 대한 염려 때문에, 청소년 문학 텍스트는 그 특질에 대한 잘못된 개념부터 시작해서 많은 이유들로 인해 가치가 없다고 여겨져 왔다.

둘째는 주로 전통적인 고전 텍스트들을 학습하는 것에 초점을 두지만, 문학적 인정을 받은 청소년 문학 텍스트들을 일부 선택하여 전통적인 고전 텍스트들과 통합해서 가르치는 교실이 있다. 그러나 청소년 문학 텍스트가 교실에서 허용되거나 때로는 권장된다고 하더라도, 그런 경우는 자유 독서, 수동적인 독서, 도전적인 독자들의 독서에만 한정된다.

셋째는 교사와 청소년들이 청소년 문학 텍스트들을 포함한 매우 다양한 문학 텍스트를 읽고, 그에 반응하는 교실이 있다. 주제에 따라 구성된 단원들은 청소년의 요구, 흥미, 사전지식, 그리고 문학능력 등에 부합하는 문학 텍스트들을 선택할 수 있는 기회들을 제공한다. 특별하게 선택된 청소년 문학 텍스트들은 전통적인 정전들과 함께 교육과정상의 필요 조건들을 충족시키기 위한 전체─수업 자료가 된다. 그러나 이때 청소년 문학 텍스트가 활용되는 것은 교육과정에 대한 균형 잡힌 관점을 반영하는 것이지만, 여전히 청소년들의 요구를 충족시켜 주는 다양한 교수─학습 방법과는 거리가 있다. 청소년 문학 텍스트의 활용은 전체─수업 상황과 관련된 부차적인 기능만을 하기 때문이다.

수업 상황에서 청소년 문학 텍스트들을 이러한 방식으로 활용하는 전통적인 교수─학습 방법들은 이제 변화를 필요로 한다. 이러한 교수─학습에서 청소년들은 문학 읽기에 흥미와 만족감을 가질 수 없기 때문이다. 청소년 문학교육을 위한 수업 실천과 수업 내용은 이제 그 구조화를 달리하여, 전통적인 수업 실천에서 벗어나야 한다. 이를 위한 방법으로, 이 책에서는 네 가지의 교수─학습 체제를 논의할 것이다. 이 체제들은 청소년들이 많은 문학적 경험을 할 수 있게 하고, 그들의 다양한 요구들을 충족시켜 줄 것이다.

문학 서클에서의 활동 경험을 통해, 삼웨이 등(Samway et al., 1991)은 문학 읽기 상황에서 청소년들이 다음과 같은 네 가지 사항을 중요시한다는 것을 밝힌 바 있다 ; 텍스트를 끝까지 읽기, 문학 텍스트에 대한 토의, 읽을 텍스트를 선택할 수 있는 권리, 독서할 충분한 시간(202면). 청소년들의 이러한 요구를 충족시키기 위해서는 전통적인 교수-학습 방법이 아닌 새로운 접근법이 필요하다. 이 장에 제안된 네 가지 접근법들은 청소년들의 다양한 요구를 충족시키면서, 청소년들이 전체 수업, 소그룹 수업, 짝 활동 수업, 그리고 개인별 활동 등에 참여하도록 할 것이다. 네 가지 그 접근법은 교실 학습 공동체(CLC), 청소년들의 공유와 학습 집단(S³ Groups), 학습 동료, 그리고 개인별 학습 등이다. <그림 10-1>은 각 학습 단계에서 청소년들의 학습 방법과 제시된 접근법들이 교수-학습 체제에서 차지하는 위치를 보여준다.

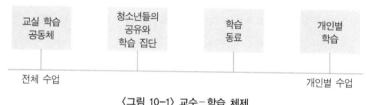

〈그림 10-1〉 교수-학습 체제

교사들이 한 번에 이 모든 접근법들을 이행할 수는 없다. 대신에 교사들은 이 접근법들을 자신의 교수 상황과 스타일에 적용할 충분한 시간을 가지면서, 가장 자신 있는 한두 가지 접근법을 선택하여 수행하면 된다. 청소년들과 교사들은 수업 시간에 적용할 새로운 접근법에 적응할 시간을 필요로 한다. 자신이 새로운 교수-학습 방법을 효율적으로 적용하지 못하고 있다고 생각하는 교사들은, 흔히 너무나 짧은 시간에 너무 많은 것을 가르치려고 함으로써 좌절을 경험한다.

1) 교실 학습 공동체(Classroom Learning Community, CLC)

이 책에 제안된 전체 교수-학습의 개념은 교수-학습 체제에서 중요한

역할을 한다. 철학적으로, 그것은 교실 수업에서 협동학습의 특성을 강조
한다는 점에서 전통적인 전체 교수－학습 방법과는 다르다. 교실 학습 공
동체(CLC)는 교사를 포함한 모든 교육 주체들이 학습자임을 암시한다. 스
미스(Frank Smith, 1986)는 교사와 청소년들이 각자 읽고 있는 것을 공유하
는 방법으로 문식성 클럽(literacy club)을 제안한 바 있다.

　문식성 클럽 활동은 정서적 차원이 중요하다. 문식성 클럽 활동은 자유
로운 참가가 그 본질이기 때문에, 강제성이 허락되지 않는다. 교사들은 클
럽 활동의 통제를 받아서는 안 되므로, 교사들이 클럽의 통제를 받는 상
태가 허용되어서는 안 된다. 스미스가 위협, 불안감, 그리고 의존감 등을
유도한다고 말한, 억압과 통제 대신에 교사들은 클럽에서 가장 경험 많은
멤버로서 도움을 필요로 하는 학생들에게 비계를 제공해야 한다. 이를 통
해 청소년들은 '성장, 확신, 그리고 독립감' 등을 갖고서 학습에 임할 수
있다. 스미스는 또한 문식성 클럽 활동의 이점을 다음과 같이 말한다.

　　물론 문식성 클럽은 문자 언어를 사용하는 사람들의 클럽이다. 청소년들
　은 "당신은 우리들 중의 한 명이다.", "나는 당신을 좋아하게 되기를 원한
　다." 등과 같은 상호 수용의 행위를 암시하는 구두 언어 클럽에 참여하는
　방식으로 문식성 클럽에 참여한다. 특별한 입회 조건은 없으며, 가입 비용
　도 없다. 문식성 클럽 참여가 주는 이점은 구두 언어 클럽이나 다른 어떤
　클럽에 참여하는 것과 같다.
　　경험 있는 클럽 멤버들의 활동들은 신속히 새로운 멤버들에게 전이된다.
　새로운 멤버는 문자 언어를 사용하기 위한 일상생활을 통상적인 과정을
　통해 관찰된다. 이것은 추상적이고 일반적인 능력으로써, 의도된 목적을
　달성하기 위해 기호들을 사용하는 직접적이고 즉각적인 경험, 이야기의 즐
　거움을 위해 문학 텍스트를 사용하는 것, 혹은 사야 할 물건의 목록을 기
　억하기 위해 쇼핑 목록을 작성하는 것 등과 관련되는 문제이다. 이것들은
　그 자체로써 정당화나 설명이 필요 없는 활동들이다. 이 활동들은 읽기와
　쓰기를 포함하여 매우 자연스럽고 부수적으로 생겨난다.

이 개념에 토대를 두어, 맥마혼(McMahon, 1994)은 청소년들이 참여 공동
체를 구성할 때에 지도자 역할을 수행하는 북클럽 활동에 대해 설명한다.
'참여 경험'의 개념은 교실 학습 공동체(CLC)를 위한 철학적 토대를 제공
한다. CLC를 위한 교육과정은 주로 스미스의 문식성 클럽 결과에 토대를
두고 있으며, 청소년들이 문학 텍스트에 대한 많은 경험을 할 수 있게 한
다. 이러한 유형의 교수-학습은 특별한 문학 텍스트를 가지고 하는 전체
수업 경험들이 가치 있는 것이기는 있지만, 단지 청소년들이 문학 텍스트
읽기에 참여하도록 하는 방법만은 아니라는 전제를 갖는다. 퍼브스(Alan
Purves, 1984)는 문학 텍스트를 학습하는 교실 공동체의 개념을 다음과 같
이 말한다.

> 공동체들은 공유된 경험, 공유된 이해, 그리고 공유된 언어에 의해 어느
> 정도 함께 유지된다. (중략) 문학 텍스트는 시간과 공간, 언어를 초월하여
> 수많은 사람들을 함께 결속시켜 주는 종교적인 힘을 입증해 주는 것으로써,
> 공동체의 생성을 위한 주요한 수단을 제공해준다.(Alan Purves, 1984 : 18)

청소년 독자 참여 모델에서 지속적으로 확인할 수 있는 과정은 공유하
기이다. 청소년들과 교사들은 문학 텍스트에 대한 자신들의 경험을 공유
하고, 텍스트에 대한 반응, 사상, 그리고 믿음을 명료화하고 정교화한다.
문학 공동체는 텍스트와 독자 간의 상호 작용에 영향을 준다. 또한 청소
년과 교사 간의 상호 작용에도 영향을 준다.

문학 읽기 경험은 독자와 텍스트 간의 고유한 상호 작용 속에서만 이루
어지는 고립된 것은 아니다. 독자와 텍스트는 문학 읽기 현상의 두 측면
일 뿐이고, 문학 읽기 현상에는 독자들이 읽기 경험을 공유하는 사회적
측면도 있다. 키팅(Keating, 1990)은 청소년들의 문학 읽기 현상에서 교사가
수행하는 역할을 다음과 같이 말한다.

청소년들은 의미 있는 읽기 경험을 할 필요가 있다. (중략) 청소년들은 비판적 사고에 높은 가치를 두어, 단순한 기능이 아닌 하나의 성향으로써 비판적 사고를 습득할 수 있는 문학 읽기 경험을 필요로 한다. 이는 문학 텍스트에 대한 전문가로서 알맞은 능력을 가진 교사들과 청소년들이 진정하고, 지속적인 대화를 나눌 기회를 가질 때 충족될 수 있다.(Keating, 1990 : 77)

2) 청소년들의 공유와 학습 집단(S³ Groups)

공유의 개념은 교수-학습 체제 전반에서 두드러지게 강조된다. S³ Groups은 청소년들이 자신의 경험을 집단 내의 구성원들과 공유하고, 이 경험들에 대한 이해를 증진할 수 있도록 청소년들을 소집단 활동에 참여시키기 위해 기획되었다. 전형적으로 이러한 집단은 3~4명의 구성원들이 참여하도록 조직된다. 과제에 따라 교사는 집단의 구성원들에게 특별한 역할들을 부과하는 것을 결정하기도 한다. 혹은 그 역할들은 그룹 활동 진행 동안에 자연스럽게 결정될 것이다. 집단들의 구성은 정적이기보다는 역동적이다.

교실 학습 공동체(CLC) 개념은 모든 교수-학습 기능들 속에서 강조되어야 한다. 이것을 성취할 수 있는 한 가지 방법은 집단을 규칙적으로 변화시켜, 모든 구성원들이 함께 활동할 기회를 갖게 하는 것이다. 이 접근법은 그들만의 사회적 파벌에 매우 많이 관련되어 있는 중학교 청소년들에게 특별히 중요하다. 학습 집단들은 청소년들이 개념, 사상, 그리고 읽기 경험을 탐구할 때, 서로의 노력들을 격려하고 지지해 줄 기회들을 청소년들에게 제공한다.

3) 학습 동료(Learning Partners)

이 접근법은 두 명의 청소년들이 함께 활동하도록 하는 것과 관련된다.

학습 동료의 개념은 청소년들을 위한 지원적인 학습 환경을 제공해 주는 사회적 상호 작용의 중요한 예이다. 학습 동료들은 자신들의 대화 일지를 통해 서로 반응할 것이고, 쓰기를 서로 공유하거나 동료 편집자로서 역할을 할 것이다. 아울러 자신이 읽고 있는 텍스트에 대해 토의하고 다른 사람에게 그 문학 텍스트를 추천하거나 함께 창의적인 프로젝트를 계발할 것이다.

학습 동료들은 선택된 청소년 혹은 선택된 교사가 될 수 있지만, 선택은 동일한 흥미와 목표뿐만 아니라 학문적이고 사회적인 공존 가능성에 토대를 두어야만 한다. 협력 체계가 구성되고 효과적으로 작동하기 시작하면, 장기간에 걸쳐(예를 들어, 최소한 정해진 기간 동안) 협력 체계를 유지하는 것이 중요하다. 장기간에 걸친 협력 체계를 통해 청소년들은 서로에 대한 신뢰감 속에 향상된 수준의 협력을 할 수 있다. 이것은 동료들의 활동을 생산적이게 만든다. 이 접근법의 고유한 이점은 동료들이 상호적인 책임감과 요구를 갖게 하는 것이다. 그러므로 학습 동료와의 관련과 참여의 수준은 일반적으로 높다.

4) 개별 학습

어떤 일련의 교수-학습 과정은 청소년들이 자기 자신에 대한 탐구, 즉 흥미를 추구하고 자신을 당혹케 하는 질문들에 대한 답을 찾고, 혹은 어떤 특정 작가의 텍스트를 심오하게 검토하게 한다. 개별 학습은 청소년들의 개인적인 욕구를 충족시키고, 자신의 성취를 위해 보다 많은 책무성을 갖게 한다.

2. 학습 환경 조성하기

교사들의 책무성은 교수−학습 과정을 초월한다. 교사들의 책무성은 또한 학습 환경의 조성을 포함한다. 학습 환경의 조성이란 청소년들이 문학 텍스트 읽기와 학습에 참여할 수 있도록 하는 지원적이고 생산적인 교실 분위기를 만드는 것이다. 적절한 학습 환경을 조성할 때에, 교사들은 교수−학습 형태와 자신이 사용하는 교수 활동들을 통해 청소년들의 참여와 적극적인 태도들을 촉진하고 격려할 수 있다.

많은 경우에, 문학 텍스트에 대한 청소년들의 부정적인 '읽기 태도와 흥미들'은 어떤 교수−학습 실천들에 의해 악화되었다. 이것들은 청소년들이 학급의 다른 청소년들에게 차례대로 소리 내어 텍스트를 읽어주도록 요구받는 것, 텍스트에 대한 요약과 논평을 쓰는 것, 그리고 적절하지 않은 자료를 읽도록 요구받는 것 등과 같은 학습 상황과 관련된다. 반면에, 청소년들의 긍정적인 태도는 다음과 같은 방법들에 의해 증진된다.

> 교사들은 흥미 있는 구절과 텍스트의 도입 부분을 청소년들에게 소리 내어 읽어주고, 지속적인 묵독을 위한 정규 시간을 조직하고, 다양한 읽기 계획을 조직하고, 청소년들의 텍스트 선택과 벌칙 없이 텍스트를 거부할 권리를 강조하고, 의견의 공유를 위한 소집단 토의 활동을 조직하고, 다양한 미디어를 활용하여 보다 '수행 지향적'인 활동들을 계획한다.

이 장의 앞부분에서, 우리는 문학 텍스트 읽기에 본질적이고 심리적 환경을 제공하는 청소년들의 참여와 이해를 증진하기 위한 교수−학습의 체제에 대한 논의를 하였다. 교사들은 적극적인 심리적 환경의 조성뿐만 아니라, 문학 텍스트에 초점을 둔 풍부한 물리적 환경을 제공함으로써 청소년들의 흥미와 참여를 증진시킬 수 있다. 교사들은 자신의 문학 텍스트, 학교에서 구입한 문학 텍스트들, 청소년들과 다른 사람들로부터 기부 받은 문학 텍스트를 포함하여 학급 도서관을 만들어야 한다.

이러한 문학 텍스트들에 청소년들이 쉽게 접근하도록 하기 위해, 교사들은 즉석에서 문학 텍스트를 추천할 수 있다. 문학 텍스트나 작가들에 대한 광고 포스터들은 시각적인 흥미를 제공할 수 있다. 청소년들은 자신이 즐겨 읽은 문학 텍스트들에 대한 학급 동료들의 흥미를 고무시키기 위해 자기 자신의 포스터나 다른 시각적인 자료들을 만들 수 있다.

어떤 교사들은 청소년들이 문학 텍스트에 대한 평가 체계를 계발하고 그들의 독서를 비평하도록 하기 위해 '비평가 되기'라는 전략을 사용하는, 도서 논평 코너를 운영하기도 한다. 도서 논평 과정에서 쓰인 것들은 벽이나 게시판에 전시될 수 있다. 새로운 논평들이 전시될 때, 오래된 논평들은 참고를 위한 파일에 저장된다.

교사들이 자료들에 대해 정통한 학교나 공공 도서관 사서들의 도움을 받아 자주 이용되지 않는 자료를 배치할 때, 교실의 물리적 환경은 개선될 수 있다. 사서들은 문학 텍스트들에 대한 많은 정보들을 갖고 있다. 사서들은 특정한 단원 혹은 주제를 학습하기 위한 교실 수업 혹은 작가나 문학 장르의 소개와 같은 다른 목적들을 위한 텍스트 수레(카드)를 준비하거나 특별한 텍스트 전시와 수집을 가끔 도와줄 것이다. 박식한 사서는 특별한 제목들과 화제들을 조사할 시간이 없는 바쁜 교사들에게 매우 소중할 수 있다. 청소년 문학 텍스트에 친숙하지 못하거나 청소년 문학 텍스트를 이제 막 읽기 시작한 교사들은 사서들과 친구가 될 필요가 있다.

톰슨(Jack Thomson, 1987)은 독서를 위한 물리적, 심리적 환경을 조성하기 위한 혁신적인 접근법을 다음과 같이 설명한다.

> 많은 청소년들은 문학 읽기와 반응을 위해 교사들이 조직한 다양한 활동들에 대해 호의적으로 논평했다. 어떤 한 고등학교에 소개된 상상적이고 광범위한 독서 계획에 대한 특별한 추천이 있었다. (중략) 이 계획에서, 많은 종이 표지의 문학 텍스트들이 학교의 주요 복도들에 있는 선반에 놓였

고, 청소년들은 문학 텍스트 서가에 놓인 종이에 빌린 문학 텍스트의 제목과 작가의 이름을 씀으로써 자율 관리 제도에 따라 문학 텍스트를 빌릴 수 있었다. 이 계획은 청소년들이 자유롭게 문학 텍스트를 열람하고, 천천히 선택할 수 있는 비격식적인 환경에서 문학 텍스트들이 물리적으로 존재할 수 있게 하기 때문에 청소년들에게 매력이 있다. 이 계획은 또한 보다 덜 성가신 상태에서 문학 텍스트를 빌릴 수 있게 한다. (이 계획에는 청소년들이 전통적인 형식의 도서관과 대출 절차와 관련지어 생각하는 엄격한 관례, 관료주의, 억압적인 분위기 등과 상반되는 많은 것들이 있다.)

[청소년의 논평]

- 특정 과목들을 위한 학교에서의 문학 텍스트 읽기는 읽고 있는 문학 텍스트를 재미없게 하기 때문에 지루하다. 도서관에 있는 대부분의 문학 텍스트들은 재미없다. 물론 약간의 문학 텍스트들이 재미있기는 하지만, 그 문학 텍스트들을 빌리는 것은 불편하고, 문학 텍스트를 빌리는 과정에서 쉽게 소란이 생길 수 있다. 지금 우리 학교의 새로운 독서 프로그램 학습은 훌륭하다.
- 분명히 독서 프로그램 학습은 청소년들이 '재미없다'고 생각하는 문학 텍스트들을 과제로 부과하지 않으면서, 청소년들로 하여금 '굉장하다'고 생각하는 문학 텍스트들을 찾을 수 있게 한다.
- 어떤 문학 텍스트들은 좋지만 도서관에 있는 많은 문학 텍스트들은 절망적이다.
- 나는 백과사전, 과학서적, 공상과학, 소설 등과 같은 흥미 있어 보이는 책들은 어떤 책이든지 읽는 것을 좋아한다. 그 책들은 나를 활기차게 하는 많은 것들을 제공하기 때문에, 나는 그 책들이 광범위한 독서 계획 속에 들어가는 것이 기쁘다.(Jack Thomson, 1987 : 31)

톰슨(Thomson)이 설명한 광범위한 독서 프로그램은 지속적인 묵독(sustained silent reading, SSR)에 의해 잘 실천될 수 있다. 이 프로그램은 학교에서 모든 교육 주체들(교사, 청소년, 행정 직원 등)이 '자유 선택 독서'에 참여하는 일련의 시간들을 통해 실천될 수 있다. 일부의 교사들은 이 프로그램을 학교 전체적으로 실행하기 어려울 때, 자신의 수업에서 실행할 수 있다. 실행 계획이 무엇이든지 간에, 중요한 것은 독서의 가치를 확인해 주는 긍정적인 물리적·심리적 환경을 조성하는 것이다.

3. 교실 수업의 조직과 관리

교사들이 청소년 문학 텍스트 혹은 다른 문학 텍스트들을 활용할 때 교실 수업의 조직과 관리 계획은 수업의 성패에 많은 영향을 끼친다. 무질서하고, 비체계적인 방식으로 수업을 전개하는 것은 경직되고, 과도하게 구조화된 수업 방식만큼이나 수업에 불행한 결과를 초래한다.

이 절에서는 청소년 문학 텍스트를 사용하고자 하는 교육 철학에 부합하는 교실 수업을 조직하고 관리하기 위한 계획 계발의 아이디어들과 전략들을 살펴볼 것이다. 교사의 교수 스타일과 학급 규모, 수업 진도 등과 같은 일반적인 구성요소가 아닌, 수업의 보다 다양한 구성요소들을 반영하는 교실 수업을 조직하고 관리하는 방법들에 대한 논의는 관례적이거나 설교적인 것이 아니다. 이를 위해선 이 장의 앞부분에서 논의된 CLC, S^3 Groups, 학습 동료, 개별 학습 등과 같은 교수−학습 체제의 사용을 충분히 고려해야 한다.

1) 문학 포트폴리오

문학 포트폴리오의 목적은 청소년들에게 학습 목표 설정과 자기 평가를 위한 기회를 제공하는 것이다. 문학 포트폴리오는 또한 교사들이 청소년들의 개인적인 발전과 문학 교육과정 전체를 평가하기 위해 사용하는 자료들의 출처로써 기능한다. 청소년들은 학습 목표들을 세우고, 자신의 포트폴리오에 첫 번째 기재 사항으로 그것들을 기록한다. 이 목표들은 학습 평가들과 관련되어야 하고, 개인적 학습 목표뿐만 아니라 학습 공동체의 학습을 촉진시켜 주는 학급의 목표들을 포함해야 한다.

그런 다음, 청소년들은 자신이 읽고 있는 텍스트와 독서에 관련된 활동들을 지속적으로 기록한다. 문학 포트폴리오는 날짜, 텍스트 제목, 작가, 주제 혹은 교수-학습 형식 등과 같은 몇 가지 방식들에 의해 조직될 수 있다. 청소년들이 자신의 학습 목표들을 향한 발전들을 검토하고 반성할 정기적인 기회들을 갖는 것은 중요하다. 이러한 자기 평가는 포트폴리오의 일부가 되어야만 한다.

중학교 교사인 종스마(Kathleen Stumpf Jongsma, 1993)는 독서 능력이 뛰어난 청소년들과 독서 능력이 향상 중에 있는 청소년들을 대상으로 하여 문식성 포트폴리오를 활용한 방법에 대해 다음과 같이 설명한다.

청소년들은 자모 순서에 따라 대용량으로 저장할 수 있는 플라스틱 케이스로 된 각자의 '문식성 포트폴리오'들을 갖고 있다. 대부분의 청소년들은 교실에 올 때, 자신의 포트폴리오를 가지고 오며, 45분의 읽기 시간 동안 포트폴리오를 책상 위에 놓아둔다 ; 다른 청소년들은 필요할 때마다 포트폴리오를 가져와 기록한다. 청소년들은 그림, 사진, 그리고 좋아하는 잡지에서 오려낸 것, 미래의 포트폴리오 독자들에 대한 메시지 등으로 포트폴리오를 자신만의 것으로 만든다.

청소년들은 그들이 쓰도록 내가 제안한 것뿐만 아니라 스스로 선택한 자료들로 포트폴리오를 채워간다. 포트폴리오는 읽기 반응 노트, 시, 삽화, 3행시, 이야기 피라미드, 인물과 화제 지도, 이야기 지도, 서로에 대한 메모, 그리고 낭송 테이프 등과 같은 것들을 포함한다. 자료들은 진행 중에 있는 텍스트 혹은 완성된 텍스트일 수 있다.

청소년들은 자신의 선호에 따라 포트폴리오를 배열한다. 많은 청소년들이 자료들을 연대기 순서에 따라 배열하지만, 어떤 청소년들은 자료의 장르에 따라 배열하기도 한다. 또 다른 청소년들은 주제에 따라 배열하기도 한다. 예를 들어, 어떤 청소년들은 한 권의 문학 텍스트에 모든 항목들을 함께 놓음으로써 특별한 화제에 따라 포트폴리오를 조직한다. (중략) 그러나 어떤 조직이 이루어지지 않는다면, 포트폴리오들은 관리할 수 없게 되고, 내용과 목표들에 대한 협의는 어렵게 된다. 조직은 내용과 목표들에 대한 협의 토론과 글쓰기에서 진술되는 자기 반성을 위한 중요한 단계이다. (중략) 청소년들은 최소한 3~6주 동안에 이루어진 자신의 문식성 발달에 관한 자기 반성을 기록한다. 그러나 많은 청소년들은 필요할 때마다 자신의 포트폴리오에 문어적 논평들을 자주 한다.(Kathleen Stumpf Jongsma, 1993 : 123~124)

종스마(Jongsma)의 연구는, 능력의 차이에도 불구하고 모든 청소년들이 읽기 목표들을 계발하고, 자신의 읽기 발달을 모니터하고, 자신의 읽기 능력의 발달을 반성할 수 있다는 것을 보여준다.

2) 평가

중학교와 고등학교의 거의 모든 교사들은 청소년들에 대한 공식적인 기록 평가를 해야 하거나, 어떤 경우에는 기록 카드에 양적인 평가를 해야 한다. 청소년들에 대한 평가 요구는 교사들로 하여금 옳은 답과 그른 답이 있는 활동지나 포트폴리오를 활용하여 청소년들의 실제적인 활동들을 평가하게 한다. 그리고 청소년들의 문학 경험에 맞는 평가의 정당성을 확보하기 위한 '객관적인' 자료를 찾아 청소년들의 문학능력을 평가하게 한다.

청소년들의 문학능력을 정당하고 객관적으로 평가하기 위해서는 평가를 위한 척도가 개발되어야 한다. 그리고 이러한 척도들은 청소년들, 학부모들, 교육 행정가들에게 유용해야 한다. 평가 척도들은 청소년들이 특별한 평가를 받기 위해 보여주어야 하는 학업 성취와 질적 수준들을 나타낸다. 평가 척도가 마련되면, 청소년들과 교사들은 문학 포트폴리오 등을 활용하여 독서 능력 발달을 평가하는 공동의 과정에 참여해야 한다.

클라인(Dawn Cline, 1993)은 중학생들을 대상으로 하여 독서 워크샵을 수
행하면서 개발한 평가 시스템에 대해 다음과 같이 설명한다. 그가 평가
대상으로 한 청소년들은 수동적인 독자로서, 중간 정도의 사회·경제적
배경과 낮은 수준의 다문화 가정의 청소년들이었다.

> 매 6주 동안, 청소년들은 '페이지 읽기 요구에 대한 평가'(page-requirement
> grade), 참여도 평가, 독서 일지 쓰기, 짧은 수업 후의 메모, 교사에게 보내
> 는 편지, 동료 청소년들에게 보내는 편지 등을 활용한 평가에 대비해 활동
> 을 했다. '페이지 읽기 요구에 대한 평가'를 위해, 나는 청소년들이 많은
> 페이지들을 읽도록 하는 문서상의 평가에 상응하는 과제를 부과했다 : 250~
> 300페이지를 읽으면 A, 200~249페이지를 읽으면 B를 부과하는 식으로 평
> 가했다. 그리고 300페이지 이상을 읽으면 보너스 점수를 주었다.
> 나는 신뢰도를 높이기 위해 청소년들이 낮은 수준에서 페이지 읽기를
> 요구했으며, 첫 번째와 세 번째 6주 단원 학습 후에 더 많은 페이지 읽기
> 를 하도록 요구했다. 참여도 평가를 할 때, 나는 토론에의 참여, 문학 텍스
> 트들에 대한 관심, 행동, 그리고 취향 등을 고려했다. 독서 일지에는 단순
> 히 읽은 문학 텍스트들의 목록들을 쓴다. 독서 일지와 짧은 수업 후의 메
> 모들을 위한 평가들은 문장의 완결성과 정확성에 토대를 두어 이루어졌
> 다.(Dawn Cline, 1993 : 118~119)

클라인(Cline)은 청소년들이 자신에게 기대되는 것을 알고 자신의 학업
성취에 대한 책임감을 갖게 하는 데에, 이 평가 시스템이 효과적이라는
것을 지적한다. 일부의 교사들은 협약 시스템이 효과적이라고 말한다. 톰
슨(Thomson, 1987)은 고등학교 교사들에 의해 개발된 협약 시스템을 다음과
같이 설명한다. 각 청소년들은 다음의 사항들이 포함된 '다양한 독서 협약
서'를 쓴다.

1. 단원의 목표 진술
   • 보다 다양하게 읽는다. 보다 비판적으로 읽는다. 보다 큰 즐거움을

얻기 위해 읽는다, 문학 텍스트에 대한 반응을 쓴다.
2. 읽기 자료를 선정하기 위해 활용할 수 있는, 각각의 예들이 있는 문학 텍스트의 10개 범주들. 그 범주들은 다음과 같다.
   • 소설, 전기 / 자서전, 어린이 명작, 유명 작가의 텍스트, 판타지 소설, 역사소설, 시, 과학 / 추리 소설, 청소년 문제를 다룬 소설, 기타 소설(범죄, 미스터리, 스파이 등)
3. 청소년들이 협약할 수 있는 세 수준(A, B 혹은 C)의 항목
   <C 수준>
   • 적어도 네 가지 범주들에 속하는 5권의 텍스트들을 읽는다.
   • 각각의 텍스트들을 위한 독서 일지를 쓴다.
   • 한 개의 화제 당 약 750개의 단어로 에세이를 쓴다.
   ↳ 화제 : 자신이 황석영의 「모랫말 아이들」에 나오는 작중인물이라고 상상해 보자. 그리고 그 당시의 시대상을 알 수 있게 하는 5권의 소설들을 다른 인물들이 읽을 수 있도록 추천하고, 그 이유를 써 보자.
   <B 수준>
   • 이미 읽은 텍스트의 작가가 쓴 다른 두 권의 텍스트와 C 수준에서처럼 5권의 텍스트를 읽는다.
   • 각각의 텍스트를 위한 독서 일지를 쓴다.
   • 한 개의 화제 당 약 100개의 단어로 에세이를 쓴다.
   ↳ 화제 : 이 단원을 위해 읽어 온 작가의 세 편 소설들 사이의 유사점과 차이점을 밝히고, 그 소설들에 대해 논평을 한다. 그리고 그 소설들을 읽어야 할 이유들을 설명한다.
   <A 수준>
   • 다른 두 개의 범주들에서 두 권 이상의 텍스트와 B 수준에서 읽는 것처럼 텍스트들을 읽는다.
   • 각각의 텍스트를 위한 독서 일지를 쓴다.
   • 한 개의 화제 당 약 500개의 단어로 B 수준에서처럼, 그리고 더 길게 에세이를 쓴다.
   ↳ 화제 : 지금까지 읽은 9권의 소설들에서 인간 문제와 인간의 특성에 대해 무엇을 알게 되었는가? (읽은 9권 소설들의 플롯들을 자세

히 살펴보자. 그 소설들 사이의 공통 상황을 추론하고, 소설들에
대한 비평들을 참고하여 그 소설들을 설명해보자.)
4. 협약이 지속되는 기간 동안, 각 수준의 항목들에 대한 청소년들의 서
명과 교사의 부가 서명은 생략된다.

청소년들은 스스로 도서 선택을 하기 위해 광범위한 추천 도서 목록을
제공받았다. 도서 목록에 있는 대부분의 텍스트들은 청소년들에게 매력이
있기 때문에 특별히 선정되었다. 청소년들을 또한 독자로서 자신의 개인
적인 반응을 강조하는 독서 일지를 위해 추천된 독서 일지 형식을 받았다.

3) 문학 텍스트 도표

문학 텍스트 도표는 주어진 기간에 청소년들이 얼마나 많은 텍스트들을
읽는지에 대한 양적 자료를 제공해 주는 도구이다. 문학 텍스트 도표는
읽은 텍스트들을 수량화하여 청소년들에게 성취감을 준다. 이 접근법은
시리즈나 선집을 읽는 독서에서 문학 중심 독서 프로그램으로 전환하는
학급에서 성공적으로 활용되어 왔다. 청소년들은 자신이 읽은 텍스트들의
수를 도표에 기록한다. 문학 텍스트 도표를 구성하는 기본적인 요소 세
가지는 텍스트 제목, 다 읽은 날짜, 그리고 텍스트 평가 기준 유형 등이다
(<표 10-1> 참조).

<표 10-1> 문학 텍스트 도표 견본

이 름 :
• 텍스트 제목 : • 읽은 날짜 : • 평   가 :

　문학 텍스트 도표의 기록은 몇 가지 방법에 따른다. 예를 들어, 수동적
인 독자들이 있는 학급에서의 문학 텍스트 도표 사용은 능동적인 독자들
이 있는 학급에서보다 더 교육적인 상황을 만들어준다. 수동적인 독자들
이 만드는 문학 텍스트 도표는 공적으로 전시되지 않는 파일 폴더에 끼워
진다.

　청소년들이 많은 텍스트를 읽는 학급에서 개인적인 도표 만들기 접근법
을 적용하는 것은 청소년들의 상황에 따라 상당히 달라지기도 한다. 예를
들어, S^3 Group에 있는 청소년들은 자신의 집단이 읽은 많은 텍스트들을
막대그래프에 나타냄으로써 독서 경험의 성취를 보여주기도 한다. 그림
18은 6주간의 읽기 프로그램 기간 동안 한 집단이 읽은 텍스트들을 그래
프로 나타낸 것이다. 그림에 나타난 것처럼, 집단의 청소년들은 도표상 최
대치인 12권보다 더 많은 텍스트들을 두 번째 주 기간에 읽었다. 이와 같
은 경우에 다음의 6주간 읽기 프로그램을 위해 문학 텍스트 도표를 적절
하게 수정해야 한다.

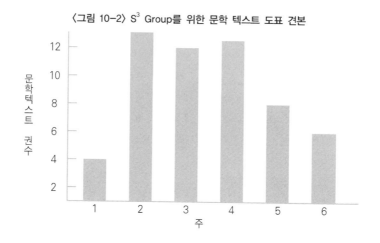

〈그림 10-2〉 S^3 Group를 위한 문학 텍스트 도표 견본

4) 조사 기록

문학 텍스트를 읽는 데 완전한 자유를 가진다면, 청소년들은 좁은 범위의 텍스트들을 세밀하게 읽고자 할 것이다. 즉, 청소년들은 한 명의 좋아하는 작가 혹은 논픽션만을, 혹은 특정한 장르만을 읽을 것이다. 청소년들의 독서 실태에 대한 조사 기록(exploration record)은 교사들이 문학 텍스트에 대한 청소년들의 시야를 확장시키고, 다양한 문학 텍스트들을 선정하는 데 도움을 주기 위해 이루어졌다. 기록 도표는 청소년들로 하여금 문학 텍스트의 특질과 유형에 대한 정통한 판단을 할 수 있도록 돕는다. 기록 도표는 다음에 제시된 예들처럼 많은 형식으로 변환될 수 있다.

발견 기록(discovery record)은 청소년들로 하여금 새로운 작가의 텍스트들을 읽도록 격려하고, 어떤 텍스트에 대한 자신의 긍정적인 경험과 부정적인 경험을 검토하기 위해 마련되었다. 마지막 질문은 자신에게 매력이 없는 텍스트들이 다른 독자들에게는 매력이 있기도 한다는 것을 청소년들이 인식하도록 하기 위해 만들어졌다. 이것은 청소년들이 학습공동체 내에서 맥락을 공유하면서, 자신의 독서에 대한 비판적 판단을 할 수 있게 한다.

〈발견 기록〉
- 나는 _____라는 새로운 작가를 발견했다.
- 그 작가의 텍스트 중에서 내가 제일 좋아하는 것은 _____이다.
- 그 작가의 텍스트 중에서 가장 마음에 들지 않는 것은 _____이다.
- 나는 _____ 때문에 그 작가가 쓴 다른 텍스트를 읽을 / 읽지 않을 것이다.
- 나는 _____ 때문에 _____에게 이 텍스트를 추천할 것이다.

청소년들이 일반적으로 읽는 장르의 문학 텍스트가 아닌 다른 장르의 문학 텍스트를 읽도록 하기 위해, 교사는 특별한 화제들을 다룬 텍스트 목록을 마련하여, 청소년들의 흥미에 맞는 다양한 이야기, 소설, 시, 희곡 등을 준비할 수 있다. 예를 들어, 어떤 청소년이 청소년기, 특히 사춘기에 관한 이야기들만을 읽는다면, 교사는 다음과 같은 소설 텍스트, 시집 등에 대한 안내 도서 목록을 구성할 수 있다.

〈장르 기록〉
- 소설 : 김주영의 『홍어』, 『고기잡이는 갈대를 꺾지 않는다』, 『멸치』, 김정현의 『아버지』, 『어머니』, 이문열의 『시인』, 한승원의 『아제아제 바라아제』, 『물보라』, 이순원의 『19세』, 김원일의 『어둠의 혼』, 이승우의 『가시나무 그늘』, 이명인의 『아버지의 우산』 등.
- 시집 : 류시화의 『외눈박이 물고기의 사랑』, 민영 외, 『한국현대대표시선 Ⅰ, Ⅱ』, 안도현 엮음의 『그 작고 하찮은 것들에 대한 애착』.
- 고전소설 : 『우리 고전 소설 한마당』.

그런 다음 교사는 다음과 같은 체크리스트를 준비한다.

〈장르 체크리스트〉
- 읽은 날짜

2007. 9. 11   김주영의 『홍어』

2007. 9. 29   한승원의 『물보라』

끝에 있는 빈 칸들은 청소년들이 사춘기 혹은 청소년기의 정체성을 다룬 소설, 짧은 이야기, 시들을 최소한 한 편씩 읽고, 그에 대한 독서 경험을 기록하도록 하기 위한 것이다.

새로운 교실 수업 구조를 조직하고 독서 환경을 만드는 것은 뜻밖의 도전들에 부딪치는 복잡하고 어려운 활동이지만, 활력 있는 교수–학습을 필요로 하는 교사들과 청소년들에게 촉매제가 된다.

4. 요약

네 가지의 교수−학습 체제는 청소년들이 자신의 다양한 요구들을 충족시켜 주는 문학 텍스트를 광범위하게 경험하도록 하기 위해, 교실 수업을 구조화하고 조직하는 방법을 제공한다. 네 가지 접근법은 다음과 같다 ; 교실 학습 공동체(CLC), 청소년 공유와 학습 집단들(S³ Groups), 학습 동료, 그리고 개별 학습. 이 접근법들에 담겨진 아이디어와 전략들은 교사들이 학생들의 학습 평가를 포트폴리오 평가 등으로 할 수 있도록 교실 수업을 조직하고 관리할 수 있게 할 것이다.

제 11 장

토론과 글쓰기를 활용한 상호 작용 증진

문학 텍스트 읽기에 청소년들을 참여시키는 것은, 청소년들이 학습 과정에서 능동적인 참여자가 되도록 돕는 교수법의 사용에 달려 있다. 지금까지의 연구들에 의하면, 교실 수업들은 청소년들로 하여금 능동적인 학습자가 되게 하는 것과는 다소 거리가 있는 교수법들을 사용하고 있다.

청소년들에게 문학 텍스트 읽기와 반응하기를 강조하는 수업을 하고자 할 때, 교사는 청소년들이 능동적으로 학습 과정에 참여하도록 하는 방법을 찾는다. 이 장에서는 이러한 목표들을 성취하기 위한 두 가지 방법, 즉 의미 있는 토론 기회와 글쓰기 경험을 청소년들에게 제공하는 방법을 살펴볼 것이다.

1. 문학 토론을 통한 반응

효과적인 토론은 청소년들이 고등 사고 기능을 개발하도록 도울 수 있다. 그러나 흔히 토론이라고 불리는 것들이 실제로는 설명인 경우들이 많다. 알베만 등(Alvermann et al., 1987)은 토론의 세 가지 특징을 다음과 같이 설명한다.

토론자들은 다양한 관점들을 제시해서는 안 되며, 토론되고 있는 문제에 대한 자신의 생각을 바꿀 준비를 하고 있어야 한다. 청소년들은 교사뿐만 아니라 다른 청소년들과 서로 상호 작용을 해야 한다. 그리고 그 상호 작용은 일반적인 수준에서 두 서너 단어 혹은 어구 단위들을 설명하는 수준을 넘어서, 보다 길게 의사소통을 하는 것이 되어야 한다.(Alvermann et al., 1987 : 7)

수업 과정에서의 토론은 마음 내키는 대로 하는 활동이 아니다. 토론은 신중하게 계획되고 구조화된 결과물이다. 의미 있는 방법으로 토론하는 데 참여한다면, 청소년들은 자신이 수업 토론에서 가치 있는 통찰력과 정보들을 얻을 수 있다고 느껴야 한다.

문학 텍스트에 대한 토론을 구성하기 위해 정해진 하나의 접근법 혹은 모델이란 없다. 토론에 참여하는 청소년들은 문학 텍스트에 대한 자신의 초기 연계에 부분적으로 의존할 것이다. 그러나 다른 사람들의 반응, 통찰력, 태도 등을 알게 됨으로써, 청소년들은 초기 반응에서 벗어날 수 있다. 청소년들이 초기 반응에서 벗어나게 하기 위해서는 전체 수업 혹은 소집단 토론이 새로운 이해를 위한 기회들을 제공하는 방법으로 구조화되는 것을 필요로 한다.

1) 토론 모델

수업 토론을 위한 계획은 청소년 독자 참여 모델의 원리들, 즉 '시작하기' 단계, '연계하기' 단계, '내면화' 단계, 그리고 '공유하기' 단계 등을 통합한다. 토론 수업을 위해 교사들은 단계 정하기, 대화 내용 만들기, 학습 활동 확장하기 등과 같은 간단한 3단계 형식을 따를 수 있다(<그림 11-1> 참조).

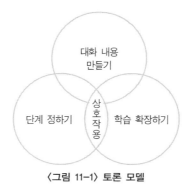

〈그림 11-1〉토론 모델

　　토론 수업을 위해 제일 먼저 해야 할 것은 '단계 정하기'이다. 이것은
교사들이 토론 시작에서부터 청소년들을 질서정연한 상태로 '끌고 갈' 필
요가 있기 때문에 중요하다. 교사들이 이것을 하지 못한다면, 청소년들은
초점이 결여되어 심오한 반응과 사고를 하기 위한 준비를 잘 하지 못할
것이다.

　　토론의 초기 단계에서 교사는 청소년들이 그들의 읽기에 일반적인 반응
을 하여 문학적 경험을 하게 한다. 토론은 문학 텍스트에 대한 특별한 진
술에서부터 시작한다. 혹은 광범위하고 일반적인 질문들이나 다음과 같은
진술들을 사용함으로써 토론은 시작될 수 있다.

- 내가 정말로 좋아한 인물은 _____였다.
- 내가 정말로 싫어한 인물은 _____였다.
- 독서를 할 때, 나는 _____에 대해 생각했다.
- 이 텍스트(소설 / 시)에서 내가 가장 좋아한 부분은 _____였다.
- 이 텍스트(소설 / 시)에서 내가 가장 싫어한 부분은 _____였다.

　　다른 진술들과 질문들은 청소년들의 활동 초점을 위해 교사가 정한 문
학 텍스트의 구성 요소에 따라 만들어질 수 있다. 예를 들어, 진술들은 주

제, 어조, 갈등 혹은 다른 문학적 구성 요소나 청소년들의 문학적 반응의 다른 측면에 초점을 두기도 한다. 이 단계에서, 교사는 청소년들이 그들의 읽기 반응을 정교화 하도록 돕는다. 질문들과 진술들은 청소년들이 '옳은' 정답이 무엇인지를 추측하도록 하기보다는 반응들을 표현할 수 있도록 일반적이고 충분히 변경이 가능해야만 한다.

토론의 두 번째 단계는 청소년들이 문학 텍스트에 대한 대화 혹은 인상적인 대담 등과 같은 두 가지 의사소통 과정에 참여하는 것이다. 이 단계에서 청소년들은 자신의 독서에 대한 깊은 탐구를 하도록 격려 받는다. 모페(James Moffet, 1986)는 대화의 중요성을 다음과 같이 설명한다.

> 대화의 고유한 특질 중의 하나는 대화자들이 서로 다른 사람의 의미 구성을 바탕으로 한다는 것이다. 대화는 언어에 의해 협력이다. 대화의 상대자는 다른 사람으로부터 단어, 어구, 구조들을 빌려와 그것들을 재결합하고, 그것들에 새로운 것을 더하고, 그것들을 정교화한다. (중략) 이 언어에 의한 협력은 인지적 협력을 동반하면서, 서로 분리될 수 없다. 면대면 대화(conversation)는 화자가 동의하지 않는다고 하더라도, 모임과 마음의 융합이 있는 대화(dialogue)이다.(James Moffet, 1986 : 73)

모페가 언급한 마음의 융합은 교실 환경에 강력한 변화를 가져온다. 마음의 융합은 대화를 통해 청소년들과 교사가 이전에는 사용하지 않았었던 방법으로 의사소통을 하고, 마음을 공유한다는 것을 보증한다. 이러한 유형의 의사소통을 통해, 새로운 상호 존중이 생성된다. 청소년들은 교사가 절대적인 권위를 갖는 전통적인 수업에서는 거의 갖지 못한, 자신이 존중받고 있으며, 자신의 말이 경청되고 있다는 느낌을 갖는다.

대화에 참여하는 것은 또한 인지적인 반응들과 정의적인 반응들을 결합시키면서, 청소년들에게 문학 텍스트에 대한 비판적이고 진지한 반응을 할 수 있는 기회를 제공한다. 전문가 안내 / 독서 코치로써 교사의 역할은 청소년들을 사려 깊은 대화에 참여하도록 하는 다양한 경험들과 활동들을 계획할 때에 중요하다. 이 장의 끝 부분에 제시된, 브라운(Brown)의 문학 반응 모델은 문학 텍스트에 대한 청소년들의 경험을 다양하게 하기 위한 것들이다.

토론의 세 번째 단계는 학습 활동을 확장하는 것이다. 학습 활동은 청소년들의 개념적 이해와 비판적 사고를 증진시키기 위해 기획된 심화된 토론, 글쓰기 활동, 그룹 탐구 혹은 다른 유형의 활동을 통해 개인적, 소집단 혹은 전체 학습에서 이루어지는 활동들이다. 교실 학습 공동체(CLC)에서, 후속 활동들은 교사뿐만 아니라 청소년들에 의해 계획되고 조정될 것이다.

예를 들어, 한 명의 청소년 혹은 집단은 특정 작가의 문학 텍스트를 즐겨 읽고, 그 작가의 문학 텍스트들을 독서 대상으로 더 많이 선택할 것이다. 반면에 다른 청소년들이나 집단은 특정한 과학소설에 형상화된 기술공학에 관한 정보들을 탐구하려고 할 것이다. 또한 가족 해체의 상황에 직면하고 있는 또 다른 청소년들이나 집단은 그러한 이슈를 형상화하고 있는 텍스트들을 읽음으로써, 위안과 이해를 얻으려고 할 것이다.

그런 다음 청소년들이나 집단은 문학 텍스트에 대한 그들의 반응을 학급의 다른 청소년들과 공유할 것이다. 또한 다른 청소년들의 학습 경험들은 심화되고 개인화된 학습을 제공하기 위해 구조화될 것이다. 예를 들어, 청소년들은 비디오, 침대 커버(quilts)나 콜라주 만들기 등과 같은 창의적인 학습 과제 해결을 위해 다른 청소년들과 협력함으로써, 문학 텍스트에 대한 경험들을 확장할 수 있을 것이다.

2. 글쓰기를 활용한 반응하기

글쓰기를 활용한 문학 텍스트에 대한 반응은 청소년 독자 참여 모델의 통합적인 부분이다. 베카와 리넥(Vacca & Linek, 1992)는 다음과 같이 말했다.

> 학습에서 의미와 목적을 찾기 위해 청소년들은 자신이 학습하고 있는 것에 대해 생각하도록, 특히 글을 쓰도록 촉진되어야 한다.(Vacca & Linek, 1992 : 145)

청소년들이 쓰는 많은 글쓰기들은 일지나 포트폴리오의 일부로써 정보를 전달하는 것이 될 것이다. 예를 들어, 청소년들은 문학 텍스트에 대한 자신의 초기 인상과 예상을 메모하거나 선택된 문학 텍스트를 읽기 전에 텍스트에 대한 예상한다. 그리고 텍스트를 읽는 동안 탐구하거나 기억하고자 하는 것들을 짧게 기록한다.

청소년들은 선택된 문학 텍스트에 대한 반응을 기록하기 위해 텍스트를 읽은 뒤에 혹은 소집단 토론을 위한 참여 뒤에 자신의 생각을 쓸 것이다. 문학 토론을 하는 동안, 청소년들은 메모를 하고, 문학적 반응을 명료화하기 위해 보다 길게 반응을 쓰면서, 자신의 사상과 감정들을 확장할 것이다. 청소년들은 대화 일지를 통해 자신의 학습 동료 혹은 S³ 그룹의 구성원들에 대해 글을 씀으로써 문학적 반응을 할 것이다. 청소년들은 창의적인 학습 과제 혹은 보다 공식적인 글쓰기 유형들을 쓰는 과정에서 문학적 반응을 위한 계획을 세울 것이다. 교사들은 청소년들이 이러한 비형식적인 글쓰기에 대한 학습을 자연스럽고 필수적으로 할 수 있도록 글쓰기에 대한 청소년들의 태도를 바꾸어 주어야 한다.

일지 반응은 맞춤법과 형식에 관한 제한 없이 비형식적이고도 개인적으로 자유롭게 글을 쓰는 형태이다. 청소년들로 하여금 문학 반응 일지를 쓰게 한 연구에서, 한콕(Hancock, 1992)은 다음과 같은 결과를 보고하고 있다.

문학 텍스트와 마주하고 있는 동안 청소년은 자신의 삶에 대한 성찰을 한다. 문학 반응일지는 청소년들이 문학 텍스트를 처음부터 끝까지 읽을 때, 마음속에 떠오르는 개인적인 성찰들을 드러낼 수 있는 자유와 융통성을 제공한다. 따라서 문학적 반응을 일지로 쓰는 것은 다른 경우라면 잊혀졌을 즉각적인 생각들과 아이디어들로 가득 찬 보물 상자가 된다.(Hancock, 1992 : 40~41)

문학적 반응을 일지로 쓰는 것의 의의에 대해 브라운 등(Brown, Phillips & Stephens, 1993)은 다음과 같이 말한다.

> 반응일지는 비교적 규범적인 것이다. 청소년들은 독서에 반응하기 위해 일지를 쓴다. 일지는 독서 메모를 기록하기 위해 사용되기보다는, 청소년들이 자신의 독서에 상호 작용 하도록 하기 위해 사용된다. 이런 방법을 통해 청소년들이 문학 텍스트에 대한 반응을 특정한 맥락 속에서 수행하는 것은 그들에게 의미가 있다.
> 교사는 청소년들의 문학적 반응이 활발하게 전개될 수 있도록 청소년들의 독서 상황을 잘 관리하고, 청소년들이 그들의 독서에서 특별한 측면들에 초점을 둘 수 있도록 해야 한다. 혹은 독서 과정에서 특별한 의미들을 청소년들이 발견할 수 있도록, 교사는 청소년들에게 변경 가능한 과제들을 부과해야 한다.(Brown, Phillips & Stephens, 1993 : 74)

어떤 청소년들은 교사의 직접적인 간섭이 거의 없거나 전혀 없는 상태에서 자유롭게 일지에 반응을 할 수 있다. 사실상, 이러한 청소년들은 자신의 개인적인 능력들을 문학 읽기에 연계하면서, 문학 읽기와 관련된 과제들을 수행할 수 있다. 그러나 다른 청소년들은, 특히 시작 단계에서 교사의 독서 안내를 필요로 한다. 이러한 청소년들은 문학적 반응 고쳐 쓰기와 같은, 간단한 정서적 반응들을 보다 심화된 반응들로 바꾸게 하는 교사의 도움을 필요로 한다.

독서 안내를 제공할 때, 교사들은 자신이 개발한 질문들이나 과제들에 청소년들이 적절하게 반응하도록 하기 위해 '반응 일지'에서 필수적인 부분들을 뺀 나머지 부분들을 상황에 맞게 수정할 수 있다. 청소년들의 문학적 반응을 촉진하기 위해 사용할 수 있는 방법들의 예는 다음과 같다.

- 생각나는 작중인물의 이름은 _____.
- 이 야기의 플롯은 _____이기 때문에, 사실적인 / 비사실적인 것 같다.
- 나는 작가가 _____한 이유가 궁금하다.
- 나는 이 문학 텍스트를 _____라고 생각한다.
- 이 소설의 사건들 중에서 나에게 가장 중요한 것은, _____이기 때문에 _____이다.
- 이 소설은 내가 _____을 느끼게 만든다.
- 이 소설에서 내가 어떤 것을 바꿀 수 있다면, 그것은 _____ 때문에 _____이다.

문학 수업에서 '문학 반응 일지 쓰기'가 성공할 수 있기 위해서는 청소년들이 그것을 유용하고 가치 있는 활동으로 인식해야 한다. 다양한 교수 －학습 배경 속에서, 청소년들은 문학 반응 일지를 사용하기 위한 특별한 기회들을 가져야 한다.

반응 일지 쓰기를 위한 가장 강력한 동기 부여 중의 하나는 누군가 다른 청소년이 그 일지를 읽고, 거기에 반응하도록 하는 것이다. 교사들은 매주 혹은 격주마다 교사 대 청소년, 혹은 매일 혹은 주 2회의 청소년 대 청소년(학습 동료)의 상호 작용과 같은 피드백을 제공하기 위해 다양한 방법들을 사용한다. 추가 정보나 해명을 진지하게 찾는 질문들과 결합된 짧고, 지원적이고, 개인적인 판단을 하지 않는 논평들은 가장 효과적인 방법이다.

모든 독자들은 반응 일지 쓰기 경험에서 도움을 받을 수 있다. 그러한 경험들을 통해 독자들은 자신의 반응, 감정, 생각, 아이디어, 성찰, 견해 등을 기록하면서, 문학 텍스트에 반응한다. 반응 일지는 의미를 구성하고, 내적 성찰을 하고, 중요한 아이디어들과 흥미 있는 언어들을 메모하기 위한 장소이다. 반응 일지에 있는 자료는 반응 공유하기, 토론하기, 과제 수행하기, 그리고 공식적인 글쓰기 경험들을 위한 자료가 된다.

공식적인 글쓰기는 문학 텍스트에 대한 반응에서 중요한 역할을 한다. 공식적인 글쓰기는 청소년들이 문학 텍스트에 대한 반응을 발표하거나 다른 학생들과 협력하여 완성한 것이다. 전통적으로 분석적 평가에 초점을 둔 문학 텍스트에 대한 공식적인 글쓰기는, 자신들이 배워왔던 이론과 해석을 청소년들이 이해한 정도를 나타내기 위해 기획되었다. 오늘날 공식적 글쓰기에서의 강조점은 문학 텍스트에 대한 비판적 분석에서 문학 텍스트에 대한 청소년들의 반응을 탐구하는 것으로 옮아가고 있다. 문학 읽기에 대한 반응에서 확장된 글쓰기로 나아가기 위한 다양한 기회들을 갖는 것은 청소년들이 문학 텍스트에 대한 해석을 풍부하게 할 수 있게 한다.

3. 브라운의 문학 반응 모델

브라운(Brown, 1995)의 문학 반응 모델은 문학 텍스트에 대한 청소년들의 참여를 고양시키기 위해 기획되었다. 이 모델은 청소년들이 문학 텍스트에 대해 인지적이고 정서적인 다양한 방법들로 반응할 수 있도록 안내하기 위한 5단계 접근법을 보여준다. 브라운의 문학 반응 모델은 청소년들이 사고하고 느낌으로써 문학 텍스트에 대해 반응한다는 믿음을 보여준다.

이 모델에 제시된 다양한 단계들을 사용함으로써, 청소년들은 문학 텍스트에 대한 자신의 사고와 감정들을 표현할 기회들을 갖는다. 모델에 제시된 다섯 개의 수준들은 청소년들이 문학 텍스트에 대한 그들의 반응들을 검토하는 방법들을 설명하기 위해 마련되었다. 이 다섯 개의 수준들은 청소년들이 특정 문학 텍스트에 반응해야만 하는 방법을 규정하기 위해 마련된 것이 아니다. 문학 반응 모델을 사용하는 것은 교사의 질문보다도 더 많은 개념적 이해를 가져다 줄 것이다.

이 모델은 문학 토론뿐만 아니라 글쓰기를 통해 청소년들의 다양한 문학적 이해를 끌어내기 위한 여러 활동들과 질문들의 구조를 제공한다. 이러한 문학 탐구 전략들을 사용하는 것은 교사들이 엄격하게 준수해야 할 융통성 없는 접근법이 아니다. 그것은 심미적 접근법을 포함해서, 청소년들이 다양한 관점에서 문학 텍스트를 이해할 수 있도록 돕기 위한 경험들, 활동들, 그리고 질문들을 계발하기 위한 안내이다. 이에 대해 시안시도와 퀴릭(Ciancido & Quirk, 1993)은 다음과 같이 말한다.

> 예술로서의 문학에 대한 비판적이고 심미적인 반응은 이야기(시, 드라마, 문학 전기)의 구성요소들에 의해 야기된 인지적이고 정서적인 경험들에 대한 인식과 감상, 특별한 문화 전통들과 시간의 흐름에 의해 정해진 범주들과 특성들에 따라 문학 텍스트들을 비판적으로 평가할 수 있는 능력, 문학 텍스트 선택 과정에서 미적인 것을 인식하고, 자신의 개인적 취향에 따라 미적인 것을 선호하는 능력 등으로 구성된다.(Ciancido & Quirk, 1993 : 15)

문학적 반응을 촉진하기 위한 전략들 중의 하나는 '질문 생성하기 전략'이다. 문학 텍스트에 대해 질문하기 전략은 충분히 변경 가능한 것이므로, 그 질문들은 청소년들의 반응을 촉진할 것이다. 이 변경 가능성은 질문들에 대한 청소년들의 문학적 토론뿐만 아니라 글쓰기를 촉진하는 과정에서 생겨나야 한다. 많은 경우에, 질문하기 전략에 토대를 둔 문학 토론은 청소년들이 문학 텍스트를 지나치게 규범적으로 탐구하게 한다. 아주 자주, 문학 수업에서 활용되는 질문하기 전략은 청소년들이 교사의 무언의 지침을 충족시키기 위해 갖게 되는 정서적인 차원들과 관련된다. 프라거(Frager, 1993)는 순수하게 인지적인 읽기 후 활동의 제한적인 효과를 다음과 같이 설명한다.

교사들이 문학 토론 활동을 증진하기 위해 동원하는 많은 전략들은 블룸(Bloom)의 '교육 목적 분류'에 따른 교사 질문과 청소년 반응의 인지적 수준들에 초점을 둔다. 읽기 후 활동들에서 요구하는 인지적 분석들은 중요한 가치를 가진다. 그러나 이 활동의 보다 본질적인 가치는 이 활동들에서 교사와 청소년간에 맺어지는 사회적 관련성인 정서적 차원들을 살펴봄으로써 많은 것들이 얻어질 수 있다.(Frager, 1993 : 620)

브라운의 문학 반응 모델에 제시된 문학 토론하기의 다섯 수준들은 다음과 같다.

수준 1	사실적	인지적
수준 2	공감적	정서적
수준 3	분석적	인지적
수준 4	동정적	정서적
수준 5	비판적	인지적 / 정서적

〈그림 11-2〉 브라운의 문학 반응 모델

사실적 수준에서, 청소년들은 문학 텍스트에 형상화된 사실들을 단순히 관련시킨다. 이 수준에서 청소년들은 문학 텍스트에 대한 가장 기본적인 이해를 나타낸다. 이 수준에서 청소년들은 문학 텍스트와 순수하게 인지적인 상호 작용을 한다. 사실적인 수준에만 오로지 한정된 문어적 반응은 신문기사와 비슷할 것이다.

공감적 수준에서 청소년들은 작중인물을 자신의 상황과 관련지을 수 있는 기회를 갖는다. 이 수준에서, 청소년들은 자신을 작중인물이 활동하는 장소에 놓을 수 있고, 작중인물이 감정을 느끼는 방법을 인식할 수 있다. 자기 자신을 작중인물의 상황에 전이함으로써, 청소년들은 문학 텍스트를 자기 자신의 삶과 연관지을 수 있은 기회를 갖게 된다. 이렇게 함으로써, 청소년들은 문학 텍스트에 있는 추상적인 내용들을 구체적인 경험들로 변

환시킬 수 있다. 이러한 반응들은 정서적인 것이며, 청소년들이 작중인물
과 그의 상황을 주체적으로 연계할 수 있게 한다.

분석적 수준은 문학 텍스트에 대한 꼼꼼한 읽기(close reading)와 구성요소
들에 대한 검토를 요구한다. 이 수준은 거의 대부분의 문학 수업에서 가
장 흔하게 사용되고 있다. 문학 텍스트에 대한 분석적 검토를 통해 청소
년들은 작중인물의 전개(형상화), 상징적 표현, 주제, 어조, 그리고 작중인
물의 욕구 등을 이해하는 데 도움을 받는다. 이 수준은 인지적이다.

동정적 수준은 문학 텍스트에 대한 청소년들의 문학적 반응의 유형을
보여준다. 이 수준에서 청소년들은 동정적인 방법으로 상황, 작중인물의
승리와 패배 등에 반응할 것이다. 교사들은 청소년들이 작중인물의 행동
에 동의하는지 혹은 작중인물의 가치 체계를 공유하는지의 여부에 관계
없이, 청소년들에게 연민의 감정이 생기게 하려고 한다. 이 연민을 통해
청소년들은 작중인물의 특정한 행동 이유를 이해할 수 있고, 작중인물의
행동 결과에 대해 동정을 할 수 있다. 청소년들은 공감적이 되는 것보다
는 동정적이 되는 데 보다 많은 어려움을 느낀다. 삶에 대한 제한된 경험
때문에 청소년들이 진정한 연민을 표현하는 것은 어려울 수 있다.

이 수준에서, 청소년들은 작중인물의 곤경에 대한 주관적이고 공감적인
동일시 상태에서 벗어나는 데 도움을 얻는다. 청소년들은 자신이 본질적
으로 경험하지 못한 문제들을 동정하고 이해하도록 요구받는다. 그러나
공감보다 연민은 청소년들이 경험하기에는 다소 어려운 추상적인 감정이
다. 청소년들이 자기 자신을 그 상황에 놓지 않고서는 다른 사람의 곤경
에 반응할 수 없기 때문에, 이 어려움은 생겨난다. 그리고 청소년들의 제
한된 경험들이 그들이 경험하지 못한 문제들을 이해할 수 없게 하기 때문
이기도 하다.

이 수준에서 청소년들은 자신의 독서에 정서적으로 반응하고, 자신의
경험에서 벗어난 관심사를 상상하도록 격려 받는다. 동정(sympathy)이 사회

적인 인식인 반면에, 공감(empathy)이 개인적인 반응이라는 측면에서 공감
적 수준과 동정적 수준은 구별된다. 동정적 수준은 개인이 다른 사람의
경험, 행위, 반응 등을 이해하기 위해 자신의 주관적인 반응을 보류할 수
있는 사회에서의 사회적 계약의 일종으로 인식된다.

비판적 수준은 문학 텍스트의 가치에 대한 해석 공동체의 합의된 이해
와 연관되는데, 브라운의 문학 반응 모델에서 마지막 수준에 해당된다. 이
수준에서, 청소년들은 문학 텍스트의 가치 혹은 장점에 대한 해석적 검토
를 한다. 또한 청소년들은 문학 텍스트에 대한 작가의 관련성을 확인하고,
텍스트의 가치와 유용성에 대한 판단을 하고, 예상을 한다. 이 수준은 인
지적 이해와 정서적 이해가 상호 관련된다.

1) 문학 텍스트에 대한 정서적 반응

원래 정서적 연계들은 문학 텍스트와의 정서적인 상호 작용을 필요로
한다. 문학 반응 모델에서 공감의 수준과 동정의 수준은 독자들이 문학
텍스트를 검토하고, 토론하고, 문학 텍스트에 대한 이해와 개인적 연계를
공유하기 위한 기회들을 독자들에게 제공한다. 동정적 수준을 통해, 청소
년들은 다른 사람들의 요청과 시도들에 대한 관점을 얻음으로써, 이전에
는 결코 경험하지 못했던 것들을 관찰하고 이해할 수 있다.

공감적 수준을 통해 청소년들은 자신의 경험을 작중인물의 경험들과 연
계하여 자기 자신의 경험들을 객관적으로 볼 수 있는 방법들을 얻는다.
공감의 개념은 브룩스(Bruce Brooks, 1993)에 의해 보다 확장된 맥락 속에서
검토되었다. 브라운의 문학 반응 모델이 작중인물에 대한 청소년들의 공
감을 검토한 반면에, 브룩스는 공감의 상호 관계를 통해 다른 관점을 제
시하였다. 그는, 작가가 작중인물을 창조하기 위해서가 아니라, 독자가 작
중인물들과 만나 공감하기 위해 상상력이 필요하다고 한다. 그리고 그는

독자가 작중인물과 만나 또 다른 삶을 영위하기 위해서는 상상력의 즉각
적인 이동이 필요하다고 말한다. 또한 독자가 작중인물과의 만남을 다른
독자와 공유하기 위해서는 작중인물의 삶에 대한 인식을 가능하게 하는
상상력의 비약이 필요하다고 말한다.

본질적으로 브룩스가 탐구한 것은 독자와 접촉하려는, 그리고 언어적
형상화를 통해 자신이 창조했던 경험들과 삶을 독자들이 경험하도록 하려
는 작가의 능력이다. 이는 결국 작가와 독자 간의 연계와 관련된다. 작가
가 독자로 하여금 문학 텍스트의 세계에 들어와, 그 세계들을 느끼도록
하는 연계는 문학 읽기가 의미 있는 것이 되게 한다. 이러한 문학 읽기를
위해선 교사의 역할이 중요하다. 문학능력이 형성 과정에 있는 청소년들
이 독자, 문학 텍스트 등과의 완전한 연계를 형성할 수는 없기에, 교사의
비계(scaffolding)가 필요하다.

교사는 청소년들에게 "작가는 언어를 통해 어떤 분위기와 반응들을 창
조하려고 하는가, 그리고 이를 위해 무엇을 하고 있는가?"와 같은 질문을
하여, 청소년들이 문학 텍스트에 형상화된 작가의 의도와 언어적 형상화
정도를 탐구할 수 있도록 해야 한다. 이러한 유형의 상호 작용과 성찰은
문학 텍스트와 맺는 자신의 연관과 이해를 고양시킬 것이다.

2) 브라운 문학 반응 모델의 적용

청소년들은 문학 텍스트에 대한 다양한 반응들을 탐구하기 위해 텍스트
의 구조를 인식함으로써, 브라운의 문학 반응 모델을 알 수 있다. 청소년들
에게 반응 모델의 수준에 대해 가르침으로써, 교사들은 청소년들이 문학
텍스트에 반응하기 위한 다양한 방법들이 있다는 것을 인식하도록 돕는다.
청소년들은 문학 텍스트, 작중인물과 그의 행동에 대해 생각하기 위한 틀
인, 문학 텍스트를 탐구하기 위한 반응 모델을 활용하고 적용할 수 있다.

(1) 교실 학습 공동체(Classroom Learning Community)

전체 학습(whole class) 동안에, 반응 모델은 청소년들의 문학적 반응들을 정교화하기 위한 각 수준에서의 혹은 특정한 수준에서의 학습 과제에 대한 문학 토론의 출발점으로써 활용될 수 있다. 이러한 학습 과제는 교사나 청소년들에 의해 마련될 것이다. 또한 학습 과제는 문학 토론이나 글쓰기를 위한 출발점의 역할을 할 것이다.

예를 들어, 교사는 청소년들로 하여금 문학 텍스트에 형상화된 갈등들을 확인하도록 할 수 있을 것이다(분석 활동). 이에 따라 자신의 문학적 반응들을 이야기할 때, 청소년들은 자신이 갈등의 요소들과 갈등의 해결에 직면하면서 느꼈던 방법을 토론할 것이다. 청소년들의 감정은 독서를 통해 느꼈던 참여 정도와 유형에 따라 공감적인 혹은 동정적 혹은 가능한 비판적인 것 등으로 특징지어질 것이다.

(2) 청소년들의 공유와 학습 집단

S³ 그룹에서, 청소년들은 문학 텍스트에 대해 집단 구성원들과 탐구하고, 문학 토론의 범위를 정하는 과정에서 보다 많은 것들을 말할 수 있다. 예를 들어, 청소년들은 여러 작중인물들에 대한 자신들의 반응을 공유함으로써 공식적 반응과 동정적 반응 사이의 차이점을 파악할 수 있을 것이다.

청소년들은 또한 비판적인 수준의 반응들을 탐구하고, 특별한 단원에서 문학 텍스트들을 평가하기 위한 범주들을 정할 것이다. 청소년들이 하는 또 다른 활동은 최근에 읽은 두 문학 텍스트들의 배경에 나타난 공통점과 차이점을 명료하게 나타내는 것이다. 이 분석 활동은 <그림 11-3>과 같이, 비교/대조 다이어그램을 개발함으로써 촉진될 수 있다. 각각의 문학 텍스트만이 갖는 특성들은 그에 해당되는 부분에만 기록되고, 두 텍스트 사이의 공통점은 겹쳐지는 영역에 기록된다. 비교/대조 다이어그램은 교수-학습 전략으로서 다른 장에서 보다 자세하게 논의될 것이다.

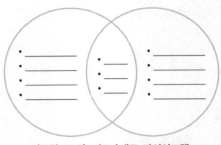

〈그림 11-3〉 비교 / 대조 다이어그램

(3) 학습 동료

브라운의 문학 반응 모델을 적용하는 한 가지 방법은 청소년들이 반응 일지에 문학 읽기 반응을 쓰는 것이다. 다섯 가지 유형의 반응 틀을 통해, 청소년들은 자신의 반응들을 탐구할 수 있고, 자신이 반응하기 원하는 방법들을 결정할 수 있다. 예를 들어, 학습 동료들은 문학 텍스트가 청소년들로부터 주로 인지적 혹은 정서적 반응을 이끌어냈는지의 여부에 대해 토론하고, 청소년들이 그렇게 반응을 한 이유를 결정할 것이다.

(4) 개별 학습

브라운의 문학 반응 모델은, 교사의 최소한의 간여와 지도 속에 청소년들이 스스로 문학 텍스트를 탐구하도록 한다. 독립적인 학습을 위해, 청소년들은 반응 모델을 통해 자신의 반응을 검토하고 반응을 결정하기 위한 유용한 틀을 얻을 수 있다.

독립적인 학습의 한 가지 유형은 청소년들이 특정 작가의 문학 텍스트에 대한 특별한 흥미를 갖고, 그 작가의 텍스트에 대한 광범위한 학습을 하고자 하는 경우이다. 예를 들어, 어떤 독자는 이옥수의 『푸른 사다리』에 그려진 '윤제'의 삶을 탐구하고 조사하고자 할 것이다. 이 독자는 윤제의 삶에서 주요한 사건들, 즉 윤제의 가출, 비행, 그리고 다시 소년다운 푸른 희망을 회복하는 것을 확인하고, 이러한 사건들의 변화가 윤제의 정신적 성장을 가져온다는 것을 밝힐 것이다.

이것은 작중인물 도표에 의해 보다 쉽게 밝혀질 수 있다(표 11-1). 작중인물 도표는 왼쪽 부분에 작중인물이 겪은 주요 난관들과 사건들이 기록되고, 가운데 부분에는 그 인물의 행동이 기록되고, 오른쪽 부분에는 작중인물의 변화에 대한 통찰력이 기록된다. 이러한 종류의 도표는 문학 반응 모델의 어떤 측면을 밝히기 위해 만들어질 수 있다. <표 11-1>에서, 청소년들은 '행동'으로 이름 붙여진 칸에 작중인물의 행동을 분석하여 기록한다. 그리고 '통찰력'으로 이름 붙여진 칸에, 비판적 혹은 공감적인 반응들을 기록한다.

작중인물 도표		
난 관	행 동	통찰력
·	·	·
·	·	·
·	·	·
·	·	·

〈표 11-1〉 작중인물 도표

3) 문학 반응 모델의 적용

브라운의 문학 반응 모델의 목적은 청소년들이 문학 텍스트에 대한 인지적 반응과 정서적 반응을 결합하도록 하기 위한 틀을 제공하는 것이다. 다음의 예들은 중학교 수준에서, 이옥수의 『푸른 사다리』를 대상으로 하여 문학 반응 모델을 적용한 것이다. 모델의 적용은 문학 반응 모델의 각 수준에서의 질문들과 약간의 일반적인 쓰기 활동들을 포함한다. 또한 이러한 경험들을 수행하는 청소년들의 학습 활동을 포함한다.

대상 텍스트 : 이옥수의 『푸른 사다리』

① 문학 토론 / 사전 쓰기를 위한 질문
▶ 수준 1 : 사실적 수준
• 윤제의 가장 친구는 누구인가?
•
▶ 수준 2 : 공감적 수준
• '사라져야 한다!'고 느끼면서 윤제가 가출을 결심한 것에 대해 어떻게 생각하는가?
•
▶ 수준 3 : 분석적 수준
• 윤제에게 아지트는 무엇을 의미하는가?

▶ 수준 4 : 동정적 수준
• '학교에 안 간다'고 다짐하면서, 윤제는 어떤 느낌을 갖고 있는가?
•
▶ 수준 5 : 비판적 수준
• 학교에 안 가는 윤제를 때리는 그 아빠에 대해 어떻게 생각하는가?
•

② 글쓰기 활동
• 어렸을 때, 윤제처럼 학교에 가기 싫었던 적이 있었는가? 그렇다면, 학교에 가기 싫었던 이유들을 생각해보고, 그 이유들을 글로 써서 설명해 보자.
•

③ 학습 활동
▶ 수준 1 : 사실적 수준
• 네가 만든 문학 텍스트 표지에 의해 예시된 책 대화를 준비한다.

▶ 수준 2 : 공감적 수준
• 작중인물이 자신의 감정이나 반응들을 나타내는 특정 장면들을 선택한다. 그리고 학습 동료 혹은 S³의 구성원들과 함께 그 장면을 연기해 본다.

▶ 수준 3 : 분석적 수준
  • 윤제, 그의 형, 어머니, 아버지, 여러 친구들 사이의 상호 작용을 보여주는 관련성 도표를 완성한다.
▶ 수준 4 : 동정적 수준
  • 윤제의 입장에서 그의 친한 친구 태욱이에게 자신의 감정을 설명하는 편지를 쓴다.
▶ 수준 5 : 비판적 수준
  • 자신에게 상징적 의미를 갖는 삶이나 시간들을 재현하기 위해 창의적인 프로젝트(미술, 드라마, 음악, 수공예 등)를 만든다.

다음의 <표 11-2>는 각 수준에서 청소년들이 사용할 수 있는 사고 과정들을 보여준다.

〈사실적 수준〉	〈공감적 수준〉
• 묘사(설명)하기 • 회상하기 • 이해하기 • 사실들 관련짓기 • 비교하기 • 중심 생각 말하기	• 상상하기 • 창안하기 • 마음 표현하기 • 작중인물에 동일시하기 • 상황들에 동일시하기
〈분석적 수준〉	〈동정적 수준〉
• 추론하기 • 일반화 입증하기 • 동기 확인하기 • 문학 용어 적용하기 • 문제 해결하기 • 예상하기 • 종합하기	• 반응하기 • 작중인물들 관련짓기 • 반발하기 • 감지하기 〈비판적 수준〉 • 평가하기 • 판단하기 • 해석하기 • 추측하기

〈표 11-2〉 각 수준의 사고 과정

4. 토론하기와 글쓰기 전략

이번 절에서는 글쓰기와 문학 토론을 위해 사용할 수 있는 몇 가지 전략들을 살펴볼 것이다. 이 전략들은 브라운의 문학 반응 모델 혹은 이 모델의 각 단계들 속에서 사용될 것이다. 각 전략들의 목적은 청소년들의 문학 텍스트 읽기와 반응의 공유를 촉진하는 것이다.

1) 의미 첨가와 삭제

의미의 첨가와 삭제는 소설, 시, 실화 등의 짧은 이야기, 혹은 수많은 의미들을 갖고 있는 다른 문학 텍스트 등에 대한 꼼꼼한 읽기를 촉진하는 과정이다. 이 접근법은 청소년들이 다양한 의견을 제시하는데 보다 효과적인 브레인스토밍을 포함하기 때문에, 전체 학습을 위해 가장 효과적으로 사용된다.

그 과정은 간단하다. 교사는 선택된 문학 텍스트의 제목을 제시하면서, 청소년들로 하여금 의미에 대해 성찰하게 한다. 청소년들은 가능한 한 많은 아이디어들을 생성하도록 격려 받는다. 브레인스토밍을 할 때, 청소년들은 창의적으로, 지원적인 교실 분위기에 의존하는 과업을 수행하도록 격려 받는다.

할 수 있는 한 제목을 통해 많은 가능한 의미들을 청소년들이 생성한 뒤에, 교사는 선택된 문학 텍스트의 첫 문장(시가 사용되고 있다면, 시의 첫 행)을 제시한다. 청소년들은 한 번 더 가능한 의미들을 브레인스토밍을 한다. 이 과정은, 선택된 많은 텍스트들을 제시하여 구성원들이 모든 반응들을 별도로 살펴보고, 그 반응들에 대한 판단을 할 수 있을 때까지 계속된다. 학급의 여론은 어떤 반응이 무시될 수 있는지 아닌지를 결정한다. 더 이상 진실 같지 않은 반응들은 무시된다. 문학적 반응들이 충분한 근거들을

갖고 있지 못하다면, 이러한 반응들은 텍스트 그 자체에 의해 입증되어야
만 한다. 모든 비본질적인 반응들이 무시되고, 남아 있는 반응들이 실용적
인 해석이 될 때까지, 이 과정은 계속된다. 이 과정은 시 텍스트에 특히
잘 적용된다.

2) 독자 극장(readers theatre)

독자 극장은 청소년들이 문학 텍스트에 대한 경험을 하도록 하는 접근
법이다 ; 청소년들은 문학 텍스트에 대해 대화하고 글을 쓸 뿐만 아니라,
문학 텍스트에 대해 들음으로써 문학 텍스트를 경험한다. 독자 극장에서,
대본은 문학 텍스트에 등장하는 두 인물 사이의 대화에 토대를 두어 만든
다. 소설이 가장 자주 사용되지만, 시와 비소설도 또한 개작될 수 있다.
교실에서의 독자 극장을 위한 대본들은 처음에 교사들에 의해 주로 만들
어진다. 그러나 청소년들이 작중인물의 언어와 상호 작용에 대해 이해할
때, 청소년들은 더 많은 대본들을 만들기 위해 개인적으로 혹은 소집단
내에서 활동할 수 있다.

라트로브와 라프린(Latrobe & Laughlinl, 1989)은 "감정의 해석을 목소리와
몸짓으로 나타내어 텍스트를 재생산하기 위해 독자는 그 작가의 의도를
경험하고, 문학 텍스트의 모든 의미를 완전히 이해해야만 한다."(3면)고 말
한다. 독자 극장에서 문학 텍스트에 대한 꼼꼼한 읽기를 통해 청소년들은
보다 심화된 문학 읽기를 할 수 있다.

또한 독자 극장에서의 효과적인 텍스트 선택은 청소년들이 여러 문학
텍스트들을 읽도록 촉진할 수 있다. 대본을 위한 자료를 선택하는 과정은
청소년들이 텍스트를 꼼꼼하고 비판적으로 읽는 것을 필요로 한다. 청소
년들은 또한 대본을 개발할 때 문학 텍스트의 예술적 효과에 대한 이해와
심미적 인식을 얻는다. 어떤 행동들이나 보조 수단이 없는 문학 읽기로부

터 장면을 봄으로써, 청소년들은 그 장면의 의미와 그 장면이 작중인물들에 대해 나타내는 것에 집중할 수 있다. 독자 극장은 또한 청소년들이 자신이 경험했던 것에 대해 토론하도록 하는 데 효과적이다. 개발된 대본은 다른 교과 영역, 특히 사회과 같은 교과에서 유용하게 활용될 수 있다.

3) 책 대화(book talk)

책 대화는 청소년들이 개별적으로 읽어왔던 문학 텍스트들을 교실에서 동료 학생들과 공유하게 하는데 효과적인 방법이다. 책 대화는 또한 청소년 문학 텍스트 읽기의 흥분과 영향력을 소통하기 위한 중요한 수단이다. 책 대화를 통해 청소년들은 지금까지 전혀 생각하지 못한 화제들과 문학 텍스트들에 대해 관심을 가질 수 있다. 책 대화를 위해, 교사는 처음에 책 대화를 하는 방법을 청소년들에게 시범을 보여야 하는데, 이때는 책 대화가 전통적으로 이루어져 온 구두적인 문학 텍스트 안내(문학 텍스트 내용 보고)가 되지 않도록 한다.

책 대화는 문학 텍스트 검토나 문학 텍스트 내용 보고 혹은 문학 텍스트 내용 분석과는 다르다. 책 대화에서는 문학 텍스트의 가치를 판단하지 않는다. 그리고 그 문학 텍스트가 좋은 것이므로 대화가 거기에서 더 진전되어야 한다는 것을 전제한다(Bodart, 1988 : 2). 책 대화의 목적은 다른 청소년들을 자극해서, 그들이 문학 텍스트들 읽도록 하는 것이다. 따라서 책 대화는 이야기를 말하는 것이 아니라, 흥미를 창출하는 것이다. 책 대화는 5~7분쯤 정도 지속하는 것이 좋다. 책 대화는 다음과 같은 과정을 거친다. 첫째, 청소년들은 제목, 작가의 이름, 삽화가의 이름 등을 제공해 주면서, 문학 텍스트를 설명한다. 둘째, 청소년들은 다른 청소년들이 그 문학 텍스트를 읽도록 고무시키기 위해 충분히 대화할 수 있는 여러 접근법을 사용한다. 이것은 절정 부분으로 나아가는 주요 사건들 요약하기 혹은 한 두 명 이상의 작중인물들에 대해 학습하기 혹은 문학 텍스트의 특정한 양상에 초점두기 혹은 다른 사람들의 흥미를 돋우는 그 밖의 다른 것과 관련된다. 책 대화는 S^3 그룹과 같은 소집단에 특히 효과적이다. 책 대화는 유연한 시간 운영을 통해, 청소년들이 문학 텍스트에 대한 대화를 언제 시작할 것인지를 결정할 수 있게 한다.

4) 문학 텍스트 공유하기

문학 텍스트 공유하기를 통해 청소년들은 주로 S^3 그룹 내에서 혹은 학습 동료들과 함께, 독서 과정에서 어떤 구절들 혹은 부분들을 소리 내어 읽을 수 있다. 선택된 텍스트의 길이는 청소년과 교사에 의해 결정된다. 이 전략을 수행하는 과정에서, 청소년들은 작가가 작중인물을 생생하게 살아있는 인물로 만들고, 자신들을 이전에는 알지 못하는 장소로 이동시키고, 새로운 감정들과 반응들을 불러일으키는 방법을 들음으로써, 언어의 힘을 인식할 수 있다.

문학 텍스트 공유하기는 대부분의 문학 수업에서 청소년들의 문학능력이 매우 다양하기 때문에 선택적인 활동이 되어야 한다. 문학능력이 미숙한 청소년들에게는 동료들 앞에서 문학 텍스트를 읽어야 한다는 생각이 고통스럽고, 심지어는 정신적 상처가 될 수도 있다. 청소년들은 문학 텍스트 공유하기의 목적이 자신이 읽은 문학 텍스트를 다른 청소년들이 읽도록 고무하는데 있음을 기억해야만 한다. 문학 텍스트 공유하기의 성공은 두 가지의 기본적인 요소들, 즉 텍스트의 신중하고 사려 깊은 선택, 그리고 명쾌함과 표현이 있는 독서에 달려 있다. 소리 내어 읽기는 실천과 연습을 필요로 한다.

5) 입장 바꾸어보기(trading places)

이 전략은 청소년들이 작중인물에 동일시되어 작중인물에 대한 통찰력을 얻을 수 있게 한다. 이 전략은 토론이나 창의적인 수업 계획을 위한 준비로써 사용될 수 있다. 첫째, 청소년들은 지금까지 직면해 왔던 난관, 혼란스러운 순간, 혹은 무서웠던 경험 등과 같은 자신의 삶에서 기억할만한 사건에 대해 쓴다. 그 다음에, 청소년들은 자신이 좋아했던 문학 텍스트에서 한 인물을 선택하여, 그 인물의 칭찬하고 싶은 특성들을 설명한다. 그런 다음 자신이 실제로 경험했었던 것들을 작중인물이 경험하고 있다고 상상해보고, 그 인물이 어떻게 반응할지에 대해서 설명한다.

5. 요약

청소년들은 의미 있는 문학 토론 수업과 글쓰기 경험을 통해 청소년 문학 읽기에 참여할 수 있다. 청소년 문학 읽기 경험들을 반응 일지에 씀으로써, 청소년들은 자신의 반응, 감정, 사고, 아이디어, 성찰, 그리고 의견 등을 기록하여 문학 텍스트에 반응할 수 있다. 반응 일지는 의미를 구성하고, 자기 반성을 하고, 중요한 아이디어들과 흥미 있는 언어를 기록하는 장소이다.

브라운의 문학 반응 모델은 청소년 문학 텍스트에 대한 청소년들의 참여를 고양시키기 위해 기획되었다. 이 모델은 청소년들이 인지적이고 정서적인 다양한 방법을 통해 청소년 문학 읽기를 하고, 문학 텍스트에 반응할 수 있도록 안내하는 다섯 단계의 접근법을 갖는다.

제 12 장

청소년 문학 텍스트 활용을 위한 교수 전략

이 장의 목적은 청소년 문학 텍스트들을 활용하기 위한 풍부한 교수 전략들을 안내하는 것이다. 이 전략들은 교사가 독자 참여 모델의 원칙들, 즉 '시작하기', '연계하기', '내면화하기', 그리고 '공유하기' 등을 실행하도록 돕기 위해 마련되었다.

이 전략들은 상호 작용적 과정으로서의 읽기 이론들, 거래적이고 심미적인 경험으로서의 문학 텍스트에 관한 이론들에 토대를 두고 있다. 소설과 논픽션의 활용을 위해 이 장에 제시될 전략들은 시작하기, 연계하기, 내면화하기 등의 과정을 갖는 독자 참여 모델의 전략들과 연관지어질 것이다. 그러면 소설 텍스트들을 대상으로 하여, 이 전략들이 독자의 초기 문학 읽기와 어떻게 관련되는지를 살펴보자.

1. '소설 읽기 시작'을 위한 전략들

1) 상호 작용과 성찰을 위한 활동 진술

청소년들이 독서 단계를 설정하도록 하기 위해, 독서를 하는 동안 중요한 개념들과 아이디어들에 초점을 두도록 하기 위해, 그리고 읽기 후에 문학적 반응의 내면화를 촉진하도록 하기 위해, 교사들은 몇 가지 다른 유형의 활동 진술을 사용할 수 있다. 이처럼 조직화된 활동 진술들은 학급의 모든 청소년들이 동일한 문학 텍스트를 읽고 있을 때 혹은 청소년들이 공통의 주제를 갖는 서로 다른 텍스트들을 읽고 있을 때 활용될 수 있다. 일반적으로 교실 수업에서, 질문들이 지나치게 많이 사용되고 잘못 사용됨으로써, 청소년들은 질문에 대한 부정적인 태도를 갖는다. 따라서 질문들보다는 활동 진술을 사용하는 것이 좋다. 그러나 때로는 변경 가능한 질문들이 있는 성찰의 활동 진술들과 상호 관련되도록 하는 것이 좋다.

상호 작용과 성찰의 활동 진술들은 청소년들이 읽을 것에 대한 사고를 하도록 하기 위해, 그리고 그들의 사전지식을 활성화시키기 위해 사용된다. 청소년들은 일반적으로 3~5개인 일련의 활동 진술들에 동의하거나 반대하도록 요청받고, 활동 진술들에 대한 토의에 참여하도록 요청받는다. 청소년들은 이러한 활동 진술들과 관련된 텍스트들을 읽을 것이고, 독서 후에 자신들의 마음을 변화시키기 위한, 그 활동 진술들에 다르게 반응하기 위한, 심지어 그 활동 진술들을 다시 쓰기 위한 기회를 가질 것이다. 그러나 청소년들은 문학 읽기 초기에 텍스트에 대한 태도를 취해야 한다. 청소년들은 "나는 모른다"와 같은 태도를 취해서는 안 된다. 이러한 기회들을 가짐으로써, 청소년들은 문학 읽기에 적극적으로 참여하고, 학습되고 있는 개념들, 사상들, 이슈들에 대한 인식을 심화시킬 수 있다. 문학 읽기를 할 때, 청소년들은 그 활동 진술들과 관련된 메모를 한다. 문학 읽기 후 토론하기 과정에서 청소년들은 그 활동 진술들에 다시 반응하기 위해 이 메모들을 사용한다.

이 전략은 교실 학습 공동체, S³ 그룹, 그리고 학습 동료들에게 잘 작용한다. 이 전략은 그 활동 진술이 자극을 하는 것 또는 논쟁의 여지가 있는 것이기 때문에, 그 활동 진술이 청소년들로 하여금 사고하도록 자극하는 것이 되어야 한다. 문학 텍스트를 대충 훑어봄으로써 쉽게 대답될 수 있는 사실에 충실한 활동 진술들은 이 전략의 성취를 어렵게 할 것이다.

상호 작용과 성찰의 활동 진술에 친숙해질 때에, 청소년들은 자신의 비판적인 사고 기능들과 보다 많은 개념적 이해를 위한 활동들을 S³ 그룹 내에서, 그리고 학습 동료들과 함께 할 수 있다. <표 12-1>은 한국전쟁 후 청소년의 성장 과정을 그린 오정희의 「중국인 거리」에 사용된 활동 진술들의 예이다.

읽기 전 동의 / 반대		읽기 후 동의 / 반대
	1. 중국인 거리는 전쟁 후의 비참한 생활 모습을 보여준다.	
	2. '나'는 중국인 청년을 통해 사춘기 소녀의 정체성을 경험하게 된다.	
	3. '나'는 성장통을 겪기 위해 '나'만의 공간을 필요로 한다.	
	메모 :	

〈표 12-1〉 상호 작용과 성찰의 활동 진술

2) 독서 룰렛(회전 원판, Roulette)

이 전략에서, 교사들은 교실에 있는 청소년들 수만큼이나 많은 문학 텍스트들을 선택한다. 이 전략의 목적은 짧은 시간 안에 청소년들이 몇 가지 문학 텍스트들을 검토할 수 있는 기회를 제공하는 것이다. 청소년들은 어떤 문학 텍스트를 검토하기 위해 약 5분 정도의 시간을 가진 뒤에, 서로 문학 텍스트를 교환한다. 이 과정은 수업 시간 동안 여러 번 반복될 수 있다. 5분 동안, 청소년들은 문학 텍스트 표지, 작가에 대한 정보, 그리고 문학 텍스트의 일부분을 읽음으로써 문학 텍스트에 대한 판단을 한다.

이러한 활동들을 하기 위해 청소년들은 작가의 이름, 문학 텍스트 제목, 자신의 흥미에 토대를 두어 문학 텍스트 주문 순위 혹은 문학 텍스트의 주제를 설명하는 짤막한 문장을 목록에 기입하는 것이 좋다. 이 전략은 청소년들이 보다 많은 문학 텍스트들에 노출되어 독립적인 읽기를 하도록 촉진할 것이다.

3) 사각형으로 짝짓기(Paired Squared)

이 전략은 청소년들이 텍스트에 대한 사전지식을 활성화시켜 선택한 텍스트를 읽기 위한 준비를 하도록 돕는다. 이 전략은 소설이나 논픽션에 효과적으로 사용될 수 있다. 교사들은 칠판에 선택된 텍스트와 관련된 단어, 어절, 문장 혹은 짧은 시 등을 쓰고, 청소년들로 하여금 될 수 있는 한 많이 개별적으로 그것들과의 관련성을 기록하게 한다. 그 다음에, 청소년들은 자신의 목록을 학습 동료들과 공유하고, 자신의 목록을 묶을 수 있는 새로운 연합을 만든다. 그런 다음 각 짝은 다른 짝들과 그 목록을 공유하고, 새로운 연합을 만든다. 끝으로, 네 개의 각 집단은 학급의 학생들과 함께 연합된 목록을 공유한다. 교사는 이 연합들을 통해 학생들이 선택된 텍스트를 읽도록 지도할 수 있다.

다음의 시는 다양한 유형의 '벽'들에 대한 독서를 시작하도록 하는 데 사용될 수 있을 것이다.

벽

벽들,
나누고, 합한다
연결하고, 분리시킨다
이야기를 하면서…….

• 청소년들에 대한 지시사항 : 이 시를 읽을 때 무슨 생각을 하게 되는가? 가능한 많이 이 시에 대한 연관을 글로 써라.

2. 소설과의 연계를 위한 전략들
(Strategies for Connecting-fiction)

1) 독서표(reading mark)

청소년들은 해마다 자신의 문학 수업에서 초기 활동이 문학적 용어를 학습하고, 문학 용어의 정의에 따라 질문을 하는 것이었다고 말해 왔다. 청소년들은 "그 질문들 뒤에 곧바로 그것들을 잊어버리기" 때문에, 이 활동들이 지루하고 요점이 없다고 인식해 왔다. 문학의 언어는 의미 있는 방식으로 문학을 탐구하게 하는 어휘를 청소년들에게 제공하고, 이에 의해 청소년들은 문학적 용어를 사용할 기회들을 가져야 한다. 그래야만 청소년들은 문학 텍스트를 읽을 때 그 용어들을 익숙하게 적용할 수 있을 것이다. 청소년들이 이러한 활동들을 하도록 하기 위해서는, 청소년들이 문학 텍스트를 읽을 때 문학적 용어들을 적용하도록 하는 상호 작용적 서표(bookmark)인 독서표를 활용하도록 하는 것이 좋다(<표 12-2> 참조).

문학 텍스트를 읽을 때, 청소년들은 손에 독서표를 갖고 있음으로써 즉각적으로 텍스트에 반응하고, 자신의 성찰을 다른 청소년들과 공유하게 된다. 이에 의해 청소년들은 진정한 문학적 반응을 할 수 있게 된다.

〈독 서 표〉
* 텍스트를 읽을 때, 텍스트의 주요 정보를 기록하기 위해 이 독서표를 사용하시오.

- 문학 텍스트 제목 :
- 작가 :
- 주요 작중인물(한 두 단어로 설명) :
- 배경 :
- 플롯의 주요 사건들 :
- 갈등 :
- 해결 :
- 주제 :
- 논평 :

〈표 12-2〉 독서표 양식

<표 12-2>가 문학 용어에 초점을 두고 있다고 하더라도, 독서표는 또한 문학적 경험 과정에서 청소년들이 다른 유형의 이해를 할 수 있도록 도울 수 있다. 예를 들어, 청소년들이 한창훈의『열여섯의 섬』과 같은 소설을 읽었다면, 교사는 이 소설에 대한 청소년들의 정서적 이해에 초점을 두어 독서표를 변형시킬 수 있다. 한창훈의『열여섯의 섬』은 열여섯 사춘기 소년의 정서적 방황과 갈등을 잘 보여주고 있는데, <표 12-3>은『열여섯의 섬』을 위해 계발된 독서표이다.

〈독 서 표〉

- 한창훈의『열 여섯의 섬』
- 열여섯 소년이 마주치는 갈등의 순간들을 기록하고, 그것들이 어떻게 느껴졌는지, 왜 그랬는지 등과 같은 개인적 반응을 나타낸다.
- 예시 : _____
- 어떤 유형의 갈등을 경험해봤는가? 그 갈등을 어떻게 느꼈는가? 그 갈등을 어떻게 처리했는가?

〈표 12-3〉 정서 이해를 개발하기 위한 독서표

독서표의 세 번째 변형은 문학 텍스트에 대한 심미적 인식을 증진하는 데 초점을 둔다. <표 12-4>는 김중미의『괭이부리말 아이들』을 위한 독서표이다. 이처럼 독서표는 어떤 특정한 텍스트에 적용되거나, <표 12-4>에 있는 것처럼 서로 다른 텍스트들에 적용될 수 있다. 독서표는 청소년들로 하여금 자신의 독서와 상호 작용 하도록 돕기 때문에 가치가 있다.

〈독 서 표〉

- 김중미의『괭이부리말 아이들』
- 도시 변두리의 가난한 동네 아이들이 고통스런 생활을 이겨내는 방법들을 확인한다.
- 도시 변두리 가난한 아이들의 고통스런 생활을 생생하게 표현하는 이미지들을 선택한다.
- 경제 성장의 뒤안길에 밀려난 아이들의 삶을 텍스트는 어떻게 형상화하고 있는가?
- 텍스트에서 가장 인상 깊은 부분을 선택하고, 그 이유를 설명하시오.

〈표 12-4〉 심미적 인식을 계발하기 위한 독서표

2) 그래픽 조직자

청소년들이 문학 텍스트와 연계를 할 때 사용할 수 있는 그래픽 조직자에는 세 가지 정도의 유형이 있다. 그것들은 지도그리기(mapping), 비교/대조 다이어그램, 그리고 관련성 차트 등이다. 그래픽 조직자는 청소년들이 문학적 개념들과 사상들 사이의 관련성을 이해하도록 돕는다. '지도그리기(mapping)'에는 소설 구성요소 지도그리기, 작중인물 지도그리기, 갈등 지도그리기, 그리고 사상/가치 지도그리기 등과 같은 네 가지 종류가 있다.

(1) 소설 구성요소 지도그리기

소설 구성요소 지도는 청소년들이 읽고 있는 소설에 문학 용어를 적용하도록 하는 구조화된 방법이다. 지도의 구조는 서로 다른 소설에 적합하게 사용될 것이다. <표 12-5>는 주로 행동의 구성요소에 초점을 두고 있다. <표 12-6>은 분위기, 어조, 그리고 배경의 분위기에 초점을 두고 있다. 이 두 가지 형태들은, 소설의 구성요소 지도가 학습되고 있는 소설에 가장 적당한 것이 되어야 함을 강조하기 위해 구조화되었다.

소설의 구성요소 지도는 어떤 유형의 교수－학습 틀에서도 사용될 수 있다. 처음에, 이 지도는 청소년들이 전체 학습 활동 과정을 수행하게 하려는 교사들에게 편리할 것이다. 이것은 특히 청소년들이 문학적 용어에 익숙하지 않을 때 혹은 청소년들이 단지 이전에 학습한 문학적 용어의 정의만을 알고 있다면 가치가 있다. 이 전략의 가치는 청소년들이 문학적 어휘에 대한 실제적인 경험을 하게 한다는 것이다.

플 롯 :	갈등 :
	해결 :
주요 작중인물들 :	절정 :
	주제 :

〈표 12-5〉 플롯을 위한 소설 구성요소 지도

배 경 :	갈등 :
	해결 :
주요 작중인물들 :	절정 :
	주제 :

〈표 12-6〉 배경을 위한 소설 구성요소 지도

(2) 작중인물 지도그리기

작중인물 지도그리기는 청소년들이 인물들의 성격 묘사 과정을 이해하
도록 돕는다. 작중인물 지도그리기에서, 청소년들은 종이의 가운데 부분에
있는 칸(box)에 주요 인물을 확인하여 기록한다. 그런 다음, 청소년들은 그
인물의 성격과 특질을 확인하여, 처음 칸 주위에 있는 다른 칸에 각 인물
의 성격과 특질을 기록한다. 그런 다음 청소년들은 작중인물의 특질을 나
타내는 근거들을 찾아 쓴다(〈그림 12-1〉 참조).

청소년들은 그러한 근거가 여러 가지 방식으로 발견될 수 있다는 것을
인식해야 한다 ; 작중인물의 말, 행동, 처신 ; 다른 작중인물들의 묘사 혹은
논평들 ; 사건들 ; 서술자의 논평 ; 삽화들 ; 그리고 암시적인 근거. 근거는
또한 한 가지 이상의 특징을 설명할 것이다 ; 그러므로 근거는 한 가지 이
상의 특징을 나타내기 위해 한 줄 이상으로 제시되어야 한다.

〈그림 12-2〉는 많은 가능한 변형들 중의 하나이다. 이 전략은 작중인
물의 행동과 그러한 행동들의 결과(consequence)에 초점을 두고 있는데, 이
를 통해 작중인물에 대한 통찰력을 제공할 것이다.

작중인물 지도의 변형이 사용된다면, 그것은 청소년들에게 성격 묘사에
대한 유용한 통찰력을 제공한다. 지도를 완성한 후에, 청소년들은 자신이
도표로 나타낸 것을 글로 써서 설명한다. 이러한 활동을 통해 청소년들은
자신의 글쓰기에서 성격 묘사를 탐구할 수 있는 토대를 마련할 수 있을
것이다.

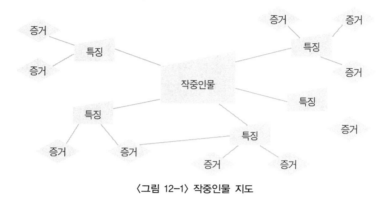

〈그림 12-1〉 작중인물 지도

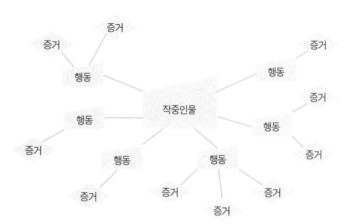

〈그림 12-2〉 행동과 결과의 작중인물지도

(3) 갈등 지도 만들기

오늘날의 청소년들은 미디어 세대로서, 자신들의 주의를 고정시키는 생생하고, 흥미 있고, 심지어는 난폭한 이미지들을 수동적으로 지켜보는 데 익숙하다. 요즘의 교사들은 청소년들을 동기화시키고, 그들의 주의를 지속시키기 위해 텔레비전, 비디오, 그리고 영화 등과 경쟁해야 한다는 감정으로 인해 혼란스러움을 겪고 있다. 청소년들은 자신이 흥미 없는 것으로 인식한 것에 대해 불평을 한다. 청소년들의 주의를 끌게 하는 한 가지 방법은 문학 텍스트에 있는 행동이나 갈등에 초점을 두는 것이다. 행동에 대한 청소년들의 흥미를 평가하기 위한 접근법으로서 갈등 지도가 개발되었다.

이 전략에서, 청소년들은 문학 텍스트에서 중요한 역할을 하는 갈등을 확인함으로써 활동을 시작한다. 일단 어떤 갈등을 선택했다면, 청소년들은 갈등의 원인을 분석하고 확인하거나 혹은 갈등의 이면에 숨겨진 이슈를 확인할 필요가 있다. 이때 청소년들은 문학 텍스트 표면에 나타난 것보다 더 복잡한 원인들과 이슈들을 인식할 필요가 있다. 다음 단계는 참여자들, 즉 주인공들과 적대자들을 확인하는 것이다. 그런 다음 청소년들은 이러한 작중인물들 각자의 삶의 토대 원인들을 확인한다. 이를 통해 청소년들은 그 인물들 각자의 삶의 토대 원인들이 특정 작중인물들에게만 한정되지 않는다는 것을 알 수 있을 것이다. 작중인물의 삶의 토대들은 갈등을 낳는 상황, 작중인물들이 갖고 있는 윤리적 관점이나 신념들, 시대의 영향, 혹은 많은 다른 내적인 요소들과 외적인 요소들에서 형성될 수 있다. 일단 이러한 요소들이 지도에 그려지면, 갈등의 해결이 첨가된다. <그림 12-3>은 갈등지도가 어떻게 조직될 수 있는지를 보여준다.

〈그림 12-3〉 갈등지도

이 도구는 어떠한 유형의 교수-학습 체제에도 사용될 수 있는 기법에 초점을 두는데 효과적이다. 그러나 이 도구는 각각의 도구가 주인공이나 적대자의 역할을 가정할 수 있기 때문에, 그리고 갈등과 그 갈등의 해결에 대한 반응을 비교할 수 있기 때문에 학습공동체에 특별히 잘 작용한다. 갈등의 상황에 있는 작중인물에 초점을 둘 때, 청소년들은 갈등과 작중인물을 뒷받침해 주는 증거 정보에 대한 흥미 있는 통찰력을 얻을 것이다.

(4) 이상 / 가치 지도만들기

교훈적인 목적을 가진 역사소설은 그 텍스트만의 고유한 이상과 가치들을 갖고 있다. 따라서 문학 텍스트, 특히 역사소설에 있는 이상들과 가치들을 탐구하기 위한 전략이 필요하다. 이를 위한 전략이 이상 / 가치 지도 만들기이다. 이상 / 가치 지도 만들기 전략 수행 과정에서, 청소년들은 그 소설에서 중요하게 탐구된 이상이나 가치를 탐구하고, 그것을 지도의 가운데 부분에 있는 원에 쓴다. 이상과 가치들을 입증하는 증거는 원에 배치되어 <그림 12-4>에 있는 것처럼, 가운데 부분에 연결된다.

〈그림 12-4〉 이상 / 가치 지도

(5) 비교 / 대조 다이어그램

작중인물, 배경, 주제 혹은 어떤 다른 지배적인 구성요소 사이의 유사점과 차이점을 개념화하는데 유용한 그래픽 조직자는 비교 / 대조 다이어그램이다. 비교 / 대조 다이어그램은 벤 다이어그램(Venn diagram)에 토대를 두고 있다. 지도는 비교되고 대조되고 있는 구성요소들을 포함하고 있는 둘 이상의 겹쳐진 원들을 사용한다.

<그림 12-5>는 소설과 짧은 이야기들 사이의 관련성을 설명하기 위해 사용하는 비교 / 대조 다이어그램이다. 한쪽 원에는, 소설의 고유한 특성들 일부가 기록되고, 짧은 이야기의 고유한 특성들 중 일부는 다른 쪽 원에 기록된다. 가운데 부분의 겹쳐진 영역은 소설과 짧은 이야기가 공통적으로 갖고 있는 특징들을 나타낸다.

비교 / 대조 다이어그램은 청소년들이 두 개의 문학 텍스트 사이의 공통점과 차이점을 밝히는 보고서를 작성할 때 그들을 돕기 위한 유용한 도구이다. 예를 들어, 청소년들은 박상률의 『봄바람』과 이재민의 『사슴벌레 소년의 사랑』에 나오는 작중인물들 사이의 공통점과 차이점을 살펴보라고 요청받을 수 있다. 두 텍스트에 있는 작중인물들 사이의 차이점은 많은 청소년들에게 분명하게 인식될 것이지만, 유사점을 찾기란 꽤 어려울 것이다. 비교 / 대조 다이어그램과 같은 구조는 이런 경우에 유용할 것이다.

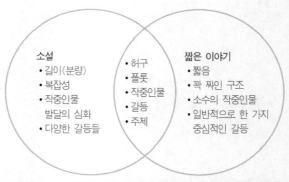

〈그림 12-5〉 소설과 짧은 이야기를 위한 비교 / 대조 다이어그램

(6) 관련성 차트(도표)

관련성 차트는 몇 가지 구성요소들이 서로 어떻게 관련되었는지를 알 수 있는 기회를 청소년들에게 제공한다. 또한 관련성 차트는 청소년들이 정보를 기록하고 조직하기 위한 틀을 제공한다. 관련성 차트는 S^3 그룹 내에서, 학습 동료들과 함께, 혹은 개별 학습 동안 개발될 수 있다. 그런 다음 관련성 차트는 토론, 쓰기 활동, 혹은 창의적인 프로젝트 등을 위한 자료 출처로써 사용될 수 있다. 일정한 시간 동안 수정되고 사용되면서 관련성 차트는 청소년들이 주제와 개념들을 내면화할 수 있게 돕는다. 관련성 차트는, 다음과 같은 방법을 포함하여 다양한 방식으로 조직될 수 있다.

① 한 편의 소설에서 혹은 몇몇 소설들에 있는 작중인물들의 비교 ; 작중인물 서로 간의 관련성
② 서로 다른 소설들의 공통된 주제 비교
③ 몇몇 소설들이나 몇몇 작가들의 비교
④ 한 가지 장르를 갖는 텍스트들의 특징 비교 혹은 서로 다른 장르의 텍스트들의 특징 비교
⑤ 한편의 소설에 혹은 몇몇 소설들에 사용된 문학적 구성요소들의 사용 방법 비교
⑥ 플롯 구조에서 배경 혹은 행동에 대한 사건들 혹은 감정들 등과 같은 구성요소들의 관련성

제 목	주요인물의 특질	배 경	갈 등	주 제	문 체
텍스트명					
텍스트명					
텍스트명					

〈표 12-7〉 세 권의 텍스트 간의 관련성 차트

과학적 공동체에서의 삶	음식/정찬	주택/수면	의 복	의 약	음 악	관련성

〈표 12-8〉 한 텍스트에서의 관련성 차트

<표 12-7>에서 세 권의 소설들은 다섯 가지 범주들에 의해 검토되고 있다.

3) 의견 안내(Opinion Guide)

의견 안내는 청소년들이 주요 이슈에 대한 자신의 믿음을 확인하고, 자신의 믿음을 문학 텍스트에 있는 작중인물들의 믿음과 비교할 수 있게 돕는다. 믿음은 동기를 활성화시키고, 행동을 불러일으킨다. 갈등은 믿음을 벗어난 곳에 있는 작중인물의 내적인 혼란, 둘 이상의 작중인물 사이의 반대되는 믿음들, 혹은 작중인물과 독자 사이의 반대되는 믿음들을 포함하는 많은 환경들에서 생겨날 수 있다. <표 12-8>은 김원일의 「어둠의 혼」을 위한 의견 안내이다.

	당 신		갑 해		갑해의 아버지	
전쟁은 좌익과 우익을 강요했다.	☐ 동의 이유?	☐ 비동의	☐ 동의 이유?	☐ 비동의	☐ 동의 이유?	☐ 비동의
전쟁의 소용돌이에서 회피하고자 한 사람들이 있었다.	☐ 동의 이유?	☐ 비동의	☐ 동의 이유?	☐ 비동의	☐ 동의 이유?	☐ 비동의
얼마나 많은 가족들이 전쟁의 상처에서 자유로울 수 있었는가?	☐ 동의 이유?	☐ 비동의	☐ 동의 이유?	☐ 비동의	☐ 동의 이유?	☐ 비동의

〈표 12-8〉 의견 안내

4) 극단적인 반대(polar opposite)

3~7가지 관점에서 평가 척도를 갖고 작중인물들에 대한 일련의 문학적 반응을 다른 학생들과 공유하는 과정에서, 청소년들은 다른 학생들의

문학적 반응에 대해 일부러 극단적인 반대의 입장에서 평가를 할 수 있다. 이렇게 함으로써 작중인물들의 특질들을 보다 분석적으로 이해할 수 있을 것이다. 그러나 평가보다 더욱 중요한 것은 청소년들이 자신의 평가를 정당화하기 위해 수행하는 사고이다. 청소년들은 자신의 반응을 뒷받침하기 위해 텍스트에서 근거들을 가져와야 한다. 일반적으로 이 정당화는 추론적이고 평가적인 사고를 필요로 한다. 극단적인 반대는 S^3 그룹 내에서, 동료 학생들과 함께, 혹은 개별 학습 동안에 사용될 수 있다.

극단적인 반대들은 토론, 쓰기 활동, 그리고 창의적인 프로젝트 등을 위한 정보의 좋은 출처이고, 청소년들은 자신의 극단적인 반대들을 창조하는 것을 배울 수 있다. 또한 극단적인 반대들은 잘 전개된 작중인물들의 틀에 박힌 복잡성을 비교할 때 유용한 도구가 될 수 있다. <그림 12-8>은 이순원의 『19세』를 대상으로 한 '극단적인 반대 활동'의 예시이다.

- 나는 정수가 _____라고 생각한다.
- 그 나이의 성숙도 _____ 그 나이의 미성숙도
  이론적 근거?
- 사려 깊고 다른 사람을 고려하는 _____ 자기 중심적이고 이기적인
  이론적 근거?
- 창의적이고 우아한 _____ 혼란되고, 게으르고, 비조직적인
  이론적 근거?
- 사교적인 _____ 외톨이의
  이론적 근거?
- 우습고 재치 있는 _____ 심각하고 내성적인
  이론적 근거?

〈그림 12-8〉 극단적 반대의 예시

5) 가족에게 편지쓰기

청소년들은 (아마도 부모, 조부모, 아주머니 혹은 아저씨 등과 같은 서로 다른 세대로부터) 가족 구성원을 선택하여, 그들에게 자신이 좋아하는 문학 텍스트와 자신의 반응을 설명하는 편지를 쓴다. 이것은 진정한 글쓰기 경험이 되어야 하며, 편지는 지속적인 대화를 촉진하기 위한 시도로 가족 구성원에게 보내져야 한다.

3. 소설의 내면화를 위한 전략들

1) 창의적인 프로젝트

교사들은 흔히 문학 텍스트를 갖고 토론하고 쓰는 활동에 읽기 후 교수-학습 전략들을 활용한다. 이 전략들이 문학 텍스트를 탐구하기 위한 가치 있는 것일지라도, 다양한 학습 스타일을 충족시키고, 더 많은 창의성을 촉진시키기 위해서는 청소년들이 더 많은 활동들을 선택할 수 있게 해야 한다. 청소년들을 위해 창의적인 프로젝트들을 사용함으로써, 교사는 청소년들이 지속적으로 문학 읽기를 수행할 수 있게 할 수 있다. 창의적인 프로젝트를 행함으로써 상상력을 향상시킬 기회를 청소년들에게 제공하는 것은 또한 청소년들에게 텍스트와의 진정한 상호 작용을 위한 기회들을 제공한다. 이러한 창의적 프로젝트들은 S^3 그룹 학습에, 동료 학습, 그리고 개별 학습에 청소년 스스로가 잘 참가할 수 있게 한다. 아울러 일반적으로 깊은 관여, 이해, 그리고 매우 큰 심미적 즐거움을 제공한다. 문학 연계는 미술, 드라마, 음악, 미디어, 그리고 다른 내용 교과 등을 통해 표현될 수 있다. 이 프로젝트들은 또한 청소년들이 교과들 사이의 상호 관련성과 '진정한 삶'에 대한 자신의 관련성을 인식하기 위한 현실적인 방법을 청소년들에게 제공한다.

다음은 교사들에 의해서 성공적으로 사용되는 몇 가지 아이디어들이다.

① 소설에서 작중인물 중 한 명 혹은 전부를 선택해서 소설의 내용을 콜라주로 만든다.
② 소설에 있는 장면을 극화하는 대본을 만든다. 그런 다음 상연을 준비한다.
③ 소설이나 작가를 위한 공공 캠페인을 만든다. 포스터, 비디오, 신문이나 잡지의 비평, 그리고 라디오나 인쇄 광고 등을 고려한다.
④ 소설의 표지 커버를 디자인한다.
⑤ 소설에 있는 갈등이나 작중인물을 나타내는 노래가사를 쓴다.
⑥ 작중인물의 행동에 토대를 두어 벽화를 디자인한다.
⑦ 한 권의 소설 혹은 그 이상의 소설들에 있는 이슈에 토대를 두어 토크쇼(talk show)를 준비하고 진행한다.
⑧ 작중인물의 모습을 창조한 것처럼 작중인물에 대한 예술적 재현을 한다.
⑨ 그림 문학 텍스트, 팝업(pop-up) 문학 텍스트, 무언의 그림 문학 텍스트, 혹은 그 소설에 토대를 둔 코믹 대본 시리즈를 만든다.
⑩ 스웨트 셔츠, T-셔츠, 스카프 혹은 그 소설에 토대를 두어 넥타이를 디자인한다.

2) 작중인물 장식 투구(crest)

청소년들이 작중인물의 성격 묘사에 대한 이해를 설명할 수 있게 하는 전략은 작중인물 장식 투구, 혹은 전투복을 계발하는 것이다. 이 전략에서, 청소년들은 자신이 탐구하는 작중인물의 삶의 양상을 네 개의 주요 부분들로 그림 그려야 한다. 첫 번째 주요 부분에는 용기, 정직, 혹은 허위(사기) 등과 같은 특징을 묘사한다. 두 번째 주요 부분에는 활동, 습관

등을 포함하여 작중인물의 행동을 묘사한다. 세 번째 주요 부분에는 작중인물들이 살고 있는 배경이나 환경의 의미를 묘사한다. 그리고 네 번째 주요 부분에는 작중인물의 삶에서 두드러진 양상들을 추론하기 위해 미결정된 상태를 묘사한다. 미결정된 상태에 대한 묘사는 작중인물의 본질을 포착하는 표어쓰기를 위한 것이다. <그림 12-9>를 보자.

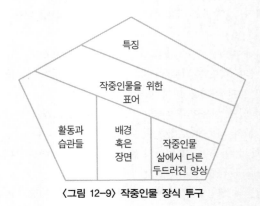

〈그림 12-9〉 작중인물 장식 투구

3) 사회적 양심으로서 소설

이 전략은 청소년들이 인간 행동의 통제와 같은 혹은 환경, 사람, 동물 등에 대한 윤리적 처리 등과 같은 문학 텍스트 이면에 있는 사회적 이슈들에 초점을 두도록 하기 위한 것이다. 청소년들은 주요한 사회적 이슈들을 확인하고, 그것들을 도표의 형태로 나타낸다. <표 12-9>를 참고하라.

이 슈	오늘날 사회에서의 뿌리	소설에 있는 증거	암 시

〈표 12-9〉 사회적 이슈 도표

4) 딜레마 해결

딜레마 해결 전략은 갈등 혹은 부조화의 경우들과 같은, 소설에서 흥미 있는 것에 초점을 두도록 하는 것이다. 청소년이 다른 청소년들에게 그 소설에서 다음에 어떤 일이 발생할 것인지를 말하도록 요청할 때, 이 청소년은 이야기의 사건에 대해 질문을 하고 있는 것이다. 청소년들은 플롯이 전개되는 과정에서 그 다음에 무슨 일이 일어났는지를 알기 원한다. 예컨대, 이순원의『19세』에서 대관령에서 농사를 짓던 '나'에게 무슨 일이 일어났는지를 알고 싶어 한다. 이를 통해 청소년들은 플롯의 진행을 알 수 있기 때문이다.

플롯의 전개 과정을 알기 위해 청소년들이 '딜레마 해결' 전략을 사용할 때, 그들의 토론은 딜레마에 대한 해결책을 검토하고, 해결을 위한 대안을 세우고, 혹은 해결책에 대한 판단을 안내하는 것이 되어야 한다. 이 과정에서 청소년들의 탐구는 그들의 비판적 사고능력을 증진시킨다.『19세』에 있는 정수를 예로 든다면, 토론을 위한 질문들은 정수가 어떻게 해서 대관령에서 내려와 학교로 되돌아왔는가에 초점이 주어질 것이다. 정수가 학교로 돌아온 상황은 다른 많은 관련된 이슈들에 대한 토론을 제공한다. 정수가 학교로 다시 돌아온 것은 정당화될 수 있는가? 정수는 진정한 깨달음에서 다시 학교로 왔는가? 학교로 다시 오게 된 동기는 무엇이었는가? 그의 동기는 대관령 생활을 청산한 것을 정당화 해 주는가? 학교로 돌아온 뒤에 정수에게는 무슨 일이 일어날 것인가?

5) 작중인물의 입장 되어보기

이 전략은 청소년들이 작중인물들을 확인하고 이해하는 것을 돕는 역할 놀이 형태이다. 교사는 어떤 것은 심각하고, 어떤 것은 어리석고, 그리고 어떤 것은 도전적인 것 등과 같은 일련의 상황들을 개발한다. 예를 들어, 교사는 다음과 같은 질문들을 할 수 있다.

값비싼 레스토랑을 떠날 때, 너의 바지 혹은 드레스가 전기문에 걸렸다. 그리고 너의 속옷이 거기에 떨어졌다. 그 때 어떻게 할 것인가? 그리고 혼자 힘으로, 현금 50만원이 있는 서류가방과 수표들을 발견했다. 너라면 어떻게 할 것인가?

그룹 내에서, 청소년들은 문학 읽기 과정에서 긍적적 혹은 부정적 이미지의 작중인물을 선택하고, 그 상황에 반응하기 위해 그 작중인물의 역할을 추측한다. 청소년들이 작중인물의 입장이 되어보는 것은 중요하다. 이 활동을 통해 청소년들은 그 인물의 행동과 진정성을 분석할 수 있기 때문이다.

4. 논픽션 읽기 시작을 위한 전략들

'소설 읽기 시작'을 위한 많은 전략들은 또한 '논픽션 읽기 시작'을 위해서도 적절하게 사용될 수 있다. 예를 들어, '논픽션 읽기 시작'을 위한 전략으로는 'KWL'을 들 수 있다.

이 전략은 청소년들이 전기와 자서전 읽기에 참여하도록 하기 위해 기획되었다. 청소년들은 시리즈로 쓰인 것들을 포함하여, 유용한 전기와 자서전들의 목록을 개발하기 위해 교사와 함께 활동한다. 청소년들이 전기문의 어떤 주제들에 친숙한지, 그렇지 않은지, 그리고 좀 더 알고 싶어 하는 것이 무엇인지를 결정하기 위해 체크리스트의 형태로 목록을 작성한다. 예를 들어, <표 12-10>과 같이 목록을 마련할 수 있다.

	매우 익숙한	익숙한	익숙하지 않은	좀 더 알고 싶은
• 나비박사 석주명				
• 유일한 박사				
•				
•				

〈표 12-10〉 전기문 체크리스트

5. 논픽션 읽기 경험의 내면화를 위한 전략들

소설 읽기 경험을 내면화하기 위한 많은 전략들은 또한 논픽션 읽기 경험을 내면화하는 데도 적절하게 활용될 수 있을 것이다. 예를 들어, 논픽션 읽기 경험을 내면화하기 위한 전략으로는 '개념 모으기'가 있다. '개념 모으기'는 청소년들이 읽고 있는 것에 대한 개념적 이해를 발전시키도록 하기 위해 주로 논픽션에 사용되는 전략이다. 이 전략은 청소년들이 활용하고 있는 개념에 초점을 두어 읽기 경험을 설명적인 글로 쓰게 하기 위한 것이다.

청소년들은 글쓰기나 독서 과정에서 전체적인 내용을 파악하는 데 어려움을 겪을 수 있다. 이러한 청소년들에게 이 전략을 사용하면, 청소년들은 근원적인 개념들에 대한 보다 심오한 이해를 얻기 위한 아이디어들을 일반화할 수 있을 것이다.

처음에, 이 전략은 전체 수업 혹은 교사가 그 과정을 시범 보이는 집단에서 가장 잘 수행될 수 있다. 일단 청소년들이 학습 과정을 실천하기 위한 개념들이 무엇인지를 이해했다면, 청소년들이 그 다음에 해야 할 활동은 '메모하기'이다. 이 활동을 통해 청소년들은 관련된 개념들을 수집할 것이다. 이 활동에서 청소년들은 읽기 전 활동에서, 그리고 읽기 중 활동에서 관련된 주요 개념들에 초점을 둘 수 있다. 이 활동을 성공적으로 수행하기 위해 청소년들은 다음과 같은 지침을 염두에 두어야 한다.

① 종이를 세 칸으로 나눈다.
② 다음과 같이 각 칸에 라벨을 붙인다 ; 알고 있는 개념 ; 증거 ; 학습한 새로운 개념.
③ 텍스트를 미리 검토할 때, 그 주제에 대해 이미 이해한 주요 개념들을 리스트로 작성함으로써 각 칸들을 채운다.
④ 텍스트를 읽는다. 텍스트를 읽을 때는 주요 개념들에 대해 이미 알고 있는 것을 입증해 주는 구체적인 증거들을 기록한다.
⑤ 텍스트를 다 읽은 뒤에, 텍스트에 제시된 주요 개념들을 확인하고 기록한다.
⑥ 텍스트의 특정 부분에 제시된 개념들을 체크한다.
⑦ S^3 그룹 내에서, 각각의 칸을 위한 목록을 비교한다. 집단의 대가 목록을 만들고, 필요할 때마다 텍스트를 체크한다. 다른 청소년들과 함께 텍스트에 제시된 개념들을 토의할 준비가 되어 있어야 한다.

개념의 확인을 통해 청소년들은 여러 교과에서 그 개념들을 사용할 수 있게 된다. 개념적인 학습은 여러 학문 분야를 이해하는 데 필수적이다. '개념 모으기'를 통해 청소년들은 설명적인 글쓰기 활동을 위한 토대로써 개념들을 사용할 수 있을 것이다.

6. 요약

다양한 교수 전략들은 청소년 문학 텍스트들을 읽는 교사와 청소년들을 위한 출발점의 기능을 한다. 이러한 전략들은 독자 참여 모델의 원리에 따라 조직되었다. 즉, 시작하기, 연계하기, 내면화하기, 공유하기. 이 원리들은 상호 작용적 과정으로서의 독서, 그리고 상호 거래적이고 심미적인 경험으로서의 문학 이론들에 토대를 두고 있다.

제13장

성장소설을 활용한 청소년 문학교육의 방법

1. 성장소설의 의의

성장소설에서 성장의 함의는 다층적이다. 성장은 '자란다'는 의미를 지니는데, 자람에는 육체적인 것과 정신적인 것이 있다. 육체적인 것은 일정한 시기가 되면 나타나는 신체의 변화로, 이는 단계적이며 보편적이다. 반면에 정신적인 것은 '성숙'이라 지칭되며, 이는 개인과 사회의 상호 작용으로 개인의 내면에서 일어나는 변화이다(최현주, 2002 : 37).

정신적인 성장은 인간의 성품, 능력, 신념, 태도, 지력 등이 자연적, 문화적 환경에 보다 잘 적응하고, 내적으로 재구성되는 과정을 뜻한다. 다시 말하면, 정신적 '성장'이란 '성숙'이나 '발달'을 포함하는 개념으로, 하나의 개체가 성숙한 존재로 전화되는 과정을 의미한다. 따라서 성장은 연속적이며 점진적인 것이다. 연속적이며 점진적인 것이기 때문에, 성장에는 일정한 순서와 질서가 있다. 자신을 확립해 가는 점진적인 과정으로서의 성장은 한 개체가 세계와의 관계 속에서 자신의 깨달음을 확장하고 인식의 폭을 심화시키는 것이다.

'성장의 이야기'라는 화소를 담고 있는 성장소설은 미성숙한 작중인물이 어떠한 경험을 통하여 성숙의 세계로 나아가는 과정, 즉 작중인물이 자아 정체성을 찾고, 확립해 가는 과정을 고유의 내적 형식을 통해 구현한다. 이 때문에 성장소설은 미숙하고 불완전한 작중인물이 성숙하고 완전한 성인의 세계로 편입되기 위해 겪는 정서적 아픔과 정신적 성장, 현실 인식과정을 주로 다룬다.

사회와 개인이 만나는 지점에서 미숙한 작중인물은 죽음과 성, 사회나 인간의 구조적 악, 가치 등을 경험하거나 육체적, 정신적 고통과 시련을 겪는다. 이 과정에서 작중인물은 사회의 질서를 내면화하고 고통과 시련을 극복하여 자아 정체성을 확립하기도 한다. 그러나 어떤 작중인물들은 사회나 인간의 구조적 악을 인식하고는 혼란스러워 하거나 환멸을 느끼며 사회악에 편입하기도 한다.

작중인물은 성장 과정에서 성장의 위기 상황에 직면한다. 작중인물이 직면하는 자아의 위기는 그가 처한 시대와 그 민족의 문화적 위기와 관련된다(이보영 외, 1999 : 39). 작중인물이 경험하는 혼란은 삶의 보편적인 문제나 인생의 아이러니뿐만 아니라 그가 처한 시대의 사회 문제와 밀접한 관련성이 있기 때문이다. 아울러 작중인물의 성장 이면에는 삶의 아이러니와 정치, 사회, 경제, 문화적 문제가 내포되어 있기 때문이다.

일반적으로 성장소설은 다음과 같은 특징을 갖는다.

첫째, 성장소설은 열린 결말을 갖는다. 작중인물의 성장은 점진적으로 이루어지는 미결정적인 것이므로, 성장소설의 결말은 닫힌 결말이 될 수 없다. 작중인물의 성장은 계속되는 과정적인 것이기에, 성장소설은 일대기나 전기적 구성을 취하지 않는다. 작중인물은 인생의 중대한 발견, 체험, 충격으로 인한 시련과 갈등을 통해 새롭게 '거듭난다.' 이러한 거듭나기를 통해 작중인물은 자기 중심적인 사고방식에서 벗어나 타인, 사회와의 새로운 관계를 형성하고, 이를 통해 새로운 자기와 가치관을 형성하게 된다.

이 때문에 성장소설의 결말은 작중인물이 또 다른 삶의 세계로 나아가기 위한 출발지점이 된다.

성장소설의 열린 결말 방식은 청소년 독자로 하여금 작중인물의 새로운 세계에 대한 상상을 하게 하고, 이러한 상상을 통해 가능성으로서의 새로운 삶의 양상들을 현실화하기 위한 노력들을 하게 한다. 이러한 노력들을 통해 청소년들은 자신의 새로운 삶을 꿈꾸고 능동적으로 자신의 삶을 설계할 수 있을 것이다.

둘째, 성장소설은 서사구조상 이항대립의 구조를 가지며, 이는 시간의 흐름 속에서 연속성 있게 진행된다. 미성숙한 작중인물이 성숙한 존재로 변화되는 과정을 형상화하고 있기 때문에, 내용상 전반부에서는 작중인물의 미성숙한 모습이 드러나고 후반부에서는 정신적 각성에 의해 작중인물이 성숙한 존재가 되는 모습이 나타난다. 그리고 그 사이에 성장의 위기가 놓여 있다. 이 때문에 성장소설은 작중인물의 전기나 일대기에 초점을 맞추지 않고, 작중인물이 인생의 결정적인 시기에 깨달은 것이나 경험한 성장에 초점을 맞춘다. 성장소설의 작중인물은 유년 시절을 막 지난 존재로, 새로운 자기를 깨닫는 각성의 사건에 직면하고, 이러한 사건이 서술의 중심축이 된다.

셋째, 성장소설에서 이야기를 이끌어가는 화자는 대개 1인칭이다. 유년의 작중인물이 직접 자신의 목소리를 내거나 성장한 성인이 자신의 유년 시절의 사건들을 회고하는 고백적 서사 형식을 취한다. 이러한 고백적 서사는 경험적 자아와 서술적 자아가 차이나는 가운데, 서술적 자아가 과거의 사건을 고백하는 형식으로 구체화된다. 이러한 형식의 성장소설을 읽으면서 청소년들은 자신과 비슷한 또래의 작중인물과 사건들에 대한 공감을 보다 쉽게 하면서, 성장소설과의 심미적 거리를 좁혀 동일시를 하게 된다.

성장소설은 인생의 결정적 시기에 작중인물이 자아의 정체성을 확립하고 새로운 현실인식을 하는 내면적 변화를 형상화한다. 이로 인해 성장소설은 사건 등의 외적인 계기들 자체에 대한 서술보다는 그러한 외면 뒤에 숨겨진 작중인물의 내적인 변화 양상에 초점을 둔다. 이 때문에 성장소설은 작중인물이 보여주는 현실인식의 심화와 확대를 드러낸다. 그 결과 성장소설을 읽는 청소년들은 작중인물의 현실인식과 경험 등에 동일시와 비동일시를 하게 되고, 이 과정에서 잘삶을 추구하는 존재로 성장한다.

동일시(identification)란 '자기 이외의 대상이 자신이 좋아하거나 존경하거나 혹은 부러워하는 대상이 될 때, 그 대상의 행동 특성을 모방함으로써 자신이 마치 그 대상이 된 듯한 만족감을 가지게 되는 것'(김종서 외, 1984 : 219)이다. 이는 의식의 명확한 지각 작용이라기보다는 의식의 잠재적인 반응의 결과이다. 성장소설에 형상화된 작중인물이나 사건에 대한 동일시를 통해 청소년들은 인생의 방향 결정과 정체성 형성에 많은 영향을 받는다.

2. 성장소설 읽기와 청소년 문학교육

사회적 존재로서의 사춘기 청소년에 초점을 맞추어 그의 성장 과정을 형상화하는 성장소설은 작중인물의 정체성 찾기 과정을 보여준다. 정신적, 육체적 아픔을 겪고 성장하는 과정에서 정체성을 찾아가는 작중인물의 모습을 통해 성장소설은 작중인물과 사회와의 상호 작용을 보여준다. 또한 사회와의 상호 작용을 통해 삶에 대한 탐색과 진정한 삶의 가치에 대한 의문을 제기하는 작중인물의 성장 과정을 보여준다.

성장소설을 읽는 과정에서 청소년 독자들은 사춘기 청소년들의 보편적인 성장 과정을 간접 체험할 수 있고, 성장의 위기를 초래한 사회를 만나게 된다. 이를 통해 청소년 독자들은 작중인물이 제기하는 사회 현실의 모순과 문제점을 비판적으로 인식하고, 인간이 추구해야 할 진정한 가치를 탐색할 수 있는 기회를 갖게 된다.

성장소설은 사춘기 청소년들을 작중인물로 형상화하여, 청소년 독자들에게 소설의 세계에 쉽게 몰입할 수 있게 한다. 또한 작중인물의 감정이나 정서에 공감을 느끼게 하여 소설 읽기에 대한 흥미를 높인다. 이는 성장소설이 청소년 문학교육을 위한 중요한 자료가 될 수 있음을 뜻한다. 또한 성장소설을 활용한 청소년 문학교육을 위한 구체적인 방법이 마련되어야 함을 뜻하기도 한다.

그러면, 손창섭의 『싸우는 아이』, 김주영의 『고기잡이는 갈대를 꺾지 않는다』, 송기원의 『너에게 가마 나에게 오라』, 장정일의 『아담이 눈뜰 때』등에 나타난 작중인물의 성장의 모습을 구체적으로 살펴보자. 그런 다음, 이러한 성장소설 읽기가 갖는 의의를 살펴보자.

손창섭의 소년소설 『싸우는 아이』는 주인공 소년 찬수네 가족을 중심으로 전개된다. 내복과 아이들 옷가지를 팔러 다니는 할머니, 회사에 사환으로 나가는 누나, 그리고 초등학교 고학년인 찬수 등 세 식구가 가난한 처지에도 여러 사건을 겪으며 꿋꿋하게 살아간다.

소설의 전반부에서의 주요 사건은 내복 값을 갚지 않고 이사를 가버린 상진이네와의 사이에 벌어진 다툼이다. 찬수는 할머니 심부름으로 돈을 받으러 가지만, 상진이 어머니는 야단만 치고 찬수를 쫓아 버린다. 그 후 찬수는 학교 오가는 길에 상진이한테서 외상값 명목으로 돈을 빼앗는다. 이 일로 상진이 어머니가 학교로 찾아와 문제가 되지만, 담임 선생님은 찬수의 사정 얘기를 듣고 교장 선생님과 싸우면서까지 찬수의 퇴학 처분에 동의하지 않는다.

그 후 이야기는 찬수가 누나의 직장에 누나의 밀린 월급을 받으러 간 것이다. 찬수는 차비가 없어 전차를 무임승차해서 누나 회사에 가 과장으로부터 월급을 받아낸다. 물론 찬수 혼자 힘으로 월급을 받아낸 것은 아니지만, 두려움을 이기며 대차게 세상과 대결하는 찬수의 모습이 잘 나타나 있다.

누나의 밀린 월급을 받아서 찬수네는 셋방에서 쫓겨날 위기를 넘겼지만, 할머니의 행상이 잘 안 되고 누나의 회사도 완전히 망해 버려 찬수는 중학교에 진학하기가 어려워진다. 그래서 찬수는 신문 장사도 하고 아이스케끼 장사도 한다. 그러다가 상진이네 패에게 걸려 실컷 두들겨 맞기도 하고, 그중의 한 아이를 만나 복수도 한다. 누나를 취직시키려고 애쓴 것이 잘 되어 누나가 신문사에 사환으로 취직이 되는 좋은 일도 있고, 시장에서 시래기를 줍다가 도둑으로 몰려 경찰서에 잡혀 가는 억울함도 당한다.

소설의 후반부에서는 옆집 인구네에서 식모를 살며 학대받는 영실이를 빼내는 이야기가 주된 사건이 된다. 찬수는 할머니가 알려 준, 인간다운 대우를 해 줄 집으로 영실이를 빼돌리려 하지만, 용기가 없어 망설이는 영실이를 몰래 빼내기란 쉽지가 않다. 찬수는 집요한 노력으로 영실이를 그 집에서 빼내는 데 성공하지만, 찬수의 소행임을 눈치 챈 인구네 식구들로부터 몹시 시달림을 당한다. 영실이를 도로 찾아오라는 인구 어머니와 인철이의 행패는 극심하기 짝이 없다. 찬수는 조금도 기죽지 않고 돌멩이를 마구 집어던지면서까지 격렬하게 저항한다. 이 싸움은 결국 두 가족 간의 싸움으로 확산되어, 온 식구가 나서서 난장판이 되도록 울며불며 혈투를 벌인다. 결국 영실이가 옮겨 간 집주인 아저씨가 변호사 명함을 내밀고 나서야 사건은 일단락된다.

찬수는 영실이를 좀 더 대우가 나은 집에서 식모를 살 수 있게 하려고 했는데, 이러한 찬수의 욕망을 실현시켜 준 집안이 변호사 집이다. 변호사 집 부부는 개인과 인격과 자유를 철저히 존중하는 발언을 하고, 그들 스스로 영실이에게 그런 인격과 자유를 부여했다. 소설의 끝 부분에서 심약하고 소극적이었던 영실이는 변호사 부부의 영향을 받아 외부의 도움 없이 의지적·주체적으로 행동을 한다.

이 소설에서 찬수는 용기 있고 당찬 모습으로 자신과 가족의 운명을 개척하기 위해 끊임없이 노력한다. 찬수는 자립심이 강하며 의지적이지만, 청소년으로서의 사고와 행동에서 벗어나지는 않는다. 그는 세파에 꿋꿋하게 맞선다. 이로 인해 찬수는 싸움을 피하지 않는다. 상대방이 먼저 덤비고, 자꾸만 싸울 일이 생겨서 찬수는 싸울 수밖에 없다. '싸울 일이 있을 때 싸우는 것'이 찬수 스스로 터득한 삶의 방식이다(김이구).

이 소설에서 찬수는 사회와 가정의 보호 대상인 안온한 위치에 있지 않고, 거친 세상과 맞서고 있다. 이러한 맞섬을 통해 찬수는 전쟁과 궁핍, 그에 따른 이향(離鄕) 등으로 보호자가 부재한 상태에서 투쟁과 적응을 통해 사회 속에서 적극적으로 살아가는 방법을 터득해간다. 결국 이 소설은 찬수와 영실이의 의지적·적극적인 모습을 통해 전쟁으로 인해 부모를 잃은 청소년들이 그들 스스로 불우한 환경과 싸워 인생을 개척해야 함을 주제 의식으로 전달하고 있다.

김주영의 『고기잡이는 갈대를 꺾지 않는다』는 서술자가 자신의 10대 전반기 체험을 회상하는 형식으로 되어 있다. 소년기에 6·25전쟁을 목격한 서술자는 혹독한 굶주림, 미국의 유혹적인 출현, 공안 형사의 좌익 수색 등과 같은 전후 사회의 특징적인 경험들을 형상화하고 있다. 서술자는 어머니의 삯바느질로 연명하는, 아버지 없는 집안의 장남이다. 이 소설에서 아버지는 이유는 확실하지 않으나 어머니와의 불화 끝에 가족을 버린 것으로 되어 있다. 따라서 아버지의 부재라는 상황은 당연히 서술자가 체험하는 모든 결핍의 중요한 원인이 되고 있다.

이 소설은 아버지의 부재로 야기된 두 형제의 정신적 방황에 주목하고 있으며, 또한 그들의 방황을 인간 성숙의 도정에서 겪게 되는 시련과 각성의 틀에서 서술하고 있다(황종연, 2001). 그러므로 이 소설에서 이야기의 서술은 체험된 과거를 단순히 회상하는 데에 머물지 않고, 그것에 포함된 각성의 순간들을—세상의 이치를 나름대로 깨달은 순간들을 돋보이게 강조한다. 이러한 각성은 인생의 결정적인 시기에 이루어지는 성장의 모습이다.

아버지 없는 불행을 체험하고 있는 형제 중에서 그 불행의 의미를 확연하게 예시하는 것은 아우인 형호의 행동이다. 그는 서술자인 그의 형 형석보다도 아버지의 부재라는 결핍의 고통을 훨씬 강렬하게 표현한다. 형호의 여러 일화 중에서 삼손이라는 별명을 가진 술도가의 잡역부 장석도를 숭배한 것은 아버지의 부재를 벌충하려는 욕망의 발현이었다. 그는 장석도가 아버지와 닮았다고 생각하고 있었으며, 장차 장석도 같은 사내가 되기를 원했다. 그러나 장석도에 관한 환상이 깨지면서 그에게서 느꼈던 대리적 부성(父性)도 사라지고, 그는 점차 아버지 없는 삶의 내면적 궁지로 내린다.

그러면서 형호는 아버지의 알 수 없는 정체에 대한 고뇌와 함께 자신이 처한 현실에 대해 심각한 혼돈을 느낀다. 이는 형호가 그의 정체성에 대한 심각한 혼돈에 빠졌음을 의미한다. 그는 백령도 군복무 중에 형에게 보낸 편지에서 "모든 것은 껍데기"라고 말한다. 그 후 그에게 지독한 환멸과 불신을 안겨준 혼돈 체험은 분단 현실을 몸으로 확인하려는 충동을 낳고, 취중에 북녘 땅으로 건너가는 만용을 불러 결국 그의 어이없는 죽음을 초래한다.

형오의 의문스러운 만용은 아버지 찾기와 혼돈과의 싸움이었다. 그러기에 아버지의 부재는 형호의 정신적 삶에 실로 치명적인 결핍이었으며, 그가 직면한 현실의 개념적·이념적 구성을 불가능하게 하였다. 또한 그에게 의미 있는 삶의 경험도 허락하지 않았다. 이러한 일종의 허기는 부성이 결여된 세계에 사는 한 면치 못할, 의미의 부재라는 운명을 상징한다(황종연, 2001).

형호가 느꼈던 허기는 그의 주어진 생존 조건을 언제나 불만이게 하면서, 그것을 넘어서려는 충동을 끊임없이 유발한다. 이러한 충동에 의해 형호는 성장을 위한 역동적인 활력을 갖게 된다. 그러나 부성이 결여된 삶의 상황에서 '허기'란 형호의 진정한 자기 초월로 이어지지 못하고, 도리어 그의 자아마저 위협하는 혼돈을 심화시킨다.

이 소설에서 서술자 형석은 회상을 통해 혼돈에 빠져 있는 세상의 각성을 중요하게 다루면서, 그러한 각성이 그의 정신적 성숙에 밑거름이 되었음을 밝히고 있다. 그의 성장과 아우의 성장에 결정적으로 다른 점이 있다면, 그것은 그가 어른들의 세계가 지닌 모순과 혼돈의 성격을 일찍부터 깨닫고 그것에 적응할 정신적 태세를 갖추었다는 점이다. 그의 회고는 모순과 혼돈을 견뎌내기에 적합한 학습을 그가 나름대로 반복해서 거쳤음을 제시해준다. 그에게 경이로운 경험으로 기억되고 있는 '거울 속의 여행'이나 '마루 밑의 미로 찾기' 같은 것이 그러한 학습의 예가 된다. 이러한 학습을 통해 그는 어른들의 행동이 내포하는 양면적이고 모순된 성격에 대해 예민한 감각을 터득한다. 이러한 감각을 통해 그는 어른들의 세계가 기만적인 혼돈 속에 있음을 주의 깊게 관찰한다.

서술자인 형석은 세상의 혼돈에 적응하려는 학습을 어른이 되기 위한 시련 극복의 과정처럼 서술하고 있다. 그러나 혼돈의 실상에 대한 체험적 각성이 반드시 한 개인의 내적 성장으로 이어지는 것은 아니다. 혼돈의 각성이 그의 내면적 자아를 함양시키고 사회와 성숙한 관계를 맺도록 인도했다는 충분한 암시가 그의 회상에는 없다. 그의 이야기 자체가 그의 자아 성장을 납득시켜줄 성격 발전의 플롯을 가지고 있지 못하다. 따라서 형석의 이야기는 자아의 발전이 없는, 세상에 대한 체념적 적응을 보인다.

송기원의 『너에게 가마 나에게 오라』는 편모슬하라는 문제적 상황의 사회적 표상으로서의 장터를 실감나게 구현하고 있다. 이 소설은 열여덟 살 무렵 학교에서 퇴학을 당하고 장터에 내려가 건달들의 똘마니 노릇을 하며 지냈다는 작가 자신의 체험을 허구적 인물을 통해 토로하고 있다. 이 소설에서 서술자는 장터라는 공간을 생생하게 묘사하면서 그것의 함축을 충분히 드러내는 동시에, 사생아로 버려진 한 젊은이가 자신의 저주스러운 신원과 싸우며 그곳에서 성장하는 과정을 서술하고 있다. 장돌뱅이 아낙에게서 태어난 사생아의 처지가 불행한 편모슬하의 한 극단이라면, 그의 내면적 체험은 또 반(反)성장적 세계에서 생성되는 성장을 향한 욕망의 변증법을 보여준다(황종연, 2001).

이 소설은 춘근이 고향의 장터로 돌아오는 서두에서부터 장터의 인간과 풍물에 관한 세세한 지시를 나열하여 독자의 흥미를 사로잡는다. 서울에서 건달 노릇을 하다가 오랜만에 고향에 돌아온 춘근의 들뜬 기분 속에서, 마침 장날을 맞은 장터는 푸근할 만큼 친근한 가운데 생기 있는 공간으로 떠오른다. 거리와 골목을 메운 점포와 난전, 북적대는 인파와 어린 장돌뱅이들의 광경을 보며 그는 호기로운 의욕을 느낀다. 그러나 장터의 생기가 그저 싱싱하기만 한 것은 아니다. 춘근이 좋아하는 장터의 냄새가 "비릿비릿한 썩은 생선 냄새"로 묘사된 것은 장터의 삶을 대표하는 박복한 여성들이 그날그날 힘겹게 치러가는 물질적 궁핍과의 투쟁을 암시한다.

춘근과 마찬가지로, 그러나 그와는 다른 이유에서 귀환한 윤호의 기억 속에서 장터는 참혹한 이면을 뚜렷하게 드러낸다. 그곳은 전쟁으로 너나 없이 갈 곳 잃은 사람들이 모여든 곳이며, 남편이 없거나 있더라도 무능한 아낙네들이 가족을 먹여 살리기 위해 악을 쓰는 곳이다. 그 생존을 위한 절박한 싸움 속에서 인간 심성의 황폐화와 윤리적 규범의 이완은 불가피하다. 생활 풍속은 난폭하고 야비할 수밖에 없고, 인간의 육체성을 긍정하는 카니발적 공간이 장터이다.

이 소설에 그려진 장터는 아버지가 부재하는, 혹은 부성적 보호와 규율이 사라진 황폐한 사회의 한 극단적 모습을 보여준다. 거기서 자라난 젊은이들은 신원의 비천함으로 인한 고통을 고질적으로 겪는다. 장터를 다른 어느 젊은이보다도 편하게 느끼는 듯한 춘근만 해도 주위의 천대로부터 벗어나고 싶은 욕구, 어쨌거나 위세를 인정받고 싶은 욕구에 사로잡혀 있다.

　이런 종류의 욕구는 '학삐리' 윤호의 경우 보다 뚜렷하다. 어머니의 헌신적인 뒷바라지 덕택에 도청 소재지의 고등학교로 진학하여 주위의 선망을 샀던 그는 장돌뱅이 사회에서 탈출하고자 실제로 노력했다. 그러나 그의 자아 발전의 욕망은 그가 고향으로 돌아온 현재, 좌절된 것으로 나타난다. 그는 도시의 세계와 자기의 신원 사이의 엄청난 격차를 느낀 나머지 학업을 포기해 버렸다.

　윤호는 번화한 도시 문화를 체험한 후 그의 자아가 얼마나 비천하고 추악한 세계에 뿌리박고 있는가를 경악스럽게 깨달았으며, 또한 장돌뱅이 사회에서 탈출하려는 시도가 결국은 어머니까지도 스스로 '치부'로 만드는 죄악임을 의식하게 되었다. 그러나 그렇다고 해서 고향 장터에 그의 소속이 있는 것은 아니다. 그가 장바닥 사생아의 작인을 저주하고 있는 만큼 그의 장터 세계로부터의 소외는 필연적이다. 그래서 그는 장터의 세계와 도시의 세계, 그 어느 쪽에도 정처를 갖지 못한 채 고립과 자학에 빠져든다. 장돌뱅이 출신임을 스스로 긍정하고 있는 춘근과는 다르게, 윤호는 자아 발전의 욕망을 스스로 포기하고 장터의 '인간 쓰레기'가 되거나 아니면 자기의 출신과 고향을 완전히 망각하거나 해야 하는 갈림길에 놓여 있다.

　윤호가 직면한 이러한 곤경은 개인의 발전을 위한 탐색에서 겪는 시련을 뜻한다. 그것은 개인이 주어진 연고(緣故)를 넘어서 자신의 성장에 필요한 사회적 관계를 만들어야 할 때 필연적으로 겪게 마련인 심리적 혼란이다. 다만 윤호의 경험에서는 장터의 사생아라는 신원에 대한 부끄러움과 그럼에도 신원을 중시하는 윤리적 감각이 길항하여 그 자기 초월적 제의의 시련을 보다 강렬하게 만들고 있다(황종연, 2001).

　이러한 과정에서 윤호는 타자들과의 새로운 제휴를 하게 되는데, 이는 사람이 저마다 가진 불행의 깊은 속내를 이해하는 인간적 유대의 체험을 통해서이다. 그는 장터를 떠나고 싶어 했으나, 그것이 불가능해지자 잇달아 자살한 선봉과 현숙의 비극을 계기로, 그때까지 무시했던 장돌뱅이들을 이해하게 된다. 그저 자신들을 방기하고 있는 듯이 보이는 그들에게 불우한 젊음의 고통과 자기 갱신의 염원이 있음을 깨달으면서 그들과 일체가 되는 감동을 느낀다(황종연, 2001). 이러한 감동을 통해 윤호는 스스로 성장의 활로를 찾아가는 내면적 역정을 수행한다. 또한 그는 자신의 개인적 정체성을 보다 넓은 사회적 테두리 안에서 새롭게 확립하여, 사회적 재생을 기약하는 초월적 계기들을 얻게 된다.

이 소설에서 젊은이들에게 발전을 위한 도전과 모험의 장소로 나타나는 것은 도시이다. 춘근은 어린 시절부터 미장원 앞을 지날 때마다 맡았던 '야릇한 냄새'에서 서울의 '화려하고 행복한 세계'를 발견했으며, 윤호는 도시의 현란한 풍물에서 자기 고향에 결여된 풍요롭고 고양된 삶의 양상들을 체험했다. 그러나 도시에 대한 그들의 동경은 허망한 환상이었다. 도시는 변두리의 젊은이들에게 유혹적인 것이면서 동시에 배척적인 것이었기 때문이다. 이로 인해 가변적이고 불확정적인 사회적 삶의 공간인 도시에서 사회화의 성숙한 조화를 구하는 개인의 노력은 중단 없는 고행의 성격을 가질 수밖에 없다.

장정일의『아담이 눈뜰 때』는 소년에서 청년으로 이행하는 길목에 들어선 주인공 '아담'이 일련의 이례적인 체험을 통해 세계가 가짜 낙원임을 깨닫는다는 테마를 담고 있다. 이러한 테마는 작중인물의 정체성 형성과 세계에 대한 환멸의 동시적 경험이라는 성장소설의 일반적인 플롯을 제시하고 있다. 그러나 이 소설은 주인공의 성격이나 정황이 종래의 성장소설에 제시된 것들과는 판이하다. 무엇보다도 작중인물이 개체로서의 독립된 자아를 형성하는 과정에서 그의 가족 환경은 특별한 영향을 미치지 못한다.

작중인물 아담은 지하도 상가에서 청소부 노릇을 하고 있는 홀어머니의 뒷바라지로 대학 재수를 하고 있지만, 아버지 없는 가난한 집안의 아들이라는 사실이 그에게 중요한 문제로 의식되고 있지 않을 뿐더러 그가 성취하는 세계 인식의 내용과도 본질적인 연관을 갖지 않는다. 이것은 자기가 속해 있는 가족관계와 그에 따라 정해진 사회적 신원이 개인의 실존적 정황을 근본적으로 제약하는 기존의 성장소설의 관행과는 상당한 거리가 있는 것이다. 아담의 자아와 세계 인식에서 중요한 계기를 이루는 것은 자기의 타고난 신원이나 환경과의 싸움이 아니라 음악, 미술, 문학과 같은 예술품의 감상이나 정보화된 지식과 관념들의 획득 등과 같은 문화적 경험이다. 아담이 록 음악을 비롯한 문화적 텍스트들을 소비하거나 그러한 텍스트들에 비추어 현실을 규정하는 행동 등은 아담에게 발견과 각성을 가져다 준 특별한 사건들이다.

이러한 사건들을 뒷받침하는 공간은 도서관이다. 도서관은 아담의 성장을 둘러싼 특수한 정황, 즉 가족적·지역적·사회적 관계를 넘어 보편적으로 공유하는 문화의 획득과 경험이 사람들 각자의 내면적 성장을 결정적으로 좌우하고 있는 정황을 드러내는 표지이다.

보편적 문화와의 접촉 속에서 진행되는 인간의 성장은 특정 가족, 지역, 집단의 역사적 경험에 참여함으로써 개인적 정체성을 확보하는 인간의 성장과는 특질상 많은 차이가 있다. 보편적 문화는 특정한 연고나 관계에 국한되지 않는 인간 현실의 표상들을 제공하며, 또한 그러한 표상들을 가지고 자기가 살아가는 세계를 능동적으로 구성하게 한다. 이러한 능동적 구성을 통해 개인은 자유의 느낌을 갖게 되는데, 자유의 느낌은 보편적 문화 속에서 독립된 자아 감각을 획득한 개인의 의식에 핵심적인 것이다.

이런 맥락에서 볼 때, 이 소설에서 보편적 문화의 획득을 통한 개인의 성장을 추구하는 아담의 모습은 자유의 문제를 최대의 실존적 현안으로 인식한 결과라 할 수 있다. 이러한 인식을 통해 아담은 '가짜 낙원'을 발견하게 된다. '가짜 낙원'의 발견은 개인을 사회 체제의 부품으로 전락시키는 무서운 메커니즘에 눈뜸으로서 촉진되고 있다. 대학입시에 낙방하여 정해진 성장의 코스에서 이탈한 결과, 그가 깨닫기 시작하는 것은 사회 체제의 재생산을 위한 인력 양성 공장이 되어버린 공교육의 타락이며, 경쟁과 순응의 압력에 의해 자연스러운 욕망과 의지를 훼손당한 젊은이들의 고통이다. 개인의 자유 의지를 박탈하는 끔찍한 통제와 규율은 아담이 기성 사회 전반에서 발견한 가장 고통스러운 세력이기도 하다. 개인의 의지가 말살되고 있는 상황에 대한 이러한 민감한 인식은 아담이 은선이나 현재와의 관계에서 성적 쾌락에 탐닉하거나 저항적 록 음악에 도취한다거나 하는 이유를 설명해준다.

『아담이 눈뜰 때』는 도시의 보편적 문화라는 새롭게 조성된 개인적 삶의 조건에 주목하고 있다. 이는 이전의 성장소설들에 형상화된 성장의 서사와는 아주 다른 방식으로 개인 성장의 문제를 인식하고 있다. 편모슬하의 상황은 여전히 반복되고 있으나 그것이 성장의 주체에게 갖는 의의는 판이하다. 아버지의 부재는 이제 개인의 자기 함양에 필요한 물질적·문화적 보호의 결핍을 뜻하는 것이 아니라 보편적 문화 속에서 개인이 누리는 추상적 자유와 은유적 연관을 맺고 있다. 아담은 역사적 경험에서 단절되고 사회적 관계에 고립되어 있지만, 그러한 상태에 혼연히 자족하고 있기 때문이다(황종연, 2001).

성장소설은 모더니티의 경험에 발생론적 기원을 두고 있는 장르이다. 연고에 따른 역할의 세습이 사람의 일생을 지배하는 정태적인 공동체 사회에서 개인의 성장은 그리 곤란한 문제가 되지 않는다. 어른이란 어떤 존재인가를 알려주는 확실한 모형이 이미 주어져 있으며, 설사 그것을 모방하는 데에 실패한다고 하더라도 '어른답지 못한 철부지'라는 낙인 이상의 고통을 겪지는 않는다.

그러나 모더니티의 성립과 더불어, 삶을 스스로 기획하고 추구하는 자율적 능력이 개인에게 필연이자 당위가 되면서 성장은 비로소 문제적인 성격을 띤다. 이제 어른이 되기 위한 학습은 유혹과 기회로 충만한 불확실한 세계 속에서 자아를 발견하는 일로부터 시작되고, 자신의 신원과 소속을 스스로 창출해야 하며, 그러지 못하면 영원히 익명적 인간의 수치를 안게 된다는 압력 아래 진행된다. 그래서 자기에게 확고한 개인적·사회적 정체성이 없다는 불안감, 끊임없이 자아 갱신과 상승을 원하는 초조감은 근절되지 않는 순환처럼 근대적 개인을 괴롭힌다.

한국의 성장소설은 모더니티의 충격에 의해 새롭게 형성된 개인 성장의 환경을 암암리에 표상한다. 특히 편모슬하라는 상황을 통해 작중인물이 주어진 신원에 자족하기 불가능한, 자아 발전을 위한 모색을 할 수밖에 없는 조건을 제시하고 있다. 편모슬하가 뜻하는 결핍은 젊은이로 하여금 괴로운 자의식에 빠져들게 하고, 허영과 모험을 무릅쓰게 하는 모든 욕망의 출발이다. 『고기잡이는 갈대를 꺾지 않는다』는 사람들 사이에서 순진한 유대가 사라지고 더불어 정의와 질서의 원리도 사라진 세상을 만나 그것에 적응해가는 소년의 체험을 이야기하고 있다. 그리고 『너에게 가마 나에게 오라』는 자신의 타고난 신원과 씨름하며 보다 넓은 사회적 공간 속에서 자아 발전의 방향을 찾아가는 젊은이의 방황을 기록하며, 『아담이 눈뜰 때』는 보편적 문화의 경험으로 자기의 세계를 스스로 구성하는 나르시시스트의 행로를 제시한다. 이러한 소설들에서 자기 부정 혹은 자기 초월을 꿈꾸는 작중인물들은 분명히 근대적 개인의 욕망을 알고 있다.

그러나 그들의 이야기는 모더니티를 조건으로 하는 개인의 성장에 관한 탐구로서는 여러 가지로 부족하다. 『고기잡이는 갈대를 꺾지 않는다』는 타락한, 혼돈된 세상에 대한 소년의 각성을 서술하는 데에 주력하고, 그가 어떤 사회적 관계 속에 자리 잡는지를 보여주지 못하고 있다. 『너에게 가마 나에게 오라』는 개인과 사회의 조화를, 떠나온 고향에 대한 긍정이라는 근본적으로 퇴행적인 방식으로 성취한다. 『아담이 눈뜰 때』는 개인적 삶의 영역에 고립된 나르시시즘적 자기 현시로 인간 성장의 문제로 축소한다. 이러한 문제점들은 한국 성장소설이 근대적 개인의 자아 성장을 이야기하면서도, 자아 성장에 필요한 인간사회의 형식과 조건들을 제대로 탐구하지 못했음을 보여준다. 근대적 개인의 자유란 타고난 연고와 신분의 속박에서 벗어난 것일 뿐만 아니라 새로운 사회적 연합의 형식을 창출하는 것이기 때문이다.

지금까지 논의한 성장소설들을 읽는 과정에서 청소년들은 작중인물과 자신이 성장의 과정에서 경험하고 있는 것들의 실체를 보다 분명하게 인식하면서, 자아 발견의 계기를 마련할 수 있다. 또한 자신의 정신적 성장이 타자, 사회와의 관계 속에서 어떤 존재론적 의미를 갖는지, 나아가 어떤 존재론적 의미를 지녀야 하는지를 보다 뚜렷하게 인식할 수 있는 기회를 가질 수 있다. 이러한 기회를 통해 청소년 독자들은 한 개인으로서 자신의 정신적 성장이 가능하게 하는 또는 불가능하게 하는 사회적 체제와 조건들을 인식하면서, 가능한 미래 세계를 꿈꾸는 유토피아적 존재로 성장해 나갈 것이다.

3. 성장소설을 활용한 청소년 문학교육 방법

성장소설은 미성숙한 작중인물이 성숙하는 과정에서 겪는 갈등과 긴장, 그리고 이를 통한 자기 쇄신의 모습을 형상화하고 있다. 따라서 성장소설은 작중인물의 내적 성장과 사회 역사적 현실에 대한 새로운 인식 및 상호 작용의 과정을 청소년들에게 제시한다. 성장소설에 형상화된 이러한 것들에 대한 이해를 통해 청소년들은 성장의 과정에서 자신이 경험하고 있는 것들을 보다 분명하게 인식하면서, 자아 발견의 계기를 마련할 수 있다.

성장소설이 문학교육적으로 갖는 의의는 다음과 같이 정리될 수 있다.

첫째, 청소년들은 성장소설 읽기 과정에서 작중인물 및 사건 등과의 심미적 거리를 최소화하고, 이를 통해 타인, 세계 등에 대한 이해를 심화시킬 수 있다. 성장소설은 성장기에 있는 청소년들을 작중인물로 형상화하여, 청소년들이 작중인물들에 대한 동일시를 보다 쉽게 할 수 있게 하고, 이에 의해 청소년들이 자기 쇄신을 보다 능동적으로 추구할 수 있게 한다.

둘째, 성장소설 읽기를 통해 청소년들은 성장의 실체들을 보다 분명히 알게 되며, 이를 통해 바람직한 성장을 추구할 수 있게 된다. 성장소설은 인간 존재의 '성장'을 그 모티프로 하고 있기 때문에, 성장소설 읽기를 통해 청소년들은 인격적으로 바람직한 인간이 어떤 모습이며 어떻게 성숙되어야 하는가를 폭넓게 인식할 수 있다. 이는 문학 정서 체험에 의한 인간 성장의 실체와 지향점을 분명하게 인식하는 것으로, 현실 인식의 확충을 하는 것이다. 현실 인식이란 현실이 감추고 있는 구조를 이해하고 현실에 대한 대응력을 갖추는 것을 의미한다. 또한 청소년들은 성장소설 읽기를 통해 자기가 직접 경험하지 못한 현실들을 보다 뚜렷하게 인식하여, 사회화를 위한 준비를 철저하게 할 수 있다.

셋째, 청소년들은 성장소설 읽기를 통해 건전한 가치를 내면화하여 새로운 자기를 형성할 수 있는 기반을 제공받을 수 있다. 자신과 비슷한 또래의 작중인물과 사건들에 대한 이해를 통해 청소년들은 '내가 누구인가?'가 문제가 아니라 '나는 어떤 존재이어야 하는가?'에 대한 진지한 성찰을 하게 된다. 이는 진정한 체인(體認)으로서의 소설 읽기이며, 이러한 소설 읽기를 통해 청소년들은 소설 읽기와 실제 삶이 별개의 것일 수 없음을 알게 된다.

성장소설은 미성숙한 작중인물이 인생의 결정적인 시기에 각성해 가는 과정에 초점을 두는 이야기이다. 따라서 성장소설을 올바르게 읽기 위해서는 작중인물의 성장 과정을 정확하게 파악하여, 그의 성장에 위기를 초래하는 결정적 사건을 파악해야 한다. 작중인물의 성장에 위기를 초래하는 결정적 사건들은 그의 성장을 둘러싼 외적 환경, 존재들, 내적 자아의 분열 등으로 인해 생겨나는 것으로, 이것은 필연적으로 작중인물의 대응을 요구한다.

성장의 위기를 초래한 사건들에 대한 작중인물의 대응 양상은 크게 두
가지 방향이 있다. 하나는 시련과 고통을 극복하고 자아 정체성을 확립하
여 사회화되는 긍정적인 방향의 대응이고, 다른 하나는 충격적인 사건으
로 사회의 모순을 인식하고 혼란스러워하거나 환멸을 느끼면서 사회의 악
에 편입되어 성장이 왜곡되는 부정적인 방향의 대응이다.

성장의 위기를 초래한 사건들에 대한 작중인물의 대응 양상을 파악하는
것은 청소년들이 성장소설의 내용을 정확하게 이해하고 폭넓게 사고할 수
있게 할 것이다. 나아가 청소년들이 작중인물의 성장 과정을 비판적으로
해석하면서, 자신의 관점에서 올바른 성장의 모습을 상정할 수 있게 한다.
많은 성장소설들에서는 경험적 주체와 서술적 주체가 분화되어 있다. 이
러한 성장소설들에서 이미 성인이 된 서술적 주체는 과거의 체험을 어른
의 시각에서 재해석한다. 그 결과 그의 서술은 과거의 체험에 대한 평가
적 태도를 드러내면서, 지난 삶에 대한 고단한 성찰의 과정을 드러낸다.
이러한 서술자의 서술 태도는 청소년으로 하여금 삶을 성찰하는 고유한
관점과 방식을 일깨워주면서, 삶이란 성찰의 연속임을 알게 할 것이다.

지금까지의 논의를 바탕으로 하여 청소년들의 성장소설 읽기 과정을 정
리하면 다음과 같다.

- 작중인물의 성장 과정 파악하기
- 성장의 위기를 초래한 결정적 사건 파악하기
- 성장의 위기를 초래한 사건에 대한 작중인물의 대응 양상 파악하기
- 작중인물의 대응 양상 비판하기
- 서술자의 서술 태도 비판하기

이러한 읽기 과정을 김주영의 『고기잡이는 갈대를 꺾지 않는다』를 중심
으로 살펴보자. 김주영의 소설만을 논의하는 것은 다른 소설들을 대상으

로 하기에는 지면의 한계가 있기 때문이다.

1) 작중인물의 성장 과정 파악하기

성장소설에서 작중인물의 성장 과정은 작중인물이 처한 상황이나 현재의 위치, 인물이 겪는 사건과 그 사건으로 인한 인물의 변화 등을 통해 파악할 수 있다. 이 점은 김주영의『고기잡이는 갈대를 꺾지 않는다』에서도 마찬가지이다.

이 소설의 주요 작중인물은 형석과 형오 형제인데, 그들이 처한 상황은 아버지의 부재이다. 두 인물은 아버지의 부재라는 상황에서 정신적으로 방황하며, 그 과정에서 나름대로 성장해간다. 그런데 그 성장의 모습은 서로 다르다. 형인 형석은 어른들의 세계가 지닌 모순과 혼돈의 성격을 일찍부터 깨닫고 그것에 적응할 정신적 태세를 갖추면서, 어른들의 행동이 내포하는 양면적이고 모순된 성격에 대해 예민한 감각을 터득하면서 정신적으로 성장해 간다.

반면에 동생인 형오는 형과는 달리, 아버지의 부재라는 결핍의 상황을 훨씬 강력하게 표현하면서, 자신이 처한 현실에 대해 심각한 혼돈을 느낀다. 이러한 혼돈의 과정에서 형오는 백령도 군복무 중 분단 현실을 몸으로 확인하려는 충동을 갖게 되고, 이로 인해 그의 성장은 파국을 맞이한다.

2) 성장의 위기를 초래한 결정적 사건 파악하기

김주영의『고기잡이는 갈대를 꺾지 않는다』에서 형오의 정신적 성장에 위기를 초래한 결정적인 사건은 6·25전쟁 직후에 발생한 아버지의 부재이다. 아버지의 부재는 형오에게 고아의식을 갖게 하였고, 이로 인해 그는 삼손이라는 별명을 가진 술도가의 잡역부 장석도를 숭배하기까지 하였다.

그는 장석도가 아버지와 닮았다는 생각 속에 자신도 장차 장석도 같은 사내가 되고자 했다. 그러나 장석도에 관한 환상이 깨지면서, 그는 점차 아비 잃은 고아로서 삶의 내면적 궁지로 몰린다.

아버지의 부재는 형오의 정신적 삶에 실로 치명적인 결핍으로써, 그가 직면한 현실을 올바르게 인식하고 구성할 수 없게 하였다. 또한 그에게 의미 있는 삶의 경험을 허락하지 않음으로써, 그의 정신적 성장이 파국을 맞게 하였다.

3) 성장의 위기를 초래한 사건에 대한 작중인물의 대응 양상 파악하기

형오의 정신적 성장에 위기를 초래한 결정적 사건은 아버지의 부재 및 이에 대한 심각한 혼돈이다. 이러한 혼돈으로 인해 그는 백령도 군복무 중 형에게 보낸 편지에서 "모든 것은 껍데기"라고 말하면서, 아버지의 부재라는 상황이 그의 정신적 성장을 궁극적으로 가로 막는 조건임을 다시 한번 인식한다. 이러한 인식 속에 그는 자신의 존재성에 대한 지독한 환멸과 불신을 갖게 되고, 이로 인해 취중에 북녘 땅으로 건너가는 만용을 부림으로써 어이없는 죽음을 맞게 된다.

한편 형석은 아버지의 부재가 주는 모순과 혼돈의 성격을 일찍 깨닫고, 이를 견뎌내기에 적합한 학습을 나름대로 반복해서 한다. 그에게 경이로운 경험으로 기억되고 있는 '거울 속의 여행'이나 '마루 밑의 미로찾기' 같은 것이 그러한 학습의 예이다. 이러한 학습들을 통해 형석은 정신적 성장을 할 수 있었다.

4) 작중인물의 대응 양상 비판하기

이 소설에서 그들의 성장에 위기를 초래한 결정적 사건, 즉 아버지의 부재라는 사건에 대한 작중인물들의 대응 양상은 크게 다르다. 이 차이로 인해 형석은 안정되게 어른들의 세계로 편입할 수 있었고, 형오는 파탄을 맞이하였다. 결과로만 본다면, 형석은 정신적 성장을 성취하였고, 형오는 그렇지 못한 것이다.

그러나 내면을 들여다본다면, 실상은 전연 달라진다. 형석이 이룬 성장이란 기실 자아 정체성의 확립이 없는, 세상에 대한 체념적 적응이었기 때문이다. 반면에 형오의 파탄은 아버지 찾기와 정신적 혼돈의 싸움 결과였으며, 그 싸움에서 패배했을지언정 그는 모순된 사회의 실체와 자신의 실체를 정면으로 투시했기 때문이다. 모순된 사회에 대한 혼돈스러운 형오의 각성은 그의 내면적 자아를 고양시키면서, 그가 존재의 뿌리를 찾도록 추동했기 때문이다.

5) 서술자의 서술 태도 비판하기

김주영의 『고기잡이는 갈대를 꺾지 않는다』에서 서술자는 작중인물이기도 한 형석이다. 그는 성인이 된 시점에서 유년시절의 체험을 다분히 주관적 평가 속에 서술하고 있다. 유년시절의 체험에 대한 기억과 서술은 현재의 입장과 평가적 태도 속에 이루어진다.

이 소설에서 형석의 서술, 특히 형오의 행위에 대한 서술은 그의 행위가 당시 사회 속에서 어떤 의미를 갖는 것이었는지, 그리고 그러한 행위의 파급 효과는 어떠했는지를 밝히지 못하고 있다. 이로 인해 자신의 행위에 대한 형석의 서술은 다분히 체제 지향적, 체념적 순응의 것이 된다. 그의 서술은 성장에 위기를 초래하는 사건에 대한 타당한 것이었다고 할 수 없다.

4. 성장소설을 활용한 청소년 문학교육의 의의

인간 삶의 본질은 타자와의 대화적 관계에 의한 자기 인식이다. 바흐친의 관점처럼, 인간은 자기 내부의 인식을 통해서는 자기 삶의 본질을 인식할 수 없고, 오로지 타자의 인식을 통해서만 자신의 삶을 인식할 수 있기 때문이다. 인간의 본질이 이러하다면, 이런 본질을 갖는 인간을 교육하기 위한 교육의 목표는 인간의 대화적 관계에 초점이 맞추어져야 할 것이다. 그리고 인간의 대화적 관계가 단순히 소통의 문제가 아니라 자기 인식과 조명의 문제, 나아가 존재의 문제라는 인식이 전제되어야 한다. 특히 이 글에서 문제 삼고 있는 청소년 문학교육은 청소년들이 당면하는 정체성, 교우관계, 가족관계, 미래 삶에 대한 비전 등을 총체적으로 보여주는 성장소설을 그 대상으로 하기 때문에, 인간 삶의 본질에 대한 인식을 바탕으로 그 이념이 세워질 필요가 있다.

성장소설은 사회와 상호 작용하면서 정신적·육체적 아픔을 겪고 성장하는 한 인물의 성장 과정을 형상화하고 있다. 또한 인간의 보편적인 성장 과정뿐만 아니라 사회의 모순이 비판적으로 그려져 있다. 따라서 이러한 성장소설을 올바로 읽기 위해서, 청소년들은 작중인물의 성장 과정에 영향을 끼친 사회적 조건들과 소통하면서 사회 속의 인간의 삶과 바람직한 삶의 조건에 대해 성찰할 필요가 있다. 이러한 성찰을 통해 청소년들은 자신의 성장과 바람직한 삶의 모습을 도모할 수 있기 때문이다.

일반적으로 성장소설은 두 가지 방향의 결말을 갖는다. 작중인물이 성장의 위기를 극복하고 자아 정체성을 찾는 긍정적인 방향의 결말과 사회의 모순을 인식하고 사회악에 편입되거나 세속적 사회의 일원으로 편입되어 성장이 왜곡되는 부정적인 방향의 결말이 있다.

긍정적인 방향의 성장이 이루어지는 성장소설을 읽을 때, 청소년 독자들은 작중인물이 어떤 과정과 방법을 통해 어려움을 극복했는지를 알 수

있다. 성장의 위기를 초래한 사건, 그 사건을 극복하는 방법, 성장에 도움
을 주는 인물이나 상황과 사건 등에 초점을 두어 이러한 것들의 의미를
파악하고자 한다. 또한 청소년 독자 자신의 경험을 바탕으로 작중인물에
대한 동일시와 거리두기를 하게 된다. 이에 의해 청소년 독자 자신의 삶
에서 성장의 위기였던 사건이나 그 사건이 준 의미, 극복 방법 등을 성장
소설 읽기와 연계한다. 또한 성장소설의 내용들에 대한 비판적 읽기를 통
해 청소년 독자들은 바람직한 삶의 방향과 성장을 모색하게 된다.

　사회의 모순으로 인해 작중인물의 성장이 방해받고, 이로 인해 작중인
물의 자아 정체성이 확립되지 못하는 소설을 올바르게 읽기 위해서는 작
중인물의 성장을 방해하는 사회적 모순을 비판적으로 읽어야 한다. 성장
의 위기와 성장 왜곡의 원인은 작중인물이 살고 있는 사회와 깊은 연관이
있기 때문에, 청소년 독자는 작중인물이 살아간 배경과 소통해야 한다. 이
를 통해 청소년 독자는 작중인물의 삶에 사회적 의미를 부여하고, 작중인
물의 성장을 '사회 속'의 것으로 인식할 수 있다. 나아가 자신을 둘러싼
사회의 근본적인 문제에 대해 깊이 있는 성찰을 할 수 있다.

제 4 부

청소년 문학교육을 위한
학습 전략

청소년 문학교육을 위한 학습 전략

　　제14장에서는 청소년들이 청소년 문학 텍스트들을 학습하기 위한 전략들을 살펴볼 것이다. 그 전략들은 다음과 같다.

- 작중인물 분석하기
- 주요 작중인물의 성격 소개하기
- 허구적 텍스트의 구성 요소 표로 만들기
- 자신과 작중인물 비교하기
- 소설 텍스트에 관한 학급 신문으로 만들기
- 일기 쓰기
- 이야기 지도(story map)
- 친구에게 소설 텍스트에 대해 편지 쓰기
- 주인공의 환경이 만일 ~했더라면?
- 작중인물의 특성에 맞는 상징 선택하기
- 신문 기사 쓰기
- 학생들이 시험 문제 만들기
- 한 인물이 다른 인물에게 보내는 편지
- 작중인물에게 공적인 편지 쓰기
- 소설 텍스트의 내용 이어 쓰기
- 새로운 결말 쓰기
- 친구가 될 만한 작중인물 선택하기

- 상징이나 표어를 통해 텍스트의 내용 요약하기
- 어휘 교체 : 동의어를 활용해서 특정 구절에서 단어 대체하기
- 플롯 순서에 따라 반응일지 쓰기

이 전략들은 청소년 소설 텍스트를 대상으로 하여 학생들이 읽기 전・중・후 활동을 수행할 때, 문학 교사들이 활용할 수 있는 활동과 학습 과제들을 제시하고 있다. 이 활동들과 학습 과제들은 학생들이 창의적이고 독창적인 방법으로 소설 텍스트의 내용에 대한 지식과 이해를 갖게 함으로써 학생들의 학습 과정을 실제적으로 보여줄 수 있다. 따라서 이 책에 제시된 전략들은 학생들의 학습 과정을 참되게 평가하는 데 활용될 수 있을 것이다. 학생들은 이 전략들을 교사의 활동 안내에 의해 소집단 활동, 짝 활동, 개인별 활동을 통해 수행할 것이다.

이 전략들은 다양한 학년 수준, 능력 집단, 학급, 문학 텍스트 등에 적용될 수 있을 것이다. 이 전략들을 활용하는 문학 교사들의 학습 목표들은 매우 다양하지만, 이 책에 제시된 각 활동들은 학생들의 읽기 능력과 쓰기 능력을 증진하는데 기여할 것이다. 읽기 능력의 증진을 통해 학생들은 세계에 대한 보다 풍부한 문식성을 갖게 될 뿐만 아니라, 자신을 보다 잘 이해하게 될 것이다. 이 책에 제시된 읽기와 쓰기 전략들은 에세이, 신문 기사, 편지, 소설 텍스트, 허구적인 글 등을 읽고, 이에 대한 능동적이고 창의적인 반응을 하는 것과 관련된다. 이 책에 제시된 전략들을 수행할 때 학생들은 텍스트를 읽을 뿐만 아니라 텍스트의 내용과 관련된 자신의 경험을 쓰기 때문에 통합적인 언어활동을 수행할 것이다. 즉 이해 활동과 표현 활동을 아우르는 문학교육을 실천할 수 있을 것이다. 이 전략들은 특별한 순서가 없기 때문에 문학 교사는 특별한 학습 목표를 달성하기 위해 특별한 전략을 선택하거나 학생들이 몇몇 전략들 중에서 하나를 선택해서 할 수 있도록 할 수 있을 것이다.

작중인물 분석하기

✔ 활동의 목적

이 활동의 목적은 학생들이 적극적인 독자가 되게 하는 데 있다. 이 활동 과정에서 학생들은 소설 텍스트를 읽을 때, 작중인물에 관한 정보들을 노트에 기록한다. 또한 학생들은 작중인물에 관한 정보에 근거해서 그 인물에 대한 선호도를 나타낸다. 이때 학생들은 작중인물을 분석하기 위해서 작중인물에 관한 정보를 시각적으로 조직하고, 이를 바탕으로 해서 그 인물에 대한 선호도와 그 이유를 1~3 정도의 문장으로 쓴다.

✔ 활동의 활용 방법

이 활동은 학생들의 읽기 전·중 활동에서 활용될 수 있다. 주요 작중인물들에 대한 대부분의 정보는 일반적으로 텍스트 시작 부분에 제시되는 소설 텍스트의 내용에 대한 개괄적 설명 부분에서 찾을 수 있다. 작중인물에 대한 정보를 찾은 학생들은 작중인물에 관한 정보들을 표로 나타냄으로써, 소설 텍스트의 내용에 대한 해설과 작중인물에 대한 학습을 할 수 있을 것이다. 이 활동은 개별 학습, 짝별 학습, 소집단 학습의 형태로 수행될 수 있을 것이다. 소설 텍스트에 대한 이해를 확실하게 하기 위해 먼저 잠깐 이 활동을 수행함으로서 학생들은 보다 풍부한 텍스트 이해에 도달할 수 있을 것이다.

✔ 평가 방법

이 활동은 활동이 수행되는 방법에 따라 평가 방법과 평가 내용이 결정된다. 이 활동을 평가할 수 있는 한 가지 방법은 학생들이 짝을 지어 혹은 학급의 전체 학생들과 작중인물 분석 활동을 공유하면서 자신의 학습을 수행하는 과정을 평가하는 것이다. 작중인물에 대한 분석을 동료 학생들과 공유하면서, 학생들은 작중인물에 대한 자신의 이해를 확인할 수 있다. 또한 소설 텍스트에서 작가가 작중인물들을 실제 살아있는 사람처럼 만들기 위해 플롯을 구성하는 과정을 따라 지속적으로 작중인물에 대한 정보들 인식할 수 있을 것이다.

✔ 활동의 변형

이 활동을 통해 학생들은 주인공의 성격 변화에 대한 이해와 소설 텍스트 전체에 걸쳐 다른 작중인물들의 성격을 파악하게 된다. 따라서 교사는 학생들이 각 인물의 성격을 나타내 주는 상징을 텍스트 내에서 찾도록 할 필요가 있다. 작중인물에 대한 분석을 통해 학생들은 동료 학생들과의 문학 토론을 보다 잘 수행하면서, 동료 학생들의 문학적 경험과 반응을 보다 잘 이해할 수 있을 것이다.

✔ **활동의 실제**

이름 :	날짜 :
제목 :	
작가, 출판사 및 출판 연도 :	
학습 안내 : 소설 텍스트에서 그의 개성, 특성 등에 대해 더 많이 알고 싶은 주요 인물을 선택한다. 이 인물의 대화, 행동뿐만 아니라 다른 인물들이 이 인물에 하는 대화와 행동을 파악한다. 자신이 선택한 인물의 행적을 살펴보고, 이 인물과 관련된 정보들을 모두 찾아 기록한다. 기록을 할 때는 정보가 제시된 페이지 번호와 기록한 정보와 관련된 구체적인 예를 꼭 기록한다.	
• 선택한 인물의 겉모습 설명	• 선택한 인물의 성격 설명
1.	1.
2.	2.
3.	3.
4.	4.
5.	5.
작중인물의 이름	
• 배경정보	• 작중인물이 갈등했던 삶의 문제들
1.	1.
2.	2.
3.	3.
4.	4.
5.	5.

* 작중인물 분석지의 뒷면에 자신이 선택한 인물을 좋아하는 혹은 싫어하는 이유를 1~2개 정도의 문장으로 설명한다.

주요 작중인물의 성격 소개하기

✔ 활동의 목적

이 활동의 목적은 학생들이 소설 텍스트에서 특별한 정보를 찾아 작중인물에 대한 추론을 하여, 주요 작중인물의 성격을 이해하도록 하기 위함이다. 학생들은 소설 텍스트 읽기 중과 읽기 후에 소설 텍스트에 제시된 내용을 파악하여 주요 작중인물의 성격을 다른 학생들에게 소개함으로써 타자와 자신을 보다 잘 이해할 수 있을 것이다.

✔ 활동의 활용 방법

이 활동은 텍스트 읽기 중 혹은 읽기 후에 활용될 수 있다. 그러나 이 활동을 수행하기 전에 학생들이 자신의 성격에 관한 활동을 하는 것이 중요하다. 이를 위해 학생들은 반응일지에 원을 그리고 원을 반으로 나누어, 한쪽 반원에는 다른 색깔의 종이를 붙이거나 색칠을 한다. 그런 다음 학생들은 학급의 학생들 누구나 잘 알고 있는 자신의 성격상의 특징을 몇 가지 쓴다. 학생들은 원에서 색깔을 칠한 부분에 자신의 몇몇 친구나 가족들이 자신의 성격상의 특징에 대해 알고 있다고 생각하는 것을 두 가지 정도 쓴다. 그 후 학생들은 자신의 성격에 대한 토론과 정보의 공유를 동료 학생들과 하게 되는데, 이 토론과 정보의 공유는 학생들이 자기 자신, 다른 사람, 그리고 주요 작중인물의 활동을 보다 잘 이해할 수 있게 할 것이다. 학생들은 작가가 소설 텍스트를 통해 작중인물에 대한 정보를 제시할 때, 한 인물의 의사 결정, 대화, 그리고 행동 등에 근거해 직접적으로 제시되지 않은 정보들도 찾아내야 한다. 이를 통해 학생들은 보다 문학능력이 뛰어난 독자가 될 수 있을 것이다.

✔ 평가 방법

이 활동은 학생들이 소설 텍스트에 드러난 특별한 정보들을 활용하여 주요 작중인물을 얼마나 잘 이해할 수 있는가에 따라 평가될 수 있다. 만일 이 활동에 학급의 모든 학생들이 참여하고 있다면, 학생들의 참여도가 주요 평가 요소로서 고려되어야 할 것이다.

✔ 활동의 변형

이 활동은 소설 텍스트에 대한 학생들의 이해력을 향상시키기 위해 몇 가지 방식으로 변형되어 활용될 수 있다. 첫째, 학생들이 소집단 활동을 하고 있다면, 다른 집단의 학생들에게 다양한 작중인물들을 제시하고, 작중인물의 성격상의 특징들 가운데 학급의 학생들이 공유하기에 가장 중요한 것들을 몇 가지 유형으로 나누어 살펴보도록 하는 것이다. 두 번째, 작중인물의 성격상의 특징 가운데 공유하기에 알맞은 것에 대한 토론 후에 작중인물의 성격상의 특징과 부합하는 게임(십자말풀이 게임 등)을 할 수 있을 것이다.

✔ 활동의 실제

이름 :	날짜 :
제목 :	
작가, 출판사 및 출판 연도 :	

활동 안내 : 모든 학생들은 다른 학생들이 쉽게 볼 수 있는 성격상의 특징을 가지고 있다. 또한 모든 학생들은 친한 친구 혹은 부모님을 제외하고는 다른 사람이 잘 알지 못하는 숨겨진 성격을 갖고 있다. 이러한 사실을 근거로 해서 소설 텍스트에서 중요하다고 생각되는 작중인물을 선택하고, 작가가 직접적으로 언급한 작중인물의 외향적인 성격을 3~5개 정도 찾는다. 그런 다음 소설 텍스트 전체에서 찾을 수 있는 작중인물의 말, 행동 혹은 태도 등을 통해 알게 된 작중인물의 내향적인 성격을 3~5개 정도 찾는다. 그리고 작중인물 성격 분석표의 원에 이것들을 라벨로 붙인다.

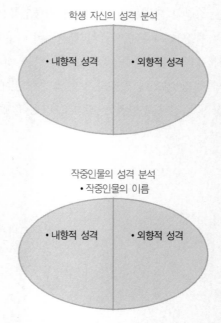

활동 ❸
허구적 텍스트의 구성 요소 표로 만들기

✔ **활동의 목적**

읽기 및 쓰기와 관련된 이 활동은 읽고 있거나 이미 읽었던 모든 소설 텍스트뿐만 아니라 허구적 이야기의 중요한 구성 요소들에 대한 학생들의 이해를 돕는다. 따라서 이 활동은 읽기 중 혹은 읽기 후 활동을 위해 활용될 수 있다. 이 활동은 학생들이 개별적으로 소설 텍스트를 읽고 있을 때, 허구적 텍스트의 구성 요소들을 찾도록 하는 데 그 목적이 있다.

✔ **활동의 활용 방법**

이 활동은 세 가지 방법으로 활용될 수 있다. 첫째, 학생들에게 학습 과제를 수행하는 방법을 제시해 줌으로써 교수 과정을 모델화하고, 허구적 텍스트의 구성 요소들의 용어에 대한 학생들의 토론과 반응을 통제하여 직접 교수법을 구성할 수 있다. 동화, 단편 소설 혹은 에세이 형식의 소설 텍스트 등을 활용함으로써 학생들이 소설 텍스트의 형태와 구성 요소들의 용어에 친숙하도록 하는데 매우 효과적이다. 활동의 실제 부분에 제시된 허구적 텍스트의 구성 요소 표에서 첫 번째 칸은 용어의 정의를 위해 사용될 수 있다.

둘째, 이 활동은 집단 토론에 의한 반응을 구성하는데 효과적으로 활용될 수 있다. 활동의 실제 부분에 제시된 허구적 텍스트의 구성 요소 표에서 두 번째 칸은 이 반응들을 쓰는 데 사용될 수 있다. 이 표에서 세 번째 칸은 소집단 반응 활동과는 다른 학급 전체 토론을 위해 사용될 수 있다. 학생들이 소설 텍스트에 대한 정확한 해석 혹은 받아들여야 할 당위적이고 유일한 반응보다는 다양한 반응들이 있다는 것을 이해하는 것은 그리 쉽지 않다. 따라서 학생들은 자신의 반응에 대한 다른 학생들의 논평을 세 번째 칸에 쓸 필요가 있다.

셋째, 학생들이 허구적 텍스트의 구성 요소들과 관련된 용어를 스스로 이해하도록 하는 데 활용될 수 있다. 이때 표에서 세 번째 칸은 다시 한번 학급 전체 토론에 의한 논평을 쓰기 위해 사용될 수 있을 것이다. 이 활동 단계는 학생들이 독립적으로 학습 활동을 할 수 있게 할 것이다.

✔ 평가 방법

이 활동에 대한 평가 활동은 활용 방법 부분에서 논의한 교수−학습과 활동의 단계에 따라 다르다. 학생들의 개별적인 활동 양상에 따라 소설 텍스트에 대한 학생들의 활동에 대한 평가가 결정된다. 따라서 교사는 첫 번째 단계와 두 번째 단계의 활동이 수행되고 있다면, 활동 과정에서의 학생의 참여와 토론에 의해 학생의 활동 정도를 평가할 수 있을 것이다.

✔ 활동의 변형

이 활동은 비교와 대조의 표현 방법에 의해 활동의 실제 부분에 제시된 두 번째 칸을 변형시켜 활용될 수 있다. 이때 교사는 항상 특정한 소설 텍스트에 사용된 용어들을 다양하게 활용해서 학생들에게 제시할 필요가 있다.

✔ **활동의 실제**

용어의 정의	개별 학습 혹은 소집단 토론	학급 전체 토론
제목과 작가		
플롯—한 문장으로 쓸 것		
갈등		
주동 인물—설명		
반동인물—설명		
배경		
분위기		
아이러니(역설)		
암시(복선)		
세계관		
주제—한 문장으로 쓸 것		
상징		

활동 ❹
자신과 작중인물 비교하기

✔ 활동의 목적

읽기와 쓰기에 관련된 이 활동의 목적은 학생들이 소설 텍스트에 제시된 작중인물의 성격상의 특징과 설명적 언어에 친숙하도록 하기 위함이다. 또한 이 활동은 학생들이 소설 텍스트의 플롯에서 사건 혹은 작중인물의 특징을 뒷받침해 주는 행동을 찾을 수 있는 독자가 될 수 있게 할것이다. 학생들은 이 활동과 초기 문학 토론 활동에서 사용한 단어들을 통해 어휘능력을 향상시킬 수 있을 것이다.

✔ 활동의 활용 방법

이 활동은 읽기 중 혹은 읽기 후 활동 동안 활용될 수 있다. 이 활동을 수행하기 위해 교사는 먼저는 활동 시작 부분에서 특정 어휘를 학생들에게 제시한다. 이 어휘는 작중인물의 각 특징에 해당되는 어휘에 대한 동의어로서, 각 인물의 특징을 어휘 지도(vpcabulary map)를 통해 드러낸다. 학생들은 각 인물의 선택된 특징을 설명하기 위해 소설 텍스트에 나타난 특별한 사항들을 기록한 다음, 자신이 그 인물과 같은 특질을 지녔는지를 결정하기 위해 텍스트에서 모은 모든 자료들을 자세히 분석해야만 한다. 그런 다음 학생들은 학급 학생들과 자신의 분석이 맞는지를 토의한다.

✔ 평가 방법

학생들의 활동은 활동 안내를 잘 따랐는지, 그리고 활동을 통해 얼마나 많은 통찰력을 얻었는지에 따라 평가되어야 한다. 학생들은 자신이 학습한 것을 구두로 혹은 글로 써서 요약할 수 있다.

✔ **활동의 변형**

이 활동은 학생들이 스스로 소설 텍스트에서 선택한 작중인물의 특질 목록을 만들도록 변형되어 활용될 수 있다. 또한 학생들이 작중인물과 같은 성격적 특질을 지닌 급우를 찾고, 이러한 특질을 지녔을 때의 이점과 불리한 점을 토론하도록 활동을 변형하여 활동을 할 수 있을 것이다.

✔ **활동의 실제**

이름 :	날짜 :
제목 :	
작가, 출판사 및 출판 연도 :	

활동 안내 : 학생들은 자신이 읽은 소설 텍스트에서 주요 작중인물을 선택한다. 소설 텍스트를 읽을 때, 선택한 작중인물에 적용할 수 있는 특별한 특징-성격을 묘사한 형용사를 찾는다. 소설 텍스트를 읽을 때, 학생들은 이 특질들을 자신의 성격과 비교하기 위해서 진술하거나 참조할 수 있을 것이다. 아래 표에 제시된 특질들을 보여주는 사건이나 행동들을 기록한다. 그런 다음 작중인물의 특질이 자신이 알고 있거나 혹은 누군가 다른 사람이 알고 있는 것인지를 설명한다.

작중인물의 이름

특 질	플롯에 나타난 사건 혹은 행동	자신과의 유사점 혹은 차이점
•		
•		
•		
•		
•		

* 작중인물의 어떤 특질을 선택하기 위해서 다음의 사항을 고려한다.
• 이 특질들은 긍정적인 함축성을 갖는다 ; 친절한, 믿을만한, 우호적인, 정직한, 진실한, 결정적인, 근면한, 신중한, 이야기하기 좋아하는, 흥미 있는, 호기심이 많은, 유머 있는, 솔직한, 개방적인
• 이 특질들은 부정적인 함축성을 갖는다 ; 무례한, 무지한, 거친, 냉담한, 문식성이 없는, 시끄러운, 성질이 급한, 비열한, 단정치 못한, 경박한, 불안한, 초점이 없는, 더러운, 조직되지 않은, 책임을 지지 않는, 말이 많은

소설 텍스트에 관한 학급 신문 만들기

✔ 활동의 목적

이 활동의 목적에는 몇 가지가 있다. 첫째, 학생들은 소설 텍스트에 대한 추론적인 이해를 요하는 학습 과제를 수행함으로써 읽기와 쓰기 기능들을 함양할 수 있을 것이다. 그리고 학생들은 소설 텍스트를 축자적인 수준을 넘어서서 이해해야 하기 때문에, 보다 상위 수준의 이해력을 요하는 기능들을 발휘할 것이다. 또한 학생들은 서로 다른 종류의 이해력과 쓰기 목적들을 학습할 것이다. 두 번째, 학생들은 학습 과제 '소설 텍스트에 관한 학급 신문 만들기'를 수행하기 위해서 신문을 구성하는 요소들에 대한 이해를 검토하여 신문의 구성 요소에 대한 이해를 증진시킬 것이다. 세 번째, 학생들은 학급 신문 만들기를 수행하기 위해서 집단 구성원뿐만 아니라 동료 학생들과의 협력 학습을 보다 능동적으로 수행할 것이다.

✔ 활동의 활용 방법

신문을 구성하는 요소에 따라 신문의 각 면들을 늘이거나 줄여서 이 활동을 수행함으로써, 학생들은 수업 시간에 배웠었던 소설 텍스트의 내용과 신문의 구성 요소들에 대한 이해를 보다 잘 할 수 있을 것이다. 이 활동은 모든 학생들이 학습 대상 텍스트를 다 읽은 후에 사용해야 한다. 교실에 있는 학생들의 수와 학습 능력에 따라, 교사는 학급 신문 만들기를 위한 역할 분담을 학생들에게 부과하거나 학생들이 자유롭게 자신의 역할을 선택할 수 있도록 한다. 교실 공간이 넓다면, 학생들은 짝을 지어 활동하거나 같은 텍스트에 대한 학급 신문을 둘 이상 만들 수도 있을 것이다. 학급 신문이 다 만들어진 뒤에 학생들은 학습 활동에 대한 각자의 견해를 공유함으로써 학습의 결과를 피드백할 필요가 있다.

✔ 평가 방법

개별 학생들의 활동 참여는 교사가 세운 활동 평가 기준(과제를 제시할 때 함께 제시한)에 의해 평가될 수 있다. 학생들의 활동을 평가하기 위해서 고려해야 할 사항들로는 정확성, 창의성, 독창성, 깔끔함, 형식, 원고 마감 시한을 지키는 능력, 그리고 맡은 역할의 달성 정도 등이 있다. 신문 구성지(구성한 신문의 각 면을 붙인 커다란 종이), 게시판 혹은 포스트잇 등을 이용해서 신문의 내용을 발표하기 전에, 개별 학생들이나 짝을 이룬 학생들은 학급원들에게 자신이 맡은 부분을 발표한다. 이 시간 동안 나머지 학생들은 발표를 하는 학생들에 대한 평가를 하는데, 활동 참여가 전혀 없었다고 생각되면 0점을 줄 수 있다. 이때 다양한 집단들이 있다면, 교사는 학급 신문 만들기 활동에 대한 평가를 다양한 형태를 통해 할 필요가 있다.

✔ 활동의 변형

수업 시간에 읽어야 할 소설 텍스트가 하나 이상이라면, 특별한 텍스트를 읽는 집단 구성원들은 자신들이 읽은 텍스트에 대한 학급 신문을 만들기 위해 함께 활동을 한다. 그런 다음 각 집단은 다른 집단들에게 자신들이 만든 신문의 내용을 발표한다. 학생들은 자신이 속한 집단의 신문에 자신의 견해를 쓰거나 신문의 내용이 보다 참신한 것이 될 수 있도록 신문에 기사를 더 채워 넣어야 할 면들을 찾는다. 또한 학생들은 교사가 선호한다면, 신문 만들기 대신에 소책자를 만들 수 있을 것이다.

✔ **활동의 실제**

이름 :	날짜 :
제목 :	

작가, 출판사 및 출판 연도 :

활동 안내 : 학급 신문은 아래에 제시된 소설 텍스트의 구성 요소에 따라 만들어질 수 있을 것이다. 각 학생이나 짝들은 학급 신문 만들기를 수행하는 데 도움이 되는 특별한 역할들을 해야 할 책임이 있다.

• 학급 신문 제작에 필요한 구성 요소들
 1. 편집하기 : 신문의 기사들을 교정보고, 각 면의 기사들을 편집한다.
 2. 제목과 뉴스 기사 : 뉴스 기사는 소설 텍스트에 형상화된 중요 사건에 대한 것으로, 누가, 무엇을, 언제, 어디서, 왜, 어떻게 등과 같은 육하원칙(5W1H)에 따라, 작성되어야 한다.
 3. 사설(논설) : 사설은 학생 필자가 자신의 견해를 진술하고, 소설 텍스트에 형상화된 사실들에 의해 그 내용이 뒷받침되는, 텍스트에 형상화된 이유들에 대한 논의이어야 한다.
 4. 특집 기사 : 특집 기사는 소설 텍스트에 제시된 구체적인 사실들에 의해 그 내용이 뒷받침되는 텍스트의 주제나 메시지를 진술해야 한다.
 5. 텍스트의 내용 비평(book review) : 이 기사는 텍스트 내용의 긍정적인 측면과 부정적인 측면을 논의하면서, 이러한 유형의 텍스트에 어떤 독자가 관심을 가질 수 있는지를 설명해야 한다.
 6. 작중인물과의 인터뷰 : 작중인물과 인터뷰를 할 기회를 가졌다고 가정하자. 인터뷰 질문들을 쓰고, 이 질문들에 작중인물이 대답을 했다면 대답의 내용을 기록한다.
 7. 광고 만들기 : 다른 사람이 그 소설 텍스트를 읽도록 그 텍스트를 소개하는 광고를 1페이지 정도 만든다.
 8. 십자 낱말 퀴즈(글자 맞추기 놀이) : 소설 텍스트에 주요 어휘를 뽑아 십자 낱말 퀴즈를 만들고, 답을 작성한다.
 9. 삽화 그리기 : 주요 인물들의 삽화를 그리고, 그 인물에 대한 신체적, 정서적, 그리고 개인적 특성을 포함한 묘사를 한다.
 10. 작중인물에게 편지 쓰기 : 텍스트에 형상화된 특정 문제에 대한 자신의 생각을 편지로 작중인물에게 보낸 다음, 작중인물이 그 문제를 해결하여 자신에게 답장을 쓸 수 있도록 한다.
 11. 코믹 연재만화 : 소설 텍스트의 주제나 내용에 대한 통찰력을 담은 코믹 연재만화를 그린다.
 12. 부음 기사 쓰기 : 소설 텍스트에 죽은 사람이 있다면, 고인(故人)을 위한 부고를 쓴다.

활동 ❻
일기 쓰기

✔ **활동의 목적**

이 활동은 보다 상위 수준의 읽기와 쓰기에 초점을 두고 있다. 일기 쓰기 활동은 소설 텍스트에 대한 반응을 쓸 수 있는 수단이 되기 때문에, 학생들은 일기에 텍스트의 내용에 대한 자신의 느낌, 반응, 통찰력 등을 표현하는 방법을 배우고, 허구적인 관점에서 이러한 것들을 표현할 수 있는 기회를 가질 수 있을 것이다. 허구적인 관점에서의 수업은 학생들이 소설 텍스트에 대한 개인적인 반응에 따라 매우 다양할 수 있는 반응 쓰기를 이해하도록 하는 데 필요하다. 끝으로 학생들은 한 인물의 다른 인물에 대한 반응을 설명하기 위해 소설 텍스트에 형상화된 사실들과 세목들을 활용해서 일기를 쓸 수 있을 것이다.

✔ **활동의 활용 방법**

학생들은 소설 텍스트에 대한 반응으로서의 일기를 쓰기 위해 소설 텍스트를 읽고 중요한 사항들을 기록할 수 있는 시간을 수업 시간에 부여받아야 한다. 이 활동을 활용할 수 있는 또 다른 방법은 모든 학생들이 읽기 후에 하는 쓰기 과제를 위해 개별적으로 소설 텍스트를 읽고 일기 쓰기 활동을 하는 것이다. 교사는 학생들에게 사례가 되는 일기를 제공하기 위해 일기 쓰기 분량이 어느 정도나 되어야 하는지를 안내해 줄 필요가 있다. 이 활동은 또한 같은 소설 텍스트나 다양한 읽기 자료들을 학생들이 읽도록 하는 몇 가지 학습 과제 중에서 선택된 하나의 활동으로 활용될 수 있을 것이다.

✔ 평가 방법

이 활동은 기본적으로 쓰기 과제이므로 교사는 일기에 쓴 모든 사항들이 기계적으로 정확해야 함을 강조한다. 이 활동은 다른 쓰기 과제들이 평가되는 것처럼 평가될 수 있을 것이다. 평가 기준으로 창의성의 요소가 요구된다면, 평가는 창의성과 독창성에 따라 이루어질 수 있을 것이다.

✔ 활동의 변형

학생들이 쓴 일기가 독창적이고 창의적으로 씌어질 수 있도록 하는 한 가지 방법은 소설 텍스트에 형상화된 작중인물의 관점에서 일기를 허구적으로 쓰는 것이다. 일기 쓰기 과정에서 학생들은 일기장의 지질(紙質), 색깔, 사이즈, 잉크, 삽화, 언어 형식 등을 자유로이 선택해서 일기를 쓸 수 있을 것이다. 이러한 것들을 보다 자유롭게 선택하기 위해서 학생들은 작중인물에 대한 이해와 자신의 창의성을 표현할 기회를 보다 더 많이 가질 것이다.

✔ 활동의 실제

이름 :	날짜 :

제목 :

작가, 출판사 및 출판 연도 :

활동 안내 : 소설 텍스트를 읽고 있거나 다 읽은 후에 작중인물 중에서 한 사람을 선택해서, 그 인물에 대한 상상적인 내용의 일기를 쓴다. 일기의 내용은 분량이 적어도 한 문단 이상은 되어야 한다. 일기의 내용은 선택된 인물의 관점에서 쓰여지고, 일기를 쓴 날짜가 적혀 있어야 한다. 소설 텍스트에 형상화된 사건들과 이 사건들에 대한 작중인물의 반응을 기록함으로써 일기를 쓴다면, 일기는 매일매일 연속해서 쓸 필요는 없을 것이다. 일기에 쓸 내용은 그 인물이 형상화된 다음과 같은 사항들 중에서 한 가지에 대한 개인적인 반응이 표현되어야 한다.

- 주요 플롯 삽화
- 다른 인물과의 관련성
- 긍정적인 느낌 혹은 부정적인 느낌
- 경험을 통해 얻은 통찰력
- (시간적, 공간적, 문화적) 배경에 대한 논평

이 활동을 수행하는 과정에서 학생들은 작가가 텍스트에 제시한 정보에 토대를 두어 자신이 선택한 작중인물의 생각과 느낌에 대한 근거 있는 추론을 하기 위해, 텍스트에 제시된 사실들을 서로 결합하는 참조 기능들을 활용해야 한다. 다음에 제시된 예는 소설 텍스트를 읽을 때 기록을 하고, 나중에 일기 내용들을 정확하고 타당하게 쓰기 위해 필요한 특정한 세부 정보들을 기억하도록 하는 안내로써 활용될 수 있을 것이다.

일기에 쓸 내용들의 개요

	소설 텍스트에서 인용한 쪽수	소설 텍스트에 인용한 항 또는 절	날짜	반 응
1				
2				
3				
4				
5				

활동 **7**
이야기 지도(story map)

✔ 활동의 목적

이 활동의 목적은 학생들이 소설 텍스트에 대한 이해를 표현하도록 하기 위한 것이다. 모든 단편 소설과 장편 소설들은 허구의 기본 요소들을 동일하게 갖고 있기 때문에, 도표로 조직된 허구의 요소들을 반복적으로 활용함으로써 학생들은 모든 이야기들 사이의 유사성을 인식할 수 있을 것이다. 이야기 지도는 학생들이 텍스트 읽기 중이나 읽기 후에 이야기에서 중요한 정보를 지속적으로 기억할 수 있는 방법을 제공할 것이다.

✔ 활동의 활용 방법

교사는 학생들이 이야기 지도를 완성하기 전에, 이야기 지도의 개념을 정의하고 활용법을 모형화할 필요가 있다. 아동 문학 텍스트나 단편 소설은 장편 소설을 이용한 활동을 하기 전에 활용될 수 있을 것이다. '이야기 지도'라는 용어를 잘 알고 있다면, 학생들은 개별적으로, 짝을 지어 혹은 집단별로 이 활동을 할 수 있을 것이다. 이 활동은 또한 학급 전체의 문학 토론을 위해서도 유용하게 활용될 수 있을 것이다.

✔ 평가 방법

교사는 교실에서의 과제나 가정에서의 숙제를 선택해서 이 활동을 평가할 수 있다. 이 활동이 갖는 신뢰성은 활동 목적에 달려 있다. 평가를 위해 고려해야 할 것들로는 지도 내용의 완성도, 정확성, 교사의 활동 안내 준수 등이다.

✔ **활동의 변형**

　교사는 보다 많은 정보가 필요하다면 다음에 제시된 '이야기 지도'의 형태를 변형해서 활용할 수 있을 것이다. 이 활동을 변형해서 활용할 수 있는 또 다른 방법은 학생들이 이야기의 줄거리를 쓰는 것이다. 이야기 지도 만들기를 위한 활동지의 뒷면에 교사는 학생들로 하여금 소설 텍스트의 줄거리를 한 문장이나 한 문단으로 쓰도록 할 수 있다. 줄거리 쓰기는 특별한 형식 속에 이야기의 처음, 중간 끝이 드러나도록 써야 하기 때문에 때로는 학생들에게 어려운 활동으로 여겨지기도 한다. 이 활동은 컴퓨터 화면에 제시된 항목들에 학생들이 해당되는 내용을 적게 함으로써 학생들의 워드 프로세싱 능력을 향상시키는 데도 도움을 줄 수 있을 것이다.

✔ 활동의 실제

이름 :	날짜 :

제목 :

작가, 출판사 및 출판 연도 :

- 〈배경〉
 −언제 :   −어디서 :
- 〈작중인물〉
 −주동인물 :
 −주동인물의 세 가지 특징 :
  ①
  ②
  ③
 −반동인물 :
 −반동인물의 세 가지 특징 :
  ①
  ②
  ③
- 〈갈등〉
 −갈등 1 :
 −갈등 2 :
- 〈이야기−플롯 사건들〉
 −사건 1 :
 −사건 2 :
 −사건 3 :
 −사건 4 :
 −사건 5 :
- 〈텍스트의 내용에 대한 느낌 혹은 분위기〉
 −느낌 :   −텍스트에서 일어난 일 :
 −느낌 :   −텍스트에서 일어난 일 :
- 〈주제를 한 문장으로 쓰기〉
  :

활동 **8**
친구에게 소설 텍스트에 대해 편지 쓰기

✔ 활동의 목적

이 활동의 목적은 학생들에게 자신이 읽고 있거나 이제 방금 읽은 텍스트의 내용에 대해 다른 학생들과 소통할 수 있는 수단을 제공하는 것이다. 교사가 학생들 간의 보다 많은 의사소통을 원한다면, 학생들은 편지 형식 속에 텍스트의 내용에 대한 질문을 하고, 이에 대한 대답을 편지를 받은 학생이 할 수 있도록 함으로써 친구들과 소설 텍스트에 대한 소통을 보다 많이 할 수 있을 것이다. 또한 학생들은 이 활동을 통해 우호적인 편지 쓰기 형식을 학습할 수 있을 것이다.

✔ 활동의 활용 방법

학생들의 활동 능력에 따라 교사는 이 활동을 학생들이 특별히 따라야 할 학습 구조를 통해 활용하거나, 요청된 정보를 학생들이 대충 첨가하고, 변화시키거나 삭제하도록 하는 학습의 실례로써 활용할 수 있을 것이다. 학생들 간의 편지 쓰기는 교실 내에서 혹은 교실 밖에서 수행될 수 있을 것이다. 편지 쓰기는 학생들이 좌석을 바꿀 수 있고, 컴퓨터 화면 상에서 편지를 읽을 수 있는 교실 혹은 컴퓨터실에서 수행될 수 있을 것이다. 또한 학생들은 다른 학생들과의 편지 교환을 통해 다른 소설 텍스트들에 좀 더 친숙해질 수 있을 것이다.

✔ 평가 방법

이 쓰기 활동은 '읽기 후 책 보고서(a post-reading book report)'로써 활용되거나 쓰기 과제를 수행하는 동안 활용될 수 있다. 학생들 간의 의사소통은 학생들이 소설 텍스트를 읽고, 보다 많은 질문들에 답할 수 있는 동안 수행될 수 있다. 학생들은 소설 텍스트를 보다 많이 읽을수록 질문들에 보다 잘 대답할 수 있을 것이다.

✔ 활동의 변형

문학 토론과 학습 활동 때문에 학생들이 편지 쓰기에 친숙해지고, 소설 텍스트를 이해하게 된 뒤에 교사는 편지에 포함될 수 있는 그 소설 텍스트에 대한 화제와 질문들에 학급의 학생들이 브레인스토밍을 할 수 있도록 한다. 학급 학생들이 다양한 텍스트들을 읽거나 다양한 집단들이 몇몇 소설 텍스트들을 읽는다면, 이 활동은 특히 재미있게 활용될 수 있을 것이다. 이 활동은 또한 업무적인 편지 쓰기 수업과 연결되어 활용될 수 있을 것이다. 소설 텍스트의 내용을 비교하고 대조하는 문학 토론을 통해 학생들은 편지의 다양한 형식과 편지의 각 형식이 갖는 목적을 이해할 수 있을 것이다.

✔ 활동의 실제

이름 :	날짜 :
제목 :	
작가, 출판사 및 출판 연도 :	

활동 안내 : 학생들은 수업 시간에 자신이 읽은 소설 텍스트에 대한 편지를 친구에게 쓴다. 텍스트에 대한 중요한 정보를 포함하고 있는 초고로써 이 편지 쓰기를 활용할 수 있을 것이다.

〈친구에게 소설 텍스트에 대해 편지 쓰기의 실제〉

_____에게

안녕!

나 _____야! 난 요즘 _____가 쓴 「_____」라는 소설을 읽고 있어.(이제 방금 다 읽었어.) 이 소설은 _____란 문제(갈등 상태)를 갖고 있는 _____라는 인물에 대한 내용이 주로 나와 있어. 스토리는 _____에 대한 것이야.(2~3 문장 정도로 줄거리를 쓴다) 주인공은 _____ 때문에 나와 유사한 것 같아.(자신과 유사한 상황과 이유를 설명한다) 이 인물의 모든 특성을 고려할 때, 나는 이 인물이 나와는 매우 유사하다 / 매우 다르다고 생각해. (유사한 것과 다른 것 중에서 하나를 선택한다)

나는 다음과 같은 세 가지 이유 때문에 이 소설을 좋아해.(혹은 싫어해) ; (소설에서 자신의 생각을 뒷받침하는 근거들을 이 문단에서 설명한다.) 이 소설은 _____ 종류의 소설들을 좋아하는 사람들에게는 정말로 읽을 만한 가치가 있는 좋은 책이다. 이 소설은 독자들이 즐길 수 있는 _____과 _____을 다루고 있다. 다음에 내가 읽고 싶은 소설은 _____한 종류의 소설이다. 곧 네가 읽고 있는(다 읽은) 소설에 대한 회신을 쓰겠다. 네가 읽은 소설의 내용들에 대해 알려주기 바란다 ; (친구들이 답장을 통해 대답해 주기를 바라는 세 가지 질문을 한다.) 곧 만나서 대화하자. 안녕.

ㅇㅇㅇㅇ년 ㅇ월 ㅇ일 _____씀

활동 ❾
주인공의 환경이 만일 ~했더라면?

✔ 활동의 목적

이 읽기 / 쓰기 활동의 목적은 학생들이 자신의 생각을 뒷받침할 수 있는 증거들을 텍스트에서 찾아 자신의 반응을 명료화하는 것이다. 학생들은 소설 텍스트 읽기와 작중인물에 대한 이해를 통해 주인공의 선택들에 대한 근거 있는 상상을 해야만 한다. 어떤 질문에 대한 유일하고 정확한 반응이란 있을 수 없음에도 불구하고, 학생들은 자신들의 반응을 예상 독자에게 납득시키기 위해 소설 텍스트에서 특별한 사례들을 제공해야만 한다.

✔ 활동의 활용 방법

교사는 이 활동을 특정 학습 과제를 위해서 활용하거나 학생들이 선택할 수 있는 다른 활동들을 제공한다. 이 활동은 교실에서의 쓰기 과제, 숙제 혹은 시험을 위해서 활용될 수 있다. 학생들은 자신의 비평적 에세이를 학급의 다른 구성원들과 공유하여, 이 쓰기 활동을 문학적 토론과 논쟁을 위한 출발점으로서 활용할 수 있을 것이다.

✔ 평가 방법

이 활동은 다른 쓰기 과제들이 평가되는 것처럼 평가될 수 있다. 교사는 평가를 위해 문장들, 세부적 내용들 혹은 문단들이 얼마나 많이 필요한지를 결정할 수 있다. 학생들의 쓰기 과제(에세이)를 혼자서 평가하기 보다는 학생들도 평가 과정에 참여시켜, 학생들이 동료 학생들의 쓰기 과제에서 그들의 주장을 입증하는 세부적 내용을 찾게 하는 것이 보다 바람직하다.

✔ 활동의 변형

학생들은 가끔 이 특별한 에세이 형식을 즐긴다. 이 활동에서 재미있는 변형은 소설 텍스트의 내용을 근거로 하여 영화를 만들고 있는 사람들에게 질문을 하는 것이다. 학생들은 누가 남성 배우, 여성 배우, 그리고 적대적 인물의 역할을 할 것인지를 결정한다.

✔ 활동의 실제

이름 :	날짜 :
제목 :	
작가, 출판사 및 출판 연도 :	

활동 안내 : 주인공을 위해 다음에 제시된 환경들 중에서 하나를 선택하고, 이 선택된 환경을 갖고 화제 문장을 완성하는 에세이를 쓴다. 텍스트에 제시된 사실들에 토대를 둔 참조를 하고 있기 때문에, 텍스트에 형상화된 특별한 세부 사실들로 자신이 선택한 환경들을 뒷받침한다.

(1) 주인공은, _____, 아마 죽을 것이다.
   a) 자동차 사고로　　　　　b) 이상한 질병 때문에
   c) 심장 파열로　　　　　　d) 치명적인 주사액 때문에
   e) 또 다른 방법 _____을 선택한다.
(2) 만약 주인공이, _____, 그 / 그녀가 좋아하는 휴가 장소를 선택했을 것이다.
   a) 하와이에서 일광욕을 하고 있다면
   b) 동강에서 캠핑을 하고 있다면
   c) 낙동강에서 낚시를 하고 있다면
   d) 유럽에서 스키를 타고 있다면
   e) 또 다른 운명 _____을 선택한다.
(3) 그의 생일 날 주인공은, _____, 다음과 같은 선물을 좋아할 것이다.
   a) 오토바이　　　　　　　b) 옷 가게에서 옷을 살 수 있는 상품권
   c) 컴퓨터　　　　　　　　d) 핸드폰
   e) _____과 같은 또 다른 선물을 선택한다.
(4) 주인공이, _____, 백만달러짜리 복권에 당첨되어 그 돈으로 할 수 있는 것들을 결정해야만 한다. 그의 선택권은 _____과 같은 것이다.
   a) 백만달러의 일부 혹은 전부를 기부금으로 내놓는다.
   b) 세계 일주 여행을 한다.
   c) 산 속으로 행방을 감춘다.
   d) 수많은 물건들을 산다.
   e) 돈을 쓰기 위한 또 다른 선택을 _____과 같이 한다.

활동 ❿
작중인물의 특성에 맞는 상징 선택하기

✔ 활동의 목적

이 읽기/쓰기 활동의 목적은 학생들이 보다 상위 수준에서 사고하고 추론하도록 하기 위함이다. 학생들은 자신이 선택한 작중인물의 특성을 나타내는 상징이나 표어를 선택하기 위해서 그 인물의 개성, 특징들, 행동의 동기 등을 이해할 필요가 있다. 또한 학생들은 특별한 논거(동기)를 밝혀 그러한 상징을 선택한 이유를 설명할 필요가 있다. 이 활동을 통해 학생들은 자신이 선택한 상징을 입증하는 설명이나 행동들을 찾기 위해 소설 텍스트로 되돌아가 참조 사항뿐만 아니라 상세한 설명들을 찾기 위해 소설 텍스트를 신중하게 다시 읽는다.

✔ 활동의 활용 방법

학생들이 이 활동을 의미 있게 하기 위해서는 먼저 약간의 예비 활동을 수행할 필요가 있다. 이를 위해 교사는 상징과 표어가 사회에서, 그리고 다양한 쓰임에서 하는 역할들에 대해 학생들이 토의하도록 한다. 광고, 업무용 명함, 물건들 혹은 문방구 등에서 찾을 수 있는 몇몇 사례들이 상징이나 표어의 모델로서 학생들의 문학 토론을 위해 교실에서 활용될 수 있을 것이다. 이를 위해 교사는 학급 과제를 제시할 수 있는데, 이 학급 과제는 학생들이 일상적인 세계에서 활용되고 있는 상징의 구체적인 예들을 찾도록 하는 것이다.

학생들이 작중인물을 이해하고, 이 이해를 뒷받침하기 위한 수업 목표를 위해 소설 텍스트를 읽도록 하기 원한다면, 교사는 이 활동을 읽기 중활동 시간에 활용할 수 있다. 이 활동은 또한 읽기 후 활동에서 학생들이 짝을 지어, 집단별로 혹은 개별적으로 소설 텍스트의 전체에 형상화된 작중인물의 성격상의 발달을 분석하기 위해서 활용될 수 있다. 학생들은 다른 학생들과 자신의 반응을 공유하고 자신의 반응과 반응의 근거들을 다른 학생들의 것과 비교하여 대조할 수 있다. 또한 학생들은 평면적인 인물 대 입체적인 인물, 그리고 정적인 인물 대 역동적인 인물에 대한 문학토론을 할 수 있다. 학생들이 일상적인 삶에서 사람들은 언제나 타인들에 대한 평가를 한다는 것에 대한 인식을 하는 것이 중요하다.

✔ 평가 방법

교사는 활동을 완수하고 자신의 활동 결과들에 대한 논리적인 근거를 제공한 학생들에게 활동 이수를 인정해 준다. 학생들의 활동에서 논의된 각 인물에 대한 특별한 상징이 그 인물과 부합하거나 그렇지 않을 수도 있다. 따라서 교사는 학생들 간의 개방적인 문학 토론을 촉진하고, 학생들의 활동들이 소설 텍스트에 제시된 세부적 항목들에 의해 뒷받침되고 있다면 학생들의 다양한 활동 양상을 적극적으로 수용해야 한다.

✔ 활동의 변형

이 활동은 인쇄된 상징들에만 제한되는 방법은 아니다. 교사는 학생들이 수많은 다른 상징들 중에서 하나를 선택할 수 있도록 많은 상징들을 제공할 수 있다. 교사는 또한 학생들이 잡지나 신문에서 작중인물들에게 더 잘 어울리는 상징들이나 표어들을 찾도록 할 수 있다. 이 활동을 변형해서 활용할 수 있는 또 다른 방법은 학생들이 자신이 선택한 인물들에게 어울리는 표어나 상징들을 스스로 그리는 것이다. 학생들이 스스로 표어나 상징을 그리는 것은 학생들에게 흥미있을 뿐만 아니라, 자기 자신을 가장 잘 나타낼 수 있도록 한다. 또한 이 활동은 교사에게 학생들에 대한 통찰력과 학생들이 자기 자신에 대해 갖는 인식을 제공해 줄 것이다.

✔ **활동의 실제**

이름 :	날짜 :

제목 :

작가, 출판사 및 출판 연도 :

활동 안내 : 활동지에 소설 텍스트에 형상화된 작중인물들 중에서 세 사람의 이름을 쓴다. 그런 다음 소설 텍스트에 제시된 정보에 토대를 두어 그 인물에 어울리는 상징이나 표어를 선택한다. 제공된 공간에, 선택된 상징이 각 인물의 성격과 부합되는 이유를 설명한다.

작중인물의 이름	상 징	이 유
1.		
2.		
3.		

• 상징들(다음에 제시된 상징들 중에서 하나를 선택하거나 다른 상징들을 스스로 그린다)

활동 ⓫
신문 기사 쓰기

✔ 활동의 목적

학생들이 이 학습 과제를 수행하기 위해서 자신들의 읽기, 평가, 그리고 쓰기 기능들을 사용해야 할 때, 이 읽기 / 쓰기 활동은 몇 가지 목적을 갖는다. 첫째 학생들은 소설 텍스트를 읽고, 소설 텍스트에 제시된 상세한 내용들을 활용해서 이 활동을 수행할 것이다. 두 번째, 허구적 자료를 실제 세계의 가능성과 관련짓는 것뿐만 아니라 특별한 목적을 위해 텍스트를 읽는다는 것을 학습할 것이기 때문에, 자신의 읽기 능력을 향상시킬 것이다. 세 번째, 학생들은 일지 형식의 쓰기를 학습하기 위해서 특별한 형식으로 신문 기사를 쓸 것이다. 끝으로 학생들은 소설 텍스트에 대한 자신의 이해가 창의적일 때 이를 표현할 수 있을 것이다.

✔ 활동의 활용 방법

이 활동은 읽기 중 활동에 부과되어 학생들이 소설 텍스트를 신중하게 읽고 텍스트에 형상화된 의미 있는 사건들 중에서 신문의 제1면에 실을 만한 이야기들을 보도하도록 활용될 수 있다. 만일 교사가 학생들이 소설 텍스트를 다 읽은 뒤에 이 활동을 제시한다면, 학생들은 소설 텍스트로 다시 돌아가서 신문 기사로 써야 할 사건을 하나 선택하기 위해서 텍스트에 형상화된 여러 사건들에 대한 평가를 할 것이다. 배경지식을 향상시키기 위해 학생들은 신문 기사의 형식을 검토하고, 교실에서 표본이 되는 기사를 읽을 것이다.

✔ 평가 방법

학생들의 활동은 활동 안내를 따르고 있는지에 의해서 평가되어야 한다. 평가시 고려해야 또 다른 사항은 신문 기사의 질과 소설 텍스트에 형상화된 세부적 사항들을 따르는 기사 내용의 정확성이다. 평가시 세 번째로 고려해야 할 사항은 지면 배정(layout), 사진 편입, 그리고 기사의 제목들뿐만 아니라, 학급의 학생들과 신문 기사 내용을 공유하는 것 등의 창의성이다. 학생들은 기사 내용의 정확성을 판단하고, 가장 좋은 신문 기사를 결정하고, 이러한 자신들의 선택에 대한 근거를 설명함으로써 평가 활동에 참여할 수 있을 것이다.

✓ 활동의 변형

학생들은 자신이 만들고 있는 신문을 위해 일간지들을 검토한 다음 필요한 기사들은 스크랩해서, 자신이 만들고 있는 신문에 오려 붙여 실제 신문처럼 만들 수 있을 것이다. 학생들은 또한 자신이 만들고 있는 신문의 여백에 직접 신문 기사들을 타이핑 할 수도 있을 것이다. 그리고 학생들은 소설 텍스트에 형상화된 인간들의 관심사에 관한 화제에 초점을 둔 특집 기사를 쓸 수도 있을 것이다. 이런 기사들을 쓴 다음 학생들은 신문의 뉴스, 특집 기사, 그리고 면의 배치 등이 매우 중요한 이유에 대한 토의를 다른 학생들과 한다.

✔ 활동의 실제

이름 :	날짜 :

제목 :

작가, 출판사 및 출판 연도 :

(1) 자신이 읽은 소설 텍스트에서 행동, 모험 혹은 운명의 전환점 등과 관련된 중요 사건 세 가지를 선택한다. 또한 나중에 참조하기 위해 사건들이 제시된 장이나 페이지 번호를 쓴다.

    _____

    _____

    _____

(2) 다른 학생들에게 흥미 있는 화제가 무엇인지를 질문함으로써, 흥미 있는 뉴스의 내용을 만들기 위해 자신이 선택한 화제에만 논의를 국한시켜 신문 기사를 쓴다.
  • 질문 받은 사람의 이름과 그의 선택 :

(3) 한 가지 사건을 선택하고, 그 사건이 진실하다면 신문의 제1면을 장식할 뉴스 기사를 쓴다. 모든 뉴스 기사는 5W1H 즉, 누가, 무엇을, 어디서, 언제, 왜, 어떻게에 따라 작성되어야 한다.
  • 소설 텍스트에 제시된 사건과 신문 기사 작성을 위한 페이지 번호

    누가 _____   무엇을 _____

    언제 _____   어디서 _____

    왜 _____   어떻게 _____

(4) 신문 기사의 제목들 중에서 독자에게 인기를 얻을 수 있는 표제를 생각한다.

    _____

(5) 신문 기사에 포함시키기 위해 그림, 사진, 삽화 등을 보충할 수 있다.

학생들이 시험 문제 만들기

✔ 활동의 목적

이 읽기 / 쓰기 활동에는 몇 가지 목적이 있다. 학생들은 쓰기 시험을 경험하기 위해 자신이 읽은 소설 텍스트의 내용과 관련된 시험을 일정한 형식을 통해 봐야 한다. 학생들은 검사받을 만큼 충분히 중요하다고 생각하는 중요 논점과 세목들에 초점을 두어 시험 문제를 만든다. 두 번째, 학생들은 소설 텍스트에 대한 지식과 자신의 쓰기 기능들을 보여줄 수 있는 정답을 제공하기 위해서 시험을 봐야 한다.

✔ 활동의 활용 방법

이 활동은 소설 텍스트를 읽은 후에 즉시 활용되거나 책 보고서(book report)와 교체되어 활용될 수 있을 것이다. 활동 과정에서 학급의 학생들은 모두 단 하나의 소설 텍스트만을 읽거나 개별 학생들이 자신이 읽을 소설 텍스트를 선택할 수 있다. 교사는 학급의 학생들이 시험 문제를 구성하도록 하기 위해서 개별 학생들이 만든 시험 문제들에서 적당한 것을 선택할 수 있다. 학생들은 또한 시험 문제의 질이 자신이 생각하는 기준을 충족시킨다면, 다른 학생들이 만든 시험 문제들을 자기 것으로 취할 수도 있다.

✔ 평가 방법

학생들이 시험 문제를 만드는 활동은 책 보고서 활동이 평가되는 것처럼 평가될 수 있을 것이다. 이 활동을 하기 위해서 고려해야 할 몇 가지 요소들은 활동 안내의 체제, 학습 내용에 관한 질문들의 초점, 그리고 소설 텍스트에 제시된 사실들, 세목들, 참조들에 의해서 정답의 정확성 등을 따르는 학생의 능력 등이다.

✔ 활동의 변형

이 활동을 변형해서 활용할 수 있는 방법은 시험의 체제를 변화시키거나 시험 자체를 없애는 것이다. 이 활동을 수행하고 학생들의 참여를 보다 증진시킬 수 있는 또 하나의 방법은 학생들에게 자신이 좋아하고 효과적이라고 생각하는 다른 종류의 시험들에 대한 브레인스토밍을 하도록 하는 것이다. 물론 교사는 이 활동을 수행하는 과정에서 학생들에게 필요한 정보를 보충하거나 필요 없는 정보는 생략할 수 있다.

✔ 활동의 실제

이름 :	날짜 :
제목 :	
작가, 출판사 및 출판 연도 :	

활동 안내 : 학생들은 아래에 제시된 체제에 근거해서 시험 문제를 만들 것이다. 그런 다음 학생들은 시험을 보고, 시험 문제에 대한 정답을 제공할 것이다.

(1) 시험 문제의 유형 1 : 이야기의 주요 사건들을 포함하고 있는 플롯에 대해 다지선다형 문제 5개를 만든다. 이 문제들은 발단, 전개, 위기, 절정, 결말 등과 같은 이야기 구성의 5단계와 관련된 것일 수도 있다.
(2) 시험 문제의 유형 2 : 몇 가지 것들 중에서 하나를 선택하는 선택형 문제 5개를 만든다. 이 문제들은 이야기에 나오는 작중인물들과 이 인물들의 정체를 확인할 수 있는 특질들에 대한 것이어야 한다.
(3) 시험 문제의 유형 3 : 빈 칸 채우기형의 문제 5개를 만든다. 이 문제들은 빈 칸을 채우는 단답형이 될 것이다. 이 문제들에 포함될 평가 요소들은 전조(복선), 상징성, 아이러니, 배경, 분위기 혹은 세계관 등이다.
(4) 시험 문제의 유형 4 : 어휘란을 빈 칸으로 한 문제 5개를 만들어서, 수험자가 어떤 문장의 맥락에서 단어의 의미를 이해할 수 있도록 한다. 몇몇 단어들의 목록을 제시해서 수험자가 적절하다고 생각하는 단어를 선택할 수 있게 한다.
(5) 시험 문제의 유형 5 : 수험자가 한 문단 정도의 답을 쓰도록 하는 서술형 문제 2개를 만든다. 이 서술형 문제에 포함될 수 있는 평가 요소들로는 주제 혹은 텍스트의 메시지, 텍스트를 읽을 예상 독자, 텍스트에 대한 독자의 좋아함 혹은 싫어함, 텍스트에 제시된 논쟁적인 이슈 등이 있을 수 있다.

한 인물이 다른 인물에게 보내는 편지

✔ 활동의 목적

이 활동이 주로 쓰기 활동에 활용됨에도 불구하고, 학생들은 작중인물이 생각하는 것을 충분히 이해하고 작중인물의 생각을 추론해서 쓰기 위해서 소설 텍스트를 어느 정도 읽거나 끝까지 다 읽어야 한다. 또한 쓰기 화제들의 선택에 따라 학생들은 텍스트에 제시된 이슈들이나 요소들에 대한 자신의 이해를 다른 학생들과 토의를 할 수 있을 것이다. 끝으로 학생들은 친교적인 편지의 구성 부분들을 학습하고, 의사소통을 함양하기 위해 이 활동을 실제로 할 것이다.

✔ 활동의 활용 방법

이 활동은 읽기 중 혹은 읽기 후에 활용될 수 있다. 학생들은 아마도 텍스트의 결말 부분을 읽을 때 작중인물들을 가장 잘 이해할 것이다. 그러나 교사가 학생들이 텍스트의 내용을 예상하고 텍스트에 제시된 문제들에 대한 토의를 하기 원하거나 학생들의 의사결정 과정을 돕고자 한다면, 이 활동은 텍스트를 읽는 동안에도 유용하게 활용될 수 있을 것이다. 또한 학생들이 자신의 편지를 동료 학급의 학생들과 공유하는 것도 유용한 활동이 될 것이다. 이 활동을 통해 학생들은 다른 학생들이 생각하고 쓴 비평과 질문뿐만 아니라, 다른 사람의 느낌에 대해 토의할 수 있을 것이다.

✔ 평가 방법

학생들이 쓴 평가지는 다른 쓰기 활동들이 평가되는 것처럼 평가되어야 한다. 평가를 위한 또 다른 방법은 학생들이 편지에 나타난 화제와 편지 내용의 정확성, 작중인물에 대한 필자의 통찰력 등을 토의하도록 하는 것이다. 평가는 모든 학생들에게 분명하게 제시되는 평가 기준을 가진 단순한 평가 항목의 형태를 통해 이루어질 수 있다. 학급의 학생들은 가장 잘 쓴 편지들을 뽑는 선거를 하고, 이 편지들에 답장을 쓸 수도 있다.

✔ 활동의 변형

텍스트에 형상화된 한 인물에게 다른 인물들이 쓴 편지들은 임의로 학생들에게 건네져서, 학급 쓰기 과제로써 학생들이 이 편지들에 답장을 쓰는 형태로 변형되어 활용될 수 있다. 그런 다음 그 편지는 그 편지를 쓴 필자가 자신의 편지에 대한 다른 사람들의 반응을 읽을 수 있게 필자에게 되돌려진다. 서로 일치하는 반응들을 좋아하기 때문에, 이 활동을 수행함으로써 학생들은 소설 텍스트에 형상화된 작중인물들의 개성과 세계관을 보다 잘 인식할 수 있을 것이다.

✔ 활동의 실제

이름 :	날짜 :
제목 :	

작가, 출판사 및 출판 연도 :

활동 안내 : 학생들은 소설 텍스트에 형상화된 한 인물이 다른 인물에게 보내는 형식의 친교적인 편지를 쓰고, 다음에 제시된 화제들 중에서 하나나 둘에 대한 토의를 한다. 그런 다음 편지를 받은 다른 인물이 편지를 쓴 인물에게 보내는 답장 형식의 편지를 쓴다.

(1) 문제를 설명하고 갈등을 풀기 위한 해결책을 찾는다. 작중인물이 되었다고 가정한 다음, 그 인물이 쓰는 것처럼 해서 편지를 쓴다.
(2) 폭력, 약물 혹은 부모 등과 같은 중요한 이슈들에 대해 토의하고, 이 문제에 대한 작중인물의 장점을 설명한다.
(3) 소설의 결말이 난 뒤에 작중인물과 접촉하고 있다고 상상한다. 그리고 그 인물에게 무슨 일이 일어날 것인지를 예상하고, 이 인물에게 다른 인물의 삶에 대한 질문을 한다.
(4) 소설 텍스트에서 작중인물의 삶을 극적으로 변화시키고, 작중인물에게 어떤 교훈을 준 사건을 설명한다. 편지는 동일한 인물의 변화를 보이는 소설 텍스트나 이야기에 형상화된 다른 인물이 이 인물에게 전달할 수도 있다.
(5) 한 인물이 문제, 미스터리 혹은 모험을 해결하는데 도움이 되는 몇몇 사람들, 단서들, 그리고 복선 등을 관련시킨다. 이 인물은 부수적인 다른 인물이나 제3의 인물에게 편지를 쓸 수도 있다.

〈편지의 실제〉
_____에게

안녕!
나는 _____야!(인사, 친교적 언어)
(플롯에 대한 간단한 설명을 함으로써 한 인물이 다른 인물에게 보내는 편지 쓰기 활동에 제시된 화제들을 분명히 한다)

(두 번째 질문 : 답장을 쓰고 있는 인물에게 몇 가지 질문을 한다)

200○년 ○월 ○일 _____ 보냄

작중인물에게 공적인 편지 쓰기

✔ 활동의 목적

이 쓰기 / 읽기 활동은 몇 가지 목적을 갖는다. 첫째, 학생들은 편지를 쓴 필자의 뜻에 부합하려는 목적과 텍스트 내용에 대한 자신의 견해를 밝히면서, 소설 텍스트를 신중하고 비평적으로 읽어야만 한다. 두 번째, 학생들은 쓰기 과제를 수행하기 위해서 업무적인 형식의 편지를 학습해야만 한다. 세 번째, 학생들은 자신의 편지에 답장해 주기를 바라는 실제 사람들에게 편지를 쓰고, 그들과 실제적인 의사소통을 해야 한다. 네 번째, 학생들은 작가의 배경과 작가에 대한 정보를 조사하여 지적인(이해력 있는) 질문을 할 수 있다.

✔ 활동의 활용 방법

이 활동은 학생들이 스스로 선택한 소설 텍스트를 읽을 때 활용될 수 있다. 각 학생이 다른 학생에게 편지를 씀으로써, 학급의 학생들은 다양한 필자들에 대해 학습을 할 것이다. 학생들이 텍스트를 읽기 시작할 때, 교사는 학생들에게 소설 텍스트의 작가에게 편지를 쓰도록 한다. 이때 학생들은 자신이 읽은 소설 텍스트에 대한 좋아함과 싫어함을 기록해야만 한다. 이 기록을 통해 학생들은 편지에 포함할 특별한 정보를 얻을 수 있다. 교사는 학생들에게 작가의 주소를 제공하거나 학생들이 스스로 이 과제를 수행할 수 있도록 할 수 있다. 학생들이 작가에게 편지를 쓰기 위해 작가의 주소를 파악하는 한 가지 방법은 텍스트에 있는 출판사에게 문의를 하는 것이다. 이 활동의 형태는 학생들에게 아이디어를 제공하는 활동 안내나 초고, 업무적인 편지 형식을 제시해 주는 것으로 활용되어야만 한다.

✔ 평가 방법

이 활동은 편지의 초고, 평가되는 최종 원고, 작가에게 보낼 잘 정서한 편지 등으로 구성되어야만 한다. 봉투에 주소를 정확히 쓰는 것과 편지를 접어서 봉투에 넣고 풀칠을 하는 것도 평가 대상이 될 수 있다.

✔ 활동의 변형

학생들은 답장을 받기 위해 봉투에 학교 주소나 자기 집의 주소를 쓸 수 있다. 만일 학생들이 자기 집 주소를 이용한다면, 자신이 받은 답장을 학급에 가져와 다른 학생들과 공유해서 특별 점수(extra credit)를 받을 수 있다.

✔ 활동의 실제

이름 :	날짜 :

제목 :

작가, 출판사 및 출판 연도 :

활동 안내 : 학생들은 소설 텍스트에 형상화된 한 인물이 다른 인물에게 보내는 형식의 친교적인 편지를 쓰고, 다음에 제시된 화제들 중에서 하나나 둘에 대한 토의를 한다. 그런 다음 편지를 받은 다른 인물이 편지를 쓴 인물에게 보내는 답장 형식의 편지를 쓴다.

주　　소 :
우편번호 :
날　　짜 :

• 작가 이름 :
• 작가의 주소 :
• 작가 주소의 우편번호 :

〈편지의 실제〉

_____ 씨께(에게)
(인사, 친교적 언어)
(편지를 쓴 이유를 설명한다)
(자신과 자기 학교에 대한 설명을 한다)

(텍스트에서 마음에 든 특정 부분, 작중인물 혹은 특정한 항목, 그리고 텍스트의 의미와 그 이유를 설명한다)

(텍스트에서 이해할 수 없었던 것에 대한 한 두 가지 질문을 한다. 그리고 자신이 읽은 텍스트의 후편 혹은 속편에 대한 질문을 한다.)

_____ 드림

소설 텍스트의 내용 이어쓰기

✔ 활동의 목적

이 활동의 주요 목적은 학생들이 다 읽은 소설 텍스트의 내용을 이어서 씀으로써 창의적으로 생각하고 글을 쓸 수 있도록 하기 위함이다. 이 활동을 통해 학생들은 소설 텍스트에서 작중인물이 말하고 행동한 것과 일관된 작중인물들의 미래와 행동에 대한 추론을 할 수 있을 것이다.

✔ 활동의 활용 방법

소설 텍스트의 내용을 이어 쓰기 위해 제시된 항목들 중에서 하나 혹은 전부를 선택한다. 교사는 선택한 항목들 중에서 하나에 대한 브레인스토밍을 학생들과 한 다음, 소설 텍스트가 긍정적 혹은 부정적 논점에 의해 전개되도록 하는 긍정적 논점과 부정적 논점에 대한 토의를 학생들이 할 수 있도록 한다. 학생들은 사전 쓰기, 개요 작성하기, 초고 쓰기, 재고 쓰기, 편집하기, 그리고 교정하기 등을 할 때, 집단 구성원들과 함께 활동을 할 수 있다. 이 활동을 활용할 수 있는 또 다른 방법은 학생들이 자신이 쓴 것을 다른 학생들, 집단들 혹은 학급 전체 학생들과 공유하도록 하는 것이다. 다른 학생들에게 개별적인 원고 혹은 한 집단이 쓴 원고를 읽어주는 것은 그 원고에 대한 긍지를 점차 심어줄 것이다.

✔ 평가 방법

쓰기 과제로써 소설 텍스트에 추가된 내용을 평가할 때는 학급의 학생들이 발표한 내용의 조건에 따라 평가를 한다. 평가시 고려해야 할 요소들로는 쓰기 과정, 집단 구성원들의 협력, 모임 시간 요구, 그리고 내용 등이다. 추가된 각 장의 내용은 정확성, 성격 묘사, 플롯의 연속성, 그리고 이야기의 결말 등과 같은 것이 아닌, 학급 학생들의 토의와 투표에 의해 평가될 수 있다. 학급 학생들과의 쓰기 공유는 전체 평가의 일부가 될 수 있을 것이다.

✔ 활동의 변형

이 활동을 변형시켜 활용하는 한 방법은 소설 텍스트의 내용을 이어 쓰도록 하기 위해 몇 가지 가능한 방법들 중에서 하나를 선택해서 쓰도록 하는 것이다. 어떤 집단의 활동들은 각 학생들이 선택한 방법들을 결합한 것이 된다. 학생들은 스스로 쓸 방법을 선택함으로써 자신의 결정과 원고에 대한 강력한 느낌을 가질 수 있고, 자신의 선택을 조절할 수 있다면 자신의 쓰기 과정을 완수하기 위해서 보다 많은 동기화를 갖게 될 것이다.

✔ 활동의 실제

이름 :	날짜 :

제목 :

작가, 출판사 및 출판 연도 :

활동 안내 : 소설 텍스트를 다 읽은 뒤에, 소설 텍스트의 내용을 이어 쓴다. 이를 위해 소설 텍스트에 제시된 사실들과 항목들에 토대를 둔 예상과 근거 있는 추론을 해야 한다. 다음에 제시된 것들은 소설 텍스트의 내용을 이어 쓰기 위해 생각할 수 있는 것들이다.

(1) 소설 텍스트의 결말 부분 바로 뒤나 5년 후에 주인공이 가져야 할 직업 선택, 친척 관계 혹은 생활 양식 선택에 대해 쓴다.
(2) 소설 텍스트에서 작가가 충분하게 서술하지 않은 부수적 인물에 의해 또 다른 문제가 어떻게 다루어졌는지를 서술한다.
(3) 작중인물이 참여할 수 있는 새로운 환경과 이 환경에 의한 새로운 플롯 전개가 텍스트의 가능한 후편을 구성하는 것에 대해 쓴다.
(4) 스토리의 결말 부분을 확장할 수 있는 작중인물 생애의 다음 날이나 다음 주에 대해 쓴다.
(5) 작가는 스토리를 미해결적인 결말 상태로 자주 마무리한다. 텍스트의 결말 부분에서 이해되지 않았던 것들에 대한 몇 가지 질문들을 생각한다. 이 질문들 중에서 하나를 선택하고, 이 질문이 소설 텍스트의 내용을 이어 쓴 것에서는 어떻게 답해져야 하는지를 결정한다.

여기에 소설 텍스트의 내용을 이어 쓰기 위해서 브레인스토밍을 하고 몇 가지 내용을 쓴다.

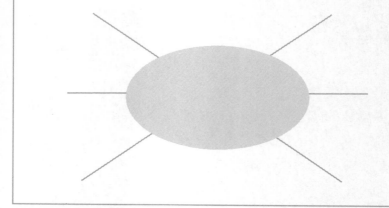

새로운 결말 쓰기

✔ 활동의 목적

이 읽기 후/쓰기 활동은 두 가지 목적을 갖는다. 첫째, 이 활동을 수행하고 결말을 다시 쓰기 전에 학생들은 소설 텍스트를 전부 읽어야 하기 때문에, 이 활동은 추론 기능과 적용 기능을 필요로 한다. 학생들은 작가의 결말을 대체하기 위해서 작중인물들과 플롯을 이해해야만 한다. 플롯의 순서는 선행하는 행동에 따라 의미 있고 논리적인 것이 되어야 한다. 두 번째, 학생들은 실제로 작가가 됨으로써 자신의 창조적인 쓰기 기능들을 실천할 수 있을 것이다. 또한 학생들은 소설 텍스트의 결말을 다시 써서 새로운 결말로 바꾸는 근거를 정당화해야만 한다.

✔ 활동의 활용 방법

이 활동은 학생들이 소설 텍스트를 다 읽은 뒤에 부과되어야 한다. 활동의 실제 부분에서 다루게 될 활동지에는 학생들이 새로운 결말 쓰기를 수행하기 위해 쓸 내용들에 대한 안내가 제시되어 있다. 학급의 전체 학생들이 같은 소설 텍스트를 읽고 있다면, 교사는 개별 학생들이나 집단의 학생들에게 새로운 결말 쓰기를 위한 특별한 발상을 제공할 수 있을 것이다. 이 활동을 활용할 수 있는 또 다른 방법은 학생들이 새로운 결말을 쓰기 위해 자신이 원하는 결말 서술 방향을 스스로 선택하도록 하는 것이다. 다른 학생들과 짝을 지어 각자 다른 사람의 초고를 들음으로써 동료 편집자들은 새로운 결말이 의미가 있는지, 논리적인지, 텍스트에 제시된 사실들과 세목들을 정확하게 사용하고 있는지의 여부를 확인할 수 있을 것이다.

✔ 평가 방법

학생들의 평가는 쓰기 과정뿐만 아니라 최종적인 원고까지 포함한다. 쓰기 과정은 최종 원고가 새로운 소설 내용으로 첨가될 때까지 사전 쓰기, 초고 쓰기, 교정하기, 재고 쓰기 등의 단계를 거쳐야 한다. 교사는 학생들이 쓴 새로운 결말들을 학급의 전체 학생들에게 낭독을 해 주고, 학급의 학생들이 이것들 중에서 가장 잘 쓴 소설의 결말을 선택할 수 있도록 한다. 이 활동을 통해 학생들은 읽기, 듣기, 그리고 말하기 기능들을 실천하게 된다.

✔ 활동의 변형

이 활동을 변형시켜 활용하는 한 가지 방법은 학생들이 새로운 결말 쓰기를 위한 아이디어들을 생각하고, 새로운 결말 부분에 새로운 작중인물을 창조하도록 하는 것이다. 이에 의해 학생들은 새로운 작중인물들이 결말 부분에 등장하는 새로운 이야기를 쓸 수 있을 것이다.

또 다른 방법은 그 소설 텍스트에 대해 작가가 쓸 수 있는 후편에 해당되는 새로운 결말을 쓰는 것이다. 학생들은 또한 새로운 소설 텍스트를 위해 첫 장을 쓰고, 원래 소설 텍스트의 플롯이 끝나는 부분에서 스토리를 시작해서 창작을 할 수 있을 것이다. 학생들은 또한 배경이 변화되었거나 작중인물이 죽었다면, 이야기가 어떻게 전개되었을지를 상상해서 창작하는 텍스트 내용 변형에 의한 창작을 할 수 있다. 또한 학생들은 텍스트의 이야기 자체를 변형시켜 새로운 스토리를 쓸 수도 있을 것이다.

✔ 활동의 실제

이름 :	날짜 :
제목 :	
작가, 출판사 및 출판 연도 :	

활동 안내 : 소설 텍스트를 다 읽은 뒤에 그 소설 텍스트의 결말을 새로이 쓴다. 이는 소설 텍스트의 결말 부분(갈등 해결 부분)을 변화시키고, 창의적으로 만들 수 있는 기회를 갖는 것이다. 새로운 결말을 쓸 때의 제한점은 작가의 세계관과 작중인물들의 특성들을 그대로 유지하는 것이다. 또한 새로운 결말을 의미 있고 믿을 만한 것으로 만들어야 한다.

소설 텍스트의 결말을 새로이 쓰기 위한 몇 가지 발상들은 다음과 같다.

(1) 작가가 문제를 해결했던 방식과는 다르게 문제를 해결한다.
(2) 주인공이 삶의 경험에서 배울 수 있게 한다. (혹은 배우지 않게 한다.)
(3) 소설의 결말을 행복한 것에서 비극적인 것으로 바꾼다.
(4) 특정 인물의 의사결정을 바꾸어, 이것이 다른 인물들의 행위나 사고에 어떤 변화를 줄 수 있게 한다.
(5) 스토리에 이상하거나 예기치 않은 사건 전환을 삽입하기 위해 아이러니를 활용한다.
(6) 주동 인물 혹은 반동 인물에 대한 새로운 정보를 통해 새로운 결말을 창작한다.
(7) 미스터리나 서스펜스(지속적인 긴장감)가 있는 원텍스트의 이야기를 해결하기 위해 원텍스트와는 다른 새로운 사실과 증거들을 활용한다.
(8) 독자가 몇 가지 질문들에 답하도록 하기 위해 이야기를 미해결적인 상태로 끝맺는다. (후편에서 그 질문들에 대한 답변이 가능하도록.)
(9) 소설 텍스트에서 처음에는 쉽게 알 수 없었던 중요한 상징들에 초점을 맞추어 결말을 맺는다.

이 외에도 학생들이 스스로 생각한 발상에 따라 소설 텍스트의 결말을 만들 수 있을 것이다.

활동 **17**
친구가 될 만한 작중인물 선택하기

✔ 활동의 목적

이 읽기 중 혹은 읽기 후 / 쓰기 활동에는 몇 가지 목적이 있다. 첫째, 이 활동은 학생들이 소설 텍스트에서 사실들과 세부 정보들을 찾아 자신의 견해를 뒷받침하는 학습을 할 수 있게 하기 때문에, 설명적인 글쓰기 활동과 관련된다. 두 번째, 이 활동을 통해 학생들은 문단 형식과 변형된 쓰기 활동을 활용할 수 있다. 세 번째, 학생들은 특별히 친구를 선택할 때처럼 삶에 필요한 작중인물을 선택하고 그에 대해 비판적 평가를 할 수 있다. 이 활동의 중요한 가치는 학생들이 자신의 친구로서 작중인물을 선택하고, 학급에서 이 인물에 대한 개방적인 토론을 다른 학생들과 할 수 있다는 데에 있다.

✔ 활동의 활용 방법

학생들이 소설 텍스트를 읽고 있는 동안, 교사는 쓰기 과제의 화제를 학생들에게 말해서 학생들이 소설 텍스트에서 정보를 찾아 기록할 수 있도록 한다. 이 활동은 또한 학생들이 자신의 주장을 위한 근거들을 찾기 위해서 소설 텍스트를 다시 읽는 읽기 후 활동으로 활용될 수 있을 것이다. 이 방법을 활용할 때 학생들은 나중에 좀 더 많은 분석을 하고, 특별한 정보를 찾기 위해 텍스트에 보다 친숙해져야만 한다. 교사는 학생들이 각자의 문학능력과 학습 목표에 토대를 두어 학습을 보다 효과적으로 할 수 있도록 이 활동을 활용해야 할 것이다.

✔ 평가 방법

이 쓰기 활동은 다른 쓰기 활동들처럼 평가될 수 있다. 평가를 위해 고려해야 할 요소들은 내용, 쓰기 기능, 그리고 활동 안내를 따를 수 있는 능력 등이다. 또한 활동의 최종 시한을 지키는 능력도 평가 과정에서 고려되어야 할 것이다.

✔ 활동의 변형

이 쓰기 활동은 몇 문단 정도의 길이로 한 주제에 대한 화제를 부과하는 형식으로 변형되어 활용될 수 있다. 또한 이 쓰기 과제는 학생들이 스스로 선택할 수 있는 몇 가지 쓰기 활동들 중에서 하나로 주어질 수 있다. 또한 학생들은 학급의 다른 학생들과 자신의 쓰기 활동을 공유하고, 어떤 화제를 선택해서 쓰기를 할 것인지를 토의할 수 있다. 활동의 결과는 초고나 최종 원고로서 활용될 수 있을 것이다.

✔ 활동의 실제

이름 :	날짜 :
제목 :	
작가, 출판사 및 출판 연도 :	

활동 안내 : 소설 텍스트에서 친구로 삼고 싶은 특별한 작중인물을 선택한 이유에 대한 설명을 적어도 몇 개의 문장으로 이루어진 문단에 쓴다. 소설 텍스트에서 특별한 사건들과 특징을 골라, 작중인물 중에서 친구로 삼고 싶은 인물을 선택하는 과정에서 참조한다.

- 작중인물의 이름 : _____
- 제목 : _____
- 화제 문장 : 나는 _____가 쓴 「_____」라는 소설에서 _____를 내 친구가 될 수 있다고 생각하는데, 그 이유는 여러 가지이다.
  첫째,
  둘째,
  셋째,
  넷째,
  따라서 _____는 나의 좋은 친구가 될 것이다. 그리고 우리는 _____를 할 것이다.

상징이나 표어를 통해 텍스트의 내용 요약하기

✔ 활동의 목적

이 읽기 후 / 쓰기 활동에는 몇 가지 목적이 있다. 첫째, 이 활동은 화제를 수행하기 위한 창의성뿐만 아니라, 고등 수준의 사고력과 평가 기능들을 필요로 한다. 학생들은 소설 텍스트의 가치에 대한 자신의 견해를 드러내기 위해 별표를 활용해서, 영화를 평가하는 체계와 마찬가지로 소설 텍스트를 평가한다. 두 번째, 학생들은 소설 텍스트의 내용을 재현하기 위한 상징을 창의적으로 그려야만 한다. 세 번째, 학생들이 만든 상징은 약간의 단어들 속에 많은 생각들을 담고 있어야 한다.

✔ 활동의 활용 방법

학생들은 소설 텍스트의 내용을 재현하는 상징을 고안하기 위해 컴퓨터나 종이, 보드마커 등을 사용하거나 활동의 실제 부분에 제시된 형식을 통해 이 활동을 수행할 수 있을 것이다. 학생들은 활동의 목적에 맞는 정보를 쓰고, 타이핑하거나 잘라 내거나 풀로 붙이는 작업을 한다. 상징은 한 형식 혹은 다는 형식 속에 몇 개의 문장을 담고 있을 만큼 그 의미가 충분히 커야 한다. 학생들에게 좁은 공간에 상징을 통해 텍스트의 의미를 요약하도록 하는 것은 학생들이 텍스트의 특별한 의미를 위해 단어들을 신중하게 선택하도록 하는 쓰기 활동을 제한하는 것이 될 것이다. 따라서 교사는 학생들이 자신들의 활동을 다른 학생들과 공유할 수 있도록 해야 할 것이다.

✔ 평가 방법

상징이나 표어를 통해 텍스트의 내용을 요약하는 활동은 다른 쓰기 활동들이 평가되는 것처럼 평가될 수 있다. 정보의 정확성뿐만 아니라 학생들이 활동지에 써야 할 정보를 다 씀으로써 과제를 수행했는가의 여부도 평가 시 고려되어야 한다. 창의성의 요소는 항상 평가하기가 어렵지만, 학생들이 소설 텍스트의 내용을 요약하기에 알맞은 것으로 선택한 상징들의 근거가 타당하다면, 학생들의 활동은 받아들일 수 있는 것으로 평가될 것이다.

✔ 활동의 변형

학생들은 자신의 활동 결과를 게시판이나 어떤 다른 방법으로 전시할 수 있다. 학급의 학생들이 다양한 소설 텍스트를 읽고 있다면, 학생들은 자신들의 활동과 정보가 소설 텍스트의 내용과 부합하는지를 생각해야 한다. 끝으로, 학생들의 활동에 대한 다른 학생들의 반응들도 나중의 학습 과정에서 인용되어 활용될 수 있을 것이다.

✔ 활동의 실제

이름 :	날짜 :
제목 :	
작가, 출판사 및 출판 연도 :	
평가(별표를 1개에서 5개까지 사용할 수 있다) :	
활동 안내 : 어떤 방법으로 텍스트의 전체 내용을 재현할 수 있는 상징, 표어 혹은 물건에 대해 생각하라. 다음에 제시된 정보를 포함할 수 있을 정도로 충분히 크게 상징이나 표어 등을 그려라. • 주요 작중인물들과 플롯 순서(차례)들 포함하는 요약 문장을 3개 정도 쓴다. • 인용할 가치가 있는 문단이나 문장 • 스토리에서 마음에 든 부분이나 들지 않은 부분을 진술하는 한 문장	

활동 ⑲
어휘 교체 : 동의어를 활용해서 특정 구절에서 단어 대체하기

✔ 활동의 목적

이 활동의 목적은 어휘와 단어의 상황 맥락적 의미와 관련된 몇 가지로 생각해 볼 수 있다. 첫째, 학생들은 어떤 어휘를 같은 유형과 의미를 가진 다른 두 단어로 성공적으로 대체하기 위해서 강조할 단어의 유형과 발화를 구성하는 단어들을 고려해야 한다. 두 번째, 학생들은 짝을 지어 다른 학생과 단어를 공유하고, 다른 사람이 선택한 어휘들을 평가한다. 세 번째, 학생들은 유의어 사전을 갖고 활동을 하면서, 필자에게 단어 선택이 얼마나 중요한 것인가를 인식해야 한다.

✔ 활동의 활용 방법

이 활동은 소설 텍스트 읽기 중 혹은 읽기 후에 활용될 수 있다. 교사는 학생들이 활동할 페이지나 구절을 선택하거나 학생들이 스스로 활동할 페이지나 구절을 선택하도록 한다. 이 활동은 또한 다른 소설 텍스트를 읽고 수행하는 과제에 부과될 수 있다. 학생들은 학급 구성원들이 선택한 단어에 따라 일반 사전이나 유의어 사전을 활용하거나 활용하지 않을 수도 있다. 때때로 학생들은 자신의 사고들 중에서 가장 정확한 의미를 전달하기 위해서 단어 선택들을 고려하는 것을 학습할 필요가 있다. 교사는 소설 텍스트의 한 구절뿐만 아니라 학생들이 그들의 활동을 계속 수행하기 위한 방법을 이해하기 위해 필요한 모델을 활용할 수 있다. 교사는 또한 단어 선택을 토의하기 위해 짝을 지어 혹은 집단으로 활동을 하도록 할 수 있다.

✔ 평가 방법

이 활동은 교실 활동이나 가정에서의 숙제가 평가되는 것처럼 평가될 수 있다. 이 활동을 평가할 때 교사는 특별한 단어의 변화는 때로 특정 문장이나 구절의 의미를 변화시킬 수 있음을 유의해야 한다. 학생들은 이 활동이 다른 학생의 단어 선택에 대한 토의로 활용될 수 있음을 인식해야 한다.

✔ 활동의 변형

약간의 문법적 지식을 교수하기 위해서 교사는 학생들이 특정 구절에서 강조한 단어들이 쓰인 발화들에 라벨을 붙이도록 한다. 이때 학생들은 각 문장들에서 단어들이 어떻게 쓰였는가를 다른 학생이 이해할 수 있도록 도와야 한다. 학생들은 또한 다양한 문장을 찾고, 각 문장들에 단순 문장, 혼합 문장, 복잡 문장 등과 같은 라벨을 붙일 수 있다. 교사는 학생들이 나중에 작문을 할 때 위에서 말한 문장의 유형들 일부 혹은 전부를 써 봄으로써 이러한 작문 활동을 확장시켜 할 수 있도록 해야 한다.

✔ 활동의 실제

이름 :		날짜 :
제목 :		
작가, 출판사 및 출판 연도 :		
활동 안내 : 소설 텍스트에서 참조할 페이지들을 선택하고, 텍스트에 쓰인 대로 정확하게 각 문장을 쓴다. 각 문장을 쓸 때 문장의 줄, 문단, 구절 등을 확실하게 써야 한다. 적어도 10개의 단어들에 밑줄을 친다. 그런 다음 밑줄 친 각 단어를 대체할 수 있는 두 개의 동의어를 찾는다. 각 단어 위에 직접 동의어를 쓴다.		
• 소설 텍스트의 페이지 번호 : _____		
이제 동료 학생이 위 구절을 읽고, 이 구절에 제시된 의미나 정보에 대한 논평을 하도록 한다. 동료 학생은 위 구절에서 어휘의 교체에 의해 의미가 변화되었다고 생각하는가? 어떻게 변화되었다고 생각하는가?		

활동 **20**
플롯 순서에 따라 반응 일지 쓰기

✔ 활동의 목적

이 활동은 몇 가지 목적을 갖는다. 주요 목적들 중의 하나는 플롯 순서와 반응 쓰기를 위해 텍스트를 읽음으로써 학생들이 읽기 과정에 참여할 수 있도록 하는 것이다. 학생들은 자신이 방금 읽은 텍스트의 내용을 요약함으로써, 학습 텍스트에 대한 사고를 하고, 작중인물의 행동을 이해하고, 정확한 진술 속에 자신의 생각을 드러내고, 자신의 사고를 한 문장으로 표현해야 한다. 반응 쓰기를 통해 학생들은 텍스트의 내용에 대한 예상, 질문, 재반응 혹은 관점의 형태로 텍스트와의 상호 작용을 하게 된다.

✔ 활동의 활용 방법

이 읽기 중 활동은 학생들이 소설 텍스트를 읽을 때마다 활용되어야 한다. 수업 시작 처음 10분간 묵독을 하는 동안 학급 학생들이 읽기와 쓰기 활동을 할 수 있도록 한다. 학생들은 또한 다른 학생들이 소설 텍스트를 앉아서 읽는 동안 반응 일지를 전부 작성할 수 있다. 이 활동은 학생들이 소설 텍스트를 다 읽은 날에 수집될 수 있다. 만일 모든 학생들이 같은 소설 텍스트를 읽고 있다면, 학생들은 어떤 날에는 일부만을 읽고 반응 일지에 한 부분만을 기록할 수 있다. 이 활동은 필요할 때마다 추가로 진행되어 학생들이 읽은 부분들에 해당되는 반응 일지를 쓰는 방식으로 활용될 수 있다.

✔ 평가 방법

소설 텍스트를 읽는 것뿐만 아니라, 읽은 각 부분의 내용을 반응 일지에 쓰는 과정에서 학생들의 참여도를 평가한다. 교사는 이 활동을 허구적 텍스트의 여러 구성 요소들 중에서 하나를 골라 쓰는 것과 같은 보다 확장된 과제 수행을 위한 기본 배경 정보 혹은 플롯 순서에 따른 반응 일지 쓰기 활동 그 자체를 위해서 활용할 수 있다.

✔ 활동의 변형

소설 텍스트의 플롯 전개에 따라 반응 일지를 쓰는 방법은 각 부분의 플롯 전개를 파악했는가와 관계없이 학생들이 텍스트를 읽을 때마다 반응 일지에 반응을 기록하도록 하는 방법으로 변화될 수 있다. 이 형태를 따름으로써 얻을 수 있는 이점은 학생들이 수업 시간과 가정에서의 텍스트 읽기에 책임감을 갖도록 할 수 있다는 것이다. 이 형태는 또한 교실에서의 낭독을 위해 활용될 수 있다. 학생들은 특별한 학습 목표를 위해 누군가의 말을 듣는 동안 듣기 기능들을 활용하고, 들은 내용에 대한 요약과 반응을 써야 하기 때문이다.

✔ 활동의 실제

이름 :	날짜 :

제목 :

작가, 출판사 및 출판 연도 :

활동 안내 : 소설 텍스트를 읽을 때, 각 부분의 내용을 한 문장으로 요약하고 플롯 순서에 따라 반응 일
지 쓰기 형식에 맞게 자신의 반응을 쓴다. 이때 반응 일지에 내용을 기록한 날짜들을 반응
을 기록한 날짜별로 꼭 써야 한다. 이 활동은 소설·텍스트를 다 읽은 뒤에 활용하면 보다
효과적일 것이다.

- 플롯 요약
- 텍스트에 제시된 행동에 의한 사건들
- 반응 쓰기
- 다음에 일어날 일(사건)에 대한 예상
- 잘 이해할 수 없는 것에 대한 질문
- 작중인물의 행동이나 말에 대한 반응
- 좋아했던 것, 싫어했던 것, 흥미 있었던 것 등에 대한 견해

텍스트에서 읽은 부분	쓴 날짜	요약 문장과 반응 문장
1.		플롯 요약 : 반 응 :
2.		플롯 요약 : 반 응 :
3.		플롯 요약 : 반 응 :
4.		플롯 요약 : 반 응 :
5.		플롯 요약 : 반 응 :
6.		플롯 요약 : 반 응 :
7.		플롯 요약 : 반 응 :
8.		플롯 요약 : 반 응 :
9.		플롯 요약 : 반 응 :
10.		플롯 요약 : 반 응 :

참고문헌

Aker, D.(1992), "From runned to ran : One journey toward a critical literacy", *Jurnal of Reading 36(2)*.

Allen, G.(2000), *Intertextuality*, Routledge.

Alvermann, D. E., D. R. Dillion, & D. G. O'Brien(1987), *Using discussion to promote reading comprehension*, Newark, Del. : IRA.

Andrew, S.(1989), "Teaching as Inquiry : Contexts that Empower", *Paper Presented at the International Reading Conference*, New Orleans, Louisiana, May 4, ERIC Document ED 310085.

Applebee, A.(1992), *Literature instruction*, ed. J.Langer, Urbana, Ill : State University of New York.

Appleyard, J. A.(1990), *Becoming a reader : The experiences of influences of fiction from childhood to adulthood*, Cambridge University Press.

Asher, S.(1992), *Reading their world*, ed. V. R. Monseau and G. M. Salvner, N. H. : Boynton / Cook.

Au, K. H.(1993), *Literacy instruction in multicultural settings*, Harcourt Brace Jovanovich.

Bagnell, N.(1981), "Literature isn't supposed to be realistic", *English Journal 70(1)*.

Beach, R.(1993), *A teacher's introduction to reader-response theories*, Urbana, Ill. : NCTE, p.110.

Beane, James(1990), *A Middle School Curriculum : From Rhetoric to Reality*, Columbus, OH : National Middle School Association.

Bintz, W. P.(1993), "Resistant readers in secondary education : Some insights and implication", *Journal of Reading 36(8)*.

Bodart, J.(1988), *Booktalk!*, H. W. Wilson.

Brooks, B.(1993), *Speech at the ALAN Workshop at the National Council of Teachers of English Fall Convention*, Pittsburgh, Pennsylvania.

Brophy, J.(1979), "Teacher Behavior and student Learning", *Educational Leadership 37*.

Brown, J. & Stephens, E.(1995), *Teaching Young Adult Literature*, Wadsworth Publishing Company.

Brown, J., L. Phillips, & E. Stephens(1993), *Toward Literacy : Theory and applications for teaching writing in the content areas*, Belmont, Calif : Wadsworth.

Brown, J. E. & E. Stephens(1994), "Being proactive, not waiting for the censor", *Preserving intellectual freedom : Fighting censorship in the schools*, ed. J. E. Brown, NCTE.

Carlsen, G. Robert(1980), *Books and the Teenage Reader*, 2d rev, ed. New York : Harper and Row.

Carlsen, G. R. & A. Sherrill(1988), *Voices of readers : How we come to love books*, NCTE.

Chambers, A.(1985), *Booktalk : Occasional writing on literature and children*, NCTE.

Cianciolo, P. & B. Quirk.(1993), *Teaching and learning : critical aesthetic response to literature, Institute for Research on Teaching*, Michigan State University.

Cline, D. M.(1993), *Teachers as researchers : reflection and action*, ed. L. Paterson et.al., IRA.

Cornbleth, C.(1978), *Inquiry Theory and Social Studies Curricular Problems in Planning for Thinking*, Paper Presented at the Annual Meeting of the American Educational Research Association, Toronto, Ontario, March 27-31, ERIC Document ED 152646.

Cowen, G. & Cowen, E.(1980), *Writing, Glenview*, IL : Scott, Foresman and Company.

Crawford, L.(1993), *Language and literacy learning in multicultural classrooms*, Boston : Allyn & Bacon, p.25.

Crutcher, C.(1992), *authors' Insights*, ed. D.R. Gallo, Boynton / Cook.

Donelson, Ken & Alleen Pace Nilsen(1993), *Literature for Today's Young Adults*, 4th ed. New York : Harpercollins College Publishers, pp.48~57.

Early, M(1960), "Stages of Growth in Literary Appreciation", *English Journal 49(3)*.

Elliott, G. R. & S. S. Feldman(1990), *At the threshold, The developing adolescent*, ed. S. S. Feldman. & G. R. Elliott, Harvard University Press.

Fiske, Edward(1991), *Smart Kids*, Simon and Schuster.

Frager, A.M.(1993), "Affective dimensions of content area reading", *Journal of Reading 36(8)*.

Freirie, P.(1985), *The Politics of Education, South Hadley*, MA : Bergin and Garvey.

Gallo, D.(1992), *Reading their World*, ed. V. R. Monseau & G. M. Salvner, Heinemann.

George, P. S & Alexander, W. M.(1993), *The Exemplary Middle School*, 2ded. New York : Hacourt, Brace, Jovanovich College Division.

Gerlach, J. M. ed. V. R., Monseau & G. Salvner(1992), "The young adult novel across the curriculum", *Reading their World*, Portsmouth N.H. : Boynton / Cook : Heineman.

Goodman, K.(1986), *What's Whole in Whole Language*, Portsmouth, NH : Heinemann.

Grady, Joan B.(1994), "interdisciplinary Curriculum Development", Paper Presented at the 49th annual Conference of the Association for Supervision and Curriculum Development, Chicago, II. ERIC Document ED 373903.

Grandner, H. & V. Boix-Mansilla(1994), "Teaching for Understanding−Within and Across Disciplines", *Educational Leadership 51(5)*.

Hancock, M. R.(1992), "Literature response journals: Insights beyond the printed page", *Languages Arts 69(January)*.

Harste, Jerome & Kathy Short(1995), "Inquiry, Theme Cycles, and Interdisciplinary Teaching", *Presentation made at the National Council of Teachers of English Spring Conference*, Minneapolis, March.

Havighurst, Robert(1972), *Developmental Tasks and Education*, David Mckay.

Hirtle, J. S.(1993), "Connecting to the Classics", *Teachers as researchers : Reflection and Action*, ed. Patterson et al., Newarks Del. : IRA.

Holman, C. H.(1975), *A Handbook to literature*, 3rd ed. Bobbs-Merrill.

Iser, Wolfgang(1974), *The Implied Reader : patterns of Communication in Prose Fiction from Bunyan to Beckett*, Johns Hopkins university Press

J. Culler(1975), *Structuralist Poetics*, Routledge & Kegan Paul.

J. E. Mcpeck, 박영환・김공하 역(1995), 『비판적 사고와 교육』, 배영사.

Jean E. Brown & Elaine C. Stephens(1995), *Teaching Young Adult Literature : Sharing the connection*, Wadsworth Publishing Company.

Jongsma, K. S.(1993), "What students' written reflections reveal about literacy", *Teachers as researchers : reflection and action*, ed. L. Paterson et.al., IRA.

Joyce, B. & weil, M.(1980), *Models of Teaching*, 2ed. Prentice Hall.

Keating, D. P.(1990), "Adolescent thinking", *At the threshold, The developing adolescent*, ed. S. Feldman. & G. R. Elliott, Harvard University Press.

Kim, E. C. & Kellough, R. D.(1995), *A Resource Guide for Secondary School Teaching : Planning for Competence*, 6th ed., Merrill.

Kneedler, P.(1985), "California Assesses Critical Thinking", *Developing Minds*, ed. Alexandria, A. C., Association for Supervision and Curriculum development.

Langer, J., ed.(1992), *Literature instruction*, NCTE.

Latrobe, K. & M. Laughlin.(1989), *Readers theatre for yiung adults : Script and script development*, Teacher Ideas Press.

Louritzen, Carol & Jaeger, Michael(1994), "Language Arts Teacher Education Within a Transdisciplinary Curriculum", *Language Arts 71(8)*.

Lukens, R.(1986), *A Critical handbook of children's literature*, Scott, Foresman.

Massialas,B. & Cox, B.(1996), *Inquiry in the Social Studies*, McGraw Hill.

Mazer, N. F.(1990), "Letters to me", *ALAN Review 17(3)*.

McMahon, S.(1994), "Student-led book clubs : Traversing a river of interpretation", *The New Advocate 7(2)*.

Meyer, C.(1992), "What's the Difference Between 'Authentic' and 'Performance' Assessment?", *Educational Leadership 49(8)*.

Moffett, J.(1986), *Teaching the universe of discourse*, Houghton Mifflin.

Monseau, V. R. & G. M. Salvner, eds.(1992), *Reading their World*, Heinemann.

Oliner, P. M.(1986), "Legitimating and Implementing Prosocial Education", *Humboldt Journal of Social Relations 13*.

Probst, R.(1988), *Response and Analysis*, Portsmouth, Boyton / Cook.

Probst, R. E., "Readers and Literary Texts", Nelms, B. F. ed.(1988), *Literature in the Classroom : Readers, Texts, and Contexts*, NCTE.

Probst, Robert(1986), "Mom, Wolfgang, and Me : Adolescent Literature, Critical Theory, and the English Classroom", *English Journal 75(October)*.

Purves, A. C.(1992), "Testing literature", ed. J. A. Lnager, *Literature instruction*, NCTE.

Rosenblatt, L.(1978), *The Reader, the text, the poem*, Southern Illinois University.

Rosenblatt, L.(1983), *Literature as exploration*, 4th ed., Modern Language Association of America.

Ross, E. Wayne & Lynne M. Hannay(1987), "Reconsidering Reflective Inquiry : The Rolw of Critical Theory in the Teaching of Social Studies", *Southern Social Studies Quarterly 13(2)*.

Samway, K. D., et.al.(1991), "Reading the skeleton, the heart, and the brain of a book: Students' perspectives on literature study circles", *The Reading Teacher 45(3)*.

Sasse, M. H.(1988), "Literature in a multiethnic culture", ed.Nelms, B. F.(1988), *Literature in the classroom : Readers, texts, and contexts*, Urbana, NCTE.

Simmons, J. S. & Deluzain, H. E.(1992), *Teaching literature in middle and secondary grades*, Allyn & Bacon.

Slvain, R.(1984), "Students Motivatin Students to Excel : Cooperative Incentives, Cooperative Tasks, and Student Achievement", *Elementary School journal 85.*

Smith, F.(1986), *Insult to intelligence*, Arbor House.

Smith, F.(1992), "Learning to Read : The Never-Ending Debate", *Phi Delta Kappan 72(February)*.

Stevens, A.(1993), "Learning for Life Through Universal Themes : Literacy Improvement Series for Elementary Educators", May. ERIC Document ED 365851.

Stover, L. & Neubert, G. & Lawlor, J.(1993), *Creating Interactive Environment in the Secondary School*, Washington, DC : National Educational Association.

Stover, L.(1991), "Exploring and celebrating cultural diversity and similarity through young adult novels", *ALAN Review 18(3)*.

Stover, L. T.(1996), *Young Adult literature : The heart of the middle school Curriculum*, Boynton / Cook Publishers.

Susan, M.(1993), *Planning Integrated Curriculum : The Call to Adventure*, Association for Supervision and Curriculum Development.

Tchudi, Stephen(1991), *Travels Across the Curriculum*, Scholastic : Drake.

Traugh, C. E.(1974), "Evaluating Inquiry Procedures", *Social Studies 65(5)*.

Treu, C. E.(1995), "Luring Readers Out of Hiding", *Voices from the Middle 2(2)*.

Vacca, R. & W. Linek.(1992), "Writing to learn", ed. J. W. Irwin & M. A. Doyle, *Reading / writing connections : learning from research*, IRA.

vanAllen, Lanny(1994), "English Language Arts Teachers Embracing Change and Making a Difference for Middle Grade Students", Paper presented at the National Council of Teachers of English Conference, Portland, Oregon, March 9.

가라타니 코오진, 송태욱 옮김(1998), 『탐구』 1, 새물결.

강원경(1999), 「독서 클럽 활동 양상 연구」, 한국교원대학교 대학원 석사학위논문.

고성혜(2000), 「문학교육으로서의 성장소설 연구」, 단국대학교 교육대학원 석사학위논문.

교육인적자원부(2000), 『제7차 국어과 교육과정』.

구인환 외(2001), 『문학교육론』 제4판, 삼지원.

김경연(2000), 「독일 아동 및 청소년 문학 연구」, 서울대학교 대학원 박사학위논문.

김대행(1994), 「문학교육 어떻게 할 것인가」, 『문예중앙』 1994년 겨울호.

김상욱(1997), 「문학교육의 이념과 목표」, 우한용 외(1997), 『문학교육과정론』, 삼지원.

김상욱(1999), 「주체형성으로서의 문학교육」, 문학과교육연구회, 『문학과교육』(1999년 여름호), 한국교육미디어.

김은형(2001), 「청소년에게 '문학', 어떻게 가르칠 것인가」, 『문학과교육』 17호(2001년

가을호), 문학과교육연구회.

김종서 외(1984), 『교육학 개론』, 교육과학사.

김중신(2002), 「청소년 문학의 재개념화를 위한 고찰」, 한국문학교육학회, 『문학교육학』 제9호, 역락.

남미영(1991), 「한국 현대 성장소설 연구」, 숙명여자대학교 대학원 박사학위논문.

류덕제(2001), 「청소년 문학과 문학교육의 지향」, 『문학과교육』 17호, 문학과교육연구회.

박기범(2001), 「청소년 문학의 진단과 방향」, 『문학과교육』 17호, 문학과교육연구회.

박상률(2002), 『나는 아름답다』, 사계절.

박인기(1999), 「문학교육과 자아」, 문학과교육연구회, 『문학과교육』(1999년 여름호), 한국교육미디어.

서울대학교 국어교육연구소(1999), 『국어교육학사전』, 대교출판.

선주원(2002), 「대화적 관점에서의 소설교육 연구」, 한국교원대학교 대학원 박사학위논문.

선주원(2005), 「범교과적 관점에서의 청소년 문학교육 연구」, 청람어문교육학회, 『청람어문교육』 제30집.

송수연(2008), 「청소년 문학과 성」, 한국아동청소년문학학회, 『아동문학과 역사적 진실』, 2008년 겨울 학술대회.

안수진(2001), 「21세기 청소년문화와 청소년문학 경험」, 문학과교육연구회, 『문학과교육』 제17호, (주)한국교육미디어.

우한용(1997), 『문학교육과 문화론』, 서울대학교출판부.

유성호(2004), 「현대시와 사회성 교육」, 한국문학교육학회, 제33회 학술대회발표문.

이대규(1998), 『문학교육과 수용론』, 이회문화사.

이보영 외(1999), 『성장이란 무엇인가』, 청예원.

전점이(2003), 「성장소설 교육 방법 연구」, 한국교원대학교 대학원 국어교육학과, 『국어교육학과 논문집』 제6집.

진중섭(1992), 「인물의 성장 과정을 통한 장편소설 교육 연구」, 서울대학교 대학원 석사학위논문.

차종옥(2002), 「성장소설을 통한 소설교육」, 아주대학교 교육대학원 석사학위논문.

채상우(2001), 「청춘과 연애, 그리고 결백의 수사학」, 『한국문학과 근대의식 : 1920~30년대 문학연구』, 이회.

최현주(2002), 『한국 현대 성장소설의 세계』, 박이정.

한철우 외(2001), 『문학 중심 독서 지도』, 대한교과서주식회사.

한철우・박진용(1998), 「청소년 독서자료의 분석」, 독서학회, 『독서연구』 제3호.

황종연(2001), 「편모슬하, 혹은 성장의 고해」, 『비루한 것의 카니발』, 문학동네.